TUPAC SHAKUR

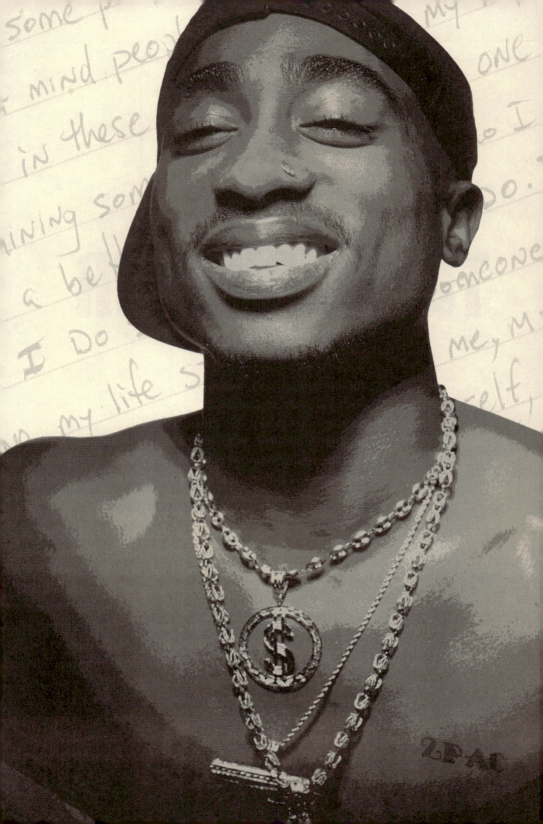

TUPAC SHAKUR

A BIOGRAFIA AUTORIZADA

Staci Robinson

Tradução
Karine Ribeiro

1ª edição

RIO DE JANEIRO | 2023

TÍTULO ORIGINAL
Tupac Shakur: The Authorized Biography

TRADUÇÃO
Karine Ribeiro

DIAGRAMAÇÃO
Abreu's System

CIP-BRASIL. CATALOGAÇÃO NA PUBLICAÇÃO
SINDICATO NACIONAL DOS EDITORES DE LIVROS, RJ

R556t

Robinson, Staci
    Tupac Shakur : a biografia autorizada / Staci Robinson ; tradução Karine Ribeiro. – 1. ed. – Rio de Janeiro : BestSeller, 2023.

    Tradução de: Tupac Shakur: the authorised biography
    ISBN 978-65-5712-315-7

    1. Shakur, Tupac, 1971-1996. 2. Músicos de rap – Estados Unidos – Biografia. II. Título.

23-86184

CDD: 927.81649
CDU: 929:784.4(73)

Gabriela Faray Ferreira Lopes – Bibliotecária – CRB-7/6643

Texto revisado segundo o novo Acordo Ortográfico da Língua Portuguesa.

Copyright © 2023 by Amaru Entertainment, Inc. Published by agreement with Folio Literary Management, LLC and Agência Literária Riff.
Copyright da tradução © 2023 by Editora Best Seller Ltda.

Todos os direitos reservados. Proibida a reprodução, no todo ou em parte, sem autorização prévia por escrito da editora, sejam quais forem os meios empregados.

Direitos exclusivos de publicação em língua portuguesa para o Brasil adquiridos pela Editora Best Seller Ltda.
Rua Argentina, 171, parte, São Cristóvão
Rio de Janeiro, RJ – 20921-380
que se reserva a propriedade literária desta edição.

Seja um leitor preferencial Record.
Cadastre-se no site www.record.com.br
e receba informações sobre nossos lançamentos e nossas promoções.

Atendimento e venda direta ao leitor:
sac@record.com.br

ISBN 978-65-5712-315-7

Impresso no Brasil

Para Glo

Introdução 11

PARTE I **NOVA YORK**

01 Do berço ao túmulo 19
02 Querida mamãe 41
03 As ruas são como um corredor da morte 59
04 Só amor 68

PARTE II **BALTIMORE**

05 Nada a perder 87
06 Nas profundezas da solidão 107
07 Mantenha a cabeça erguida 121

PARTE III **A BAY AREA**

08 Estilo *Thug* 137
09 Poder Pantera 155
10 Palavras de sabedoria 171
11 Fama 185
12 Nada além de confusão 197
13 Violento 210
14 Só Deus pode me julgar 226

PARTE IV — LOS ANGELES

15 A vingança de um soldado — 241
16 Dê um grito se puder me ouvir — 257
17 Eu contra o mundo — 273
18 Carta ao meu filho não nascido — 295
19 Não é fácil — 311

PARTE V — VIVER E MORRER EM LOS ANGELES

20 Amor californiano — 327
21 Quando eu morrer — 347

Agradecimentos — 376
Notas — 381
Créditos e legendas das imagens — 425
Permissões — 429
Sobre a autora — 431

Black Seed Keeper Growing

THE ROSE THAT GREW FROM CONCRETE

AN AUTOBIOGRAPHY BY TUPAC A. SHAKUR

INTRODUCTION

I. THE PANTHER AND THE GANGSTER

II THE "SHINING PRINCE" IS BORN FREE

III LESSONS FROM AMERICAN SCHOOLS

IV LESSONS FROM LADY LIBERTY

V LESSONS FROM AMERICAN SOCIETY

VI A BETTER PLACE

VII THE BALTIMORE SCHOOL 4 THE ARTS

VIII THE ETERNAL circle

VIIII MIGRATION 2 THE RESERVATION

X THE BOYZ FROM ROSA

XI APRIL ————————— /Girls

XII HumpTY Hump Across Americ

XIII ON MY OWN

Childhood / *Baltimore* / *Marin* / *ROSA*

BLACK Seed - GROWN-UP

BlAck seed TO BlAck OAk

Introduction

Calling This an autobiography may have mislead some people. It's more of a Diary that I don't mind people reading. There are personal things in these pages and it is my hope that by gaining some insight on my life one may have a better understanding of who I am and why I Do some of the things I DO. If By Telling my life story, I Hurt someone or I uncover some stones, Forgive me, my only intention was to express myself, 2 in fact Better myself By telling all about myself. At This moment I am 18 years old and the Date is November 26, 1989, In the middle of my life. Anyway, Here it is my Diary, poems and autobiography wrapped in one.

Peace,
Tupac Amaru
Shakur

Imagens nas páginas anteriores
À esquerda: Sumário da autobiografia que Tupac começou a escrever em 1989, aos 18 anos.
À direita: A Introdução da autobiografia que Tupac começou a escrever em 1989, aos 18 anos:

Introdução

Chamar isso de autobiografia talvez induza algumas pessoas ao erro. Está mais para um diário
que eu não me importo que os outros leiam. Há relatos pessoais nestas páginas e o que espero
com isso é que, ao ler sobre a minha vida do meu ponto de vista, as pessoas talvez possam
compreender melhor quem eu sou e por que faço determinadas coisas. Se, ao contar a história
da minha vida, eu magoar alguém ou acabar revirando algumas coisas do passado, peço
perdão, minha única intenção era me expressar p/ na verdade me tornar melhor ao contar tudo
sobre mim!
Neste exato momento, eu tenho 18 anos e estamos no dia 26 de novembro de 1989, bem no
meio da minha vida. Seja como for, apresento meu diário, meus poemas e minha autobiografia
compilados em uma coisa só.

Paz,
Tupac Amaru
Shakur

INTRODUÇÃO

Tupac tinha apenas 17 anos quando o conheci. Para mim, ele era só mais um amigo que fazia parte do meu círculo social. Tínhamos frequentado a mesma escola no ensino médio, Tamalpais High, na cidadezinha de Mill Valley no norte da Califórnia, e o conheci em uma das vezes que voltei para casa durante as férias da faculdade. Naquele momento, eu jamais teria imaginado que acabara de ser apresentada a alguém que viria a ser um ícone cultural, um superastro mundial… ou que ele se tornaria a lenda que se tornou — exceto, é claro, quando ele nos comunicou isso. Mesmo tão jovem, Tupac era confiante, certo de que deixaria sua marca na sociedade. Acho que ele era mais confiante do que qualquer outra pessoa que eu conhecia.

Meses depois, quando eu já tinha voltado para a faculdade em Los Angeles e Tupac havia decidido que o ensino médio era perda de tempo, ele ligou para mim e meus colegas de quarto, todos nós de Mill Valley, querendo saber se podia ficar conosco por um tempo e dormir no nosso sofá. "Preciso me mudar", disse ele. Na época, ele estava ansioso, esperando notícias da empresária sobre um contrato de gravação. "Minha carreira está demorando a decolar", explicou, "e acho que preciso estar em Los Angeles." Alguns dias depois, ele apareceu na nossa porta com uma mochila e um caderno azul.

Todo dia, meus colegas e eu saíamos para a faculdade ou para o trabalho e ele ficava no apartamento sozinho, escrevendo freneticamente naquele caderno. Quando voltávamos, no fim de tarde, ele queria compartilhar o que tinha escrito durante o dia. Imagine um Tupac adolescente, sentado à nossa mesa de jantar enquanto comíamos macarrão instantâneo com queijo, fazendo rap sobre ser um jovem homem negro, as letras cheias de propósito, clamando por mudança.

Quando me lembro dessa época, percebo que *eu não sabia* ainda. Eu ouvia. Eu o escutava. Compreendia suas preocupações. Mas *eu não sabia* que estava na presença de um jovem que começava a trilhar o corajoso caminho de apontar as desigualdades de nossa sociedade da melhor maneira que pudesse. *Eu não sabia* porque, embora seja difícil admitir, não estava pronta para falar sobre os jovens homens negros e os problemas que eles enfrentavam como um dos grupos mais vulneráveis da população. Eu queria falar do jovem negro que estava na mesma aula que eu naquele dia e de como ele era gatinho. Aos 20 anos, eu era egoísta. Aos 17, Tupac era altruísta.

Quando sua empresária, Leila Steinberg, encontrou um lugar para ele ficar, Tupac nos agradeceu e partiu. E enquanto ele saía porta afora naquela noite, levando apenas a mochila e o caderno azul, meus colegas e eu lhe desejamos sorte. E pareceu que, assim que a porta se fechou, ele se tornou um nome consagrado.

Depois que me graduei na UCLA, segui meu caminho, escrevendo romances. Mas eu ainda não abordava questões que envolviam jovens homens negros como Tupac fazia; eu continuei escrevendo sobre o mesmo jovem negro que tinha conhecido na sala de aula e sobre a decepção amorosa que inevitavelmente aconteceu anos depois. Durante o dia, eu trabalhava no ramo dos esportes como assistente de atletas profissionais como Keyshawn Johnson, o escolhido número um do draft do New York Jets, e o astro da NBA Brian Shaw. À noite, eu escrevia.

Eu costumava receber ligações da assistente de Tupac no trabalho. "Tupac está perguntando quando você vai largar a indústria de esportes e vir trabalhar para ele", dizia ela. Um dia, recebi um pedido

INTRODUÇÃO

mais específico: "Tupac está formando um grupo de escrita e quer que você faça parte." Ele havia começado a escrever roteiros e estava montando uma equipe, um grupo de mulheres roteiristas para garantir que a voz, a perspectiva e o tom dos personagens soassem autênticos. Fiquei animada para fazer parte do grupo. Marcamos uma reunião na terça-feira, 10 de setembro de 1996.

Três dias antes dessa reunião, Tupac foi baleado em Las Vegas. Ele lutou pela vida, mas acabou perdendo a batalha e faleceu no dia 13 de setembro. Aquela reunião e inúmeros outros planos que ele tinha jamais aconteceriam. Eu e o resto do mundo perdemos um amigo. Um irmão. Um tio. Um sobrinho. Um primo. Uma inspiração. Um líder. Um soldado. E a mãe de Tupac, Afeni Shakur, a mulher que ensinou tudo que ele sabia, que falava com tanto entusiasmo quanto ele sobre esperança e mudança, perdeu o único filho.

Alguns anos depois, Afeni me pediu para escrever a história de vida do filho. Isso provocou em mim uma mistura de emoções. É lógico que me sentia honrada. Mas, enquanto refletia sobre aceitar fazer parte de um projeto tão importante como esse, também senti medo. Eu não tinha sido uma aluna nota dez no ensino médio, nem na faculdade. Eu *nunca* fora uma aluna nota dez, e, na minha cabeça, só essas pessoas escreviam biografias de líderes e figuras importantes como Tupac Amaru Shakur. Os biógrafos que eu conhecia tinham uma bagagem enorme como colunistas e editores em jornais como *Washington Post* e *New York Times*, ou contribuíam com revistas como *The New Yorker*. Eram historiadores renomados ou professores em instituições de prestígio. E eu era apenas uma aluna nota oito. Escrevia histórias sobre amor e perda, e roteiros bobos de comédia romântica. Por que Afeni estava fazendo aquele convite para mim?

Depois entendi o motivo: ela confiava em mim. Ela acreditava que eu poderia contar a história do filho dela com integridade e sob uma perspectiva justa e equilibrada. O bom e o ruim. Suas dificuldades e seus sucessos. As gafes e os erros. Ela sentia que a família ficaria confortável em se sentar comigo e me contar histórias que nunca tinham contado antes. E, mais importante ainda, assim como o filho fizera, ela queria me dar uma oportunidade. Tupac e Afeni sempre davam oportunidades a pessoas que talvez não as tivessem de outra forma. Muitas das decisões de Afeni durante aqueles anos foram tomadas com as intenções do filho em mente, e acredito que o pedido para que eu escrevesse sobre a trajetória de Tupac não tenha sido exceção.

Então, em 1999, comprei um computador da eMachine e me isolei no meu apartamento em Inglewood com um prazo de entrega de menos de um ano. A primeira coisa que fiz foi criar uma linha do tempo da vida de Tupac, do nascimento até a morte. Grudei as mais de cem páginas com fita adesiva na parede, transformando meu apartamento na Tupaclândia. Depois, comecei a entrevistar pessoas. E digitar. E entrevistar. E digitar. E entrevistar um pouco mais. Voei para o outro lado do país e passei dias na Geórgia, na casa que Tupac comprou para a mãe. Eu me sentava na cozinha enquanto ela preparava frango frito, um dos pratos favoritos de Tupac, e passávamos horas falando sobre a vida dele. À noite, nos sentávamos na varanda enquanto ela fumava sem parar, alternando entre cigarro e maconha, falando sobre a vida *dela*. Quanto mais conversávamos, mais eu entendia como os dois eram similares. E, assim como com Tupac, quanto mais eu conhecia Afeni, mais minha admiração por ela crescia.

Para reunir material para o livro, passei horas no telefone e na sala de estar de membros da família de Tupac. Dei risadas intermináveis com a prima Jamala, fazendo-lhe milhares de perguntas enquanto ela pulava na cama e tocava suas músicas favoritas bem alto durante a conversa. Registrei histórias da infância enquanto comia doces italianos no Emporio Rulli, em Larkspur, e ria com os amigos dele no Pinky's Pizza, em San Rafael, ouvindo as aventuras de Tupac da época em que ele estava aprendendo a dirigir. Localizei professores, colegas e aqueles que ele amava. Depois de oito meses, infinitas horas de entrevistas e mais sessões de edição tarde da noite do que posso contar, entreguei o manuscrito.

Algumas semanas depois, fui informada de que o projeto seria "adiado por ora". Fiquei decepcionada, mas, quando pensei em todas as pessoas que conheci e nas histórias que ouvi, senti uma gratidão imensa por ter feito parte de uma experiência tão singular. Por meio das entrevistas, eu tinha descoberto os detalhes mais intricados e pessoais da vida de um amigo cuja linhagem familiar é rica e respeitável. Eu sabia que, se tivesse a chance, gostaria de desempenhar qualquer papel na equipe que faria o trabalho de perpetuar seu legado. Daquele momento em diante aceitei com empolgação toda oportunidade que Afeni me apresentou.

Um dia, alguns anos depois, Afeni me convidou para visitar sua casa-barco em Sausalito, na Califórnia. Ela tinha ouvido falar que eu acabara de publicar um romance e queria me parabenizar. Quando

INTRODUÇÃO

cheguei, ela me entregou um presente: uma biografia de Zora Neale Hurston, grande escritora da era do Renascimento do Harlem. "Obrigada, Afeni", falei, "mas estou um pouco envergonhada. Porque aqui estou eu escrevendo sobre tolices de amor e corações partidos enquanto os Shakur escrevem sobre as coisas importantes da vida." A resposta que ela me deu foi uma que qualquer pessoa que a conheceu teria esperado. Ela me disse que não importava sobre *o quê* eu estava escrevendo. "Apenas escreva!"

Mesmo durante os anos em que não havia projetos sobre Tupac nos quais ajudar, permaneci próxima de Afeni e de vários membros da família dela. Quando me tornei mãe, ela e a irmã, Glo, estavam lá torcendo por mim. Sou grata por, nos últimos anos da vida incrível de Afeni, termos morado a apenas alguns quilômetros de distância uma da outra.

Com o passar dos anos, não pensei muito no manuscrito. Mas, em 2017, o arquivista-chefe que estava trabalhando em um documentário autorizado pelo espólio de Tupac encontrou meu nome em alguns dos projetos antigos e perguntou se eu queria ajudar no desenvolvimento da história. Logo depois, o espólio dos Shakur embarcou em mais um projeto para o qual fui convidada a participar: uma exposição em homenagem a Tupac e ao seu trabalho. Após dois anos participando desse projeto do museu, o círculo se completou: pediram que eu revisitasse o manuscrito que elaborei tantos anos antes.

Hoje, mais de duas décadas depois, finalizando este livro pela segunda vez, com entrevistas extras, novas histórias e muitas, muitas revisões, é impossível não refletir sobre como aquele 10 de setembro de 1996 — a data que Tupac definiu como nossa primeira reunião de roteiristas — poderia ter se desenrolado, com todos nós sendo comandados por ele em sua casa em Wilshire House. Se eu fechar os olhos e pensar nos meses que passei escrevendo o primeiro rascunho deste livro, vejo a Tupaclândia, aquelas páginas com os acontecimentos da vida dele, preenchendo a parede do meu apartamento. Penso naquele dia de 2006 na casa-barco de Afeni quando eu estava questionando minha trajetória, e como me senti motivada ao ouvir a voz dela, cheia de convicção, semicerrando os olhos enquanto olhava para mim e dizia: "O que você escreve não importa. *Apenas escreva!*"

E quando Afeni Shakur lhe diz para fazer algo, é melhor você fazer.

— STACI ROBINSON, 2023

Family Tree

4   Mo

ause we all sprin
m different trees
s not mean
are not created E

The True Beauty in
in the vast forest
Tree must fight
nong the Evils of th

FIND greatness in th
t grows against all
Blossoms in Darkn
d gives Birth 2 pr

PARTE I

NOVA YORK

DO BERÇO AO TÚMULO
1970-1971

> June 16, 1971, Mama gave birth to a hell raisin' heavenly son.*
>
> — TUPAC SHAKUR

Na madrugada de 2 de abril de 1969, Afeni Shakur e o marido, Lumumba, estavam dormindo em seu apartamento no número 112 West na 117th Street, no Harlem. Uma batida forte, quase violenta, na porta os acordou. Cinco policiais, incluindo o detetive Francis Dalton do Departamento de Polícia de Nova York, estavam lá fora. Dalton, armado e usando um colete à prova de balas, ateou fogo em um pedaço de pano.

Os policiais gritaram: "Está pegando fogo! Abram a porta! Saiam! Fogo, fogo!"

Afeni, franzina, de pele negra macia e cabelo crespo curtinho e arrumado, acordou com o barulho. Ainda sonolenta, seguiu Lumumba pela escuridão e cambaleou com cuidado até a porta. Ela olhou pela fechadura e viu fumaça. Como líderes de divisão da filial nova-iorquina do Partido dos Panteras Negras — uma organização que, pelos dois anos anteriores, estivera sob ataque do governo norte-americano —, eles

---

* 16 de junho de 1971, Mamãe deu à luz um filho celestial que apronta como o capeta.

ficaram preocupados, mas também bastante desconfiados. Temiam que fosse uma emboscada.

Lumumba destrancou a porta e abriu uma fresta, com Afeni bem ao seu lado. Rapidamente, eles foram atingidos pela porta. Seus olhos vislumbraram homens armados. Uma arma foi pressionada contra a barriga de Afeni, outra contra a testa de Lumumba. "Polícia! Se você se mexer, vou estourar a porra da sua cabeça!"

Afeni e Lumumba se renderam. Foram levados algemados até a viatura e conduzidos até o escritório do promotor, onde foram fichados e presos. Conforme mais membros dos Panteras Negras chegavam ao escritório, algemados e perplexos, Afeni tentava compreender o que estava acontecendo. Logo soube que os homens em quem confiara, que haviam ficado ao seu lado como camaradas e feito juramentos de solidariedade, com promessas de luta por justiça social, eram, na verdade, policiais disfarçados e peças-chave para as prisões. Um homem em específico, Yedwa Sutan, a quem Afeni interrogara e sobre o qual tentara alertar seus colegas de partido, era na verdade o detetive Ralph White, conforme ela descobriria mais tarde, comprovando suas suspeitas e dando início ao que se tornaria uma mentalidade de desconfiança que duraria a vida toda.

White e os outros policiais que os prenderam eram do Bureau of Special Services and Investigations Unit de Nova York, conhecido como BOSSI, uma operação de inteligência sob disfarce com décadas de existência que trabalhava junto ao Counter Intelligence Program (Cointelpro) do diretor do FBI J. Edgar Hoover. Este era uma empreitada secreta que visava a espionagem e infiltração entre "disruptores" da sociedade norte-americana. Hoover considerava o Partido dos Panteras Negras um grupo "subversivo", definindo-os publicamente como "a maior ameaça à segurança interna dos Estados Unidos da América" e alegando que eles seriam extintos até o fim daquele ano. Ele divulgou medidas agressivas que incluíam o uso de informantes para realizar operações sob disfarce e neutralizar líderes dos Panteras a fim de prevenir a disseminação de seus ensinamentos "radicais". Prometeu acabar com todos os esforços de solidariedade em relação às ideologias do nacionalismo negro com o intuito de evitar o surgimento de um "messias negro que poderia unificar e inflamar". E, para evitar que líderes negros "ganhassem respeitabilidade", ele os desacreditava. Em 1969, centenas de membros dos Panteras Negras foram alvo dessas operações e presos por todo o país.

When I was arrested it
took a while before I fully
realized the situation/trouble
I was in. At first I thought
there was a misunderstand-
ing and soon I would
be sorted out and I would
be charged with something
not so serious and I'd
take my medicine and
move along. I did not
know what a conspiracy
was but I knew I didn't

Uma página da autobiografia de Afeni em processo de edição. No livro, ela narra suas lembranças da infância, dos dias do julgamento dos 21 Panteras e do tempo que passou na Casa de Detenção Feminina.

Dos 21 Panteras que foram alvo nessa operação em específico, Afeni, Lumumba e outros dez (além de outros dois que já estavam na cadeia e quatro que foram presos mais tarde) foram fichados e indiciados sob acusações de conspiração para explodir a faixa de domínio de uma ferrovia suburbana, o Jardim Botânico do Bronx e cinco lojas de departamento: Abercrombie & Fitch, Macy's, Alexander's, Korvette's e Bloomingdale's. Todas referências em Nova York e símbolos do capitalismo estadunidense. Naquela tarde, os Panteras foram alocados em oito prisões diferentes em Nova York e estados vizinhos, nas quais esperariam por um dos julgamentos de maior destaque na história do direito dos afro-americanos: *O Povo do Estado de Nova York vs. Lumumba Shakur et al.*, que se tornou amplamente conhecido como o Julgamento dos 21 Panteras.

Em meio ao turbilhão de um país pós-guerra ainda sofrendo sob as leis Jim Crow, Afeni, nascida Alice Faye Williams, veio ao mundo em 10 de janeiro de 1947. Naquele ano ocorreria o início da Guerra Fria e a criação da CIA. Também o lançamento da primeira câmera Polaroid dos Estados Unidos. A marca Tupperware foi inventada, e um pão custava 12 centavos de dólar. E, mesmo enquanto Jackie Robinson tomava o campo como um Brooklyn Dodger e se tornava o primeiro atleta negro a pisar num campo de beisebol profissional, a Ku Klux Klan tomava conta de boa parte da paisagem sulista. Tendo nascido em casa, com a ajuda de uma parteira, Afeni foi recebida pela mãe, Rosa Belle, pelo pai, Walter Williams Jr., e pela irmã de 2 anos, Gloria Jean, que era mais conhecida pelo segundo nome.

Quando Alice Faye tinha apenas 6 anos, a vida já havia se encarregado de apresentar a ela as lições fundamentais sobre como ser negra nos Estados Unidos. Alice e a irmã iam andando para a escola todas as manhãs, passando pelas estradas empoeiradas de Lumberton, Carolina do Norte, aguentando provocações de homens brancos que passavam de carro e desaceleravam o suficiente para gritar palavras carregadas de ódio para as duas meninas. Em alguns dias, era "macacas". Em outros, era "bebês de piche". Mas, na maioria das vezes, era "negrinhas". Toda manhã essas palavras eram arremessadas como adagas direto na psique da jovem Alice, provando que os efeitos do ódio podem penetrar mais fundo que um ferimento a bala ou o golpe de uma faca.

Em 1954, quando Alice tinha 7 anos, a decisão histórica da Suprema Corte no caso *Brown vs. Conselho de Educação* varreu a América como uma tempestade silenciosa. Mais um passo em direção à equidade, mas o mundo sabia que negros nos Estados Unidos — mais especificamente, estudantes negros — receberiam uma retaliação violenta. Na Carolina do Norte, a Ku Klux Klan revidou juntando forças em suas mensagens de ódio. O grupo buscava aterrorizar as comunidades negras e indígenas no Sul do país, colocando pôsteres, queimando cruzes e linchando pessoas inocentes com o objetivo de desencorajar a mistura de raças e intimidar pessoas negras e indígenas que lutavam por direitos civis.

Conforme os anos passavam, as ameaças dos terroristas da Klan se aproximavam da família Williams. Em janeiro de 1958, notícias chegaram a Lumberton anunciando que uma manifestação da Klan estava planejada para ocorrer em Maxton, uma cidade próxima. O Grande Dragão da organização, James W. "Catfish" Cole, liderava a empreitada, deixando evidente que seu principal objetivo era "colocar os 'índios' em seu lugar e acabar com a mistura de raças" de uma vez por todas.

Na noite de 18 de janeiro, mais de quinhentos guerreiros Lumbee apareceram em Maxton munidos de pistolas e rifles, prontos para se defender, superando os quase cinquenta homens da Klan que tinham comparecido à manifestação. Tiros foram disparados na escuridão, a polícia local apareceu e a Ku Klux Klan fugiu na escuridão da noite.

Eles jamais retornaram a Lumberton ou Maxton. Mesmo antes de Alice Faye Williams se tornar uma Shakur, a resistência e a oposição corajosa não eram novidade para a família Williams.

Mas o que ficou conhecido como a Batalha de Hayes Pond pode muito bem ter sido o acontecimento crucial para a mudança de consciência de Alice. As notícias despertaram suas emoções e permitiram que ela percebesse que nem sempre é preciso se render diante da tentativa de opressão. Com a vitória dos guerreiros Lumbee, a jovem Alice aprendeu, aos 11 anos, que era possível dizer não — que era possível resistir à injustiça. "Foi a primeira vez que senti o gostinho da *resistência*", ela se lembraria 45 anos depois. "Resistência foi o que senti. *Resista*. Uma sensação que dizia 'não deixe isso acontecer com você'."

Alice também viu a mãe resistir ao sofrimento de anos de violência doméstica. "Quando eu chegava em casa da escola, no primeiro e segundo ano, olhava debaixo da cama para garantir que [meu pai] não tinha matado minha mãe e enfiado o corpo dela lá embaixo", contou ela. Mas, em 1959, Rosa Belle deixou o marido e se mudou com as meninas "estrada acima" para a cidade de Nova York. Assim, fizeram parte — junto a 6 milhões de outros negros ao longo de um período de sessenta anos — do que ficou conhecido como a Grande Migração: a busca por uma vida longe dos crescentes linchamentos e terrores sociais que assolavam a vida da população negra nos estados sulistas. Atraída pela promessa de uma sociedade que poderia oferecer um caminho para oportunidades econômicas verdadeiramente igualitárias, Rosa Belle estava esperançosa. Ela encontrou um quarto para as três compartilharem na casa de uma mulher branca na Brook Avenue, no Bronx.

Mas Alice Faye logo descobriu que Nova York não era bem o que esperava. Assim que pôs os pés na nova escola, os xingamentos recomeçaram. Quando um colega disse que ela parecia de outro mundo, ela *resistiu* da forma que sabia. "Dei uma surra nele", contou ela. "Eu só queria lutar. Revidar... pensava que lutar era a forma de compensar minhas inadequações."

Ela mostrou potencial quando, no oitavo ano, o conselheiro escolar a encorajou a se inscrever na prestigiada High School of Performing Arts de Nova York, popularmente conhecida como PA. Alice conseguiu uma vaga, mas a experiência na PA consolidou a difícil realidade de que a cor da pele ditava quem tinha mais oportunidades. "Vários alunos da PA vinham de escolas particulares", contou ela. "Iam para a escola de limusine, e eu os detestava com todas as forças. Eu ficava bêbada de vinho Thunderbird antes da aula como uma maneira de lidar com o ódio que sentia."

A injustiça alimentou a raiva de Alice, mas ela não tinha como extravasar. Seu pavio curto a levou a consumir bebidas e drogas para conseguir sobreviver em Nova York. Brigava com meninos e meninas. Por fim, saiu da PA e logo se juntou à Disciple Debs, uma ramificação da notória gangue de meninos New York Disciples. Era um jeito de pertencer, de extravasar aqueles sentimentos avassaladores de inadequação.

Mas havia uma luz no fim do túnel. Em meio às sangrentas brigas de faca com gangues rivais de meninas, Alice se deparou com a cultura e os ensinamentos do povo Iorubá do oeste africano: um conjunto de práticas com elevado sistema moral, que se apoia em preceitos como moralidade, integridade e sabedoria como estilo de vida. Com essas novas crenças, ela encontrou algo que nunca tinha experimentado antes: um lugar onde poderia aprender a redirecionar sua intensidade e encontrar paz. Ela passava os sábados em bembés, encontros musicais nos quais desenvolveu um amor pelos sons dos tambores africanos, uma forma de arte que se manteve relevante para ela durante toda a vida. Foi seu professor de Iorubá que sugeriu que ela mudasse o nome para algo que representasse a intensidade e o amor que sentia pelo mundo e seu povo. Sugeriram a ela o nome Afeni, que significa "querida" e "amante do povo". Assim, Alice Faye Williams se tornou Afeni.

Com um novo nome e a mudança de perspectiva, aos 21 anos Afeni começou a formar laços mais profundos. Conheceu um homem chamado Shaheem, um "mano" de pele negra clara e macia com barba por fazer e cabelo crespo. Shaheem era mulçumano e seguia os ensinamentos de Elijah Muhammad, fundador da Nação do Islã e um dos primeiros mentores de Malcolm X. Ele chamou a atenção de Afeni com sua sabedoria e seu conhecimento. Mais que isso, ele foi a primeira pessoa a dizer a ela que o negro era lindo. Eles fumavam maconha, conversavam sobre a importância da história negra e discutiam a natureza simbólica da cor preta — um sinal de força, não de fraqueza. A partir dessas conversas, Afeni aos poucos começou a ver que a cor marrom escura de sua pele não era um obstáculo, mas um símbolo de amor-próprio e orgulho negro.

Shaheem concentrava essas conversas que ocorriam tarde da noite em torno do conceito de "the Struggle" ["a Luta"] — um termo que Afeni nunca ouvira antes. Pela primeira vez na vida, sua mente era despertada. Estava faminta por qualquer informação que Shaheem compartilhasse. Ele explicou a ela que *todas as pessoas negras*, juntas, estavam travando uma luta por sobrevivência e que ela também era parte disso, pertencia a esse clube, a esse grupo de indivíduos que foram enfraquecidos pelas forças opressivas de uma sociedade imperialista.

Uma tarde, enquanto caminhava pelo Harlem, Afeni ouviu movimentações e vozes altas explodindo de alto-falantes. Àquela altura, qualquer sinal de protesto soava como música em seus ouvidos. Ela sabia que Marcus Gavey, da Universal Negro Improvement Association, havia discursado naquela mesma esquina anos antes. Sabia que Malcolm X também tinha discursado ali antes de ser assassinado. Afeni se aproximou com curiosidade, pronta para ouvir, para ser inspirada. "Eu estava passando pela rua um dia e esse cara estava discursando na esquina", lembrou Afeni. "Tinha um protesto acontecendo no cruzamento da 125th Street com a Seventh Avenue. Sempre havia algum protesto... Tinha esse carinha, e ele estava com várias pessoas ao lado como um pequeno exército, só falando. O que me fez parar e ouvir foi que ele estava dizendo que todos poderíamos fazer algo a respeito da polícia, que estava em nossa comunidade, ocupando nossa comunidade. E fazia muito sentido. Depois disso, de alguma forma descobri mais sobre a pessoa, e que seu nome era Bobby Seale" — um dos jovens fundadores do Partido dos Panteras Negras em Oakland, Califórnia.

O discurso de Seale abriu um novo mundo para Afeni. "Como mulher negra neste país, que nasceu com o cabelo crespo, traços negroides e personalidade forte, se não fosse pelo Partido dos Panteras Negras, não sei onde eu estaria hoje. Eles me salvaram e me armaram. Me celebraram."

Meses depois de se juntar ao Partido dos Panteras Negras, Afeni conheceu e se casou com o vice-ministro da defesa da divisão do Harlem, Lumumba Shakur. Ele era filho de Saladin Shakur, seguidor da filosofia de Marcus Garvey e parceiro de Malcolm X. Conforme a reputação de Saladin como um nacionalista revolucionário e líder comunitário crescia durante os anos 1960, seu nome começou a ganhar um respeito que motivou pessoas pertencentes ao movimento que não eram da mesma família a mudar o sobrenome para Shakur. Além de cuidar dos próprios filhos, Saladin se tornou pai adotivo e mentor de muitos jovens, incluindo Jeral Williams e JoAnne Byron, que adotariam os nomes Mutulu e Assata Shakur, respectivamente. Mutulu teria um papel importante na vida de Afeni. Ela explica o legado de Saladin, observando que ele "foi o homem que serviu como pai de todos os jovens que não tinham pai".

Lumumba Shakur, já casado, mas vivendo sob os princípios da Lei Islâmica, podia ter mais de uma esposa. Afeni, jovem e aberta a experimentar coisas novas, pensou que conseguiria tolerar um acordo como esse. E tolerou — pelo menos, por um tempo.

Depois das prisões, Afeni e Lumumba enfrentaram juntos as questões jurídicas, separados por quilômetros de distância em cadeias diferen-

DO BERÇO AO TÚMULO

tes, à espera da fiança. Notícias sobre os "21 Panteras" chegaram aos jornais de todo o país, e logo manifestantes protestaram do lado de fora dos presídios. Apoiadores organizaram angariações de fundos para arrecadar o dinheiro da fiança e dos honorários advocatícios em locais como a Igreja São Marcos, em Manhattan, e o dinheiro foi por fim "doado por cinco igrejas presbiterianas e episcopais e quatro pastores". O compositor Leonard Bernstein organizou um evento de angariação de fundos em sua casa. Os atores Angie Dickinson, Jane Fonda e Donald Sutherland deram apoio à angariação de fundos do partido.

Afeni ficou presa na Casa de Detenção Feminina, uma instalação reconhecida pelas condições desumanas. A prisão estava superlotada e abrigava até seiscentas detentas em uma área designada para quatrocentas. As detentas por vezes reportavam ter encontrado larvas e baratas na comida e ratos mortos nos chuveiros. Afeni permaneceu lá até o fim do ano de 1969. E, em 4 de dezembro, quando ela e seus corréus ouviram as notícias sobre o assassinato brutal e hediondo do presidente da divisão dos Panteras, Fred Hampton, em Illinois, morto a tiros pelo Departamento de Polícia de Chicago na própria casa, ela e os outros ficaram inquietos.

Mas, em 31 de janeiro de 1970, após dez meses comendo a gororoba da prisão e dormindo na sujeira, Afeni foi solta mediante pagamento de fiança. "Os Panteras que estavam na prisão tiveram uma reunião para decidir quem seria solto primeiro", contou ela. "Como eu era articulada, eles acharam que eu conseguiria ajudá-los a sair se fosse solta primeiro." Os esforços de Afeni em nome de seus corréus deu a ela o título de secretária de comunicações para o Ministério da Informação dos Panteras Negras na divisão do Harlem. Anos depois, Tupac, já adolescente, falaria com orgulho sobre esse título em suas primeiras entrevistas. "Acho que minha mãe... assim como Fred Hampton, Mark Clark, Harriet Tubman, eles sentiam que estavam abrindo o caminho para as futuras gerações."

Quando chegou a hora de os 21 Panteras escolherem um advogado, Afeni tomou a corajosa decisão — talvez a mais importante de sua vida — de defender a si mesma. Ela não tinha diploma de direito, nem mesmo diploma de ensino médio. No entanto, sabia que se esforçaria mais por sua liberdade que qualquer advogado que tivesse. Sua irmã, Jean, relembrou como a decisão pareceu natural para ela. "Desde criança, Afeni sempre foi independente e disposta a enfrentar qualquer desafio que aparecesse", contou Jean. "Não fiquei nem um pouco surpresa quando ela decidiu fazer isso."

Lumumba, por outro lado, considerou a decisão irracional e fez o possível para dissuadi-la. "Você vai ferrar com tudo", disse ele para Afeni. Na visão de Lumumba, era um risco muito alto. E, não apenas para ele mesmo, mas também para os outros Panteras que seriam igualmente julgados. Ele acreditava que uma equipe de defesa sólida e experiente proporcionaria uma luta coesa e forte no tribunal e seria fundamental para garantir a liberdade deles, que Afeni poderia ser o elo mais fraco e, por fim, fazer com que ela e seus corréus fossem condenados. Lumumba lhe implorou: "Você não tem diploma. Não é qualificada. E é muito explosiva." Afeni bateu o pé. A decisão estava tomada. Recusou a ajuda de um advogado de defesa e apareceu no primeiro dia do julgamento pronta para defender a si mesma.

O julgamento teve início no dia 2 de fevereiro de 1970. Os protestos dos Panteras em frente ao número 100 da Centre Street, em Manhattan, criaram uma tensão prestes a explodir enquanto manifestantes compartilhavam a calçada com a intimidante presença da polícia. Apoiadores negros e membros dos Panteras marcharam junto a manifestantes brancos segurando cartazes que diziam CHEGA DE JULGAMENTOS RACISTAS – LIBERTEM OS 21 PANTERAS! E CHEGA DE RACISMO CONTRA OS PANTERAS NEGRAS – JUVENTUDE CONTRA A GUERRA E O FASCISMO. As acusações foram adiadas ou retiradas contra oito dos 21 Panteras inicialmente detidos, devido a alguns terem que lidar com casos de dupla incriminação, por estarem muito doentes ou serem jovens demais, mas os outros 13 iriam a julgamento.

Lumumba conduziu os acusados enquanto eles entravam no tribunal, os punhos erguidos timidamente, murmurando "Poder para o Povo" aos camaradas e apoiadores sentados no banco dos réus. Por fim, Afeni, a única Pantera que fora libertada mediante fiança, caminhou segura de si pelo corredor do tribunal e entrou na baía. Ao passar por Joseph A. Phillips, o promotor-chefe que representava o Estado de Nova York, seu sorriso era quase presunçoso. Ela estava pronta para lutar por sua liberdade.

O oficial de justiça ordenou: "Todos de pé!"

Formado em Harvard, o juiz grisalho da Suprema Corte do Estado de Nova York John M. Murtagh sentou-se diante de um tribunal lotado: dois promotores do estado, uma equipe de seis advogados de defesa, 13 acusados, uma fila de potenciais jurados, mesas em forma de L cheias de repórteres e muitos policiais. A segurança foi reforçada. "Havia 13 de nós sendo julgados", contou Afeni, "e um guarda atrás de cada assento." Havia um grupo de simpatizantes dos Panteras aglomerado na galeria, pronto e disposto a exigir explicações ao sistema de justiça estadunidense com sua presença. A atmosfera no tribunal era tensa.

A primeira tarefa do dia foi a seleção do júri. Afeni ficou ao lado dos dois principais advogados da equipe de defesa, Gerald Lefcourt e Charles McKinney. Os três questionaram agressivamente os jurados em potencial.

— O que você acha da morte de Martin Luther King? — questionou Afeni a Charles Fuller, um jurado negro.

— Acho que foi uma pena ter acontecido — respondeu Fuller.

— Você acha que as pessoas negras têm direito de estar com raiva?

— Em que sentido?

— Apenas… *com raiva*? — perguntou ela outra vez. Seu tom era gentil, mas direto.

— Não.

Com isso, Afeni o liberou com uma recusa decidida.

Embora Afeni tenha se mantido forte no tribunal todos os dias, o ano na prisão e a pressão de ser uma revolucionária lutando por sua vida a desgastaram. Ao longo do julgamento, seu casamento com Lumumba começou a ruir. As regras de um casamento polígamo trouxeram frustração e tensão entre ela e a primeira esposa de Lumumba, Sayeeda. "Ele dormia comigo às vezes. Dormia com ela. Ela cuidava das crianças e da casa. E eu não tinha interesse nessas coisas mesmo. Nunca fui muito de tarefas domésticas", explicaria Afeni em suas memórias. "E Lumumba e eu tínhamos nosso lance com o partido. Eu não tinha problema com isso. Mas estava matando Sayeeda por dentro." Por fim, Afeni começou a se distanciar do casamento e buscou consolo e carinho em outros homens.

No outono de 1970, Afeni conheceu um Pantera de Jersey City chamado Billy Garland em uma reunião de oficiais de estratégia. "Billy era a pessoa da divisão de Jersey do Partido dos Panteras Negras que trabalhava na distribuição, que eram as pessoas que pegavam os jornais e os distribuíam pela cidade. Então ele tinha acesso a uma van", lembrou ela. E, naquela van, Billy levava Afeni ao tribunal todo dia pela manhã. Ela não pôde deixar de reparar nas maçãs do rosto esculpidas e sobrancelhas grossas dele. A atração física que os dois sentiam um pelo outro logo cresceu, mas, após uma rápida consumação do relacionamento, seu vínculo se dissolveu em questão de poucos dias. Eddie "Jamal" Joseph, o membro mais jovem dos 21 Panteras, relembrou o clima radical e estressante no qual Afeni vivia como circunstâncias excepcionalmente difíceis para a juventude urbana dos Estados Unidos. "Mulheres jovens e saudáveis sofriam abortos espontâneos", disse ele. "Homens de 18 e 19 anos tinham úlceras hemorrágicas. Esse era o tipo de estresse com o qual as pessoas lidavam. Naquela época, o ápice de conforto humano podia vir de uma noite com alguém que você nunca mais encontraria, passando um tempo juntos, porque todo mundo pensava que o amanhã seria o dia em que seria morto ou iria para a cadeia passar o resto da vida. Então mesmo a ideia de intimidade era a intimidade da guerra. Tupac foi concebido em meio a essa confusão. Foi essa energia que o trouxe ao mundo."

A cobertura do julgamento pela imprensa logo transformou Afeni em uma celebridade local. O novo status dela chamou atenção e obteve a admiração de alguns dos principais gangsters do Harlem, que passaram a conhecê-la pelas matérias nos jornais locais. Quando ela não estava no tribunal lutando para se defender, estava solicitando contribuições de negócios para o fundo de defesa legal dos 21 Panteras. Ela passava as noites socializando e arrecadando fundos no Sterling's Den, um restaurante e bar movimentado na esquina da Boston Road com a 169th, no Bronx. Lá, conheceu um homem chamado Kenneth "Legs" Saunders. Bonito, mas com temperamento difícil, Legs era o braço direito do famoso traficante Nicky Barnes, e seu apelido Legs — "pernas", em inglês — vinha de suas pernas longas e bolsos fundos. Após o breve romance com Billy Garland, Afeni acolheu Legs em sua vida e a possibilidade de desenvolver algo a longo prazo. Mas o relacionamento deles também foi interrompido. Preso por violação da condicional, Legs deixou Afeni com uma recordação breve, porém duradoura.

Afeni não havia contado a Lumumba sobre a decisão de sair com outros homens fora do acordo matrimonial que tinham, mas ele logo ficou sabendo. Com o orgulho ferido, ele discutiu com Afeni e disse que ela não era mais uma Shakur. O divórcio sob a Lei Islâmica, por *talaq*, poderia ser obtido por meio de um simples pedido verbal. Com uma testemunha por perto, Lumumba recitou: "Eu me divorcio de você. Eu me divorcio de você. Eu me divorcio de você." Em segundos, eles não estavam mais ligados pelos laços do matrimônio.

Afeni ignorou solenemente o pedido de Lumumba de tirar o "Shakur" do seu nome. Ela havia se transformado em Afeni Shakur com confiança e valorizava o status que alcançara com o nome. Havia se tornado algo maior que ela mesma. Era o nome *dela* agora. A jornada dela. O desejo de manter o nome Shakur dizia respeito à própria identidade. Jamais voltaria a ser Afeni Williams. Ela solicitou uma reunião com o pai de Lumumba, Saladin, na esperança de se livrar da exigência do agora ex-marido. Sem hesitar, apesar do casamento fracassado de seu filho com Afeni, Saladin Shakur manteve a ex-nora na mais alta conta, dando-lhe, assim, sua bênção e permissão para manter o sobrenome.

Em novembro de 1970, Afeni descobriu que estava grávida. "Tive que contar a Lumumba enquanto ele estava sentado ao meu lado no tribunal", relatou. "E não foi uma experiência agradável. Foi um acontecimento e tanto." Todo dia ela ensaiava em silêncio o que diria sobre a criança que carregava. Embora o casamento deles tivesse terminado, ainda estava preocupada com a reação dele à notícia. Para piorar, ela ainda não sabia se o pai era Billy Garland ou Legs Saunders. Afeni desejava aquela criança mais que tudo. Só que, naquele momento, ela afastou todos os pensamentos sobre contar a Lumumba enquanto lutava por sua liberdade. O bebê, ainda um embrião, se tornou sua luz no plano de traçar um caminho de integridade e espírito revolucionário para que seu filho seguisse, sem importar o resultado do julgamento.

Afeni foi cuidadosa em seus preparativos legais, em especial para o interrogatório da principal testemunha de acusação, o informante disfarçado detetive Ralph White, que Afeni conhecera como Yedwa. Ela nunca havia confiado nele. No mesmo dia em que White entrou no escritório dos Panteras Negras no Harlem, ela alertou os colegas de que ele era policial. A mulher, que nunca dispensara uma briga de rua na adolescência, enfrentava agora uma nova batalha. Ela estava prestes a entrar no ringue com um homem negro que a tinha enganado, dentro de um sistema judicial que não fora projetado para fazer justiça aos negros estadunidenses.

Afeni passou noites no apartamento da irmã Jean, do outro lado da cidade, no número 1.240 da Woodycrest Avenue, no Bronx, elaborando perguntas para seu interrogatório. Quando chegou o dia, ela foi brilhante. Perguntou ao detetive da perspectiva dele sobre seu envolvimento no partido, se ele o via como mais político ou mais militarista.

— Desde que esteja falando de... a respeito do que tínhamos que fazer nas ruas, eu achava bom, sabe — respondeu White. — Mas quanto ao seu envolvimento, eu achava você mais militarista do que política.

Afeni manteve a postura reta e confiante enquanto prosseguia:

— Que *envolvimento*?

— Coisas que você dizia, coisas que vi você fazendo. Você falava sobre porcos, sobre apagar porcos. Falava muitas coisas sobre apagar porcos, e "esse porco isso" e "aquele porco aquilo". E que se alguém encontrasse um porco era para acabar com ele e tal.

Afeni insistiu.

— Entendo. Mas você disse que me *viu* fazendo coisas. Só quero ouvir uma coisa que eu tenha feito.

White relatou:

— Eu me lembro de uma reunião no escritório dos Panteras... você começou a falar de apagar os porcos, além da coisa militar, e estava muito emotiva. Eu me lembro disso, e tinham outras coisas que não consigo lembrar agora.

Ficou evidente no interrogatório que White não tinha visto Afeni cometer nenhum crime.

Enquanto Afeni continuava, enfatizou seus esforços de caridade em conexão com os Panteras. Ela fazia White contar aos jurados o que *tinha visto* ela fazer.

— Você já me viu no Lincoln Hospital?

— Vi — respondeu o detetive White.

— Já me viu trabalhando nas escolas?

— Já.

— Essas são algumas das coisas que levaram você a acreditar que eu tinha uma mente militarista?

— Não, não são.

— Você não se lembra das outras coisas.

— Na época eu me lembrava delas. Lembro... — O detetive White hesitou. — Você me lembrou das coisas boas que fazia. Se me lembrasse de outras coisas que disse, eu poderia responder.

— É, acho que sim — comentou ela, sarcástica. Depois de pedir um breve recesso, ela voltou e disse com firmeza: — Sem mais perguntas.

Afeni se sentou. Estava óbvio para todos no tribunal, incluindo o promotor-chefe, Joseph Phillips, que naquele momento Afeni havia emergido como uma litigante sagaz. "Naqueles vinte minutos, ela fez do Sr. Phillips sua testemunha e, assim, resgatou a si e a todos os outros", escreveu o jornalista Murray Kempton, que posteriormente ganhou um National Book Award pelo livro que escreveu a respeito do julgamento.

Após o assassinato de Fred Hampton, a divergência de filosofias entre um dos cofundadores dos Panteras Negras Huey Newton e o líder dos Panteras, Eldridge Cleaver, criou tensão, e o partido começou a implodir. Afeni nunca suspeitou que isso levaria alguns dos réus a temer pela vida e elaborar planos para não comparecer ao tribunal sem consultar a ela e Joan Bird, a única outra mulher corréu. Mas, na segunda-feira, 8 de fevereiro de 1971, pela manhã, quando Afeni e Joan pegaram juntas o elevador do tribunal e entraram na sala, havia uma sensação pesada que Afeni não conseguiu desvendar. Tinha algo errado. Enquanto olhava ao redor, ela soube de imediato: Richard Moore e Michael Tabor, dois dos 13 acusados, não haviam chegado. Afeni demorou um pouco a perceber que eles não iriam. Tinham decidido não comparecer. Ela ficou chocada. Eles tiveram a audácia de jogar fora a lealdade e camaradagem envolvidas em se juntar ao Partido dos Panteras Negras. O peso de ser traída por pessoas em quem confiava a consumiu, uma infecção perniciosa que envenenou seu coração pelo resto da vida. Como lembrou Afeni: "Tínhamos um acordo entre nós de contar tudo uns aos outros. Não se tratava de não comparecer, porque todo mundo tinha direito a isso, mas devíamos respeito [uns pelos outros]." Quando Moore e Tabor partiram, quebraram essa confiança.

O juiz Murtagh reagiu mal diante da decisão dos dois de fugir. Ele informou ao tribunal que as ações ilegais dos dois homens imediatamente tornavam alto o risco de fuga de Afeni e Joan. Dois homens tinham fugido. E elas pagariam por isso. Murtagh revogou a fiança delas e as enviou de volta aos horrores da Casa de Detenção Feminina.

Àquela altura, grávida de quase seis meses, Afeni pediu que Murtagh revertesse a decisão. Ela ficou ao lado de Lumumba, que ainda estava com bastante raiva por conta da gravidez, e falou com orgulho, como se "carregasse um príncipe":

— Gostaria de chamar a atenção da corte para algo que tenho certeza de que o tribunal desconhece, que é a situação que existe para a Srta. Bird e eu, e para as outras mulheres que estão presas na Casa de Detenção. As caldeiras lá estão quebradas. Não tem água quente. As condições não são apenas abomináveis, como eram antes; são desumanas. A comida que as mulheres comem é preparada em uma noite. Por exemplo, o jantar de hoje foi feito na noite passada e está na mesa esperando para ser servido esta noite. Não tem papel higiênico. O complexo não é mais apenas ruim, é ridículo. As mulheres não devem ser mandadas para lá.

O juiz se mostrou cético com a declaração de Afeni e o pedido por melhores condições, suspeitando que o interesse dela estava "em dar uma declaração para a imprensa".

— O interesse, Sr. Murtagh — respondeu ela —, é garantir a vida do meu filho.

O juiz a jogou de volta na prisão. Quando Afeni retornou à prisão feminina, naquela tarde, eles mandaram que ela se despisse e abrisse as pernas para a revista. Se ela se recusasse, seria colocada na solitária. Ela não hesitou em escolher a solitária. "Dormi o tempo todo apesar dos ratos, do isolamento, da carne enlatada, do pão branco falso, e de todo o resto", escreveu ela posteriormente.

Dias depois, enquanto o Partido dos Panteras Negras continuava a rachar, o irmão de Lumumba, Zayd, foi visitar Afeni. Quando perguntou de que lado ela ficaria, a resposta foi simples. "Meu lado é o do meu filho." Ela relembra: "Eles começaram a me pressionar para escolher um lado mesmo enquanto eu lutava pela minha vida, e grávida de cinco meses! Não me perguntaram como eu estava ou se precisava de algo. Sempre se tratava do partido e de que lado eu estava." Pela primeira vez, ela ficou sozinha. Sentia-se triplamente traída — pelo sistema, pelos policiais que haviam se infiltrado nos Panteras Negras, e agora por seus irmãos de partido. Mas, apesar da traição, ela encontrara uma nova e mais profunda dedicação: seu filho.

Apoiadores ferrenhos e outros Panteras continuaram a protestar do lado de fora do tribunal e da Casa de Detenção Feminina, sua presença aumentando quando o tribunal negou o pedido de Afeni de um ovo e um copo de leite por dia para alimentar o filho ainda no ventre. Felizmente, os cozinheiros da prisão eram admiradores de Afeni; eles entregavam em segredo uma refeição relativamente nutritiva toda noite para ela. "Tupac sempre pertenceu a todos", lembrou Afeni. "Quando eu estava grávida na prisão... os irmãos que trabalhavam na cozinha, quando levavam a comida, me traziam comida de verdade. Eles cuidaram de nós."

Enquanto o julgamento prosseguia, vários espectadores, muitos dos quais eram estranhos, jamais deixaram de comparecer. Frankie Zipp era um deles. Todo dia, no fim da sessão, Zipp erguia seu punho na direção de Afeni fazendo o sinal de "Poder para o Povo". Ele queria que ela soubesse que, não importava o que acontecesse, ela tinha amigos. "Nenhum de nós o conhecia", conta Afeni, "mas ele ia ao tribunal todo dia sem falta, usando terno." No fim do julgamento, em determinada tarde Afeni se apresentou depois que o juiz concedeu um breve recesso. Ela contou sobre Frankie: "Ele tinha sido um viciado a vida toda, mas naquele momento havia largado a agulha. Os braços dele eram cheios de cicatrizes, abcessos e inchaços, e as mãos eram grandes como bolas de basquete. Ele ganhou dinheiro nas ruas, mas não havia nenhuma queixa contra ele."

Mas, mesmo com todo o apoio de amigos e desconhecidos, quando Afeni se deitava na cela, à noite, confiava sobretudo em sua força espiritual para combater a nutrição precária que seu bebê recebia. Ela transformou a energia espiritual em poesia e histórias. Certa noite, enquanto estava sentada desconfortável no banco frio e duro da cela, rabiscou um poema ao qual deu o título "From the Pig Pen" [Do Chiqueiro, em tradução livre] em um pedaço de papel amassado. Quando terminou o poema, leu-o baixinho para a barriga:

> *What are these bars that intrude*
> *upon my sight?*
> *These shivering lines that test my*
> *physical might!*
> *Do they not know who I am or*
> *from where I came? . . .*

> *For I have a revolutionary story*
> *   that I must tell*
> *And my hands refuse to be beaten*
> *   by this tormented cell*
> *There is a force in here a whole*
> *   new Black community*
> *a motivating force — ready to make*
> *   liberation a living reality!**

Na cadeia, Afeni evitava a questão da paternidade de Tupac. Em vez disso, pensava na vida que ela e o filho teriam juntos. Ela temia um veredito de culpada, e tinha pavor da possibilidade de não poder criar o filho. Esses sentimentos a inspiraram a escrever uma carta para "o bebê em meu útero ainda por nascer", ao mesmo tempo um pedido de desculpas pela própria vida e um pedido pela vida da criança. "Imagino que um dia você vai se perguntar sobre toda esta confusão que está acontecendo agora e eu precisava garantir que você entendesse algumas coisas", era como começava.

Em dois anos, aprendi muito sobre ser mulher, e é por isso que quero falar com você. Descobri o que deveria ter sabido há muito tempo, que a mudança tem que começar dentro de nós, quer haja uma revolução hoje, quer amanhã, ainda devemos enfrentar o problema de nos expurgar do roubo que todos herdamos. Espero que não passe para você, pois você é nossa única esperança. Você deve avaliar nossas ações e decidir por conta própria o que foi bom e o que foi ruim. É óbvio que falhamos em algum ponto, mas sei que não vai — não pode — terminar aqui.

Em preparação para a alegação final no tribunal, Afeni leu tudo que conseguiu. Estudou o discurso de 1953 de Fidel Castro, "A história me absolverá", inspirando-se no manifesto de autodefesa dele. Ela prepararia uma alegação final para convencer os jurados de que não

---

* O que são essas grades que se intrometem na minha visão?/ Essas linhas tremulantes que testam minha disposição física!/ Elas não sabem quem eu sou ou de onde venho?.../ Pois tenho uma história revolucionária que preciso contar/ E minhas mãos se recusam a ser açoitadas nesta cela/ Há aqui uma força, uma nova comunidade negra/ uma força motivadora — pronta para fazer da libertação uma realidade.

era a criminosa que o promotor-chefe, Phillips, estava determinado a provar que era.

Quando chegou o dia, Afeni já estava grávida de oito meses. Ela caminhou devagar para o tribunal, a barriga protuberante coberta graciosamente por seu vestido xadrez de gestante. Não usava mais as botas de camurça até o joelho e as roupas da moda que vestia no tribunal enquanto estava sob fiança. Resiliente, Afeni e seus dez corréus restantes entraram no tribunal, ainda sob segurança adequada para lidar com uma multidão enfurecida. Afeni ficou cara a cara com um sistema de justiça que a colocou na prisão e ameaçou tirar seu bebê e que, naqueles últimos 22 meses, tentara rotulá-la de terrorista. Ela olhou para o júri, lembrou-se de Murray Kempton, "como se estivesse suplicante diante de algum rei a cujos pés ela havia chegado atravessando neves e espinhos, passando por guardas e cortesãos zombadores".

"Não sei o que devo dizer", começou ela.

Não sei como devo justificar as acusações que o Sr. Phillips trouxe diante do tribunal contra mim. Mas sei que nenhuma dessas acusações foi provada e não estou falando de ser provada além de uma dúvida razoável. Estou dizendo que nenhuma das acusações foi provada, ponto-final. Que nada foi provado neste tribunal, que nem eu, nem qualquer um dos acusados, fizemos qualquer dessas coisas que o Sr. Phillips insiste em dizer que fizemos.

Então, por que estamos aqui? Por que qualquer um de nós está aqui? Não sei. Mas agradeceria se vocês acabassem com este pesadelo, porque estou cansada e não consigo achar uma explicação para ele. Não há motivo lógico para termos passado pelos últimos dois anos como passamos, sermos ameaçados de prisão porque alguém em algum lugar está observando e esperando justificar ser um espião. Então façam o que tiverem que fazer. Mas, por favor, não esqueçam o que viram e ouviram neste tribunal... Deixem que a história os registre como um júri que não se dobrou diante da oferta absurda do Estado. Justifiquem nossa fé em vocês. Mostrem-nos que não estávamos errados em pensar que nos julgariam de maneira justa. E lembrem-se de que é tudo o que pedimos de vocês. Tudo o que pedimos é que nos julguem de maneira justa. Por favor, julguem-nos da forma como gostariam de ser julgados.

O poder do discurso de Afeni levou a um dos momentos mais inesperados do juiz Murtagh. No dia 3 de maio, ele informou ao tribunal que tinha decidido conceder a liberdade condicional a Afeni pelo restante do julgamento. Até os advogados de defesa foram pegos completamente desprevenidos. Murtagh perguntou a Afeni: "Você promete continuar comparecendo ao tribunal quando puder?" Ela assentiu. O juiz Murtagh terminou seu anúncio, alegando que estava, de fato, interessado nos direitos da criança e de Afeni. Ela ficaria livre até o veredito.

Afeni não conseguia acreditar. Caiu em lágrimas. Depois, no corredor, repórteres se reuniram ao redor dela para fazer perguntas. Ainda em choque, praticamente sem palavras, ela contou a eles que estava feliz de ir para casa com a irmã, Jean.

Dez dias depois, na quinta-feira, 13 de maio de 1971, o último dia do que tinha sido o mais longo e mais caro julgamento na história da Suprema Corte de Nova York, o júri começou a deliberar. Levaram menos de noventa minutos para chegar ao veredito.

Quando o júri retornou à sala, o juiz Murtagh pediu que o representante do grupo, James "Ingram" Fox, se levantasse. O oficial de justiça perguntou:

— Membros do júri, chegaram a um veredito?

— Chegamos — respondeu Fox.

— Quanto ao réu Lumumba Shakur, na primeira acusação do crime de conspiração de homicídio doloso, como o júri o considera, culpado ou inocente?

— Inocente.

Um burburinho se espalhou pela sala, aumentando à medida que Fox continuava com mais 11 veredits: todos inocentes. Os espectadores ergueram os punhos. "Isso aí!", gritavam. "Poder para o Povo!", "Poder para o júri!". Um rugido de animação e alegria preencheu a sala enquanto Fox seguia lendo o veredito do júri, passando pela longa lista de acusações contra os Panteras em um tom quase melódico: "Inocente" mais 156 vezes. Inocentes de incêndio criminoso, inocentes de conspiração para explodir prédios, inocentes de tentativa de homicídio.

Tudo que Afeni pôde fazer foi ficar calada. Lágrimas de alívio rolavam por seu rosto. Lumumba só conseguia gritar. E então todos se abraçaram em comemoração.

Estavam livres.

DO BERÇO AO TÚMULO

"Minha mãe estava grávida de mim enquanto esteve presa", Tupac explicaria anos depois. "Ela foi a própria advogada. Nunca fez faculdade de direito. A pena seria de uns trezentos anos. Uma mulher negra, grávida, venceu o caso. Isso mostra a força de uma mulher negra e a força dos oprimidos."

Apenas horas depois, os jurados, os advogados de defesa, Afeni, Jean e muitos dos outros acusados se encontraram no escritório de advocacia de Lefcourt e Crain para um encerramento em comemoração. Eles beberam champanhe e relembraram os últimos meses. Todos sorriam. Benjamin Giles, o jurado número nove, estava lá. Ele perguntou a Afeni onde ela aprendera a se portar daquela forma.

— Medo, Sr. Giles, medo puro — respondeu ela.

Trinta e quatro dias depois, em 16 de junho, Afeni estava sentada no sofá da irmã folheando as páginas do *New York Times*. Estava ressentida da propaganda anti-Panteras que cobria as páginas e esperava ver seu nome pelas matérias. Jean lavou a louça da tarde, espiou pela janela da cozinha e observou distraidamente uma família de ratos correndo pelo estacionamento abandonado. As duas estavam perdidas em pensamentos, absorvidas pela tranquilidade entre elas.

A primeira contração passou por Afeni como um trovão suave. Jean olhou para ela do outro lado da sala e a viu pegar o telefone. Alguns minutos depois, seu novo amigo, Frankie Zipp, estacionou seu novíssimo Cadillac conversível branco 1971 na calçada em frente ao apartamento e logo ajudou Afeni a entrar no carro. De um banco traseiro estofado em couro vermelho, Afeni e Jean olhavam para o volante e para as mãos inchadas e quase deformadas de Frankie, para sempre danificadas por conta de seus devastadores dias de vício em heroína. Seguiram em silêncio, esperando avistar o hospital.

Horas depois de Afeni chegar ao New York Flower-Fifth Avenue Hospital, nascia Tupac Amaru Shakur. Mas a paranoia instalada em Afeni pelos Panteras e pelo tempo na prisão havia apenas crescido desde o julgamento. Para impedir que o governo marcasse o filho como um bebê dos Panteras e, portanto, o indicasse como uma "ameaça à sociedade", ela decidiu registrá-lo como Parish Lesane Crooks, em homenagem a Carol Jean Crooks, também conhecida como "Crooksie", ex-companheira de cela de Afeni que se tornara uma amiga querida.

"Lesane" era o sobrenome de Jean. "Escolhi um nome qualquer. Escolhi uma combinação de vários nomes", conta Afeni. "Deixei uma mulher lésbica (Crooksie), que era minha amiga, dar a ele o nome de Parish. Lesane era o nome da família da minha irmã na época. E também Crooks, por causa da equipe de break dance Crooks Crew. É isso. Era isso o que estava no papel. Mas Tupac sempre foi o nome dele. Tupac Amaru Shakur. Ele sempre foi na minha mente um soldado no exílio, desde o começo. Era assim que eu o via."

Tupac significa "real" ou "brilhante", e Amaru significa "serpente". O nome pertencia orginalmente a uma linhagem de honrosos líderes inca peruanos. Era desejo de Afeni que Tupac incorporasse o espírito da África, mas também o espírito de todo o povo indígena do mundo. "O que eu queria era dar ao meu filho um nome não em homenagem a um africano, mas em homenagem a uma pessoa indígena que não fosse africana", ela explicou mais tarde. "Porque eu precisava que ele soubesse que tínhamos a mesma identidade de toda pessoa indígena no mundo. Fazíamos parte de uma geração que acreditava que os nomes eram a base para uma criança. Por isso eu queria que ele estivesse sobre uma fundação [ampla]. Em vez de ter um apego desmedido à cor da pele, eu queria que ele encontrasse um significado mais profundo no motivo da nossa luta. Não apenas porque somos negros, mas porque, como as outras pessoas indígenas no mundo, temos uma luta em comum. Eu queria que ele entendesse esse sentimento. E é por isso que seu nome, Tupac Amaru, é lindo de ouvir."

Quando o médico envolveu o bebê Tupac em um cobertor e o levou para fora da sala de parto, Afeni ficou tensa. Embora o médico garantisse que seu filho estaria seguro, Afeni temia que alguém trocasse, machucasse ou roubasse intencionalmente seu bebê. Ela pediu a Jean que ficasse por perto, para confirmar a identificação do bebê antes que fosse levado para o berçário. Jean esperou ansiosamente no corredor, e enfim foi recebida pelo médico e seu sobrinho recém-nascido. O médico segurou o bebê na frente de Jean, do jeito que havia prometido. Ela sorriu para o corpo minúsculo do sobrinho enrolado em um cobertor. "Ok, meu querido, aí está você, eu te conheço agora, nada vai acontecer com você, porque a tia Jean tá aqui pra garantir isso." Estas foram suas primeiras palavras para Tupac. Ela cumpriria aquela promessa muitas vezes nos anos que se seguiram.

02

QUERIDA MAMÃE
1971-1974

I finally understand for a woman it ain't easy trying to raise a man.
You always was committed, a poor single mother on welfare,
tell me how you did it*

— TUPAC SHAKUR

Mesmo livre, Afeni encarou a instabilidade e a pobreza. As dificuldades dela corroboraram sua visão de mundo de que a desigualdade, a falta de oportunidade e a injustiça social eram os males que destruíam sua comunidade. Embora os Panteras estivessem em crise, ela sabia que a "guerra" contra o governo não havia acabado. O comprometimento dela com a luta por igualdade se intensificou, mesmo enquanto a dor da traição de seus camaradas Panteras e da polícia infiltrada tivessem influenciado uma mentalidade de desconfiança. A difícil realidade da jovem Afeni abriu caminho não apenas para o mundo no qual Tupac nasceu, mas também para o qual ele seguiria pela vida. Entranhado no nascimento e na criação de Tupac estavam os medos e sonhos de Afeni para o filho — a expectativa de que ele daria prosseguimento à dedicação dela à comunidade negra e à vontade de ajudar os outros a se libertarem da opressão.

---

* Finalmente entendi que, para uma mulher, não é fácil criar um homem. Você sempre foi dedicada, uma pobre mãe solo vivendo de auxílio, me conta como você conseguiu.

Tupac levou esse caminho a sério. Anos mais tarde, ele diria: "Acho que minha mãe sabia que a liberdade não viria na vida dela, assim como eu sei que não virá na minha. Mas ou a gente continua assim ou alguém se sacrifica... Alguém estabelece um caminho para que não tenhamos que viver em um círculo vicioso mortal. Alguém precisa se libertar e arriscar perder tudo, ser pobre e espancado; alguém precisa fazer alguma coisa."

Saindo de um turbilhão de dois anos de encarceramento terrível e do estresse de um julgamento tumultuado, Afeni não tinha um plano, nem uma casa, nem dinheiro. Mas sabia que sempre seria bem-vinda na casa da irmã até que descobrisse os próximos passos, não importando quanto a vida ficasse difícil.

O bebê Tupac passou os primeiros dias de vida no número 1.240 da Woodycrest Avenue, no Bronx, próximo ao Yankee Stadium. O apartamento alugado de três quartos ficava no primeiro andar de um prédio de cinco andares sem elevador no meio de uma vizinhança etnicamente diversa, com comunidades negras e porto-riquenhas tendo recebido recentemente um fluxo de imigrantes dominicanos. Woodycrest naquele tempo era um local movimentado. Tia Jean, na época mãe solo, tinha cinco filhos pequenos, todos com menos de 9 anos. A casa estava cheia, e eles se viravam com o pouco espaço disponível. O filho mais velho de Jean, Bill Jr., tinha 8 anos. Scott, nascido um ano depois, tinha 7. Kenny, 5, e Greg, que seria diagnosticado com autismo não verbal, 4. Jamala (batizada em homenagem a Jamal Joseph, o membro mais novo dos 21 Panteras) era a única menina e tinha apenas 2 anos.

Bill se lembra do dia em que Afeni levou Tupac para casa. "Ele era nosso ursinho de pelúcia. Na mesma hora, todos começaram a brigar para ver quem seria o próximo a pegar ele no colo. E por dias ele foi passado de mão em mão pelas pessoas da casa. Amigos do movimento visitavam a casa dia e noite para vê-lo. E Tupac ficava lá enrolado em um cobertor. Ele parecia um bonequinho." Logo de cara, Tupac foi exposto à agitação da atividade constante de seus cinco jovens primos. "Quando eu era bebê, lembro que tinha um momento de paz e tranquilidade, e três minutos depois virava o caos", Tupac disse mais tarde.

O laço fraterno entre Tupac e os primos foi imediato, e permaneceria por muito tempo. Mas a maldição da pobreza perseguia a existência deles. A comida era escassa, as roupas, rasgadas; o aluguel, atrasado. Por sorte, Tupac ainda era muito jovem para perceber o que faltava. Em vez disso, de dia ele era entretido pelo clamor dos primos — e à noite pela presença calmante da mãe enquanto ela o embalava no antigo berço de madeira ao lado da cama.

Nos primeiros meses da vida de Tupac, enquanto Afeni enfrentava tantas incertezas, ela se deparou com um fio de esperança, uma calma momentânea no constante turbilhão da instabilidade. Seu ótimo desempenho durante o julgamento dos 21 Panteras tinha impressionado muitos apoiadores do partido, o que levou a uma série de generosas ofertas de ajuda. Uma delas veio de Ann Dubole, uma mulher rica de Manhattan que morava em um apartamento peculiar no coração de Greenwich Village, mas planejava passar muitos meses fora do estado. Ela sugeriu que Afeni e seu bebê recém-nascido aproveitassem o apartamento vago, oferecendo a eles o próprio pequeno oásis, sem cobrar aluguel, enquanto ela estava fora. Afeni aceitou, impressionada com a generosidade de Dubole e aliviada por ter a chance de estabelecer sua independência.

O pequeno apartamento, em um enclave calmo na Bank Street, se tornou um santuário para a recém-mãe e o filho, um local para eles se conectarem, para Tupac ter a mãe só para si. Por fim, o apartamento se provou um dos lares mais seguros e confortáveis que Afeni criaria para eles. A amiga de Afeni, Crooksie, ajudou iluminando o quarto de Tupac com uma camada fresca de tinta e o enchendo com o máximo de brinquedos que pôde pagar. Ela também ajudou Afeni a cuidar de Tupac. O privilégio de ter uma amiga para ajudar a trocar, alimentar e dar banho no bebê permitiu a Afeni um alívio da experiência dolorosa da batalha legal e do encarceramento. Enfim, a mente dela começou a se acalmar e seus pensamentos ficaram mais nítidos.

O julgamento dos 21 Panteras pode ter terminado em vitória, mas foi apenas uma batalha na guerra, como Afeni costumava chamar, entre o certo e o errado. Ela viu o Partido dos Panteras Negras rachar sob a pressão do cerco contínuo do governo. Fred Hampton estava morto. Eldridge Cleaver fugira do país. Bobby Seale foi preso depois de ser lamentavelmente amordaçado no tribunal durante seu julgamento em Chicago. Enquanto a resposta de alguns Panteras foi o afastamento do ativismo organizado, outros tomaram um rumo mais agressivo: o movimento Exército Negro de Libertação, uma milícia clandestina que via a "rebelião armada" como a única tática viável contra um sistema violentamente opressor.

Afeni não seguiria esse caminho. Mas também não abriria mão de sua paixão e de seu compromisso com o movimento de liberdade dos negros. Como mãe, ela desenvolveu uma nova mentalidade. Continuaria desafiando o sistema e lutando pelo bem do povo, mas não como membro da resistência armada organizada. Em vez disso, desafiaria as desigualdades na educação, as péssimas condições de moradia, a assistência médica precária, a opressão e a discriminação. Continuaria a lutar contra os efeitos do racismo sistêmico e das forças opressivas sem arriscar a própria vida. E a melhor maneira de fazer isso, ela decidiu, era por meio da lei.

Durante o julgamento dos 21 Panteras, Afeni conhecera um advogado que representava o Bronx Legal Services chamado Richard Fischbein. Considerando o evidente talento de Afeni no tribunal, Fischbein precisou de pouco para ser convencido a acolhê-la como assistente jurídica. Afeni causou um impacto imediato quando ela e seus colegas de trabalho ajudaram a organizar um dos primeiros sindicatos de serviços jurídicos. O trabalho também tinha uma vantagem muito bem-vinda: Afeni podia levar o bebê para o trabalho todos os dias.

Durante a semana, a tarefa de construir um mundo mais igualitário era a prioridade. Mas, nos fins de semana, Afeni e Tupac aproveitavam os eventos culturais de Nova York. Eles iam a festivais de arte, descobriam novas culinárias e se viam entre multidões ouvindo líderes emergentes discursarem sobre as dificuldades da comunidade negra nos Estados Unidos. Em uma tarde, eles pararam no Armory, na 168th Street, para ouvir Louis Farrakhan, líder da Nação do Islã, e adentraram um momento notável no tempo que marcaria a coincidência e o destino na vida de Tupac. Na multidão naquele dia estava Billy Garland, o homem que Afeni acreditava ser o pai de Tupac. Garland estava com a esposa e uma amiga íntima dela, uma jovem chamada Karen Lee. Lee, que naquele momento jamais poderia imaginar que em vinte anos se tornaria a assessora de Tupac, relembrou o instante em que Afeni os abordou. "A esposa de Billy era uma grande amiga minha, mas Afeni era uma espécie de heroína para mim porque eu havia lido muito sobre os 21 Panteras e a conhecia por causa de seu trabalho no partido", contou. Karen observou Afeni caminhar em direção a Billy e colocar o bebê Tupac em seus braços. "Foi uma situação um pouco constrangedora na época. Ela disse: 'Acho que você vai querer conhecer seu filho.'" Lee recorda que "ele tinha apenas algumas semanas de vida. Tudo o que consigo lembrar são aqueles olhos grandes espiando para fora do cobertor e como ele era fofo".

Alguns meses depois, quando Legs Saunders saiu da cadeia, ele não perdeu tempo e foi até o apartamento na Bank Street ver o bebê que nascera enquanto estava preso. Ele passou por Afeni à porta e foi direto para o berço, onde Tupac, com o cabelinho trançado, estava dormindo. Espiando aquela criança tranquila, Legs proclamou: "É, ele é meu. O menino com certeza é meu." Ele exibia um sorriso orgulhoso. Afeni ficou na porta observando-o babar por Tupac. Embora ainda não pudesse determinar com certeza a paternidade do bebê, ela sorriu para Legs e aproveitou a magia do momento.

Só que, mais uma vez, Legs não ficou por muito tempo. Como havia acabado de ser libertado, ele precisava encontrar um lugar para morar e reconstruir a vida. E, apesar da promessa que fez de ser presente na vida do filho, anos se passariam até que Tupac e Afeni o vissem com regularidade.

Billy Garland e Legs Saunders representavam duas direções muito diferentes em relação à questão da paternidade de Tupac. Mas não havia respostas claras. Billy não reclamou a paternidade de Tupac naquele dia no Armory. E, semanas mais tarde, Legs jurou que Tupac era dele. O mistério do pai biológico de Tupac só seria resolvido muitos anos depois.

Em 1972, quando Tupac fez 1 ano, seu tempo na Bank Street chegou ao fim. Afeni voltou com o filho para o apartamento de Jean na Woodycrest Avenue. Embora sua condição de moradia tenha voltado a ficar complicada, a companhia dos primos era divertida para Tupac. Como o mais novo, ele era o foco da atenção de todos. Os primos mais velhos se divertiam muito com ele, atraindo-o para pegadinhas e o tornando alvo de muitas piadas inofensivas, principalmente quando Tupac tinha uns 2 anos. "A gente provocava Tupac o tempo todo", lembra Bill. "Tinha um pote de maionese vazio com casca de ovo e água dentro. Não lembro para que servia ou por que estava na geladeira, mas, só para nos divertir, costumávamos tirar a tampa e fazer Pac sentir o cheiro. Era horrível… A gente se divertia fazendo ele sentir o cheiro e vendo a cara dele. A gente adorava ver Tupac fazer cara feia várias vezes."

Naqueles anos, Tupac ficava ao lado da mãe enquanto ela travava uma guerra política contra o sistema. O primo dele, Kenny, cinco anos mais velho, se lembra de viajar para diferentes encontros políticos de distritos que aconteciam na casa das pessoas. "Sempre pensávamos que estávamos indo a uma festa ou encontro. Mas na verdade era um comício ou reunião", conta ele. "Íamos ao Queens para visitar nosso amigo Abdul Malik e a família dele. Brincávamos com os filhos dele enquanto os adultos ficavam lá em cima se organizando. As crianças sempre estavam juntas brincando com outras crianças revolucionárias."

Para Afeni, o chamado para lutar pela liberdade tinha sido impossível de evitar. Quando lia o jornal ou assistia ao noticiário, ou até mesmo saía de casa, ela se lembrava das desigualdades que estavam enraizadas na sociedade. O desejo de ajudar queimava dentro dela. Afeni permaneceu firme em seu trabalho, garantindo os direitos dos inquilinos e melhorando as condições prisionais das mulheres, mas no momento havia acrescentado batalhas políticas mais explícitas. Uma delas era ajudar seus companheiros de partido que haviam sido presos injustamente.

No ano anterior, 1971, as iniciativas desonestas do FBI contra os Panteras e outros ativistas enfim foram expostas quando oito ativistas brancos antiguerra atacaram um escritório do FBI em Media, Pensilvânia. As caixas de informações governamentais altamente confidenciais que os ativistas roubaram acabariam por expor o programa de contraespionagem de legalidade duvidosa (Cointelpro). Betty Medsger, do *Washington Post*, foi a primeira a relatar as descobertas: "Uma das coisas de que me recordo com mais clareza sobre esses arquivos foi a vigilância completa do povo negro estadunidense que foi descrita. Foi muito impressionante."

A descoberta trouxe destaque a ativistas como Afeni, que naquele momento via que sua paranoia com relação à vigilância e subversão do FBI era totalmente justificada. Na mesma época em que Tupac começou a andar, o foco inicial de Afeni havia se tornado seu envolvimento com os esforços políticos e legais para desmantelar o Cointelpro. Ela se tornou coordenadora da Força-Tarefa Nacional para o Litígio e Pesquisa do Cointelpro, se juntando ao esforço crescente para expor a profundidade do mal que o governo havia feito e para ganhar a liberdade dos membros dos Panteras Negras presos devido ao programa.

Uma das prioridades da força-tarefa era libertar Elmer "Geronimo" Pratt, vice-ministro da defesa dos Panteras Negras e amigo íntimo de Afeni. Pratt estava cumprindo uma pena de 25 anos a prisão perpétua

— incluindo oito anos de confinamento solitário — na Prisão Estadual de San Quentin após ser falsamente acusado de roubar e matar Caroline Olsen, uma professora, em uma quadra de tênis de Santa Monica. Apesar da insistência de Pratt em afirmar que estava a quinhentos quilômetros de distância na Carolina do Norte quando o crime aconteceu, o júri ficou do lado da testemunha da promotoria, Julius "Julio" Butler, que contou a eles que Pratt confessara o assassinato.[*]

Geronimo e Afeni haviam se conhecido como colegas Panteras quando líderes do partido solicitaram que ela e Jamal Joseph fossem à Costa Oeste para uma reunião dos Panteras a fim de discutir o problema dos 21 Panteras e o estado atual das coisas. Na época, Geronimo liderava a divisão de Los Angeles do partido, e Afeni havia subido nos cargos da divisão do Harlem. Eles se tornaram amigos de cara e permaneceram próximos pelo resto da vida dele, mesmo durante a prisão de Geronimo. "Geronimo foi preso em dezembro de 1970", disse Afeni. "Tupac nasceu em 16 de junho de 1971. O aniversário de Geronimo é 13 de setembro [dia da morte de Tupac]. Então, no dia 13 de setembro de 1996, Geronimo chegou à sua cela e na cama estava o que normalmente chegava de seu sobrinho para ele usar como custódia [dinheiro] na lojinha da prisão, no dia do aniversário de Geronimo e no dia da morte de Tupac." O julgamento de Geronimo foi enfim anulado na primavera do ano seguinte. "Eu pessoalmente vivo com uma dor não vingada, porque Geronimo não pôde estar livre durante a vida do meu filho", contou Afeni. "A vida inteira do meu filho se passou durante o encarceramento ilegal de Geronimo."

Quando Geronimo enviou a Afeni uma carta da prisão pedindo ajuda com seu caso, ela e Tupac embarcaram em um avião para a Califórnia. Por horas, Tupac ficou sentado no chão entretido com seus brinquedos enquanto Afeni conversava com os advogados de Geronimo. Com um

---

[*] De acordo com o *Los Angeles Times*, foi descoberto que "em janeiro de 1970, e mais uma vez em junho de 1970, os arquivos do FBI declararam que ele deveria ser 'neutralizado como um efetivo funcionário do Partido dos Panteras Negras' e que a 'legitimidade da autoridade de Pratt no partido deveria ser desafiada' pela operação Cointelpro. Naquele mês de outubro, o FBI e o Departamento de Polícia de Los Angeles, em conjunto, começaram a manipular evidências contra Pratt pelo assassinato de Olsen. Em dezembro, ele foi indiciado e preso". Vinte e sete anos depois da condenação de Pratt, o caso foi anulado quando ficou provado que Julio Butler era um criminoso condenado pago pelo FBI e um informante da polícia recrutado para se infiltrar no Partido dos Panteras Negras.

fluxo constante de jargões jurídicos se infiltrando em sua consciência em desenvolvimento, e as intermináveis reuniões sindicais e eventos de arrecadação de fundos que participou com a mãe, as habilidades verbais de Tupac amadureceram depressa. Kenny lembra que Tupac conseguia articular frases desde muito cedo, de forma surpreendente. "Ele começou a falar bem novinho", contou Kenny. "Ele entendia as coisas e se lembrava delas, mais rápido do que a média para uma criança de 2 anos."

Poucas coisas importavam mais para Afeni do que a integridade da educação de Tupac. Enquanto ela lhe ensinava o alfabeto, os números e as cores, começou a buscar uma escolinha para matriculá-lo. Ela usou o dinheiro que tinha para matricular Tupac em uma creche privada chamada Little Red Pre-School, com a esperança de que ele começaria a ganhar uma sensação de estrutura e disciplina para potencializar a educação recebida em casa. Contudo, essa esperança logo foi diminuída. Um dia, Afeni chegou cedo para buscá-lo. Ao entrar na creche, viu o menino em cima de uma das mesas, simulando os passos de dança do lendário artista James Brown. Ele dançava para lá e para cá na longa mesa, balançando os pequenos quadris de 4 anos, concluindo a mini-presentação com a acrobacia que era marca registrada de James Brown.

Afeni ficou furiosa. Marchou até o filho, arrancou-o da mesa e o tirou da sala de aula. Ela acreditava que educação, não entretenimento, era essencial no desenvolvimento inicial de uma criança. A professora tentou explicar que era fim do dia e Tupac estava "apenas fazendo uma apresentaçãozinha", mas Afeni não quis saber. Ela retrucou: "Meu filho está aqui pela educação, não para entreter vocês." As pessoas negras estavam em crise nos Estados Unidos. A sala de aula era lugar de aprender, não um espaço para o filho dela fazer um show para os colegas. Ela informou à creche que Tupac não voltaria a uma escola que, na visão dela, não o levaria a sério e que parecia priorizar o lazer em detrimento da educação.

Em casa, naquela tarde, a raiva de Afeni não tinha passado. Ela bateu em Tupac enquanto brigava com ele. "O que eu te falei sobre como um jovem negro independente deve agir? Você é um jovem negro independente, Tupac."

Afeni queria que o filho fosse um pensador independente e analítico, mas ele era muito jovem para entender o estado emocional de urgência da mãe. Nem compreendia as complexidades do seu trabalho diário e a pressão que ela sentia para provar que Geronimo Pratt era inocente. Ele ainda não sabia o que de fato significava quando alguém dizia as palavras "defensor da liberdade". Ele ouvira as palavras "opressão" e "desigualdade", mas não assimilava ainda os atrasos e as consequências desses atos para as vidas negras. E, sobretudo, ainda não entendia a intensa preocupação da mãe por ele ser um jovem negro nos Estados Unidos. Tupac só tinha 4 anos. Mas, para Afeni, a idade não importava. Ela continuava levando para casa a lição de sua punição. "Não temos motivo para dançar", disse a ele. "Você entendeu? Não temos *nada* para celebrar. Agora vá para o seu quarto."

Em 1974, Afeni e Tupac saíram do número 1.240 da Woodycrest para encontrar uma casa só deles. Ela conseguiu um pequeno apartamento em um prédio de nove andares na West 108th Street, na agitada meca urbana do Harlem. O novo apartamento deles fervilhava com incenso, velas, arte e livros, pequenos objetos e tecido bogolan por todos os móveis, o que contribuía para a atmosfera calorosa na qual Tupac se desenvolveria. Enquanto Afeni trabalhava na mesa da cozinha à noite, Tupac se ocupava pelo apartamento, às vezes correndo, às vezes no triciclo, absorvendo os sons do vinil que girava com artistas como Gil Scott-Heron, The Main Ingredient e The Last Poets. Jamal Joseph, que permaneceu próximo a Afeni depois do julgamento dos 21 Panteras, lembrava-se da intensidade de Tupac nessa época. "Eu costumava vê-lo levar a casa abaixo… tipo: 'Sai da frente! Sai da frente!'" Ele disparava sem medo em seu triciclo com um capacete de futebol americano na cabeça, mas Jamal relembra: "Da forma como ele usava, não era um capacete de futebol americano – era a motocicleta e o capacete de corrida dele."

Quando ele se cansava, Afeni costumava cantar para fazê-lo dormir. Ela entoava canções como "Go Up Moses" e "Hey, That's No Way to Say Goodbye", de Leonard Cohen, interpretada de forma inesquecível por Roberta Flack. Afeni mostrou para Tupac que música era assunto sério, uma forma de arte que era veículo de expressão e emoção. "Enquanto outras crianças têm bongôs de brinquedo, Tupac tinha bongôs e um tambor africano de verdade", contou ela. "Sempre havia um instrumento musical pela casa que não era brinquedo. Acredito que as crianças devem ter música para acalmá-las."

Enquanto Afeni lidava com o delicado equilíbrio entre trabalho e maternidade, o ativismo consumia seus pensamentos. Com o futuro de seu bebê pelo qual lutar, ela dobrou a dedicação, esperando poder construir um mundo com mais oportunidades para o filho. Com o trabalho exigindo que Afeni viajasse mais, Tupac costumava passar a noite com os primos e ainda com uma amiga próxima de Afeni, Yaasmyn Fula, em Nova Jersey. Fula também estava profundamente envolvida no ativismo negro e tinha acabado de ter um filho, Yafeu, de quem Tupac ficou próximo e com quem desenvolveu um laço fraternal durante esse tempo.

Tupac também passava muitas noites na casa da amiga de Afeni do movimento, Karen Kadison, com quem Afeni se conectara a partir do desejo compartilhado delas de desafiar as injustiças que existiam no país. Karen e os pais (que eram brancos) haviam se mudado para o Harlem depois da aprovação da lei de *Brown vs. Conselho de Educação*. "Meus pais acreditavam que dependia de nós", conta ela. "Que nós é que tínhamos que nos integrar." Pouco depois de se conhecerem, antes de Afeni se juntar aos Panteras, Afeni se mudou para o apartamento de Karen em Park Slope, no Brooklyn, onde as duas se dividiam entre os prazeres da vida: danças, bebida, drogas e homens.

Elas continuaram próximas enquanto Afeni esteve presa, com Karen prometendo que ajudaria tia Jean a cuidar de Tupac se Afeni fosse condenada. Naquele momento, ela cuidava de Tupac quando Afeni precisava de ajuda durante as viagens. Em uma dessas vezes, enquanto Tupac, com seis meses, dormia, Karen ouviu barulhos estranhos vindos do lado de fora da casa. Menos de um ano depois da absolvição de Afeni, a ameaça da polícia permanecia um medo constante, tanto para Karen quanto para Afeni. Mas Karen não entrou em pânico. Em vez disso, pensou em um esconderijo — um local para guardar o tesouro de Afeni onde a polícia não o encontrasse. Ela pegou Tupac de onde ele dormia, colocou-o gentilmente em uma de suas gavetas e a fechou, deixando uma abertura de apenas alguns centímetros para que ele pudesse respirar. Enquanto saía do quarto, ela ouviu os passos ficarem mais próximos. E então uma batida.

Quando abriu a porta, vários policiais, alguns à paisana, outros de uniforme, entraram e começaram a fazer uma busca. Ela rezou em silêncio.

— O que exatamente posso fazer por vocês hoje? — perguntou Karen, tentando manter a voz calma e suprimir o medo de que Tupac despertasse de repente e começasse a chorar alto o bastante para atrair curiosidade. Mas ele não acordou.

A polícia vinha, importunava, tentava meter medo. Era o que eles faziam na época. Era o que estava acontecendo. O bebê Tupac geralmente estava dormindo, mas nem sempre.

Mais ou menos nessa época, Afeni se reconectou com Mutulu Shakur. Nascido Jeral Williams, em sua adolescência ele tinha sido mentorado e muito influenciado pela vida e mente revolucionária do patriarca Shakur, Saladin, e mudara o nome para Mutulu Shakur. "O nome Shakur representa muitos sacrifícios", explicou Mutulu. "Fizemos o máximo que pudemos para manter a integridade com nossos erros, com nosso estresse pós-traumático." Mutulu encontrou Afeni em vários eventos musicais e sociais, e os dois se tornaram conhecidos. Mas, quando se reuniram, anos depois do julgamento de Afeni, as conversas pulsavam com a adrenalina dos interesses em comum.

Mutulu foi um membro fundador do governo provisório da República da Nova Áfrika. A organização prometia uma agenda separatista, com o objetivo de criar "uma república negra independente" dentro dos Estados Unidos, onde os negros poderiam conviver em paz. O grupo também buscava reparação financeira pelos danos psicológicos infligidos aos negros norte-americanos durante a escravidão e as leis Jim Crow. Embora Mutulu nunca tenha sido um Pantera, seu forte interesse nas questões da comunidade significavam que ele e Afeni frequentavam os mesmos círculos. Os dois trabalhavam com dependentes em recuperação no programa Lincoln Detox e em programas como Blacks Against Abusive Drugs (BAAD). Meses depois, eles começaram a viajar pelo país juntos a fim de visitar prisões e trabalhar na reforma prisional e defesa dos encarcerados. Enquanto viajavam e trabalhavam defendendo seus objetivos em comum, os dois tiveram um envolvimento amoroso. Pouco depois, Afeni engravidou.

No dia 3 de outubro de 1975, quando Tupac tinha 4 anos, Afeni deu à luz uma garotinha. Ela e Mutulu batizaram a filha de Sekyiwa (pronunciado Set-chu-wa), e, de repente, eles se tornaram uma família unida de quatro pessoas. Tupac, orgulhoso de ser irmão mais velho, logo se tornou o protetor de Sekyiwa. Assim seria por toda a vida dele. Desde os primeiros dias da vida de Sekyiwa, ela e Tupac eram ligados espiritual e emocionalmente.

A família em crescimento se mudou para um espaçoso apartamento no 16º andar no número 626 da Riverside Drive. Com o incentivo de Mutulu, fortes tradições afro-estadunidenses foram integradas na casa.

Naquele dezembro, a família celebrou seu primeiro Kwanzaa, um feriado norte-americano criado tendo como base tradições africanas apenas nove anos antes. Seu nome vem da frase suaíli "Matunda Ya Kwanza", que se traduz como "primeiros frutos da colheita". A data foi criada para famílias negras tirarem tempo para deixar de lado o consumismo do Natal e celebrar suas raízes africanas. Afeni ensinou aos filhos os sete princípios do Kwanzaa: unidade, autodeterminação, trabalho e responsabilidade coletiva, economia cooperativa, propósito, criatividade e fé.

Durante o Kwanzaa, a família passava o copo Harambe. Eles rezavam, sopravam velas e celebravam a nova vida juntos. Essas comemorações despertavam em Tupac uma profunda noção de respeito pela cultura afro-estadunidense e sua conexão com a tradição africana, mas também permitiam oportunidades para que ele satisfizesse seu lado travesso nas reuniões de família. "Tupac costumava provocar todas as menininhas revolucionárias e persegui-las pela casa", lembra o primo dele, Kenny. Toda noite eles se reuniam em uma casa diferente, e Tupac puxava jogos como "dúzias", uma batalha verbal na qual alguém faz críticas sobre a mãe ou um parente de alguém. Por vezes, ele aceitava desafios dos primos mais velhos. "Eu desafiava Tupac a ir puxar o cabelo de uma das meninas", admitiu Kenny. "E Tupac sempre fazia o que eu mandava."

Apesar das travessuras de férias, Mutulu trouxe ordem para o lar, e Tupac respondeu à influência dessa nova figura paterna. Ele logo passou a relutar em se juntar aos primos quando eles provocavam o caos. "Não tenho permissão para isso" tornou-se seu mantra.

No entanto, como tantas coisas na vida deles, esse momento de felicidade familiar foi temporário. Pouco depois que a família Shakur aumentou de dois para quatro, Mutulu e Afeni se separaram. Após a separação, Afeni se viu com o peso de ser mãe solo de duas crianças. Dessa vez, porém, a separação foi diferente. Como ela respeitava a mente de Mutulu e valorizava seu papel na luta pela liberdade e igualdade, decidiu não cortar os laços. Ela explica a base do relacionamento: "Éramos camaradas e amigos." Afeni refletiu sobre a importância de uma influência paterna para os filhos e percebeu que a ausência de Mutulu seria prejudicial. Ela superou a dor e deixou de lado a decepção, concordando em criar Sekyiwa e Tupac em conjunto.

Mas, mesmo com a promessa de serem parceiros na criação dos filhos, a partida de Mutulu desestabilizou a família. Sem conseguir pagar o aluguel sozinha, Afeni foi despejada do apartamento em Riverside Drive. Mais uma vez, ela buscou refúgio. Mais uma vez, Afeni se deparou com um relacionamento fracassado e uma conta bancária vazia. E, mais uma vez, sua irmã, Jean, estava lá de braços abertos.

Com os dois filhos a reboque, Afeni voltou para o apartamento da irmã no Bronx. Agora, no entanto, havia um novo homem na vida de Jean, que se tornaria importante no futuro de Tupac. Thomas Cox, conhecido como T.C., era um operador de trem na New York City Transit Authority. Mesmo sem jamais ter pertencido aos Panteras Negras e sem muito interesse em serviço comunitário, T.C. foi uma base sólida para Jean e para toda a família. Ele trabalhava para estabilizá-los financeiramente e aceitou de bom grado a responsabilidade de alimentar Afeni e os filhos dela junto aos filhos dele e de Jean de casamentos anteriores. A presença de Afeni, Tupac e Sekyiwa na casa trouxe novos desafios financeiros para uma família já no limite, mas T.C. não era de reclamar.

Pouco depois da mudança de Afeni e dos filhos, T.C. e Jean tiveram seu primeiro bebê juntos. Quando Jean pediu sugestões de nome, Afeni logo voltou à lista de nomes indígenas que considerara quando estava grávida de Tupac. "Acho que você devia chamá-lo de Katari", sugeriu Afeni confiante. Com a chegada do bebê Katari à família, o número 930 da Thieriot Avenue estava lotado. Jean sorri ao lembrar dessa época e diz: "Pela primeira vez não estávamos mais num apartamento em um sobrado. Estávamos progredindo."

Mesmo assim, nem mesmo o esforço de T.C. poderia transformar as dificuldades financeiras da família da noite para o dia. "Éramos pobres", relembra a prima de Tupac, Jamala. "Na maior parte do tempo, não tínhamos comida e nos alimentávamos de sanduíches de queijo quente com o queijo em barra da caridade porque não tinha mais nada na geladeira." Os sanduíches de Tupac, embora não tivessem carne dentro, tinham que ser apimentados. "Ele comia um sanduíche de pão com molho de pimenta se não tivesse mais nada em casa. Se fosse apimentado, ele comia."

T.C. se esforçava para trazer um pouco de alegria aos dias sombrios. Ele criou um jogo para a família: se fosse "sua" semana, você ganhava uma chance de colocar um item especial na lista de compras. O dia do pagamento se tornou o "dia da comida" na casa dos Cox-Shakur. De acordo com Jamala, esse dia, que costumava ser quinta-feira, era o "paraíso". Quando T.C. e Jean passavam pela porta com a comida, as crianças corriam para pegar seus itens favoritos. "Na maioria das vezes comíamos sanduíches apimentados de presunto e queijo", diz Jamala, "mas, em uma noite boa, tinha frango. Desde que ninguém tocasse no bife de T.C., tudo ficava bem." E, quando T.C. fazia horas extras, comprava presentes para as crianças. Uma vez, ele surpreendeu Tupac com uma bicicleta novinha em folha.

Apesar de não terem dinheiro, os primos mais velhos de Tupac também descobriram formas de terem a mesma diversão diária daqueles com dinheiro. Em muitas ocasiões, Kenny levou Tupac ao Yankee Stadium, onde passavam por uma entrada secreta atrás do campo central e iam para as arquibancadas. Durante a World Series de 1977, eles esperavam testemunhar o que com certeza seria um dos mais memoráveis torneios da história do beisebol — o sexto jogo entre os Yankees e os Los Angeles Dodgers. Infelizmente, a segurança no estádio estava reforçada. Eles perderam um jogo e tanto: foi a noite em que Reggie Jackson fez três home runs e ganhou o apelido de Mr. October. "Não conseguimos nem chegar perto do estádio naquela noite", lembra Kenny, "mas foi divertido ficar lá fora, porque tinha muita gente e Nova York, o Bronx, eram lindos naquele tempo porque havia muitas culturas étnicas em uma só região torcendo pelo mesmo time." Para Tupac, qualquer decepção por perder o jogo foi recompensada pela energia de várias culturas se misturando ao redor do estádio. "Música porto-riquenha tocava de um lado, tinha os garotos latinos do outro", disse Kenny. "E tinha os manos. E as pessoas brancas. Todo mundo no mesmo espírito de orgulho pelo jogo. Tupac amou. Ele corria e estava amando a energia da coisa toda."

T.C., Jean e Afeni tentaram construir uma atmosfera de apoio e amor para os filhos, mas também buscavam ser sinceros com eles a respeito do mundo que os esperava do lado de fora, um mundo que poderia ser implacável, injusto e impiedoso. Em 1977, conversas na casa dos Cox-Shakur vinham sendo cada vez mais dominadas pelo assunto dos ex-Panteras que ainda eram injustamente perseguidos, assediados e presos. Afeni, Jean e T.C. costumavam discutir o destino de Assata Shakur que, depois de uma série de julgamentos durante os anos 1970, naquele momento encarava uma sentença de prisão perpétua por seu envolvimento em um tiroteio sangrento no New Jersey Turnpike anos antes. O tiroteio acontecera tarde da noite em maio de 1973, quando um policial parou Sundiata Acoli por um farol traseiro queimado. O irmão de Assata e Lumumba, Zayd, também estava no carro. Após discutir com a polícia, Zayd foi morto a tiros. Na briga, o policial também foi baleado e morto, o que por fim levou à condenação de Assata por homicídio doloso, agressão e roubo. Naquele mês de abril, ela foi sentenciada à prisão perpétua.

Zayd foi o primeiro membro da família Shakur a ser morto pela polícia, e o julgamento de Assata, que chegou às manchetes dos jornais pelo mundo (ela foi representada pelo famoso advogado William Kunstler), os deixou furiosos com o que viram como sérios erros da justiça e o enojante e racista poder da lei. Afeni não falava baixo quando as crianças estavam na sala. Conversas raivosas sobre os "porcos" e suas condutas racistas ocorriam em alto e bom som sem medir as palavras. Quando Mutulu ia à casa de Afeni para passar tempo com Sekyiwa e Tupac, a família discutia as injustiças do julgamento de Assata e como ela fora falsamente acusada. Tupac não era poupado dessas ondas de frustração e fúria. Ele absorvia cada momento, internalizando o sofrimento emocional prolongado da família. Mesmo muito jovem, ele foi desenvolvendo uma desconfiança intensa das autoridades.

A frustração da família era alimentada pela constante dificuldade de pagar as contas. Posteriormente, em 1977, Afeni se mudou com os filhos para um novo apartamento na esquina do de Jean, mas não demorou para não conseguir pagar o aluguel e precisar sair. Eles foram salvos graças à generosidade de uma amiga da família que ofereceu um apartamento na Edgecombe Avenue, no Harlem. Mas então T.C., Jean e a família também foram despejados do apartamento na Thieriot Avenue e tiveram que pedir abrigo à mesma amiga. O objetivo imediato era que as duas famílias ficassem juntas apenas por tempo suficiente para guardar dinheiro antes de se separarem outra vez. "Migrávamos por toda parte", contou o primo de Tupac, Bill. "Tínhamos que nos mudar a cada seis meses, e às vezes em menos tempo. Era caótico. Eu tinha uma forma de lidar com isso, porque era mais velho que os outros. Me voltei para as ruas. Meus irmãos, irmãs, Tupac e a pequena Sekyiwa não tinham uma forma de lidar com isso."

Levou menos de três meses para Afeni conseguir se mudar de novo, daquela vez de volta ao prédio na Morningside Avenue onde ela e Mutulu tinham vivido juntos. Tupac e Sekyiwa dividiam um quarto quase sem móveis, com apenas um beliche e um abajur. O apartamento podia ser simples, mas Afeni garantia que as crianças tivessem o bastante para alimentar a imaginação. Sekyiwa tinha uma coleção de bonecas e dera a todas o mesmo nome, seu nome favorito, Nzingha. Tupac tinha bonecos G.I. Joe, uma pequena coleção de Hot Wheels e vários *action figures* de *Star Wars*. Criado para ser criativo e se satisfazer com o que tinha, Tupac também fazia os próprios brinquedos, fabricando bazucas com blocos de isopor, tubos de cartolina e fita adesiva. Para fingir um campo de batalha para sua guerra de bazucas, ele montava tendas na sala de estar e fingia serem fortes. Ele e Sekyiwa também tinham uma pequena biblioteca de livros infantis. "Ele tinha todas as versões juvenis de todos aqueles livros de história negra", conta o primo mais velho de Tupac, Scott. Tupac gostava especialmente da versão para crianças da *Autobiografia de Malcolm X*, um dos primeiros livros que ele leu que continha temas com os quais estava se familiarizando: nacionalismo negro, separatismo e orgulho negro.

À noite, Tupac e Sekyiwa dançavam no quarto ao som de músicas que tocavam no radinho ao lado da cama. Canções como "Baby, Come to Me", de Pattie Austin e James Ingram. Os dois cantavam um para o outro e dançavam pelo quarto como se fossem "dançarinos profissionais", lembra-se Sekyiwa. Dia após dia, eles também criavam mundos de fantasia, que incluíam uma mistura de muito drama e rivalidade entre irmãos, já que Tupac se divertia muito provocando a irmã mais nova.

Depois da escola, eles mal podiam esperar para chegar em casa e ficar na frente da TV. O canal 11, WPIX, tinha todos os programas favoritos de Tupac: *Tom e Jerry, Os Três Patetas, Faísca e Fumaça, A Ilha dos Birutas, Maguila, O Gorila* e *Arnold*. Ele era um telespectador ativo, projetando-se em seus programas favoritos e tornando seus aqueles mundos. "Eu via todo aquele povo lá no mundo de faz de conta", Tupac recordou anos depois, "e sabia que poderia fazer parte dele se também fingisse. A forma como Arnold aparecia no seriado… Desde muito cedo, eu só assistia e emulava. E pensava que, talvez, se eu pudesse ser ator e encenar como todos aqueles personagens, eu teria um pouco da alegria deles. Se eu conseguisse agir como se tivesse uma grande família, não me sentiria tão solitário."

Mais ou menos na época em que Mutulu apresentou as artes marciais a Tupac, ele assistiu a seu primeiro filme de Bruce Lee. Tupac foi fisgado. Transformava-se no lendário ator e artista para fazer o próprio filme imaginário. "Ele pulava do beliche chutando o ar", conta Bill. "Andava pela vizinhança com as sapatilhas de caratê achando que era o cara."

Mas, em alguns dias, ele não precisava fingir viver no mundo dos heróis hollywoodianos. Nas frequentes viagens que faziam pelo país até a Bay Area, Afeni mostrava a Tupac e Sekyiwa como eram os esforços heroicos da vida real. As crianças passavam dias e noites brincando quietinhas em um escritório de advocacia na Valencia Street, em São Francisco, enquanto Afeni concentrava-se em descobrir as falhas no caso de Geronimo Pratt. *Busca por liberdade. Encarceramento injusto. Prisão política.* Todas essas expressões iam da boca dos adultos direto para os ouvidos de Tupac. Ele se viu de olhos abertos e cativado pelos protestos que pediam a libertação de Geronimo Pratt, juntando-se ao coro:

Geronimo Pratt
Be like he
Dare to struggle
*To be free**

Mesmo que Sekyiwa e Tupac tenham sido criados no fluxo da instabilidade, não importava a falta de dinheiro, ou quantos dias durasse, ou quão derrotada Afeni se sentisse, ela nunca desistiu de preservar a educação dos filhos, cultivando um rígido regime disciplinar e consistentes aulas em casa que complementavam a educação da escola pública. Não importava se ela tinha acabado de voltar da Califórnia após uma viagem de pesquisa jurídica de um mês ou se estava apenas exausta de organizar greves de inquilinos para melhorar as condições de moradia nas comunidades carentes de Nova York, Afeni arranjava tempo para priorizar o aprendizado dos filhos. Mas havia dias em que Tupac não queria seguir as regras e expectativas da mãe. Dependendo da infração, seu mau comportamento costumava resultar em um dos dois métodos de punição: levar umas palmadas ou ser forçado a se sentar à mesa da cozinha e ler o *New York Times* em voz alta, da primeira à última página. Ele temia esse último castigo e se rebelava com gestos dramáticos e resmungos excessivos a cada frase. Não importava. Afeni acreditava que essa forma de punição, junto ao currículo de educação domiciliar personalizado, acabaria compensando; e assim foi, de forma

---

* Geronimo Pratt/ Seja como ele/ Ouse lutar/ Para se libertar.

imediata e duradoura. Por exemplo, quando estava no terceiro ano, na aula de estudos sociais, Tupac surpreendeu o professor com sua habilidade precoce quando escreveu um breve ensaio sobre mulheres negras líderes na história.

Esse foi um bom dia. Em outros dias, a travessura dele corria solta. Uma tarde, na aula de artes, quando recebeu a tarefa de esculpir com argila, Tupac imaginou que estava livre para criar o que quisesse. Não havia tabus nessa aula. Expressão livre e criativa era a ordem do dia. Sentindo-se rebelde e ousado como sempre, ele começou um design especial: o pênis perfeito. No fim do dia, levou orgulhosamente sua criação à reunião de História Negra no ginásio, onde planejava fazer uma pequena apresentação. Sempre que levantava a mão para responder a perguntas de conhecimento geral que os professores faziam aos alunos, ele cutucava a ponta proeminente da escultura em uma inocente colega de classe chamada Iris. Por fim, ela se cansou e o denunciou. O resultado foi um dia inteiro de suspensão.

Tupac sabia que estaria ferrado quando Afeni descobrisse. Aterrorizado com qual seria a punição da mãe por uma ofensa dessa magnitude, ele saiu da escola, entrou em um trem e viajou por Nova York pelo resto da tarde. Em sua quarta ou quinta viagem de ida e volta ao Queens, um casal branco percebeu que algo estava errado e o levou para a delegacia.

Um policial da delegacia do Queens ligou para Afeni e informou que eles estavam com seu filho. Ela saiu correndo de casa e pegou o trem. A viagem do Harlem ao Queens não foi rápida o suficiente. Ela não tinha ideia do que esperar — não sabia se tinham algemado Tupac ou o trancado em uma cela. Afeni só sabia que o filho, um menino negro, estava detido até que ela chegasse.

Para sua total descrença, quando entrou na delegacia, ela encontrou Tupac completamente relaxado, com as pernas apoiadas na mesa de um policial, assistindo a *Welcome Back, Kotter* na televisão da delegacia. Ele parecia saber que estava mais seguro em qualquer lugar que não fosse a própria casa, onde a ira da mãe com certeza o esperava. Afeni, em seu coração, não conseguia acreditar que o filho havia escapado de um possível castigo ao se refugiar na casa do inimigo. Em sua cabeça, ela e todos os negros do país estavam em guerra contra a polícia!

Enquanto Afeni conduzia Tupac para fora da delegacia, nitidamente furiosa, os policiais se despediam deles. Um não conseguiu resistir e disse: "Pega leve com o garoto."

AS RUAS SÃO COMO UM CORREDOR DA MORTE
1975-1980

> Growing up as an inner-city brother, where every other had a pops and a mother, I was the product of a heated lover*
>
> — TUPAC SHAKUR

Tupac cresceu sem saber quem era seu pai, e talvez por conta disso tenha crescido com muitos pais. Cada um ofereceu um tipo diferente de instrução a respeito da vida, a respeito do que significava ser um homem. Enquanto Tupac se tornava um jovem, Mutulu Shakur, Legs Saunders e Thomas "T.C." Cox assumiram papéis influentes e essenciais cada um apresentando um conjunto diferente de valores que se manifestaram como peças complexas e visíveis na personalidade de Tupac.

Legs se tornou o pai de Tupac quase por acaso. Desde que Tupac se entendia por gente, ele queria saber quem era seu pai biológico. Quando perguntou a Afeni, ela foi sincera. Disse que era Legs Saunders ou Billy Garland. Tupac não sabia quem era Billy Garland. Então identificou Legs como seu pai.

Legs foi o único homem que Tupac um dia chamou de pai. Com ele, Tupac logo aprendeu os fundamentos da vida nas ruas. "[Legs],

---

* Cresci como um mano do centro da cidade, onde todos os outros tinham um papai e uma mãe, eu era o produto de uma paixão inflamada.

meu padrasto, era um gângster", ele contou mais tarde. "Um legítimo malandro das ruas. Ele nem se importava se minha mãe tinha um filho. Ele ficou tipo: 'Ah, esse filho é meu'... Ele cuidou de mim, me deu dinheiro, mas também era um criminoso. Era um traficante lá fora, fazendo seus corres. Ele só vinha, trazia dinheiro..." Mas então ele partiu. Afeni se lembrava de Legs como um soldado. "Legs era um soldado nas ruas", disse ela. "Eu era uma soldada no exército."

Quando Tupac tinha mais ou menos 10 anos, Legs reapareceu. Ele surgiu no apartamento deles, animado para levar o "filho" para passear naquele dia. Os dois costumavam passear pelas ruas do Harlem no Buick de última geração de Legs, passando horas na 125th Street fazendo compras, conferindo as últimas tendências da moda. Às vezes, eles passavam o dia inteiro no Games People Play, um fliperama que Legs frequentava. Idas à barbearia e baldes de frango frito viraram rotina. Legs apelidou Tupac de "Cabeção". Um dia, depois de passar o dia com Legs, Tupac chegou ao apartamento com uma caixa de som novinha em folha. Era preta e prata, com uma alça de metal resistente, alto-falantes extragrandes e um toca-fitas duplo. Tupac gostou do presente, pois além de algumas peças de roupa, foi o único que recebeu de Legs. Foi uma época feliz. Tupac costumava voltar para casa com uma roupa nova ou um par de sapatos, sempre com um novo corte de cabelo e um sorriso no rosto que durava dias.

Certa vez, Tupac voltou com o cabelo cortado e penteado. O primo Bill estava sentado no sofá quando ele entrou.

— Caramba! O que você fez com o seu cabelo? — perguntou Bill.

— Meu pai me levou para arrumar.

Afeni olhou Tupac de cima a baixo e disse: "É, tudo bem, mas por favor não coloque essas químicas no cabelo igual da última vez!" Afeni não aprovava os penteados químicos "não naturais" que Legs encorajava — cachos Jheri e permanentes não eram permitidos. Mas a maioria das exigências de Afeni foi gentilmente deixada de lado quando ela percebeu que o tempo que Legs e Tupac passavam juntos, como pai e filho, era bem mais importante do que a opinião dela sobre permanentes.

Às vezes, Legs ficava com eles no apartamento por dias a fio. Na mesa de café todas as manhãs, ele ingeria religiosamente uma gama de vitaminas e suplementos coloridos. As crianças ouviam com atenção enquanto ele dava explicações detalhadas a respeito dos benefícios do óleo de fígado de bacalhau e dos efeitos positivos do pólen das abelhas. Elas imploravam para tomar também, tamanha era a admiração por aquele homem que procurava fortalecê-los por meio de aulas de nutrição e bem-estar.

As estadas de Legs deram a Tupac esperança, talvez falsa, de que esse "pai" pudesse se tornar um elemento permanente em sua vida. Mas Legs nunca ficou por perto de forma consistente. Ele entrava e saía da vida da família tal qual um sinal de rádio. No fim das contas, sua presença fugaz só contribuiu para a crescente decepção de Tupac com a falta de uma figura paterna presente em sua vida.

O segundo marido de Jean, T.C., foi outra influência paterna importante. Em comparação a Legs, que o apresentou à vida nas ruas, T.C. era exemplo de estrutura e confiabilidade. Ele mostrou a importância da rotina para as crianças, voltando do trabalho todas as noites no mesmo horário, recebendo um salário todo mês e aproveitando o tempo livre nos fins de semana. Com T.C., Tupac enfim teve uma figura paterna de quem podia *esperar* coisas, alguém que mostrava que, com muito trabalho, vinham resultados positivos. Afeni atribuía a forte ética de trabalho que Tupac desenvolveu na adolescência ao cunhado.

Houve muitos casos na infância de Tupac em que ele tentou imitar o tio. Como T.C., ele queria cuidar e ser o "protetor" da família. Praticava com a irmã mais nova. Ele era doce e gentil com ela, exibindo uma sensibilidade inerente que se tornaria característica de sua personalidade. Quer fosse Sekyiwa ou uma criança da vizinhança, Tupac costumava correr para ajudar os necessitados. A prima dele, Jamala, lembrou-se de um dia em que Tupac, com 6 anos, e os primos voltaram da escola para casa e encontraram Moniqua, uma vizinha de 4 anos, triste e chorosa em sua varanda. Enquanto as outras crianças passavam direto, Tupac sentou-se ao lado de Moniqua e a confortou. "Vai ficar tudo bem, Moniqua", Jamala lembrou-se dele dizendo baixinho. Ele enxugou as lágrimas da menina. "Eu prometo. Só me diz o que aconteceu. Quem fez isso? Por que você está chorando?"

Mutulu instituiu um conjunto de ideias diferente e convincente. Com Mutulu, Tupac obteve um curso relâmpago sobre ser um Jovem Negro Iniciante. Mutulu também ensinou a Tupac e Sekyiwa sobre a natureza dicotômica das mentalidades afro-estadunidenses — os assimiladores e os separatistas. Ele explicou os conceitos de colonialismo e imperialismo, e discutiu como a fixação dos Estados Unidos na exclusividade, restringindo o progresso dos negros por meio da opressão, era construída no tecido de seu poder estrutural capitalista. Mutulu complementava as lições de Afeni sobre líderes negros do passado e do presente ao dissecar as várias filosofias deles e analisar criticamente suas influências.

Outra lição que Mutulu compartilhou com as crianças foi a importância de amar e respeitar a mente e o corpo, algo que ele incorporou à sua prática como curandeiro e acupunturista. Todas as manhãs, ele colocava as crianças para fazerem sessões de alongamento. "Ele fazia Tupac e eu darmos chutes de caratê e fazer abdominais todas as manhãs para manter nosso abdome forte", contou o primo Kenny. Sekyiwa tinha orgulho dos feitos de Mutulu na acupuntura, dizendo a todos que seu pai era um "médico".

Com o passar dos anos, embora o tempo os levasse a lugares diferentes, Mutulu se tornou um dos grandes mentores de Tupac. Mutulu foi o homem a quem Tupac recorria para receber conselhos. "Para todos os problemas e todas as questões pelas quais Tupac passou, ele foi seu mentor", explicou Afeni. "Para tudo. Mutulu e Geronimo."

Tupac se orgulhava desde cedo de sua linhagem Shakur. Com o ativismo comunitário de Afeni e as realizações de Mutulu na área médica, Tupac aprendeu quando menino que comunidade e liderança eram sinônimos para o seu sobrenome. Mas o orgulho que ele sentia não vinha sem questionamentos. Mesmo na juventude, Tupac não estava imune à cobertura consistentemente negativa da mídia sobre os Shakur e seus irmãos revolucionários. Na TV e no rádio, ouviu irmãos e irmãs em solidariedade, familiares e amigos, descritos como inimigos do Estado. Tupac teve que buscar entender como aqueles que sua mãe amava e respeitava podiam ser retratados como criminosos.

Aos 8 anos, esses relacionamentos paternos desenvolveram em Tupac uma consciência conflitante e complexa. As lições de Afeni e Mutulu despertaram nele uma vigilância revolucionária contra um sistema que mantinha os negros impotentes e pobres. Por outro lado, Legs o educou de acordo com a conduta e a competitividade da vida nas ruas. As complexidades do intelecto pré-adolescente de Tupac foram moldadas como os dois lados de uma mesma moeda, com conhecimento e desconfiança de um lado, sobrevivência nas ruas do outro. Essa combinação o marcaria pelo resto da vida, transformando-se na essência crua e fervorosa que inspirou a poesia e as letras poderosas que ele viria a compartilhar com o mundo.

AS RUAS SÃO COMO UM CORREDOR DA MORTE

Embora Legs e Mutulu tivessem grande influência na vida e na mente de Tupac, o tempo de Tupac com eles era escasso. Legs praticamente sumira. E Mutulu se tornaria fisicamente ausente da família quando a vida do clã Shakur desse outra virada sombria.

No dia 2 de novembro de 1979, Assata Shakur escapou da unidade prisional feminina do Instituto Penal de Clinton. Agentes federais a procuraram pelas ruas de Nova York. Eles acreditavam que a fuga fora orquestrada pelo Exército Negro de Libertação e foram atrás de todos os possíveis conectados à notória fuga. O FBI considerou Mutulu um suspeito. Quando ele desapareceu e ficou escondido, as casas em que Sekyiwa e Tupac moravam durante esse tempo se tornaram alvo de vigilância.

Outro cerco, uma verdadeira caçada. E, dessa vez, se houvesse confrontos, haveria crianças pequenas envolvidas. Afeni retornou ao modo Pantera, na defensiva, pronta para proteger os filhos a qualquer custo. Com o FBI literalmente em seu quintal, Afeni começou a adicionar aulas sobre controle de crises nas lições diárias dos filhos. Ela exigia vigilância constante de Tupac, instruindo-o com seriedade todas as manhãs antes de sair para trabalhar. Enquanto o jovem Tupac encarava a mãe de olhos arregalados, ela dizia: "Preste muita atenção a cada coisa acontecendo ao seu redor, o tempo todo." Tupac ouvia com atenção. "E, mais importante, não confie em *ninguém!*" E então ela saía, deixando Tupac com esses duradouros e urgentes avisos e comandos, perguntando-se como priorizá-los no dia que tinha pela frente.

Essas lições foram transferidas para todos os aspectos da vida de Tupac. A partir desse ponto, todos, independentemente do papel que desempenhariam na vida de Tupac, seriam questionados. Uma tarde, Tupac estava rebatendo bolas no pátio do prédio quando mergulhou para um arremesso e bateu o rosto com força na lateral de um banco de concreto. Ele foi levado às pressas para o Lincoln Hospital, para onde Afeni também se dirigiu correndo, determinada a protegê-lo não apenas da dor, mas também de qualquer tentativa dos médicos de feri-lo. A paranoia que sentira no dia do nascimento do filho no New York Flower-Fifth Avenue Hospital voltara com força.

Na emergência, Tupac estava amarrado a uma maca, pronto para ser atendido, mas Afeni logo interrompeu os planos do médico de aplicar anestesia nele. Ela exigiu que soltassem as amarras dos braços de seu filho. Lembrou-se de dizer ao médico, séria e taxativa: "O que você precisa fazer, senhor, é explicar para o meu filho o que vai fazer com ele. Ele não é um animal." Tupac encarou a mãe com dor enquanto ela repreendia o médico, exigindo que ele justificasse a maneira agressiva com que Tupac foi amarrado. Experiências dramáticas como essa ensinaram ao jovem Tupac muito sobre confiança e desconfiança, e fortaleceram seu vínculo com Afeni. Quer ele entendesse ou não a extensão do medo que sua mãe sentia, ele sabia que ela era sua protetora.

Depois que os pontos de Tupac cicatrizaram, Afeni expandiu seu plano abrangente para prepará-lo para o futuro. Ela tinha dado a ele uma base sólida e uma noção de identidade centrada na tradição, no orgulho e nas lições de história. Agora, intensificava as lições sobre vigilância. Ela inspirara no filho uma mentalidade de guerreiro para que ele fosse capaz de se defender da polícia ou de qualquer pessoa que tentasse prejudicá-lo.

Afeni o matriculou na Black Cipher Academy, uma escola de caratê no Harlem que pertencia a seu amigo e ex-colega de partido Jamal Joseph. A escola oferecia educação para o corpo e a mente: por 5 dólares por mês, Jamal dava aulas de caratê, de educação política e de história negra. Em seu primeiro dia de aula, Tupac chegou de uniforme: calça preta de caratê e camiseta vermelha. Pôsteres de Malcolm X e Che Guevara cobriam as paredes do dojo. Tupac logo pegou o jeito. Sua confiança aumentava a cada semana. Ele não hesitou em perguntar ao Sensei Jamal se poderia treinar com os alunos mais velhos. Um dia, Jamal disse que sim e observou os dois alunos praticarem a técnica de luta. Então, de repente, o garoto mais velho desarmou Tupac com um chute rápido no rosto. O nariz dele começou a sangrar.

Jamal interrompeu a luta.

— Está bem, Tupac, pode se render agora, acabou.

A expressão determinada no rosto de Tupac nem sequer vacilou. Ele ignorou Jamal e continuou a luta.

De novo, Jamal tentou acabar com o combate.

— Renda-se, Tupac.

— Não, Sensei, preciso terminar a luta. — Tupac continuou concentrado.

A luta seguiu. O sangue que escorria do nariz do menino caía no tatame enquanto ele lutava. Só depois que ele e seu oponente haviam se exaurido, Tupac fez a saudação final e foi em direção aos fundos da escola, onde Jamal cuidou de seu nariz ensanguentado. "Tupac era sempre o aluno mais entusiasmado da turma", relembrou Jamal. "Ele nunca desistia. Sempre queria lutar com os garotos maiores... Ele tinha uma risada ótima que fazia qualquer um querer agarrá-lo e girá-lo e fazer cócegas só para ouvir aquela risada e sentir sua energia. Ele tinha uma alma incrível."

Algumas das crianças ficavam depois da aula para ajudar a arrumar o dojo. Tupac sempre tirava o lixo e limpava os espelhos. Parecia uma troca justa pelo valor da aula, que Afeni não tinha como pagar. Tupac costumava perguntar a Jamal se havia mais alguma coisa em que pudesse ajudar.

— Não, tudo bem, Tupac. Pode ir para casa.

Com um sorriso e uma reverência, ele ia embora.

Nessa idade, as aulas de caratê eram divertidas e uma oportunidade de interagir com os colegas. Mas, enquanto Tupac aprimorava suas habilidades, a mãe continuava a lembrá-lo de que seu trabalho árduo no dojo servia a um propósito maior. Tupac começou a entender que estava em uma espécie de treinamento e que, no fim das contas, poderia ter que usar o corpo como instrumento de defesa. As lições de Afeni, as constantes desconfianças e questionamentos, as insinuações de que ele precisava estar preparado para lutar pela própria vida, aos poucos transferiram a paranoia de mãe para filho. A guerra dela — aquela que travara nas ruas com os Panteras e, sem saber, contra o FBI, aquela da qual se recusara a desistir quando vidas negras estavam sob ameaça —, para o bem ou para o mal, também se tornaria a guerra dele.

Conforme uma nova década se aproximava, as autoridades aumentaram as buscas por Assata Shakur, colocando ainda mais pressão em seus amigos e parceiros. Temendo uma intensa caçada federal, Afeni decidiu que seria melhor se mudar outra vez. Por sorte, havia um apartamento disponível no mesmo prédio onde T.C. e Jean estavam morando. O prédio ficava no número 1.838 da Seventh Avenue, no Harlem. Era construído com uma gama de complexidades arquitetônicas, incluindo um conjunto de pilares ornamentados que emolduravam a convidativa entrada. Era um espaço perfeito para as crianças que moravam no prédio e na vizinhança passarem os dias quentes de verão. Tupac e os primos passavam o tempo ali brincando de bola, tomando sorvete e pulando corda.

Mesmo assim, Afeni estava determinada a jamais deixar Tupac se tornar complacente. Quando saía para o trabalho todos os dias pela manhã, ela lembrava o filho de que, se ele ia passar um tempo lá fora com os primos e amigos, precisava permanecer alerta e de guarda. Ela queria que ele ficasse de olho em estranhos suspeitos bisbilhotando pela vizinhança, principalmente homens de ternos escuros. Tupac, aos 10 anos, se tornou uma sentinela.

Mas uma tarde, Tupac se descuidou. Em um dia de verão, brincando com as crianças da vizinhança, ele se distraiu e não percebeu dois homens de terno se aproximando do prédio e seguindo Sekyiwa e uma das primas deles escada acima até o apartamento. Quando as meninas chegaram ao quinto andar, enfim perceberam que alguém as seguia e se viraram, ficando diante da porta.

Elas perguntaram aos estranhos se poderiam ajudá-los com alguma coisa.

— Sim, estamos procurando o número 5F.

Aos 5 anos, Sekyiwa não tinha tanta consciência do perigo diante delas, e respondeu:

— É onde nós moramos.

— É mesmo? E onde está sua mãe? — questionou o agente do FBI.

— Está no Sindicato — disse a menina.

— E o seu pai? — perguntaram os homens.

Sekyiwa apenas repetiu o que sabia:

— Ele está escondido.

Afeni soube da visita assim que voltou para casa naquela noite e ficou furiosa com o filho. Tupac havia negligenciado seus deveres. A culpa que ele sentiu foi gigantesca. Mesmo tendo apanhado, era o olhar abrasador e reprovador da mãe que queimava sua alma. Durante dias, aquele olhar abafou todo o seu humor juvenil e sua despreocupação. "Ele sempre teve essa responsabilidade", lembrou Sekyiwa. "E eu carreguei a responsabilidade do coração dele. Ele era o mais velho e tinha a responsabilidade de proteger, de ser o homem. Minha responsabilidade, em minha mente, era garantir que ele estivesse bem."

Apenas alguns meses depois, em outubro, a família recebeu notícias devastadoras. A polícia conectou Mutulu a um assalto malsucedido a um caminhão da Brink's no Nanuet National Bank, em Nyack, Nova

York, durante o qual um guarda da Brink's e dois policiais de Nyack foram mortos. Agora, assim como Assata, Mutulu estava foragido. Fazia um tempo que as autoridades alegavam que ele tinha participação na fuga de Assata, mas dessa vez ele era procurado por roubo e assassinato.

Tupac estava dividido. Ele acreditava na inocência de Mutulu. Também acreditava que Zayd e Assata eram inocentes. Mas a TV contava outra história: Mutulu, o homem que ele tinha admirado e amado por tanto tempo, logo apareceria na lista dos mais procurados pelo FBI.

O perigo parecia próximo. Quando um amigo da família foi preso por não dar informações sobre o assalto ao caminhão da Brink's às autoridades, Afeni e Jean temeram o que as autoridades fariam com o amigo delas, ou mesmo com elas, se descobrissem impressões digitais da família dentro da casa do amigo.

T.C. não era nenhum revolucionário, mas sua mente prática elaborou um plano. Com as crianças a reboque, ele foi ao apartamento. Lá dentro, deu a cada uma das crianças um pote de manteiga de amendoim e as instruiu a cobrir os balcões, paredes e maçanetas — qualquer lugar onde achassem que poderia haver impressões digitais. Enquanto Tupac espalhava manteiga de amendoim estrategicamente no balcão da cozinha, T.C. orientava: "Cubram cada lugarzinho!" As crianças seguiram o comando alegremente, heroicas e corajosas.

Era uma vida intensa para elas. "Vivíamos em um tempo tumultuado", lembrou-se o primo de Tupac, Scott. "Todos, ainda mais os adultos, estavam tão envolvidos em seus ideais que não nos davam muita atenção quando éramos crianças. Não significa que nos negligenciavam. Mas tinha muita coisa acontecendo. Fomos expostos a tantos momentos de suas vidas sendo como eles não queriam que fossem. Eles tinham sonhos tão grandes. Estavam saindo dos anos 1960 e entrando nos anos 1970. A Guerra do Vietnã estava prestes a acabar. As pessoas estavam presas em um monte de merda que simplesmente não conseguiam entender."

Já adulto, Tupac expressou sua preocupação em relação ao nome Shakur e se perguntou se também seria amaldiçoado por ele. "Na minha família, todo homem negro com o sobrenome Shakur que passou dos 15 anos foi morto ou preso", disse Tupac em uma entrevista quando tinha 24 anos. "Neste momento, não há outros homens Shakur, Shakur negros, livres e respirando, sem buracos de bala ou algemas nos punhos. Nenhum."

SÓ AMOR
1981-1984

> Panthers, Pimps, Pushers and Thugs…
> Hey yo, that's my Family tree, I got nothin but love.*
>
> — TUPAC SHAKUR

Entre notícias sobre Mutulu e Assata, e o constante medo de que o FBI e a polícia examinassem cada conversa que tinham, Tupac tentou criar um espaço seguro da realidade da vida de sua família revolucionária. A poesia tornou-se uma de suas válvulas de escape criativas, assim como era para sua mãe.

Aos 11 anos, Tupac aprendeu com Mutulu sobre as complexidades do haiku, uma forma poética japonesa. Ele ficou fascinado pela métrica de 5-7-5 e começou a escrever os próprios poemas. Alguns versavam sobre fé, outros sobre o pôr do sol e o oceano. Alguns falavam do orgulho negro. Mas seus haikus mais poderosos eram aqueles sobre os sonhos que tinha para os homens que sabia estarem presos, sonhos de que eles fossem "libertados". Eram sobre aqueles que a mãe dizia que estavam presos injustamente, homens como Mutulu Shakur, Jamal

---

* Panteras, Cafetões, Traficantes e Arruaceiros… Ei, presta atenção, essa é minha árvore genealógica, e eu não sinto nada além de amor.

SÓ AMOR

Joseph, Geronimo Pratt e Sekou Odinga. Uma vez, ele escreveu um livro de haikus para enviar a Jamal na prisão. Inspirando-se em sua paixão inicial por justiça social, uma crença que incluía liberdade para todos os negros da América, ele assinou: "Tupac Shakur — Futuro Defensor da Liberdade." Liberdade não apenas das prisões injustas, mas também do racismo, da opressão e da violência policial. Antes mesmo de ser adolescente, Tupac conhecia seu destino.

Lutar por justiça social não foi a única lição que Afeni ensinou a seus filhos. Ela também acreditava que era importante explorar diferentes religiões. Num domingo, ela os levava ao culto na igreja House of the Lord, no Brooklyn. A congregação era liderada pelo reverendo Herbert Daughtry, um pastor ativista que apoiava os presos políticos e a luta por sua libertação. Em sua primeira visita, Daughtry pediu que eles se aproximassem do púlpito para que pudesse dar as boas-vindas à nova família. Quando perguntou ao jovem Tupac o que ele queria ser quando crescesse, Tupac respondeu rápido e com orgulho: "Eu quero ser um revolucionário."

Ele também começou a estudar músicas no rádio. Usando a caixa de som que Legs lhe dera de presente, ele gravava suas músicas favoritas, como "Exodus", de Bob Marley, e colocava para tocar várias vezes. Gostava da música, mas estava obcecado pela letra. Quando ouvia as músicas no rádio, Tupac sempre perguntava aos primos o que achavam que o compositor queria dizer com a letra. Ele ouvia com atenção cada palavra de cada canção, música de todos os gêneros. Gostava principalmente da letra da canção de country-folk negro "Patches", de Clarence Carter, sobre um menino cujo pai moribundo dependia dele para cuidar da família.

> *Patches, I'm dependin' on you, son*
> *To pull the Family through*
> *My son, it's all left up to you*[*]

A primeira canção autoral de Tupac, "First Step", foi inspirada pelo tema do programa de TV *Fame* sobre sonhos e artes performáticas. Ele a compôs quando tinha mais ou menos 11 anos, durante uma sessão de gravação de "faz de conta" com Sekyiwa e seus primos:

---

[*] Patches, estou dependendo de você, filho/ Para sustentar a família/ Meu filho, tudo depende de você.

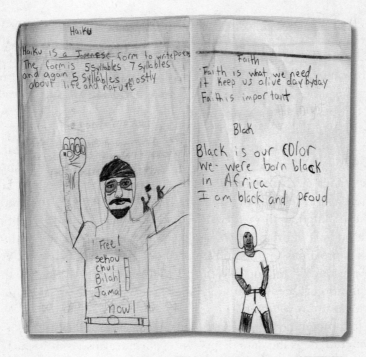

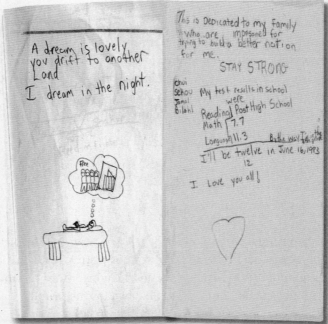

Seguindo a tradicional forma japonesa do haiku, Tupac escreveu esse poema aos 11 anos e o enviou ao padrinho, Jamal Joseph, durante a prisão dele em 1981.

You're looking at a dream
You're starin' it in the eye
You're scared to take a chance
You're in for a surprise
Takin the first step, the first step
It's the hardest step to take
Waiting for the day, come what may.[*]

Filmes eram outra válvula de escape para Tupac. Ele, Sekyiwa e os primos costumavam passar os fins de semana andando por Nova York, assistindo a filmes. Tupac sempre esperava encontrar um cinema que estivesse exibindo um filme de Bruce Lee. "Ficávamos o dia todo no cinema", lembrou o amigo da família Malcolm Greenidge. "E Pac saía do cinema e jurava que sabia replicar cada movimento. E sabia. Ele era o especialista." Tupac nunca evitou demonstrar com orgulho seus movimentos de caratê para quem passasse. "E, se você tentasse imitar, Pac dizia: 'Não, não foi assim que eles fizeram. Eles fizeram assim, ó.'"

Em casa, à noite, a imaginação infantil florescia. Tupac, Sekyiwa e os primos se tornavam médicos, atores de TV e cantores, e brincavam de esconde-esconde. Eles construíam fortalezas que pareciam fortes feitos de cadeiras e cobertores. Brincavam de hospital, jogando chá Red Zinger no "paciente ferido" para garantir um efeito especial sangrento. Recriavam cenas de seus programas de TV preferidos, discutindo sobre quem interpretaria o mocinho e o bandido. Tupac era sempre o diretor de elenco. Se eles estavam encenando *Esquadrão Classe A*, Tupac tinha que ser o líder da equipe, John "Hannibal" Smith. Katari era o piloto do helicóptero, H.M. "Howling Mad" Murdock; Malcolm era o durão Bosco Albert "B.A." Baracus; e Yafeu Fula (o mais novo da equipe) era Templeto Peck, o Faceman, o mestre dos disfarces. Sekyiwa era sempre "a mocinha em perigo". Eles desenhavam armas em cartolina, as recortavam e usavam nos tiroteios. Tupac, é lógico, dirigia todos, pontuando até mesmo o momento em que deveriam morrer. Malcolm relembrou: "Toda vez que terminávamos uma de nossas 'missões', Tupac citava um dos bordões de Hannibal: 'Adoro quando um plano dá certo.'"

---

[*] Você está diante de um sonho/ Você o está encarando/ Você tem medo de arriscar/ E vai ter uma surpresa/ Dar o primeiro passo, o primeiro passo/ É o mais difícil/ Esperando pelo dia, aconteça o que acontecer.

Um dos passatempos preferidos deles era encenar os próprios shows e cantar para a família. Às vezes, Sekyiwa questionava por que Tupac sempre tinha que ser Prince ou Ralph Tresvant. E, quando tentava desafiá-lo, ou fazia uma tentativa de ser a vocalista, ou perguntava se podia dirigir o show, ele não aceitava. Tupac retrucava: "Você consegue shows para a gente? Compõe letras? Perde aula porque está anotando as canções? Então tá, cala a boca!"

Assim que Tupac ficava sabendo que Afeni ou tia Jean planejavam receber amigos em casa, ele aproveitava a oportunidade de uma audiência cativa. Na mesma hora começava a elaborar uma produção improvisada que aconteceria na sala assim que o convidado chegasse. Ele reunia os primos em um quarto, atribuía a cada um deles um personagem e distribuía as falas. Ele exigia excelência. Se falhassem em seguir a orientação, ele pedia que repetissem até achar que estava certo.

Tupac lidou muito bem com a tristeza na infância, brincando com as crianças da vizinhança, provocando a irmã e canalizando toda a sua emoção como criatividade. Mas, mesmo depois de um dia cheio de diversão pregando peças na rua, jogando beisebol e fazendo esquetes, às vezes a jovem mente de Tupac se agitava à noite, e ele se perdia nos próprios pensamentos. De vez em quando, ficava deitado na cama, triste, com lágrimas nos olhos, enquanto ouvia "Just Once", de James Ingram. Afeni conta: "Era a música preferida dele. Seu hino. Sua pequena essência, sabe: *Just once, can we try to get it right?*"*

Just once, can we figure out what we keep doin' wrong…**

Sekyiwa relembra: "Éramos crianças tristes. Algumas pessoas talvez digam: 'Éramos pobres, mas éramos felizes.' Nós não podíamos dizer o mesmo."

A relação entre Tupac e a irmã foi fortalecida ao compartilharem as experiências mais ricas e sentimentais da vida. Com os primos, ele compartilhava um sentimento desenfreado de competição, seu vínculo baseado em uma batalha infinita de esperteza, principalmente com a prima Jamala, que era a mais próxima em idade. Tupac, o mago da ortografia da família, sempre queria iniciar um concurso de soletração,

---

* Só uma vez, será que podemos tentar acertar?

** Só uma vez, podemos descobrir o que estamos fazendo de errado…

e quase sempre Jamala era a primeira que ele escolhia desafiar. O problema era que Jamala não estava nem um pouco preocupada com a grafia das palavras incomuns de três sílabas que ele jogava para ela. Sua educação em casa não tinha sido tão rigorosa quanto a de Tupac, e ela certamente nunca fora forçada a ler o *New York Times*.

— Está bem, Jamala, vamos lá. Aposto que você não consegue soletrar "prognóstico" — dizia Tupac.

— Tanto faz, Pa-qui. E quem liga para soletrar "prognóstico"? — retrucava Jamala.

— Você só está com raiva porque não consegue soletrar.

— P-R-O-G-I-N-Ó-T-I-C-O.

Tupac ria alto.

— Viu, te falei!

— E daí? — rebatia Jamala. — É por isso que sua mãe foi presa!

Com Jamala, as batalhas verbais eram inocentes, já que o objetivo principal de Tupac era apenas provar que sabia mais que ela. Com a irmã, os outros primos e amigos, ele às vezes os cansava com suas travessuras, que muitas vezes incluíam desafios exigentes, mas estimulantes. Quando ainda estavam no ensino fundamental, ele costumava desafiá--los em um jogo rápido de vaqueiros e indígenas, sempre dando um jeito de manipular o jogo para que fosse o último vaqueiro sobrevivente.

Quando os filhos mais velhos de Jean, Bill Jr. e Kenny, deixaram de morar com eles, duas crianças mais novas se mudaram. A amiga íntima Louisa Tyler costumava deixar o filho Malcolm passar a semana para que ele pudesse ir a pé para a escola com seu melhor amigo, Katari. E o filho de Yaasmyn Fula, Yafeu, passou de uma presença periódica a uma permanente. As seis crianças mais novas — Jamala, Tupac, Sekyiwa, Katari, Malcolm e Yafeu — iam e vinham de um apartamento para o outro, jogando o que quer que seu líder, Tupac, sugerisse. Era o mundo de Tupac. Sua liderança ousada havia se desenvolvido e, aos 12 anos, tornou-se sua identidade.

Enquanto as crianças estavam na escola, Afeni se imergia no mundo da reforma social. Naquele momento, fazia anos que ela enfrentava os senhorios para ajudar as famílias a superar os desafios e, às vezes, os horrores de moradias impróprias. Ela defendia crianças com mordidas de rato no rosto e ajudava famílias que se queixavam de baratas rastejando nos ouvidos dos filhos enquanto dormiam à noite. Ela aprendeu a encarar os problemas de frente e, como resultado, progredir. Cada vitória a alimentava, uma condição inadequada de cada vez.

A reforma estudantil também fazia parte da agenda de Afeni. Em específico, pressionava por mudanças no padrão de currículo norte--americano. Ela ficou chocada com o fato de os filhos ainda não estarem aprendendo na escola sobre a história negra, sobre as desigualdades do passado de seu povo e sobre outros líderes além de Dr. Martin Luther King Jr. Criou estratégias para o distrito escolar público de Nova York recrutar diretores negros.

Por meio desse trabalho, ela se deparou com a Lower East Side School. A escola ficava em um prédio caindo aos pedaços na vizinhança de Bowery, mas tinha uma sólida reputação de oferecer um currículo completo e diversificado na educação fundamental. Afeni usou todo o dinheiro que tinha para matricular Sekyiwa, que começaria o segundo ano, e Tupac, o sexto. Malcolm e Katari também seriam matriculados.

Tupac se destacou. "As crianças gostavam muito de um professor, o Sr. Lincoln", lembrou-se Jean. "E Tupac também tinha um professor de matemática, um homem africano de sotaque forte. Fez muita diferença para os nossos filhos ter dois professores negros. Dois ótimos exemplos."

O tempo deles na escola infelizmente foi curto, mas levou a uma importante conexão. Pouco depois de o ano acadêmico começar, o Sr. Lincoln foi demitido. Afeni e Jean pensaram que a administração havia decidido que Lincoln e seu currículo eram progressistas demais: com vinte e poucos anos, ele usava dreadlocks e ensinava às crianças história negra, sobretudo Malcolm X e os ensinamentos de Elijah Muhammad. Movido por choque e frustração — e canalizando o espírito de protesto que herdara da mãe —, Tupac perguntou a Afeni se poderia organizar um boicote de um dia às aulas para demonstrar o carinho dos alunos pelo Sr. Lincoln, um pedido que a deixou radiante de orgulho. Tupac, Sekyiwa e os primos exigiram da escola: não voltariam para a sala de aula a não ser que o Sr. Lincoln fosse readmitido. Contudo, seus esforços foram em vão, e, sem hesitar, Afeni e Jean tiraram as crianças da escola.

Mas elas não estavam prontas para desistir do Sr. Lincoln. E fizeram uma proposta ao professor: se ele abrisse a própria escola, elas matriculariam todos os cinco filhos. Ele rapidamente transformou seu apartamento em uma sala de aula e aceitou mais alguns alunos, e, em semanas, a escola do Sr. Lincoln estava em pleno funcionamento. Ainda que tivessem saído de um ambiente tradicional para um de ensino domiciliar, a disciplina na sala de aula era rigorosamente aplicada. Malcolm conta: "Embora eu gostasse do Sr. Lincoln, não gostava dele, porque, sabe, quando a gente errava, ele batia na nossa cabeça."

Essa proximidade na sala de aula estimulou a noção de segurança e de família das crianças. Elas iam para a escola juntas, estudavam juntas e almoçavam juntas. Nos fins de semana, percorriam as ruas do Harlem em grupo, se tornando mais independentes conforme cresciam. Sekyiwa recorda essa época com carinho: "Nós caminhávamos até a 125th e comíamos. Tupac comprava a mesma coisa todo santo dia. Ele usava duas notas de um dólar para comprar a mesma coisa. As pernas fritas de caranguejo e o especial de palitinho de peixe. E, depois da escola, nós íamos para o Central Park e passávamos a tarde lá. Os meninos tentavam encontrar lagostins. E nós os levávamos para casa como bichos de estimação."

Jamala também recordou os dias caminhando pelo Harlem, o grupo inteiro usando roupas feitas de tecido kufis ou kente, que demonstravam orgulho da herança africana, de serem negros. Mas Tupac se sentia dividido entre a família e as crianças da vizinhança, muitas das quais não tinham o mesmo orgulho daquela profunda herança e zombavam deles por seus trajes, que aos olhos delas eram estranhos. Essa constante ridicularização por parte dos colegas os deixavam tristes e confusos. "Lá vem a tribo!", as pessoas desdenhavam quando eles passavam. "Ninguém era safo na época", lembra Jamala. "Tínhamos nomes africanos e celebrávamos o Kwanzaa. Sempre éramos provocados pelas meninas da área que tinham nomes como Lisa, Danielle e Brittany." Mas não importava. Tupac e sua "tribo" passavam, esforçando-se para manter a cabeça erguida e o coração certo de tudo que tinham aprendido com os adultos no mundo deles: tenha consciência de onde veio. Tenha consciência de quem você é. Tenha consciência de para onde está indo.

Durante uma década de ativismo constante, as decepções da vida de Afeni se acumularam. Seus camaradas tinham sido presos, assassinados ou se tornado fugitivos. Aqueles em que ela confiava haviam partido. Aqueles que amava a haviam magoado. Com o passar dos anos, tudo cobrou seu preço, sugando suas forças. Ela precisava de um tempo longe da preocupação e dos medos constantes em relação ao futuro.

Quando Tupac tinha quase 12 anos, Legs reapareceu e ofereceu a Afeni esse tempo. Ele chegava depois de uma noite nos bares locais pelo Harlem, sempre depois da meia-noite, se esgueirava até a cama e acordava Afeni com um cigarro de maconha recém-enrolado ou uma garrafa de bebida. Enquanto ela se acostumava com a rotina constante de acordar tarde da noite, um dia Legs lhe ofereceu cocaína em um cachimbo de vidro. Ele a incentivou a experimentar, alimentando uma alma que se sentia perdida em uma vida ainda mais precária do que aquela que ela tinha levado quando adolescente. Assim começou um padrão de visitas noturnas para usar drogas.

Em 1982, pedras de cocaína haviam invadido as cidades do interior dos Estados Unidos e estavam rapidamente se tornando um hábito nos becos. Traficantes esticavam o fornecimento de cocaína utilizando um método inovador que consistia em cozinhar a substância em pó até virar pedra, o que acabava diminuindo o preço da droga. A cocaína não era mais apenas o passatempo dos brancos e dos ricos; o acesso a seus prazeres e perigos se espalhava pelas massas, com consequências dolorosas para aqueles que menos podiam se dar a esse luxo. A demanda se espalhou do leste da Califórnia aos bairros de Nova York, onde encontrou a exausta e desiludida Afeni.

Apesar da crescente incerteza e descontentamento, a família seguiu em frente. Afeni continuou fumando com Legs de vez em quando, por meses, sem nenhuma consequência visível em sua vida. Ela considerava o uso de drogas recreativo. Afeni e as crianças se agarraram aos sonhos de uma vida melhor. Eles ainda absorviam toda e qualquer experiência e evento cultural. Naquele verão, frequentaram os concertos de Jazzmobile do Harlem, realizados em um local diferente a cada semana. Afeni também continuou a apresentar aos filhos uma grande variedade de culinárias — africana, japonesa, brasileira e jamaicana. "Nós comíamos muito em Nova York", explicou ela. "Não importava quanto dinheiro tínhamos, sempre estávamos fazendo alguma coisa. Para nós, a pobreza era uma situação temporária."

Pouco depois de Legs passar a morar com eles, ele foi preso outra vez. Assim, Tupac enfrentou não apenas outra ausência repentina do "pai", mas também outro despejo. Naquele momento em que parte do contracheque de Afeni por vezes era destinado ao vício em drogas, o dinheiro passou a ser insuficiente. Quando Tupac perguntou à mãe por que eles não tinham dinheiro para pagar o aluguel, manter as luzes acesas ou comprar comida, a resposta de Afeni foi simples. Falando de suas prioridades erradas — os esforços ativistas que consumiam tudo e atrapalhavam sua capacidade de manter um fluxo de renda estável para a família e a escolha de às vezes usar o salário para comprar drogas —, ela respondeu da seguinte forma: "Por causa das decisões ruins que tomei." Tupac sempre foi compreensivo. Àquela altura, já era natural para ele assumir a responsabilidade. Àquela altura, ele havia jurado que um dia ganharia dinheiro suficiente para cuidar da família. Sua responsabilidade e sua confiança em seu sucesso futuro vinham da confiança que a mãe tinha nele e dos constantes lembretes dela aos filhos de que a situação deles era apenas temporária.

Depois de uma série de discussões, Jean e T.C. decidiram sair da cidade para recomeçar no subúrbio. Jean procurou por casas para alugar nos jornais e encontrou uma da qual gostou em White Plains, a uma hora de trem de Manhattan. "Estávamos tentando dar uma vida melhor para nossos filhos. Escolas melhores. Melhor isso, melhor aquilo", contou Jean. "Nosso amigo Bob Boyle, um advogado que conhecíamos, alugou um carro para nós. Afeni e eu dirigimos uma hora para visitar a casa. Eu nunca tinha estado em White Plains. A maioria das pessoas negras ia para Yonkers e Mount Vernon, não Westchester County." Àquela altura, teria sido incompreensível Afeni e Jean viverem a uma distância uma da outra que fosse maior que a de um apartamento, quem dirá de uma cidade, então Afeni e os dois filhos se mudariam para Westchester também.

Com uma população de aproximadamente quarenta mil pessoas, White Plains tinha ruas ladeadas de árvores e vizinhanças tão seguras quanto silenciosas. Não havia calçadas sujas. Nada de sirenes altas soando à noite. E, ainda mais importante, nada de prédios lotados de apartamentos.

A casa de dois andares e cinco quartos no número 2 da Carrigan Avenue ficava no meio de uma vizinhança predominantemente judia e italiana. Quando se mudaram, Afeni e Jean esperavam que o subúrbio oferecesse alguma estabilidade que elas jamais tinham conhecido, nem no Lumberton, nem no Bronx, nem no Harlem. "Afeni, assim como

Tupac, odiava a pobreza", contou Jean. "Ela nunca gostou do fato de que a mãe fosse pobre e que era desse lugar que ela tinha vindo. Ela nunca tinha se sentido confortável, porque sabia que podia se sair melhor." Afeni e os filhos se instalaram no primeiro andar. Tupac tinha um quarto só dele com uma parede pintada de azul e o resto de um painel de madeira natural. Era o espaço dele, um cantinho do mundo em que podia descansar a cabeça naquele pedaço de terra desconhecido do subúrbio.

Em uma cidade sem diversidade, os Shakur e os Cox estabeleceram sua nova vida, esperando se misturar sem que ninguém percebesse que eles não se encaixavam no grupo demográfico branco de classe média. Nem sempre foi uma adaptação fácil. "Nossa família se mudou para White Plains, para onde não deveríamos ter ido, porque não tínhamos como pagar", lembrou Kenny. "Mas, como minha mãe, minha tia e meu pai queriam fazer o melhor que podiam por nós, eles tentaram nos mudar para uma casa grande no interior do estado de Nova York, onde moram brancos ricos e só há um negro na cidade inteira. Não deveríamos estar lá. Mas estávamos."

Afeni matriculou Tupac na White Plains Middle School. Diferentemente de onde Tupac e Sekyiwa haviam estudado, o corpo estudantil era, como a cidade, majoritariamente branco. Tupac não se incomodou com a diferença e logo fez amizade com um colega chamado Jesse, que era branco e indígena. Jesse e a família acolheram Tupac logo de cara. Os dois fizeram amizade rápido — rápido o suficiente para Tupac ir ao funeral da avó de Jesse. Ele observou com interesse enquanto os adultos passavam um cachimbo para fumar as cinzas dela, uma tradição indígena que capturou sua imaginação. Mais tarde, ele costumava falar de querer que fizessem esse ritual após seu falecimento.

Pouco tempo depois de a família ter se estabelecido no novo bairro, Tupac se candidatou ao seu primeiro emprego: entregador de jornais. Embora administrar uma entrega de jornais no bairro demonstrasse que Tupac estava avançando na terra da responsabilidade e da idade adulta, Afeni garantia que ele soubesse que não era velho demais para ser punido caso saísse da linha.

Um dia, a família planejou ir à casa de um novo amigo para um churrasco. Afeni tinha acabado de comprar um par de tênis Nike brancos com o logo da Nike em rosa para Sekyiwa, mas, quando ela se preparava para sair, Tupac pegou um dos sapatos e saiu correndo.

SÓ AMOR

Sekyiwa o perseguiu pela casa e do lado de fora. Ele jogou o tênis no telhado e esperou que rolasse para pegá-lo, mas o sapato ficou preso. Eles não tinham uma escada. Sekyiwa não perdeu tempo e contou para a mãe. Como os dias de surra e de sessões de leitura do *New York Times* já haviam passado, Afeni teve que inventar novas punições que se ajustassem a cada falha doméstica. Naquele caso, a falha justificou uma longa caminhada até o churrasco, a muitos quilômetros de distância. Afeni e Sekyiwa partiram, deixando Tupac parado na calçada. "Ele levou, tipo, umas cinco horas", contou Sekyiwa. "Só chegou lá à noite."

A vida dos Shakur em Carrigan não durou um ano. O aluguel alto acabou negando a eles a estabilidade que esperavam; Afeni tinha dificuldade em pagar sua parte. "Era um plano de nós três para conseguir a casa", disse Jean. "Estávamos progredindo e tínhamos um plano de pagar 1.200 dólares por mês, o que era uma novidade, porque antes pagávamos quinhentos, seiscentos por mês. Afeni não conseguiu pagar esse valor, porque na época ela se viciou em crack. Ela não fazia por mal. E não fumava todos os dias. Mas, conforme o vício avançava, quando recebia o salário, em vez de contribuir para o aluguel, ia fumar."

No meio da noite, numa época em que as finanças da família pareciam ter sofrido um golpe irreparável, Afeni juntou suas coisas, as crianças e foi embora. Ela não fazia ideia de para onde iria.

Se houve um vislumbre de esperança para o futuro durante o breve e tenso período da família em White Plains, foi o nascimento da carreira de ator de Tupac. No auge dos problemas da família, a oportunidade de atuar no palco com atores experientes em uma produção teatral clássica poderia não ter acontecido não fosse por sua tia Jean. Um ano antes da mudança para o norte do estado, Jean estava lendo o *New York Amsterdam News* em busca de ideias. Estava buscando uma solução, um hobby ou uma atividade que a ajudasse a manter seu segundo filho mais velho, Scott, longe de problemas — o que não faltava nas ruas da cidade. Um anúncio chamou sua atenção: CHAMADA DE ELENCO! Precisavam de atores para fazer um teste para a próxima produção a ser realizada pelo 127th Street Repertory Ensemble, no Harlem.

Jean tinha ouvido falar do grupo de teatro e conhecia sua rica história e poderosa missão. Ernie McClintock, fundador e diretor do grupo, tinha se inspirado no Black Arts Movement de 1965-1975, uma iniciativa dos defensores do nacionalismo cultural, aqueles que dedicaram a vida a integrar as próprias expressões criativas negras, tradições, música e arte no tecido da sociedade norte-americana. O objetivo era criar, em todos os meios, arte negra para as comunidades negras, alinhada ao orgulho e à solidariedade do movimento Black Power. McClintock imaginou um espaço criativo onde atores negros pudessem contar histórias das próprias experiências. Jean achou que era uma ótima válvula de escape para um jovem como Scott, criado em uma família na qual a consciência cultural e a autoexpressão sempre foram prioridade.

Quando a família se mudou para White Plains, Scott estava totalmente imerso e comprometido com o programa, entrando e saindo de trem da cidade para ensaios e apresentações. Às vezes, Afeni pedia a Scott para levar Tupac e Sekyiwa junto. Enquanto Tupac ficava sentado na plateia do teatro, testemunhava a magia de uma produção de palco enquanto a história ganhava vida e o elenco se transportava para outro tempo e espaço. Pouco depois, Tupac começou a perguntar se podia ir com Scott. Enquanto ele assistia por horas, às vezes até dias inteiros, ansiava fazer parte da excelência se desenrolando diante dele.

Nos primeiros meses de 1984, quando a família havia deixado White Plains e voltado para a cidade, o 127th Street Repertory Ensemble começou a preparar um novo espetáculo empolgante. McClintock havia sido contatado pela National Coalition of 100 Black Women, que estava arrecadando fundos para a campanha presidencial de Jesse Jackson naquele ano. A coalizão queria engajar o grupo de teatro para uma produção da peça clássica de Lorraine Hansberry, *A Raisin in the Sun*, a ser apresentada no Apollo Theater, no Harlem. Os personagens e as histórias da peça de Hansberry eram muito familiares para os Shakur-Cox: a peça tem como foco a história dos Younger, uma família negra que vive no lado sul de Chicago em 1950, sonhando com uma vida melhor enquanto encara os obstáculos da segregação e do sufrágio restrito.

Quando McClintock começou a pré-produção, ele mencionou que precisava de um ator mirim para fazer o papel de Travis, o filho de 11 anos da família Younger. Scott logo sugeriu Tupac. Todos ficaram intrigados com a ideia do jovem que havia assistido atentamente da plateia durante o último ano enquanto ensaiavam, e assim marcaram um horário para ele fazer um teste.

Tupac ficou emocionado com aquela oportunidade inesperada. Ele já era um artista entusiasmado e dedicado nas muitas produções familiares que havia organizado cuidadosamente com a irmã e os primos. Mas aquela era a chance de fazer isso para valer, diante de um grande público. Ele mergulhou no papel, ensaiando as falas da audição com Scott noite após noite. Quando chegou a hora, Tupac ficou de pé no palco na frente de McClintock, pronto para arrasar. E arrasou.

Anos antes, na Little Red Pre-School, Afeni havia se irritado com a ideia de o filho ser um artista. Mas daquela vez foi diferente. Aquilo era arte, teatro sério a ser realizado por um estimado grupo de atores negros, liderado por um homem que tinha dedicado a vida ao progresso das artes negras. Tupac estaria se apresentando para o primeiro grande candidato negro à presidência e algumas das pessoas mais importantes da comunidade do Harlem. "Ela o apoiou", contou Scott. "Ela garantia que ele chegasse no ensaio na hora certa, e ficou muito feliz com tudo. Ela sabia tudo sobre quem era Lorraine Hansberry... e ficou feliz por ele estar em uma das peças dela."

O aniversário de 13 anos de Tupac estava se aproximando, e Mc-Clintock e os outros no grupo planejaram uma comemoração para honrar o membro mais novo do elenco. Para Tupac, foi um bom dia no meio de um turbilhão de dias não tão bons, enquanto os problemas familiares entre Afeni e Jean continuavam, e os Shakur passavam de um endereço a outro em Nova York. Mas também foi um dia de renovação, não apenas para comemorar o aniversário dele, mas também para marcar sua entrada no mundo do teatro. Tupac recebeu uma enxurrada de amor, alguns presentes sentimentais e uma chuva de congratulações dos colegas de elenco e de outras pessoas no 127th Street Repertory Ensemble. Uma das colegas, Hazel Smith, presenteou-o com uma caixa de 13 notas de um dólar novinhas em folha, cada uma enrolada e amarrada com fita amarela. E Minnie Gentry leu o poema "Mother to Son", de Langston Hughes, que ela sentia ser adequado para a jovem criança com quem fez amizade:

> *Well, son, I'll tell you:*
> *Life for me ain't been no crystal stair.*
> *It's had tacks in it,*
> *And splinters,*
> *And boards torn up,*
> *And places with no carpet on the floor—*
> *Bare.*
> *But all the time*

I'se been a-climbin' on,
And reachin' landin's,
And turnin' corners,
And sometimes goin' in the dark
Where there ain't been no light.
So boy, don't you turn back.
Don't you set down on the steps
'Cause you finds it's kinder hard.
Don't you fall now—
For I'se still goin', honey,
I'se still climbin',
And life for me ain't been no crystal stair.*

O talento e o espírito resiliente de Tupac impressionaram Minnie e o restante do elenco. "As atrizes amavam ele de verdade. Elas o mimavam e beijavam", contou Scott. Ao mesmo tempo, elas o envolveram em um mundo mais adulto. "Ele estava passando pelo camarim e as mulheres se despiam porque todo mundo é muito desinibido." Scott lembrou que Tupac ficou surpreso no começo, de olhos arregalados e com dúvida se deveria ver o que estava vendo. Scott apenas riu e disse ao primo: "Bem-vindo ao teatro."

Quando os ensaios começaram, Tupac abordou cada linha de seu roteiro com precisão e profissionalismo. "Ele levou pouco tempo para se tornar parte da equipe", disse McClintock. "Sua atitude em relação ao trabalho era muito positiva e comprometida para alguém da sua idade. Ele aprendeu as falas rapidinho e conseguiu responder aos direcionamentos imediatamente e bem."

Foi sua primeira aventura no teatro, e ele já dividia o palco com atores veteranos. Tupac não apenas apareceria na peça com Minnie Gentry, que havia atuado em todo tipo de obra, desde grandes produções da Broadway (incluindo *Lisístrata* com Sidney Poitier) a filmes e programas de televisão, mas também desfrutaria de uma amizade próxima e pessoal com ela durante a produção. Em várias noites após o ensaio, Minnie ia

---

* Bem, meu filho, vou dizer a você./ Subir na vida não tem sido fácil./ A escada tem pregos,/ Lascas,/ Tábuas quebradas,/ E partes sem carpete,/ Expostas./ Mas o tempo todo/ Vejo ser um caminho/ E um modo de chegar a lugares/ E fazer mudanças/ E às vezes chegar ao escuro/ Onde não tem luz alguma./ Mas, filho, não desista./ Não se acomode nos degraus/ Porque vai ver que são meio duros./ Não vai cair agora.../ Porque ainda dá para continuar, meu bem,/ Ainda dá para subir,/ Subir na vida não tem sido fácil.

andando com Tupac e Sekyiwa até o trem, contando-lhes histórias de seu passado. Tupac ficava maravilhado, atento a cada palavra.

Finalmente, a grande noite chegou: 10 de agosto de 1984. Nos bastidores, Tupac estava ansioso. Nos ensaios, ele havia se esforçado para se transportar para a Chicago dos anos 1950 e ser Travis Willard Younger. Naquele momento, estava empolgado com a ideia de fazer isso diante de uma plateia, usando tudo que Ernie McClintock havia lhe ensinado: para *se tornar* o personagem. Para *criar* e *viver* no palco. Ele mal podia esperar para se apresentar ao mundo, ainda mais sabendo que a plateia estaria cheia de celebridades negras e que o candidato à presidência Jesse Jackson seria o convidado de honra. Enquanto Tupac esperava que a cortina subisse, Jackson sentou-se no renomado Apollo Theatre em meio à elegante plateia negra, que usava smokings e vestidos de grife. Tupac estava pronto. Quando a cortina subiu e o teatro ficou escuro, um silêncio caiu sobre a plateia, e ele respirou fundo e esperou sua deixa.

Pelas próximas duas horas, Tupac entrou em um novo reino. Ele jamais hesitou ou gaguejou em uma fala; saiu-se tão bem quanto os veteranos com os quais compartilhava o palco. Ainda mais importante, a sensação intensa da apresentação moldaria o resto de sua vida. Mais tarde, ele contou em entrevista: "Passei mal... mas gostei muito de me expressar — e, toda vez que consigo me expressar, posso deixar parte da dor de uma infância como a minha de lado."

Na plateia, Afeni e Sekyiwa estavam sentadas ao lado de Jean, T.C., Kenny e Bill, todos explodindo de orgulho. Foi uma noite que aplacou o espírito dos Shakur. O primo Bill recordou a sensação de estar na plateia naquela noite: "Foi o evento mais importante na nossa família desde o julgamento de Afeni. Pac estava no palco e arrasou. Eu estava na plateia com minha namorada e ficamos impressionados. Ele não parecia nervoso. Não cometeu *nenhum* erro. Não gaguejou. Foi difícil acreditar, porque ele não teve muito tempo para ensaiar. E tinha um papel grande na peça. Ele era o garoto, e era um papel importante. Ele ensaiou para isso e subiu no palco diante de milhares de pessoas e arrasou. Estava com todos aqueles atores profissionais. E todos os políticos gigantes de Nova York estavam lá. Naquele momento, eu soube que ele era especial. Foi a primeira vez que pensei: 'Talvez tenhamos alguém na família que possa mesmo fazer isso.'"

* * *

Esse acontecimento monumental na vida dos Shakur não foi suficiente para equilibrar a balança no lado certo. Afeni continuou lutando. Anos sendo o arrimo para todos em sua vida — para os companheiros Panteras, para aqueles que tentou ajudar com seu ativismo, para os filhos — com pouco apoio para si mesma cobraram um preço alto. Até uma super-heroína tinha limites. Seu uso de drogas tornou-se mais frequente. E seu afastamento da família da irmã em White Plains a deixou sem o único lugar ao qual sempre pudera recorrer. Sem endereço fixo na cidade de Nova York, Afeni lutou para sustentar a si mesma e aos filhos. Ela estava se perdendo. Sekyiwa lembra: "Ficamos sem ter para onde ir."

Mas família é família. Embora Jean e Afeni tivessem suas diferenças, Jean sabia que precisava ajudar a irmã a encontrar uma âncora para ela e os sobrinhos. Eles tinham família em Baltimore, uma tia chamada Sharon. Jean estendeu a mão e providenciou para que Afeni e as crianças fossem morar com Sharon e sua filha, Lisa. Seria um recomeço para Afeni. Isso a afastaria do que a mantinha fora de controle na cidade. Um recomeço, esperava Jean, poderia salvá-los.

E, assim, no outono de 1984, Tupac, Afeni e Sekyiwa embarcaram em um trem Amtrak rumo ao sul. Compraram passagens só de ida sem planos além de encontrar refúgio temporário na casa da tia em Baltimore. Jean os acompanhou até a Penn Station. "As nuvens naquele dia estavam muito pesadas, quase sinistras fazendo com que a escuridão caísse sobre Nova York mais cedo do que o normal", lembrou ela. Jean embarcou no trem com eles para aproveitar cada segundo do tempo que tinham juntos. Aquela seria a primeira vez na vida em que viveriam tão distantes. Jean os abraçou e beijou várias vezes enquanto os tranquilizava de que era a melhor decisão. Afeni assentiu, sabendo que era. Todos choraram, menos Tupac. Ele não queria ir embora, mas estava tentando ser forte. A voz do maquinista ecoou pelos alto-falantes. *Última chamada, todos a bordo.*

Quando o trem começou a se afastar lentamente, tia Jean parou no patamar da estação procurando os sobrinhos nas janelas. Ela os encontrou e logo tentou sorrir, um sinal de que tudo ficaria bem. Mas, quando o trem passou diante de Jean, ela fixou os olhos em Tupac, que sustentou o olhar conforme o trem se afastava.

PARTE II

BALTIMORE

NADA A PERDER
1984-1985

> I'm thirteen, can't feed myself. Can I blame daddy 'cause he left me? Wish he would've hugged me.*
>
> — TUPAC SHAKUR

Tupac fez uma viagem só de ida de Amtrak partindo de Nova York até uma cidade no olho do furacão. O centro de Baltimore, como qualquer outro centro urbano do país, havia se deteriorado sob os efeitos devastadores da economia Reagan. O presidente Ronald Reagan prometera que tornaria o país "Mais orgulhoso, mais forte e melhor", e jurou que os ganhos dos mais ricos respingariam nas comunidades e na carteira dos menos afortunados. Em vez disso, o abismo entre os ricos e os pobres continuou a crescer. A taxa de criminalidade aumentou significativamente enquanto as vendas de crack devastavam comunidades pelo país.

Baltimore oferecia um exemplo notável da decadência e negligência que assolava os grandes centros, uma imagem da degradação e do desespero urbanos trazidos pelo aumento dos impostos sobre

---

* Tenho 13 anos, não posso me sustentar. Posso culpar meu pai por ter me abandonado?/ Queria que ele tivesse me abraçado.

os pobres. Mudar-se para a cidade dificilmente seria a resposta que Afeni buscava, como Tupac logo percebeu. "Baltimore tinha o maior índice de gravidez na adolescência, a maior taxa de HIV dentro da comunidade negra, a maior taxa de adolescentes assassinados, a maior taxa de suicídio entre adolescentes e a maior taxa de pessoas negras assassinando outras pessoas negras", ele diria mais tarde. "E foi ali que escolhemos morar."

Tia Jean providenciou, por meio da tia Sharon, para que Afeni morasse com a prima delas, Lisa, e o filho, Jamal. Lisa já estava se mudando, então o plano era que Afeni e os filhos se juntassem a eles e por fim ficassem com o apartamento. Por um curto período, enquanto Lisa embalava seus pertences e os de Jamal para a mudança, os meninos dormiram no quarto improvisado de Jamal enquanto Afeni e Sekyiwa ficavam na sala de jantar, que elas tornaram mais reservada pendurando uma cortina entre o cômodo e a cozinha. Semanas depois, Lisa e Jamal se mudaram, e Afeni assumiu o aluguel. O apartamento no número 3.955 da Greenmount Avenue era todo deles.

O imóvel de um quarto no andar térreo ficava no bairro Pen Lucy, no meio de uma das maiores áreas de tráfico de drogas em Baltimore. A porta da frente dava para o agitado bulevar que cortava Baltimore e separava a área empobrecida deles, cheia de prédios dilapidados, janelas gradeadas e grafites, da vizinhança de classe média tomada por casas e condomínios.

Embora a localização estivesse longe de ser ideal, Afeni mantinha o pequeno apartamento impecável. O cheiro de incenso pairava no ar enquanto música tocava ao fundo, não importando a hora do dia. Amigos de Tupac daquela época se lembram da atmosfera calma que ela criava. "Ela era sempre legal e agradável, estava sempre lendo um livro", um deles contou sobre Afeni.

A atmosfera era calma — a não ser, é claro, que você fosse ao território de Tupac nos fundos do apartamento. Ele havia criado o próprio mundinho no quarto improvisado que o primo Jamal montara no que costumava ser uma varanda. O chão era coberto por um carpete verde-azulado que lembrava grama, e as finas paredes de compensado eram as únicas coisas separando Tupac do ar frio do beco dos fundos. Ele pendurou pôsteres de seus ídolos, LL Cool J e Bruce Lee, adicionando recortes menores de revistas com Sheila E. e New Edition. A caixa de som que Legs comprara para ele era o centro de comando do quarto,

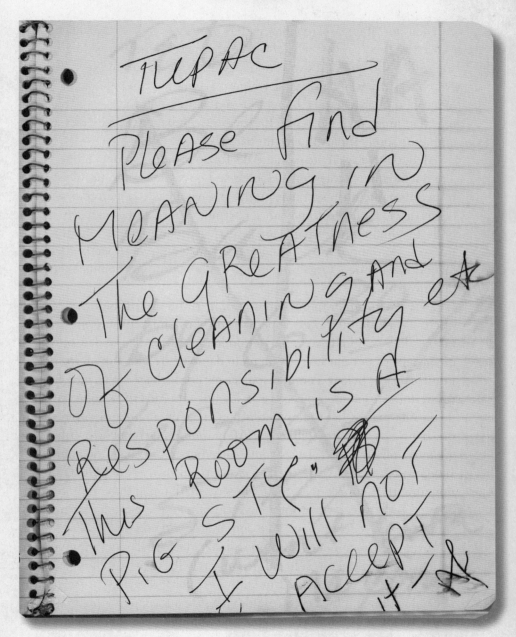

Às vezes, Afeni escrevia recados nos cadernos de Tupac e deixava para que ele os encontrasse. Nesta imagem, ela menciona o estado do quarto do filho e pede que ele encontre propósito na arrumação e na responsabilidade.

cercada por fitas cassetes virgens nas quais ele gravava músicas do rádio. Em todo canto, havia copos com cascas de sementes de girassol, um hábito que desenvolvera pouco antes de deixarem Nova York. Não havia armário, e pilhas de roupas se amontoavam pelo chão. No inverno, o quarto sem isolamento e sem aquecimento ficava gelado, mas não importava o frio que fizesse ou quão bagunçado estivesse o ambiente, para Tupac ali era um paraíso.

Afeni costumava ir até o quarto de Tupac para interromper a música alta e a bagunça adolescente. Como se houvesse um limite invisível impedindo que entrasse, ela sempre parava na soleira para dar suas lições de vida, que costumavam ser sermões sobre limpeza. "Você não pode ter uma mente organizada se estiver vivendo nessa bagunça", insistia. Não importava — qualquer arrumação que Tupac tentasse fazer durava pouco. Organização não era uma de suas qualidades em desenvolvimento.

Mas o apartamento em Greenmount tinha um problema maior que o estado do quarto de Tupac: ratos. Havia buracos enormes nas tábuas do assoalho da cozinha, por onde ratos do tamanho de gambás passavam para entrar na casa no meio da noite. Tentar impedi-los era inútil. Tupac e Sekyiwa eram responsáveis por fechar bem os recipientes de todos os alimentos e guardá-los nos armários toda noite antes de dormir, mas os ratos eram determinados. Uma noite, um rato ficou preso em uma das armadilhas que Afeni montou e começou a gritar e guinchar, tentando sair. Tupac tentou arremessar um abajur no animal. E depois um martelo. Mas nada o matava. Sekyiwa conta: "Ouvíamos um 'tum, tum, tum' a noite toda. No terceiro dia, não tínhamos o que comer. Todo mês isso acontecia. E tínhamos que esperar algumas semanas para receber o auxílio e comprar comida de novo."

A vida na Greenmount Avenue era ainda mais desafiadora. Em Nova York, os Shakur tinham sido pobres, mas não lhes faltavam amigos ou familiares com quem contar. Em Baltimore, pela primeira vez, estavam afastados da segurança e certeza de que encontrariam algum refúgio caso Afeni não conseguisse mais pagar o aluguel. Naquele momento, eles só tinham uns aos outros.

Todo dia, Afeni fazia o possível para superar o trauma de sua vida como Pantera, o que significava enfrentar o fato de que era a sobrevivente de uma revolução perdida. "Era uma guerra e tínhamos perdido. Quem perde, perde para valer. Perder significa que o que você defendia perdeu. Que o que quer que você estivesse tentando fazer não deu certo. Que o ponto de vista que ganhou foi o outro. E é isso que você vê. É isso que se repete o tempo todo." E, naquele momento, em Baltimore, Afeni lutava não apenas com a perda "da guerra", mas também com o trauma emocional. Ao mesmo tempo que confrontava os sentimentos de abandono por seus camaradas, ela tentava não buscar refúgio nas drogas enquanto sentia a urgência de colocar comida na mesa para os filhos.

Seguindo com as crianças como prioridade, ela se matriculou em um programa de treinamento em informática e, dentro de meses, foi contratada como funcionária administrativa em tempo integral em um respeitável banco de investimentos de Baltimore. Como processadora de dados trabalhando no turno da noite, ela ganhava um salário-mínimo e trabalhava em um cronograma exaustivo, só que, com o salário garantido, enfim conseguiu aliviar parte do peso financeiro da família. Tupac odiava ver a mãe trabalhando à noite, mas, durante esse período, eles aprenderam a confiar um no outro como nunca antes. Por anos, Tupac tivera que dividir a mãe com o ativismo incansável dela, e nem sempre gostara de suas ausências. "Me rebelei porque ela estava sempre ocupada e nunca passávamos tempo juntos porque ela sempre estava dando palestras e ia a faculdades e tudo", contou ele. "Eu sempre senti que ela se importava mais com 'o' povo do que com 'seu' povo." Na nova vida em Baltimore, Afeni conseguiu passar mais tempo com Sekyiwa e Tupac. Seu foco era fortalecer o relacionamento deles e correr atrás do tempo perdido. "Depois que isso acabou", disse Tupac, se referindo ao período de intenso ativismo da mãe, "ela passava mais tempo comigo e ficamos tipo: 'Você é minha mãe?', e ela: 'Você é meu filho?' E aí ela ficou muito próxima de mim e bastante rigorosa."

Toda manhã, Afeni e Sekyiwa iam juntas de ônibus até a escola da menina, onde ela cursava o terceiro ano e Afeni se voluntariava como responsável auxiliar na sala de aula. Nos fins de semana, Afeni, Tupac e Sekyiwa amavam explorar os arredores. Eles atravessavam a Greenmount Avenue e seguiam por vizinhanças residenciais, em geral brancas, até o jardim comunitário. Afeni se lembra dessas caminhadas como um tempo para refletir onde estavam enquanto família e aonde queriam ir. Em raras ocasiões, eles tinham alguns dólares extras para uma boa refeição, e os três pegavam o ônibus para Baltimore Harbor, andavam pelas lojas e voltavam com um cesto de caranguejo-azul.

Tupac espalhava um jornal para servir de toalha de mesa enquanto Sekyiwa despejava os caranguejos na mesa para que eles devorassem a refeição.

Mas caranguejos do porto só eram para ocasiões especiais, e a refeição usual era macarrão instantâneo. Tupac amava botar uma panela chinesa no fogo e jogar nela repolho picado e um pouco de molho de soja com macarrão. Asinhas de frango fritas bem douradas e arroz amarelo eram outras especialidades suas. Nas noites em que não havia comida na geladeira, eles pediam delivery e, às vezes, dividiam um prato de asinhas de frango e batata.

Conforme Afeni passava mais tempo com os filhos, suas palestras educacionais mudavam. A constante pressão nas ordens militaristas sociais dos Panteras retrocedeu. Por ter sido perseguida pelo governo e então traída pelos camaradas Panteras, Afeni tinha uma desconfiança dos brancos em geral que foi substituída por um ceticismo mais abrangente. Com os filhos, ela adicionou às lições de autodefesa e vigilância a importância do crescimento intelectual e moral. Ela ensinou a eles que a busca por conhecimento era "uma jornada eterna". As lições incluíam: "Não se acomodem. Leiam. Sejam honestos." Enquanto andavam de ônibus por Baltimore, ela ensinava códigos morais a eles. "Não pagar a passagem do ônibus é roubo." "A melhor coisa a fazer é não roubar e não mentir. E você tem que ser a pessoa que decide quando é roubo." Ela explicou anos depois em uma entrevista: "Eu sempre ensinava aos meus filhos que o fato de conseguirem se safar de pegar algo que não lhes pertencia, ou não pagar por algo que estavam usando era a pior coisa que podia acontecer. Depois disso, você muda, e não para até ser pego – e toda vez que faz isso só está acumulando peso e pressão sobre si mesmo."

Esses padrões morais de comportamento refletiam o medo de Afeni de que, até fora do movimento, seus filhos virassem alvo por terem o sobrenome Shakur. Ela sempre dissera aos filhos que eles estavam em perigo e que, caso se metessem em confusão, descobririam quem eram. Essas lições ecoavam nos ouvidos de Sekyiwa, e, embora denunciassem a paranoia cultivada por Afeni por tantos anos, eram baseadas em fatos. Uma tarde, Sekyiwa chegou em casa da escola e contou a Afeni que a turma dela ia a uma excursão e ela não queria ir. "Ia ter uma excursão ao prédio do FBI", explicou Sekyiwa mais tarde. "Não fui à escola no dia da excursão, e, quando cheguei na escola no dia seguinte, as crianças disseram 'Ah, vimos seu pai! Você é igualzinha a ele'." Aparentemente, a foto de Mutulu ainda estava pendurada na parede do prédio do FBI. "Isso aconteceu quando ele estava na lista de procurados. Eles viram a foto em um cartaz."

No outono de 1984, Tupac começou o oitavo ano na Roland Park Junior High. Ele estava acostumado a começar em escolas novas, mas lidar com o mundo dos grupinhos do ensino fundamental foi desafiador. Ele teria que adentrar em círculos sociais que já estavam formados. O fato de não ligar para o que estava na moda não ajudava, ainda mais quando a moda na América Negra estava começando a beber da fonte da iminente onda do hip-hop. A música, que logo se tornaria uma vertente definitiva da cultura negra, havia aos poucos crescido em influência durante a década anterior. Do hit revolucionário global do Sugarhill Gang, "Rappers Delight", passando por "The Breaks", de Kurtis Blow, até "It's Like That", de Run-D.M.C. e "Friends" e "The Freaks Come Out at Night", de Whodini, um novo som estava abalando o país, e com ele um novo movimento fashion ousado e pioneiro. Tênis Adidas, moletons da Russell, jaquetas da Starter e correntes de ouro eram os novos acessórios que demonstravam status, e era melhor você arranjar um jeito de aparecer na Roland Park Junior High seguindo esse estilo, quer pudesse pagar por ele ou não.

Tupac não podia se dar esse luxo. Com ou sem ameaça de suicídio social, ele sabia que não conseguiria comprar os sapatos ou casacos da moda para acompanhar os colegas. Toda manhã, ele escolhia peças das pilhas de roupas de segunda mão espalhadas pelo chão do quarto. Ele tinha uma calça jeans e uma calça social preta, ambas muito longas. Mas ele não se importava. A solução era fácil: ele logo fazia a bainha das calças com o grampeador antes de ir para a escola.

O colega de classe de Tupac Dana "Mouse Man" Smith conta sobre o primeiro dia de aula do amigo: "Ele usava um tênis com o solado torto. Um lado mais alto que o outro. Bem bagunçado, sem forma. E usava aparelho, metade do aparelho, tipo placas de metal na frente, mas sem o resto, tipo, ele tinha as placas de metal na frente, mas o resto não estava lá ainda."

Mouse conta que Tupac entrou na sala no primeiro dia de aula e procurou uma carteira vazia. Ele se sentou em uma mais para o fundo da sala, sem saber que o lugar já pertencia a um aluno chamado William, que tinha o dobro de seu tamanho. Logo William voltou à sala, aproximou-se de Tupac e exigiu sua carteira de volta.

— Você está no meu lugar.

— Não estou vendo seu nome aqui — respondeu Tupac, com o mesmo tom irritado do garoto que o encarava.

Tupac não sabia, mas William era conhecido entre os alunos como "o cara sem unha" — a unha dele tinha sido arrancada em um acidente com um cortador de grama, e o dedo esmagado se tornou um símbolo de sua agressividade.

— Sai do meu lugar! — ordenou William.

A professora, Sra. Gee, tentou interferir, enquanto os dois alunos permaneciam em um silêncio impassível, até que, enfim, ela disse:

— Tupac, lamento, esta é a carteira de William. Ele estava aí antes de você. Se importa de se sentar em outro lugar?

A contragosto, Tupac se levantou e encontrou outra carteira vazia. Mouse se lembrou de que aquele momento foi uma declaração tácita de lealdade, quando todos na sala trocaram olhares e por fim escolheram o lado de William. Assim, uma campanha para oprimir o aluno novo teve início. Tupac não era descolado, e tentar uma amizade com ele significaria risco social.

Mesmo com a força e as lições de Afeni sobre amor-próprio como base, os desafios sociais começaram a ter um peso sobre Tupac conforme o ano escolar avançava. Voltar para uma casa vazia também não ajudava — por vezes, Afeni e Sekyiwa ainda não tinham retornado do trabalho e da escola quando ele chegava, e Tupac sentia falta do conforto da família com a qual havia crescido. Seus primos estavam a muitos quilômetros de distância, e ele sentia falta da bagunça, das conversas e da companhia deles. E agora precisava lidar com a rejeição dos colegas. Um dia, ele voltou para casa e perguntou a Afeni se podiam conversar.

— O que aconteceu?

— Estou com saudade de Nova York — disse ele.

Ela prometeu a Tupac que levaria ele e Sekyiwa para uma visita. Enquanto isso, Afeni descobriu que as lembranças ajudavam a amenizar a dor do filho. Longas conversas cheias de recordações dos bons tempos que tinham vivido juntos em Nova York costumavam se transformar em noites de cantoria. Afeni sempre soubera de cor as letras de suas canções folk preferidas, mas Tupac e Sekyiwa usavam um livro com as letras para acompanhar. Juntos, cantavam músicas como "Stagger Lee", de Lloyd Price, e "Sixteen Tons", de Tennessee Ernie Ford.

Em seu quarto, no entanto, Tupac estudava as letras de um gênero musical diferente. Ele passava horas com sua caixa de som, memorizando as letras de rap que ouvia no rádio. Ele começou a compor as próprias canções e até criou um 'nome de rapper para si: Casanova Kid. Quando percebeu que não dava para ser um astro do rap sem plateia, ele passou a andar pelo apartamento recitando versos de diferentes canções do gênero:

Casanova Kid on the microphone
*Place called New York was my home**

Anos depois, Sekyiwa riu da lembrança do irmão repetindo um rap específico várias vezes. "Eu achava que ele era o mais foda, o mais inteligente... mas então ouvi alguém dizer que Kurtis Blow era o compositor daquela música."

Mas não demorou muito para que Tupac ganhasse a aprovação da irmã com uma composição original. Ela se lembrou da letra do primeiro rap que ele compôs sobre ela:

Jet Set's my name
And I'm a pretty girl
And when I get on the mic, you know I rock the world
When I go to school I do my work
And when the school bell rings, I go berserk
I'm nine years old and I would like to say
*That I'm nominated every year for MISS USA***

Quando estava no oitavo ano, ele teve a oportunidade de mostrar seu talento criativo na aula de inglês. Os alunos receberam a tarefa de

---

* Casanova Kid no microfone/ Nova York costumava ser meu lar
** Meu nome é Jet Set/ Sou uma garota bonita/ Quando pego no microfone, você sabe que eu abalo/ Quando vou à escola, faço o meu trabalho/ E quando o sinal toca, perco o controle/ Tenho nove anos e quero dizer/ Que todo ano sou indicada ao MISS EUA.

escrever um poema sobre como tinham passado o verão. Quando foi a vez de Tupac, a sala se sentou em um silêncio absoluto, a expectativa baixa. Mas, quando ele começou a se apresentar, foi uma surpresa. Ele tinha escrito um poema sobre seu amor pelo verão. "Era como um rap, mas era um poema. O poema não se parecia com nada que já tivéssemos ouvido antes", contou Mouse. "Ficamos olhando para aquele cara, sabe, com o cabelo de lado e metade de um aparelho. E todo mundo passou a olhar para ele de um jeito um pouco diferente depois disso."

No ônibus para casa, naquele dia, Mouse e Tupac expressaram a admiração pelo poema um do outro. Eles descobriram que viviam a apenas alguns quarteirões de distância, e, quando Mouse fez beatbox para Tupac, o acordo foi selado. A partir daquele momento, pegavam o ônibus juntos todos os dias e se tornaram essenciais na busca um do outro para fazer música.

O apoio de Mouse marcou uma virada completa na vida social de Tupac. O desprezo dos colegas ficou no passado. De repente, eles queriam saber tudo sobre o novo garoto descolado de Nova York. As perguntas entusiasmadas deles sobre a vida de Tupac na cidade grande antes de ir para Baltimore deram a ele confiança para largar o nome Casanova Kid e se rebatizar de MC New York. Ele mudou o guarda-roupa para combinar com o novo nome — ainda usava a camiseta branca e as calças grampeadas, mas agora com MC New York pintadas nelas em tinta preta.

Ainda a anos de distância do colosso comercial que iria se tornar, o hip-hop seguiu ganhando embalo cultural. A era do Black Power terminara, mas suas raízes artísticas, da poesia de Amiri Baraka aos soul raps de palavra-falada de Gil Scott-Heron, haviam se transformado em algo novo e empolgante. A América Negra sentia um imenso orgulho ao ouvir esse novo som se infiltrando nas ondas do rádio — eles tinham um novo gênero musical totalmente próprio, um irmão do jazz e do R&B. De seu local de nascimento, no Bronx, o hip-hop trilhou um caminho pelas cidades do interior do país, oferecendo um meio pelo qual investigar e refletir a experiência negra. Tupac, na época com 13 anos, estava no ponto crucial dessa virada de eras, aproveitando a repercussão do Black Power enquanto era atraído por um novo ritmo. O hip-hop era um raio de estilo e energia prestes a atingir a América Negra.

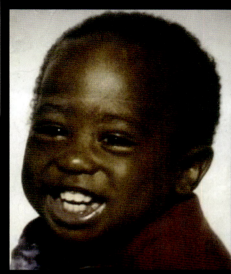

Tupac ainda bebê, 1972

Afeni segurando Tupac no colo, 1971

Afeni em uma coletiva de imprensa, por volta de 1970

AFENI SHAKUR
N.Y. CHAPTER, B.P.P.

THE LESSON

Malcolm awoke and saw what appeared to be the mountain of liberation-
then he was murdered
Martin started up that mountain and found there was beauty and lasting
peace -- he was murdered
Huey went all the way up and came down again to speak to the world of
the solidarity there -- he was shot & kidnapped
Eldridge saw my desire to go up and showed me the rugged path--he was
forced into exile
Bobby took my hand to lead me there and I found the way rough and ex-
hilarating
and of course he was gagged, beaten and chained
Fred overheard their directions and took to the hills for a closer look-
what he saw made him go back down to share his happiness
When he came back in the valley, all I could hear him say was--
I am a Revolutionary.
But, it made no sense, and so I just sat and listened.
The next day I heard him repeat this melody as he prepared the morn-
ing meal for my child
I heard the words-and still I was quiet; Fred didn't seem to mind-he
just kept doing things and singing his song
And then one day - the melody of his song was taken up by the evil
winds of human destruction
They heard its message and handed to him, the salary of a people's
servant.
KA BOOM--
The air that breathed his message to me was alive with urgency.
The mountain became a reality
The tools became friends
The curves became mere objects of jest!
I could sit still no longer.
I began to hum his song
As I climbed, as I fell and
got up and fell again – I
Sang the song of liberation
I AM A REVOLUTIONARY!
I AM A REVOLUTIONARY!

Afeni

A SMALL STORY

From withing the womb of a young and
forgotten field hand
a tiny voice could be heard as it pushed
its way into an unknown land.
It was a tiny little creature with no distinctive
marks - another grain of washed up sand
he grew up and found he could make people
laugh and became a two bit comedyman
In the middle of the funniest joke I had ever
heard, he found the key
that unlocked the door to amerikkka's
sea of untalked misery.
He looked within, and saw there a human
being caught in that whirling sea.
A universe of people, struggling, pleading,
and finally dying from his own apathy.
In the midst of all of this, he met another
awakening soul
Together they set out to reach a long
talked about goal
They taught people! By living their ideas,
their story was told!
They fed the hungry, clothed the needy,
and gave warmth to the cold.
And yet, a vulture a sick, lying kidnapper
holds his life in mid-air
he threatens to kill another man and
you say you don't care
I don't want to be rude, but I've got
to be sure you're aware
Because Babylon will sizzle if
BOBBY SEALE GETS THE CHAIR!

Afeni

FROM THE PIG PEN

What are these bars that intrude
   upon my sight?
These shivering lines that test my
   physical might!
Do they not know who I am or
   from where I came?
I am not to be burdeded by such
   barbaric games
My soul is not mine! I cannot
   give it away
My ears are ever watchful of
   what it will say
For I have a revolutionary story
   that I must tell
and my hands refuse to be beaten
   by this tormented cell
There is a force in here a whole
   new Black community
a motivating force - ready to make
   liberation a living reality!
I can hear their voices clamoring
   through these forgotten bars
Freedom Now! Right here on earth
   To hell with Mars!

Afeni

Poemas de Afeni

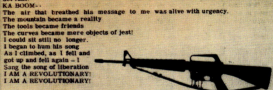

A prisão dos 21 Panteras, Nova York, 1969

A Raisin in the Sun, 1984

Afeni em Nova York, por volta de 1970

Foto de família, Nova York, 1976

Um poema de amor para Cosima

O jovem Tupac,
um líder nato

No parque,
por volta de 1973

Visitando Geronimo

Com Mutulu, por volta de 1975

Kenneth "Legs" Saunders

Um momento de diversão, 1986

Com Jada, por volta de 1987

BSA, por volta de 1987

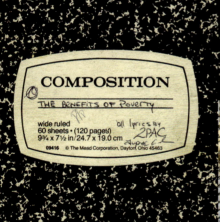

Sempre escrevendo

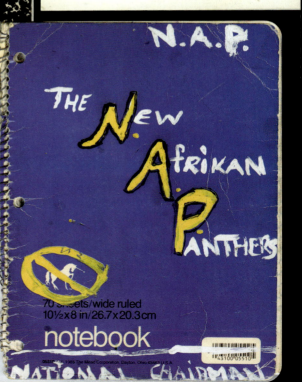

Com Flavor Flav, 1989

Um dos primeiros ensaios fotográficos de Tupac, 1989

Em turnê com Digital no Japão, 1990

Curtindo o intervalo entre shows com Shock G, por volta de 1990

PANTHER POWER!

·FREEDOM·

BY ANY MEANS

Quando pioneiros como LL Cool J, Run-D.M.C. e Eric B. & Rakim lançaram seus álbuns de estreia, Tupac parou para escutar. Toda noite ele se sentava no quarto para ouvir e estudar canções como "Eric B. Is President" e os clássicos de LL como "I Can't Live Without My Radio" e "Rock the Bells". Ele vinha escrevendo poesias desde que Mutulu o apresentara aos haiku, e agora testemunhava homens e mulheres em todo o país, compondo e apresentando rimas ao som de uma batida. Para ele, ambas as formas de composição estavam relacionadas. E ambas o atraíam. Ele queria contar histórias que o público precisava conhecer, aquelas que a mãe vinha contando ao longo de toda a sua vida. Era hora de contar a verdade sobre a história dos Estados Unidos, sobre seu passado sombrio, e, principalmente, sobre a opressão e as desigualdades que assolavam as comunidades. Mesmo tão jovem, Tupac sabia que a verdade abria caminhos para a mudança.

Muitos anos depois, ele falou de poesia como rap, e de rappers como poetas. "Agora, é quase impossível não ver a força que o rap se tornou", ele observou. "É como se nossos irmãos e irmãs, nossa juventude e alguns de nossos adultos; é como se seus ouvidos estivessem sintonizados no rap. E se você realmente quiser espalhar a verdade, se quiser mesmo começar a ensinar, é preciso começar usando nossos métodos. Os Last Poets fizeram isso com a poesia. Mesmo na história das antigas civilizações africanas, poetas iam de vila em vila, e era assim que as histórias, mensagens e lições eram repassadas. A história se repete... sendo a raça forte que somos, pegamos essas vibrações positivas e começamos a fazer rap."

O hip-hop fortaleceu a amizade de Tupac e Mouse. Logo os dois se tornaram inseparáveis. Mouse era bem conhecido pela cidade por suas habilidades no beatboxing, mas agora ele tinha um compositor igualmente talentoso como colaborador. Eles formavam o par perfeito: Tupac, o letrista, e Mouse, o beatbox humano. Os dois compunham canções no ônibus a caminho da escola, dando aos passageiros uma performance improvisada logo cedo. Quando estava na escola, Tupac e Mouse faziam batalhas de rap com os colegas; depois, passavam horas no parque local em seu "estúdio" improvisado, uma estrutura gigante originalmente construída como parquinho, mas que, em algum ponto, fora adotada como banheiro pelos sem-teto locais. Mouse explicou: "Havia uma estrutura que chamavam de bolha. Era uma coisa grande de plástico. Tinha cheiro de mijo. Mas a acústica era incrível. Não dava para conseguir essa acústica em nenhum outro lugar."

Não demorou muito para que comentários sobre o talento de Tupac se espalhassem fora da escola. Em fevereiro de 1985, na metade do oitavo ano, ele e Mouse foram convidados por um bem relacionado organizador de eventos de entretenimento chamado Roger para se apresentarem no Cherry Hill Recreation Center com os rappers Mantronix, MC T e Just Ice. A oportunidade despertou os sonhos de estrelato dos garotos. Supondo que os artistas estabelecidos trariam seus empresários e representantes do selo da gravadora para o show, eles viram a apresentação como uma audição para um palco ainda maior. Tupac e Mouse ensaiaram incessantemente toda noite até o dia da performance, com a esperança de impressionar os executivos da indústria. Buscando um nome artístico, eles escolheram Eastside Crew, uma referência ao orgulho em fazer parte de East Baltimore.

Quando Tupac e Mouse subiram no palco naquela noite, poucos teriam imaginado que eles só tinham se apresentado para colegas de classe, passageiros de ônibus e amigos. Eles passaram com confiança por um medley de cinco músicas, começando com "Nigga Please!", uma canção sobre um mulherengo muito apegado. A apresentação atingiu o clímax com o solo de beatboxing de Mouse, que arrancou aplausos e gritos da plateia, e terminou com uma canção chamada "Rock On!". Embora não fossem excepcionalmente habilidosos na presença de palco, a performance da dupla foi um relativo sucesso.

A intuição dos garotos de que profissionais do ramo musical estariam lá se provou verdadeira. Na multidão, naquela noite, estavam o empresário de Mantronix e o executivo de A&R da Jive Records, Virgil Simms. E a preparação deles para o show compensou — Simms ficou impressionado. Dias após o show, Simms entrou em contato com Roger para discutir a possibilidade de oferecer ao Eastside Crew um contrato de gravação. Roger marcou uma reunião e, no caminho, os garotos de 13 anos mal podiam conter o entusiasmo. Naquele dia, Virgil fez uma oferta oficial. Ele queria que o Eastside Crew gravasse seu álbum de estreia pela Jive Records.

Tupac mal podia esperar chegar em casa e contar as notícias para a mãe e a irmã, mas ele e Mouse precisavam de só mais uma coisa para fazer acontecer: a assinatura dos pais no contrato.

Afeni não gostou da ideia de o filho assinar um contrato de gravação, por mais que fosse com uma grande gravadora. Sem hesitar, ela exigiu que Tupac cortasse toda a comunicação com a gravadora e deu um sermão sobre a importância dos estudos. Afeni havia notado a influência do rap no filho e, embora não fosse contrária às mensagens e aos valores da cultura hip-hop como um todo, não queria que o interesse dele no rap atrapalhasse sua carreira acadêmica. Ela se orgulhava de estar criando bons filhos e temia que as obrigações de um contrato de gravação pudessem ofuscar a curiosidade que ele já desenvolvera pela literatura, pela poesia e pelo teatro. Não haveria contrato assinado, nem gravação para a Jive. Afeni disse a eles: "Vocês são muito novos." E Mouse contou: "Tupac chorou depois disso."

Durante semanas, Tupac ficou amuado. A mãe havia empatado seus sonhos. Mas, como a maioria dos adolescentes, ele não tinha escolha a não ser seguir em frente, esperar e encontrar um caminho diferente. Mesmo assim, a oferta de contrato alimentou a confiança e o foco de Tupac. Isso o levou a aprimorar ainda mais seu ofício. Apesar da ênfase da mãe na educação acima de tudo, ele começou a passar menos tempo em casa e mais tempo fazendo música com Mouse, determinado a deixar suas habilidades tão afiadas quanto pudesse para que estivesse pronto quando a próxima oportunidade aparecesse.

Aos 14 anos, Tupac era um ávido leitor dos jornais diários locais. As estatísticas criminais, os debates políticos, a economia do governo Reagan e as questões globais ocupavam sua jovem mente. Para Tupac, ler as notícias era uma experiência *emocional*. Enquanto a maioria das pessoas lê o jornal e balança a cabeça lamentando ao se deparar com notícias tristes e histórias trágicas, Tupac era profundamente afetado por elas. As palavras voavam das páginas e o atingiam com toda a força. E, quando ele largava o jornal, não conseguia simplesmente seguir com o dia. Precisava entender tudo o que lera e encontrar uma forma de humanizar aquelas realidades brutais. Ele precisava dar voz aos menos afortunados e incorporá-los em sua arte.

O jornal também era uma forma de buscar oportunidades de compartilhar seu talento. Competições de poesia, competições de rap — ele se inscrevia em tudo que encontrasse. E logo foi reconhecido. O primeiro prêmio que ganhou foi o Stop the Violence Award por uma canção que compôs intitulada "Us Killing Us Equals Genocide". A canção, um conto moral sobre as consequências da violência armada e do crime nos sonhos dos jovens nas áreas urbanas, refletia a crescente preocupação de Tupac com a própria comunidade:

Let me tell you about Roger
'Cause he was smart
He wanted to be a doctor, operate on hearts,
Got a scholarship to go to a real good college
Didn't want to get high, he wanted to choose knowledge
Now, Roger was at home one fateful night
Right next door to Roger was a horrible fight
He knew the girl that lived there, so he was concerned
He stepped out to see what happened but never returned
Roger was shot six times would never be seen
Died a poor Black and so did his Dreams*

Naquele mesmo ano, Tupac viu um panfleto que dizia: "Chamando todos os rappers!" A Enoch Pratt Library planejava sediar uma competição de talentos nos quais os participantes teriam que compor um rap em homenagem ao 50º aniversário da instituição. Os participantes precisavam ter menos de 18 anos, e nenhum palavrão era permitido. Fazer rap sobre a biblioteca foi fácil para Tupac, que amava ler e reconhecia a importância de buscar educação graças à influência de Afeni. Ele já havia devorado livros como *Seize the Time*, de Bobby Seale, e *Blood in My Eye*, de George Jackson. Com esse rap, ele queria alcançar leitores e não leitores e incentivá-los a entender que ler é a chave para o sucesso. Queria que as pessoas vissem a biblioteca como um pote de ouro.

Sua composição para a competição recebeu o título simples de "Library Rap". No dia do show de talentos, o Eastside Crew estava pronto. Mouse começou o beatbox, e Tupac rimou afiado ao microfone.

O rap foi um sucesso. Mouse se lembra: "Chegamos às semifinais. E depois na final. Duas garotinhas ganharam. Ficamos em segundo lugar." Tupac ficou decepcionado por não terem levado o prêmio. Mouse adiciona: "Tupac não quis mais fazer rap."

Porém, talvez mais emocionante que a letra tenha sido a performance em si. Deborah Taylor, bibliotecária da Enoch Pratt e coorde-

---

* Me deixe contar sobre Roger/ Porque ele era inteligente/ Queria ser médico, operar gente/ Conseguiu uma bolsa para uma faculdade muito boa,/ Não queria se drogar, queria estudar/ Então, Roger estava em casa em uma noite fatídica/ No vizinho de Roger houve uma briga terrível/ Ele conhecia a garota que morava lá, então se preocupou/ Saiu para ver o que aconteceu, mas nunca voltou/ Roger levou seis tiros e jamais seria visto/ Morreu como um pobre jovem negro e seus sonhos também.

Library Rap by Tupac A. Shakur

performed by: The EASTSIDE CREW - Dana Smith, Kevin McLeary, Tupac Shakur

On Behalf of us and the finalists/yo'enoch Pratt
Bust this!/Enoch Pratt it's your birthday so why don't
you listen to what I say/because reading and writing
are important to me that's why I visit the Pratt library/
hey citizens of Baltimore the Enoch Pratt library is an
open door to life and pleasures of all kind for people of
our world to develop our minds/so heed my advise cause
it's not hard to get yourself a library card/so all
you athletes study and Read kause more smart people is
what this world needs/so now that you know what I'm
talking about/listen to the word as we spell it out/
The "R" is for ready to learn and ready to learn, and read/
the "E" is for earnest, what you got to be/"A" is for Author
who writes the books/"De"-termination is what always too/
A Library is a key to Sucess/so come on down and
join the rest/cause your never too young and your never too
old/behind every library is a Pot of gold/okay your
new in town and you step inside/you see all those books
gonna blow your mind/so you ask the librarian "can you
help me?"/she says is this your first time in Pratt library/
if you can't read then your in trouble/going to the
store they'll charge you double/so stay in school and learn
to read/earn all the credits that you need/so you

Tupac apresentou esse rap com o Eastside Crew na Enoch Pratt Library, no Centro de Recursos da Biblioteca do Estado de Maryland em Baltimore. Ele o compôs para um concurso da biblioteca e ficou em segundo lugar.

nadora dos serviços escolares e estudantis, lembrou que os jurados concordaram em unanimidade com uma coisa naquele dia: Tupac brilhou. Ela contou: "Durante a apresentação de Tupac, ninguém tirava os olhos dele."

Quando o Eastside Crew não estava se inscrevendo em competições e levando prêmios, os garotos costumavam passar o tempo "lá em cima", na "colina", uma área de East Baltimore que se erguia acima do apartamento de Tupac em Greenmount e onde homens, jovens e velhos, se reuniam na esquina vendendo drogas, relógios e do que mais as pessoas precisassem. No meio da agitação da rua, das apostas nas calçadas e das nuvens de fumaça de tabaco e maconha, Tupac e Mouse se sentavam para observar o movimento. Potes cheios de cigarros passavam de mão em mão durante conversas cheias de bravata e às vezes paravam em Tupac. Armas eram manuseadas e admiradas. "Lá em cima" era a "escola descolada" local para os melhores criminosos de Baltimore, e Tupac logo se inscreveu.

Mas, em vez de vender drogas, Tupac e Mouse traficavam seu talento. Eles ganhavam dinheiro rimando para os tios de Mouse e seus amigos — dinheiro do qual precisavam muito. As famílias mal conseguiam pagar as contas. Baltimore podia ter sido um recomeço, mas sobreviver ainda era uma luta. Afeni uma vez deu a Tupac seus brincos de ouro para serem penhorados, e, com o dinheiro que conseguiu, ele pôde comprar algumas sacas de batatas e um pouco de carne para passarem o mês. Embora o dinheiro que Tupac ganhava com o rap naquela época fosse pouco, cada centavo ajudava em casa. Ele percebeu rápido que tudo que ganhava fazendo freestyle deveria ser guardado para comprar comida. Também significava menos dinheiro para a passagem de ônibus de Tupac e para os cinemas nos fins de semana; e, durante esse tempo, a filosofia de Afeni de que os Shakur não roubavam nem mentiam competia com frequência com a tentação de ignorar o motorista de ônibus ou entrar de fininho no cinema enquanto ele e Mouse andavam por Baltimore. Por fim, ele se deu conta de que precisava arrumar um emprego, algo que fosse uma fonte de renda constante.

Na época, Mouse trabalhava à noite durante a semana em uma creche da vizinhança, onde era responsável pela limpeza e organização quando todos iam para casa. Toda noite, Tupac esperava o amigo terminar o serviço, então Mouse ofereceu dividir o pagamento meio a meio se Tupac assumisse metade das tarefas. Tupac também removia a neve da calçada da casa dos vizinhos e, aos 14 anos, logo aprendeu que quanto mais neve removesse, mais macarrão instantâneo e carne para sanduíches McRib caseiros poderia comprar.

Com dois empregos e um bico de fazer rap por dinheiro, Tupac, pela primeira vez, desde que se mudara para Baltimore com a família, tinha dinheiro extra suficiente para comprar uma passagem de ônibus barata para Nova York. Mouse também iria. Tupac estava ansioso para apresentar o amigo para tia Jean e a família e mostrar a eles que havia evoluído como artista. O primo Bill se lembrou da primeira vez que ouviu Tupac fazer freestyle no meio da sala de estar. "Ele saiu pela sala falando com todos da família fazendo rap. Foi *foda*! Foi foda porque Pac estava usando as palavras de forma que eu não tinha ouvido os rappers usarem naquela época. Ele era inteligente e muito articulado. Fiquei impressionado. Vi que ele era brilhante bem ali."

As viagens para Nova York logo se tornaram mais frequentes, e Tupac ficava ansioso pelos fins de semana nos quais podia voltar. A companhia dos primos valia a viagem de ônibus de quatro horas. Mas o dinheiro que ele ganhava em Baltimore só podia levá-lo até ali. Quando chegou em Nova York, ele percebeu que comer fora, ir ao cinema e andar pela cidade custava ainda mais dinheiro. Ele inventou algo que chamava de "o plano do dólar". Ele pedia um dólar a cada um da família. Depois, ia ficar do lado de fora, onde inevitavelmente encontrava várias pessoas que conhecia há anos. Muitos ficavam felizes em vê-lo. "Ei, cara, pode me dar um dólar?", pedia ele. Só mais tarde alguém se daria conta de que ele pedia à família toda e a mais vários conhecidos. Tupac terminava com mais dinheiro no bolso que qualquer pessoa.

No outono de 1985, Afeni matriculou Tupac na Paul Laurence Dunbar High School, em Baltimore. Batizada em homenagem ao aclamado poeta afro-americano, Dunbar era uma escola magnética e oferecia programas profissionalizantes, como cursos de socorristas e enfermagem. Para Afeni, esses eram atributos promissores em uma educação de ensino médio.

A opinião de Tupac era outra. Dunbar tinha uma gigantesca cultura de esportes, sobretudo basquete, da qual ele se sentiu totalmente de fora. Além do mais, tinha poucos aliados ali — a maioria dos outros alunos da Roland havia se matriculado em diferentes escolas da área.

Mais uma vez, Tupac precisou recomeçar em um lugar onde não conhecia ninguém.

Ele sentia falta dos primos de Nova York. Sentia-se solitário em uma escola na qual não conseguia encontrar uma única qualidade. E, embora continuasse a amizade com Mouse, suas colaborações diárias com ele nos intervalos e horários do almoço eram coisa do passado. Em casa, os ratos, a geladeira vazia e o quarto gelado permaneciam como a realidade nua e crua de sua vida diária. Tupac precisava de uma mudança, de que as coisas se virassem para a direção certa. Ou apenas para uma direção *melhor*.

Mas primeiro veio outro golpe: o único homem que ele conhecera como pai, o único homem que o reconhecera como filho, morreu de repente. "Legs saiu da cadeia. Ficou livre por mais ou menos dois meses", contou o primo de Tupac, Bill. "Ele começou a fumar crack de novo. Usou e teve um ataque cardíaco. A pessoa que estava com ele na hora entrou em pânico e não soube o que fazer."

Pouco depois da morte de Legs, Afeni descobriu que ele não poderia ser o pai biológico de Tupac. Ela explica: "Descobri que ele sempre soube que não podia ter filhos. Ele nem pensava que Tupac era seu filho. Ele o *escolheu* como filho."

Quando ela contou a Tupac a notícia da morte de Legs, ele sofreu. Mesmo quando Legs desaparecia sem aviso de sua vida, Tupac desejava que ele fosse seu pai. Mais tarde, ele percebeu que aquelas visitas ocasionais não atendiam o requisito da paternidade, mas, quando criança, desculpava a presença inconstante de Legs. Ele perdera todos os momentos importantes da vida de Tupac. Não tinha estado na plateia quando Tupac atuou em *A Raisin in the Sun*. Quando Tupac deixou Nova York para morar em Baltimore, Legs não apareceu na Penn Station. Não tinha ido a Baltimore visitá-lo, nem sequer ligara, e Tupac não o via desde que Legs fora preso. Aquela ausência deixava Tupac com raiva, e o fato de que se tornaria eterna preencheu o menino com uma nova dor de abandono. "Tupac sofreu de uma tristeza profunda quando Legs morreu", contou Afeni. "Conforme ele ficava mais velho, sentia falta da presença de Legs. Mas ele jamais quis cortar sua conexão com as ruas. Legs era a definição dele de estar para baixo." Essa tristeza sempre era confundida com raiva, arrependimento e amargura que mais tarde ele despejou em suas letras. Em uma de suas canções mais comoventes e emocionantes, "Dear Mama", ele diz:

They say I'm wrong and I'm heartless, but all along
I was looking for a father, he was gone[*]

Os dias de Tupac costumavam ser iluminados pela descoberta de uma nova arte ou música, e um desses momentos aconteceu, misericordiosamente, mais ou menos naquela época, durante uma visita à caridade. Afeni costumava levar Tupac e Sekyiwa a um brechó para comprar uniformes da escola e outros itens e, em uma dessas ocasiões, ela teve dinheiro o suficiente para adicionar um novo disco em sua coleção: o clássico *American Pie*, de Don McLean. Quando chegaram em casa, Tupac colocou o disco na vitrola, soltou a agulha no vinil e aumentou o som.

A canção "Vincent" chamou sua atenção. Ele ouviu atentamente, absorvendo a elegia triste e assombrosa ao artista condenado Vincent van Gogh:

They would not listen
They did not know how
Perhaps they'll listen now[**]

A letra de McLean capturou a imaginação de Tupac. Em seu cerne, a canção incorporava a dor e a angústia de Van Gogh como um artista que jamais obteve aceitação e reconhecimento. Tupac apreciou a habilidade de McLean de expressar humanidade e emoção cruas pela música. A canção, e uma das lições que oferecia, permaneceria com ele pelo resto da vida. "Minha inspiração para compor música é como Don McLean quando fez 'Vincent'", Tupac explicou mais tarde em uma entrevista sobre seu processo criativo. "Histórias profundas, tipo histórias cruas de necessidade humana. Quero fazer isso com a minha música." Van Gogh se tornaria uma referência para Tupac.

Um dia, quando Afeni estava sentada na calçada, um cantar de pneus alto e uma batida interromperam a calmaria da tarde. Tupac e Sekyiwa saíram correndo da casa para ver o que acontecera. Um carro atropelara um cachorro e fugira. Os três se apressaram para ver se podiam ajudar. Na cena, encontraram duas mulheres, vizinhas que

---

[*] Dizem que sou errado e sem coração, mas todo esse tempo/ Estive procurando por um pai, ele não estava lá.

[**] Eles não ouviam/ Não sabiam como/ Talvez ouçam agora.

moravam do outro lado da rua em Greenmount, que logo pegaram o cachorro ferido e correram para seu carro, esperando chegar a tempo no veterinário. Tupac perguntou se podia ir junto. Elas concordaram, e, com a aprovação de Afeni, ele foi.

Na noite seguinte, Tupac e Afeni cruzaram a rua para agradecer às mulheres e logo se viram convidados a entrar. Enquanto Tupac se sentava no sofá e absorvia a bem-arrumada casa de classe média, seus olhos curiosos pararam em um livro de mesa de cores intensas: um volume sobre a vida e o trabalho de Vincent van Gogh. Ele o pegou para folhear, mas logo ficou tão absorvido nas páginas que as mulheres repararam. Dias depois, elas cruzaram a rua até a casa de Tupac para levar para ele um exemplar do livro, um presente por ajudar a cuidar do cachorro ferido.

Afeni soube que uma das mulheres era uma professora aposentada da EAB, uma escola de ensino médio do outro lado da cidade. A escola era considerada a joia do sistema de escolas públicas de Baltimore, lançando muitos alunos para carreiras de sucesso em áreas criativas, e provocou a curiosidade de Afeni, levando-a de volta aos seus dias na High School of Performing Arts, em Nova York. Embora o tempo dela em uma escola de artes predominantemente frequentada por alunos de classe alta não tenha sido bom, ela estava aberta à possibilidade de que aquela escola fosse boa para Tupac. Parecia uma decisão fácil, ainda mais porque ele não estava satisfeito em Dunbar. Ela perguntou se ele gostaria de se matricular. Com a falta de oportunidades no teatro na Roland, a paixão de Tupac pelo teatro tinha dado lugar à composição e à música, mas ele gostava da ideia de recomeçar sua jornada no palco. Dentro de dias, Afeni entrou em contato com a escola.

Na primavera de 1986, Tupac se inscreveu na EAB, e logo recebeu uma ligação chamando-o para uma audição. No dia em que recebeu a notícia de que faria a audição, ele já se considerou matriculado. Não desanimou com o fato de que, de cerca de 250 candidatos, apenas 18 alunos de teatro eram aceitos todo ano. Estava confiante de que conseguiria convencer os avaliadores de que seria uma boa adição ao corpo estudantil. Ser aceito significaria não precisar mais frequentar Dunbar. Não haveria mais desvios. Ele estaria de volta no caminho para um dia se tornar um ator famoso e bem-sucedido. Começou a ensaiar seu monólogo e esperou que o dia da audição chegasse.

NAS PROFUNDEZAS DA SOLIDÃO
1986

> I exist within the depths of solitude
> Pondering my true goal
> Trying 2 find peace of mind
> and still preserve my soul*
>
> — TUPAC SHAKUR

"**S**eu crioulo!"**

A palavra ricocheteou nas portas de vidro da entrada da EAB e atingiu os ouvidos de Tupac. Ele se virou para ver um carro cheio de jovens brancos o encarando. Um deles cuspiu pela janela. Tupac ficou paralisado.

Afeni estivera esperando por esse momento. Ela estivera, à própria maneira, preparando o filho para isso. "Para cada menino negro de 7 anos", ela explicou mais tarde em uma entrevista, "chega um momento, aos 11 — ou em algum ponto de sua vida —, em que há

---

* Eu existo nas profundezas da solidão/ Ponderando meu verdadeiro objetivo/ Tentando encontrar paz de espírito/ e preservar minha alma.
** As palavras nigga ou nigger em inglês, também conhecidas como n-word devido à recusa política de pessoas em escrevê-las ou pronunciá-las, são insultos raciais bastante ofensivos e seu uso pejorativo é altamente condenável. Nesta edição, o termo foi traduzido de modo a contextualizar o leitor brasileiro da especificidade de seus usos na comunidade afro-americana. [N. da E.]

noventa por cento de chance de que alguém vá olhá-lo e chamá-lo assim. Não importa de quê... Pode ser que não digam a palavra com N... mas vão olhar para essa criança e vão sinalizar para ela qual será sua posição neste país. Quando fizessem isso, eu queria que ele tivesse um lugar ao qual recorrer", ela tocou o coração, "e encontrar beleza, e que pudesse encontrar integridade e força dentro de si, e então poderia revidar."

E foi isso o que Tupac fez. Ele inspirou fundo. Estava determinado a não deixar a ignorância e a crueldade dos jovens irritá-lo. Ele não tinha tempo para aquele tipo de bobagem. Era o dia da audição, e nada ia impedi-lo de arrasar. Logo recuperando a compostura, ele se virou e entrou no prédio. Lá dentro, subiu a escada de mármore serpenteante da escola e se preparou para a audição.

Tupac entrou no teatro da escola e esperou sentado até ser chamado. Quando o momento chegou, Tupac usou da experiência que tivera sob a direção de Ernie McClintock e entregou um monólogo de *A Raisin in the Sun*. Talvez um sinal de sua crescente maturidade, ele escolheu não repetir as falas que apresentara como Travis, e em vez disso deu um discurso escrito para o pai de Travis, Walter Lee. Sem se abalar com o painel de quatro professores diante de si, ele se apresentou com naturalidade e determinação. Quando terminou, estava seguro de sua performance. Em uma entrevista, anos depois, ele explicou que a audição e o tempo na EAB foi "um dos meus tempos de mais sorte".

Os professores se interessaram na mesma hora. Sobre a audição, Richard Pilcher disse o seguinte: "Ele era um ator nato. Era bom demais para um garoto daquela idade." Outro professor, Donald Hicken, observou: "Acho que o painel viu logo de cara que seu lugar era ali."

Naquele outono, Tupac começou no segundo ano do ensino médio na EAB. Logo descobriu que a experiência na escola seria diferente de tudo que tinha experimentado antes. Nos corredores da escola, ele viu que todos eram iguais. Finalmente estava em um local onde seus infortúnios pessoais não eram motivo para ser julgado. A calça grampeada de segunda mão e o cabelo malcortado, que um dia tinham atraído olhares, marcavam sua individualidade. O estilo pessoal de cada um era valorizado, não julgado. Ele enfim conseguia estar livremente entre os colegas, com nada além do passaporte de gênio criativo.

Embora ele tenha sido aceito no departamento de teatro, sua reputação como um dos rappers mais habilidosos na cidade já era conhecida. Apenas semanas depois de entrar na escola, ele já estava passando pelos corredores e fazendo novos amigos com facilidade. Tupac até fez amizade com alunos mais velhos — um caminho rápido para o topo da pirâmide social. E o fato de que tinha nascido e crescido em Nova York, uma cidade na qual os colegas aspiravam brilhar, contribuiu para a habilidade dele de conviver com diferentes panelinhas: brancos, negros, ricos, pobres, dançarinos, artistas visuais e artistas de performance. Tupac se tornou um verdadeiro camaleão.

Por mais bem-sucedido que Tupac tivesse sido com a transição para a nova escola, havia um grupo que não o aceitava: uma equipe de estudantes negros do departamento de artes visuais. Eles decidiram que a aparência de Tupac era "desleixada" demais para uma amizade, ou mesmo um reconhecimento formal. A segurança dos novos amigos e o ambiente em geral acolhedor deram a Tupac a confiança para desafiar o talento do rap reinante na escola, que por acaso estava nesse grupo. Em pouco tempo, boatos se espalharam entre os alunos sobre uma possível rivalidade, e os corredores da EAB foram tomados com a pergunta: o novato tinha mesmo a habilidade para vencer?

Na noite da batalha, no Beaux-Arts Ball, Tupac garantiu que Mouse estivesse ao seu lado. Usando calças pretas, uma camisa social preta e um cardigã, Tupac conduziu uma multidão de alunos escada abaixo até o corredor do porão perto do refeitório. Com uma rápida apresentação de Mouse para a multidão, começou a batalha. Tupac fez as rimas, enquanto Mouse fazia beatbox, ambos animando a multidão com a apresentação. A batalha foi feroz, cada lado tentando vencer o outro. Os alunos ficaram animados e a performance de Tupac e Mouse começou a atrair palmas e gritos cada vez maiores. Os oponentes deles sabiam que estavam perdendo. Por fim, eles se renderam. Darrin Bastfield, um dos artistas de rap que foram contra Tupac, conta: "Estava muito óbvio, muito evidente que tinham ensaiado, porque eu nunca tinha visto algo igual... Eles acabaram com a gente!"

Depois da vitória, tendo ganhado o respeito da escola inteira, Tupac se tornou um aluno de artes performáticas popular. Sua confiança, uma vez abalada pelas transições difíceis na Roland Park e em Dunbar, crescia enquanto ele se sentia mais confortável na EAB. Em um local onde os ecléticos estavam na moda e pouco havia tênis da Adidas e jaquetas da Starter, os jeans de MC New York se tornaram sua assinatura. Ele até começou a pintar as unhas de preto.

— Que esmalte preto é esse? — perguntou Afeni uma tarde quando Tupac chegou da escola.

— Ah, isso — respondeu ele, encarando os dedos da mão estendida. — É para me conectar com meu lado feminino.

— E o que você sabe de lado feminino?

— Tudo que você me ensinou. E não quero esquecer. Então isso é um lembrete constante.

Afeni sorriu orgulhosa enquanto testemunhava o crescimento da inteligência emocional do filho. Ela sabia que havia preparado uma base sólida para o homem que ele estava se tornando e ficou feliz em ver que a nova vida na escola de artes performáticas estava adicionando mais camadas à sua consciência em formação.

Quando Tupac havia se estabelecido na EAB, ele começou a direcionar sua energia para as aulas de atuação. Estúdio de Movimento, Artes Cênicas, Estúdio Vocal e Técnica de Aprendizado tomavam conta de metade do dia de aulas. Essas aulas aconteciam em um ambiente de estúdio informal sem mesas ou pódios, apenas uma sala aberta com algumas cadeiras espalhadas e uma barra presa em uma das paredes de espelhos para a dança. Durante a instrução, alunos se sentavam em um semicírculo e observavam o trabalho dos colegas.

Uma das aulas de Tupac durante o outono era Introdução à Atuação, com Donald Hicken, diretor do programa de teatro. Hicken se lembra de fazer a chamada pela primeira vez naquele ano: "Uma das minhas primeiras memórias de Tupac foi o nome, porque era um nome bastante incomum. Quando falei o nome dele na chamada, alguém riu. E ele olhou para a pessoa de um jeito que mandava uma mensagem: 'Ri do meu nome de novo e vai ter problemas.' E era sério. Depois disso, o nome dele jamais foi um problema. Foi a primeira vez que percebi que estávamos lidando com uma alma muito poderosa. Pode chamar de carisma, talento ou sei lá o quê. É uma mistura disso, mas tem um ingrediente extra: o poder de influenciar, de controlar o comportamento dos outros."

Introdução à Atuação tinha um currículo dividido em duas partes: um componente de estúdio e uma pesquisa acadêmica da história da atuação. Uma das primeiras tarefas do estúdio era escolher uma canção e escrever uma performance solo que incluísse música e movimento. Cada aluno tinha que se apresentar para a turma e ser avaliado. Com a reputação de artista de rap habilidoso crescendo cada vez mais pela escola, principalmente depois da vitória na batalha no Beaux-Arts Ball, havia expectativas sobre Tupac. Hicken admitiu que ele e o restante da turma esperavam que Tupac incorporasse um rap à performance.

Mas, de novo, Tupac os surpreendeu, demonstrando um lado diferente de si. Ele se sentou no chão do estúdio com a tropa de 12 alunos com os quais estudaria até a formatura. Quando chegou sua vez, foi até o centro da classe e ficou em silêncio, esperando a música começar. Logo todos ouviram os acordes de abertura de "Vincent" de Don McLean fluindo pelos alto-falantes. Enquanto a canção tocava, Tupac pulava pela sala, seus movimentos dramáticos, vagarosos e controlados. Ele olhava pela janela ansiosamente, como se buscasse por algo ou alguém. Sua performance solitária foi tranquila, com notas de melancolia e mistério.

"Tupac fez uma linda apresentação, uma história contada em movimento", relatou Hicken. "Ele escreveu sobre sua afeição por Van Gogh. Ele se identificava com o artista porque amava seu trabalho e também porque ele era malcompreendido. Mas o estranho era que Tupac não era malcompreendido ainda. Foi como uma premonição."

Os anos de Tupac na EAB e sua exposição aos colegas de classe de origens muito diversas provocaram uma resposta bastante diferente nele do que provocara em Afeni. Ele via as discrepâncias entre os privilegiados e os não privilegiados, mas também tinha a mente aberta em relação à raça. "Foi a primeira vez que vi que havia pessoas brancas com as quais podemos nos dar bem", disse ele. "Antes disso, eu só acreditava no que todos diziam, 'Eles são demônios'. Mas eu adorei." Por fim, depois que Tupac se estabeleceu na EAB, ele enxergou as diferenças entre os alunos da escola sob outra perspectiva. Acolheu aqueles que tinham mais que ele cultivando amizades com base na reciprocidade. E, se alguém fazia um esforço genuíno para conhecê-lo, não importava onde morasse ou quanto dinheiro tivesse, ele demonstrava o mesmo respeito. Era simples: se fossem gentis, ele dava uma oportunidade.

Uma das amizades que ele fez foi com uma bela menina negra e magrinha que tinha um sorriso confiante e uma atitude energética, uma colega chamada Jada Pinkett. Eles se conheceram na reunião para estudantes no departamento de teatro. Embora ele não fosse o tipo dela à primeira vista, Jada contou em uma entrevista: "Logo que ele se aproximou de mim, vi um sorriso magnífico e uma risada gostosa. Ele era como um ímã. Assim que você prestava atenção nele, ele meio que te sugava. Nós nos demos bem a partir daquele momento. Era como uma conexão que tínhamos e, quanto mais descobríamos um sobre o outro, percebemos do que se tratava aquela conexão. Fomos amigos pela vida toda."

Jada pediu um favor a Tupac. Ela vinha querendo conhecer um dos alunos mais velhos da escola, um artista visual talentoso chamado John Cole. Ela pediu a Tupac para fazer amizade com John e apresentá-la a ele. Atendendo ao pedido da amiga, Tupac então montou uma apresentação aparentemente casual um dia na "sala de fumo" da escola. Em alguns dias, os três se tornaram amigos próximos, forjando laços que durariam a vida inteira.

Conforme a amizade do trio se formava, o laço de Tupac e John também se fortalecia. John se lembra de sua primeira impressão sobre Tupac: "Tupac realmente gostava de ser o centro das atenções. Ele sempre estava no palco, sempre arrasando. Então íamos a festas e ele fazia stand-up, com 10 ou 15 pessoas rindo muito, e eu pensava: 'É, esse é o meu amigo.'"

Eles eram opostos. John era reservado e humilde, Tupac extrovertido e orgulhoso. John levou à amizade uma nova perspectiva para Tupac, uma que era de classe média e branca. Ele desfrutava do conforto de uma boa casa com um suprimento infinito de comida, de dinheiro no bolso e acesso ao veículo de um membro da família. E tinha suéteres. Afeni conta: "John tinha uns suéteres ótimos, os mais quentes que já vi. E Tupac usava os suéteres dele. Acho que a amizade de John foi a mais importante da época de Tupac em Baltimore. Mais importante que provavelmente qualquer coisa. John é um ótimo ser humano."

Embora John fosse branco e morasse em Guilford, uma das áreas mais nobres, bem-cuidadas e livre de crimes de Baltimore, ele e Tupac compartilhavam a experiência de crescer sem pai e confiar nas mães como modelo de conduta. John falaria tempos depois de sua crença de que o fato de terem sido criados pelas mães permitia uma profundidade e sensibilidade incomuns na amizade deles. Ser criado sem uma figura paterna, admitiu ele, "traz certa falta de entendimento do mundo masculino, mas um desejo de integrar e se igualar aos colegas ao redor. Você não entende de verdade como deve ser. Você não é criado para ser o chefe. Fomos criados de maneira diferente. Era um laço comum envolto em emoção, não rivalidade masculina e competição".

Tupac, Jada e John falavam de suas paixões e seus sonhos, mas também se abriam sobre as famílias. Jada mais tarde explicou que ela e Tupac se conectaram porque os dois "tinham mães viciadas". "Quando éramos jovens, essa foi uma das coisas que nos fizeram nos conectar e entender um ao outro, porque estávamos com dificuldades", conta ela. "Lutávamos pela sobrevivência básica. Onde você vai conseguir comida? Como vai conseguir roupas? Que sapatos vai colocar nos pés? Como vai manter as luzes acesas em casa?"

Com a sobrevivência como o laço comum no relacionamento, Tupac sentiu que enfim tinha encontrado alguém em quem podia confiar. Jada explica: "Quando você tem alguém para te apoiar nos momentos em que sente que não é ninguém, é algo muito bom." E assim ela logo se tornou a amiga leal e forte perspectiva feminina de Tupac em todos os assuntos. O brilho e a confiança dela eram atraentes e se tornaram a cola que mantinha a amizade no lugar. Com Tupac e John, ela compartilhou sua mente aberta e emocional e os ensinamentos espirituais da tia, a partir dos quais Tupac desenvolveu um novo interesse na vida após a morte e no metafísico.

Tupac contou a Jada e John a história de sua família e da participação da mãe no movimento dos Panteras Negras. "Na minha família, fui ensinada sobre o movimento de Martin Luther King. O movimento dos direitos civis", conta Jada. "Quando Pac entrou em cena, ele me ensinou sobre Malcolm X e o Partido dos Panteras Negras... Era algo que ele tinha vivido." Ele também os expôs às difíceis realidades da pobreza. Jada explicou: "Pac era pobre. No sentido real da palavra. Ele tinha duas calças e um suéter. Em casa, ele tinha um colchão no chão sem lençóis. Quando digo pobre, quero dizer pobre de verdade. Ele não tinha *nada*."

Amigos próximos e família sabiam que Tupac, desde o instante em que se conheceram, tinha uma conexão especial com Jada. "Só me lembro de John indo lá em casa o tempo todo. E não se falava de nada além de Jada", conta Sekyiwa sobre a vida de Tupac naquela época. "A música dele mudou. Os amigos dele mudaram. E Jada veio – como uma divindade! Ele tirou das paredes os pôsteres de revistas e colocou a arte de John. E fotos de Jada."

JADA
4 JADA

u R The omega of my Heart
The foundation 4 my conception of Love
when I think of what a Black woman should be
it's u that I First Think of

u will never fully understand
How Deeply my Heart Feels 4 U
I worry that we'll grow apart
and I'll end up losing u

u Bring me 2 climax without sex
and u do it all with regal grace
u R my Heart in Human Form
a Friend I could never replace

Depois de se mudar de Baltimore para Marin City, Tupac escreveu este poema para a amiga Jada Pinkett. Tupac começa os versos dizendo: "Você é o ômega do meu coração/ a fundação do meu conceito de amor/ Quando penso no que uma mulher negra deve ser/ É em você que penso primeiro."

NAS PROFUNDEZAS DA SOLIDÃO

Tupac escreveu vários poemas sobre seu amor por Jada. Um desses, "Jada", mostra a profundidade do amor de uma vida inteira por ela:

Em muitas noites, Jada, John e Tupac ficavam acordados a noite inteira debatendo e discutindo assuntos que iam de Shakespeare à economia de Reagan até o Cristianismo. Essas conversas tarde da noite se desenrolavam à medida que Tupac começava a passar mais tempo na casa da família de John. A casa dos Cole oferecia a Tupac confortos que ele jamais tivera — eletrodomésticos modernos, uma sala de estar espaçosa com sofás amplos, TV a cabo. Mas o luxo do qual Tupac mais gostava era a geladeira bem abastecida. Ele comia muito em toda visita, quer fosse um rápido sanduíche no almoço ou um sanduíche de carne Steak-umm para o café da manhã. "Eu não comia na minha própria casa porque Tupac comia demais", contou John. "Se eu também comesse, eles perceberiam, então eu comia fora... Então eu ficava, tipo, come tudo o que quiser enquanto estamos aqui e vamos comprar Steak-umms."

Outro luxo era o suprimento infinito de maconha. John e Tupac costumavam percorrer as ruas de Baltimore no Fusca azul-bebê do irmão de John. Na maioria das noites e dos fins de semana, eles dirigiam sem rumo pela cidade procurando algo para fazer, e depois voltavam para a casa de John e fumavam maconha no quarto dele. Ouviam música por horas, artistas que iam de Metallica e Cocteau Twins a Tracy Chapman e Sinéad O'Connor. Eles dissecavam as letras e as carreiras de Peter Gabriel, New Order e Sting. Tupac amava os grupos dos anos 1980 Yaz e The Family, especialmente a música desse último, "Nothing Compares 2 U".

Um dos hinos de Tupac naquele ano foi "Don't Give Up", de Peter Gabriel. "'Don't Give Up' era a canção que parecia que todos estavam ouvindo", conta John. "E era o tipo de canção que expressava os sonhos que íamos alcançar."

I've changed my face, I've changed my name
but no one wants you when you lose
*Don't give up**

---

* Mudei meu rosto, mudei meu nome/ Mas ninguém te quer quando você perde/ Não desista.

Tupac queria aproveitar cada nova oportunidade dada pela EAB, mesmo aquelas que nunca havia considerado antes. Além de participar de uma pequena quantidade de produções de teatro da escola durante seu primeiro ano, ele aceitou um convite para se apresentar como o Feiticeiro na produção do Departamento de Dança do balé de Igor Stravinsky, *Firebird*. O diretor do departamento de dança pediu recomendações para Donald Hicken, e Hicken, talvez se lembrando da beleza e pose da primeira tarefa de movimento de Tupac, sugeriu que ele participasse. Dentro de semanas, Tupac estava ensaiando no palco com alunos do departamento de dança.

A apresentação aconteceria na casa da Orquestra Sinfônica de Baltimore, o Meyerhoff Hall, uma sala de concertos de design clássico com capacidade para mais de 2 mil pessoas. Embora não tivesse treinamento em balé, Tupac se comprometeu de corpo e alma, vestindo uma capa preta e meia-calça e dançando em um palco cheio de vaga-lumes esvoaçantes. No fim das contas, ele achou os vaga-lumes muito mais atraentes do que a dança. Como Hicken contou sobre essa breve passagem no balé, "*Firebird* foi sua única experiência no Departamento de Dança além das meninas".

De fato, Tupac estabeleceria um de seus relacionamentos mais significativos na EAB com uma estudante do segundo ano no Departamento de Dança chamada Mary Baldridge. Os dois se aproximaram durante os ensaios diários de *Firebird*, que muitas vezes duravam até tarde da noite. Até então, o círculo social de Tupac consistia em um número igual de alunos negros e brancos, então ele não se importou com o fato de Mary ser branca. Ela tinha cabelos ruivos e corpo de dançarina, e era tão inteligente na sala de aula quanto fluida no palco.

O passado da família de Mary tinha a chave para a conexão profunda e duradoura que ela compartilharia com Tupac. Assim como ele, Mary vinha de uma família de ativistas que acreditava que a mudança podia acontecer por meio de uma drástica reforma social e política. O pai dela era o diretor do Partido Comunista de Baltimore, e a própria Mary havia fundado a divisão de Baltimore da Young Communist League [Jovem Liga Comunista] (YCL) depois de fazer uma viagem para Cuba. A missão da YCL era se dedicar aos direitos da classe trabalhadora, à igualdade, paz, democracia, ao ambientalismo e socialismo — todos pilares fundamentais das lições de Afeni durante a infância de Tupac. A divisão de Mary era pequena, menos de dez membros, mas todos buscavam mudar o clima econômico e político dos Estados Unidos. "Muitas pessoas achavam que queríamos implantar o comunismo e tentar dominar o mundo", lembra o colega da EAB e membro da YCL Randy Dixon. "Mas era um monte de jovens que estavam buscando um escape positivo para as frustrações, que estavam desiludidos com como as coisas estavam acontecendo na América."

Quando Mary e Tupac ficaram mais próximos, ela o convidou para se juntar à divisão e logo começaram a passar o tempo livre juntos solicitando que amigos da escola comparecessem às reuniões da YCL. Eles também direcionaram energia para a política local. Durante a corrida para a prefeitura de Baltimore em 1987, eles fizeram campanha para Kurt Schmoke, pai de Gregory Schmoke, amigo deles e também aluno da EAB. Grande parte da agenda de campanha de Schmoke apelava a um grupo demográfico mais jovem: ele prometia melhorar a educação pública de Baltimore, abordar o crescente problema da gravidez na adolescência, mitigar as taxas de analfabetismo e encontrar maneiras de preparar os filhos de Baltimore para carreiras em indústrias em crescimento. Mary e Tupac foram de porta em porta conversar com os residentes de Baltimore sobre a agenda política de Schmoke, e Tupac chamou Mouse para ajudar a organizar uma manifestação no bairro a fim de conscientizar sobre a campanha e aumentar o comparecimento dos eleitores. Em um parquinho próximo, diante de uma pequena multidão reunida, eles fizeram um rap original para apoiar Schmoke e suas políticas propostas. No dia da eleição, o advogado formado em Harvard se tornaria o primeiro prefeito negro eleito de Baltimore.

Enquanto a mente política de Tupac continuava a se expandir, ele começou a analisar mais criticamente as lições de Afeni. Um dia, voltou da escola e perguntou à mãe se ela acreditava que Malcolm X tinha sido um líder melhor que Martin Luther King Jr., e ela alegou que Malcolm era melhor, porque estava pronto para lutar em defesa do povo, enquanto Martin Luther King Jr. pregava que usar de resistência não violenta era a resposta. Tupac rebateu: "Mas acho que seria melhor dizer que os dois são líderes diferentes com filosofias distintas, não dizer que um é *melhor* que o outro." Afeni gostou não só da habilidade do filho de fazer uma análise crítica de qualquer assunto, mas também da confiança recém-encontrada que ele tinha em desafiá-la.

Aos 16 anos, a visão social de Tupac estava ficando com um foco mais nítido, e ele incorporou o papel de ativista de pleno direito. Pressionou por mudanças urgentes em bairros negligenciados como o seu e, com base em suas visões liberais em expansão, pediu uma sociedade que reconhecesse a discriminação sistêmica que atrapalhava a vida das pessoas, que as deixava sem voz e desassistidas e que aos poucos minava sua esperança. Tupac sabia que a esperança perdida levava à violência armada, gravidez na adolescência e a crimes desenfreados. Ele se sentiu chamado a pressionar por mudanças. "Assim que cheguei [a Baltimore], sendo a pessoa que sou, falei 'Não, vou mudar isso'", contou ele mais tarde, abordando seus esforços na adolescência. "Comecei uma campanha para acabar com a matança, uma a favor do sexo seguro e outra de prevenção da AIDS."

Os ideais morais e éticos de Mary se encaixavam nos apelos de Tupac por mudança. Ela se juntou a ele na campanha Yo-No contra violência armada da Northeast Community Organization (NECO), que havia atraído Tupac mais ou menos na época em que ele ficou sabendo do terrível tiroteio fatal que vitimara um garoto da área. Embora ele e a vítima, Darren Barret, nunca tivessem sido próximos, Tupac o conhecia como um dos garotos mais velhos da vizinhança. Profundamente triste com a morte de Darren, Tupac organizou uma vigília e um memorial, distribuindo folhetos que diziam: "Em memória à luz de velas de Darren Barret." O colega da EAB e amigo Randy Dixon conta: "Foi quando todos realmente tentamos começar a trabalhar juntos na questão da violência armada. Porque não era um caso isolado. Todos estávamos preocupados com o que estava acontecendo."

No dia do memorial, Barret estava em um caixão no meio da igreja. O evento teve um comparecimento inesperadamente expressivo. Tupac até incentivou a família do garoto que disparara a arma a comparecer, acreditando que a presença deles simbolizaria unidade no resultado de um evento tão trágico e devastador. Ele compusera uma canção de rap com temas antiviolência e sobre controle de armas, e a apresentou para a plateia de luto, andando entre o caixão e a audiência. A letra incluía um apelo para que todos se juntassem à sua cruzada contra a violência desnecessária. Foi uma prova de como, mesmo ali, entre uma multidão desanimada lutando contra circunstâncias trágicas, Tupac encontrou um vislumbre de esperança.

"Nunca vou me esquecer daqueles jovens cantando 'Black Butterfly'", conta Afeni. A noite do memorial continuaria poderosa por muito tempo em sua memória, ainda mais porque não conseguia acreditar

NAS PROFUNDEZAS DA SOLIDÃO

que Tupac e os amigos tinham organizado aquele evento. "Ele era basicamente só uma criança", lembra ela.

Mas é claro que ele teve uma professora brilhante. Por 16 anos, Tupac havia observado e ouvido enquanto Afeni estabelecia várias organizações comunitárias, como um dos primeiros sindicatos de serviços jurídicos, a National Organization of Legal Services Workers [Organização Nacional de Trabalhadores de Serviços Jurídicos] (NOLSW), e a Blacks Against Abusive Drugs [Negros Contra o Vício em Drogas] (BAAD). Ele frequentou reuniões de sindicatos com ela e a observou organizar uma missão para proteger os direitos das mulheres nas prisões. Viu a mãe planejar uma vigília à luz de velas para as mães das vítimas de assassinatos infantis de Atlanta de 1979, nos quais durante o curso de dois anos, cerca de 29 crianças, adolescentes e jovens adultos negros foram assassinados. Nenhuma das ações de Afeni passou despercebida pelo filho. E agora Tupac pegava a tocha das mãos dela, definindo a própria agenda para a mudança.

As letras de Tupac se tornaram o combustível para suas iniciativas quando ele começou a escrever músicas para vários eventos escolares e comunitários locais. Ele, Mary e alguns amigos da EAB marcavam reuniões em várias escolas e igrejas pela cidade e realizavam assembleias, uma vez até se apresentando para a Southern Christian Leadership Conference em Washington, D.C. Por meio dessas produções, eles informavam as crianças sobre questões como controle de armas, AIDS e gravidez na adolescência. Tupac fazia rap, e Mary dançava, e, quando conseguiram convencer mais amigos a participar, até encenaram esquetes para enfatizar os aspectos sociais de suas mensagens. "Trabalhamos em esquetes que falavam de jovens enfrentando a questão de como resolver um problema; se sofressem bullying, deviam resolver sozinhos ou como lidariam com isso? Íamos em várias escolas", contou o colega Randy Dixon. "Estávamos tentando oferecer algumas alternativas."

Conforme aumentavam sua atuação no ativismo, Tupac e Mary continuaram o namoro. "Quando ele estava focado em Mary, não havia mais ninguém", contou John Cole. "Ele não estava procurando mais ninguém. Era romântico. Escrevia cartas e fazia coisas boas por ela." Mas, apesar dos interesses em comum, da forma como são a maioria dos namoros de escola, o romance de Mary e Tupac teve vida curta, durando apenas seis meses. Pouco depois do término, os dois se afastaram, e Tupac começou a gostar da atenção que recebia de outras garotas na escola. Ele descobriu que a promessa de um comprometimento era menos interessante para ele do que a exploração de cada proposta que aparecia. Era difícil resistir à atenção — e, aparentemente, a ele também. "As garotas enlouqueciam por ele", o professor, Donald Hicken, conta. "Na época em que saiu da escola, estava namorando as meninas mais bonitas de lá."

Tupac logo se tornou um bom estrategista romântico, por vezes equilibrando vários relacionamentos ao mesmo tempo. O colega dele, Darrin Bastfield, se lembra de ver Tupac entrar em um café certa tarde durante as férias com mais presentes de Natal do que conseguia carregar os itens, em sua maioria roupas, caindo de caixas abertas.

Dali de perto, Jada observava o flerte e os casinhos, e não tinha vergonha em informar Afeni da reputação crescente do filho. Jada havia coreografado uma performance na escola de *O Quebra-Nozes*, e Tupac levou Afeni para assistir à apresentação e também prestigiar a empreitada da amiga. Depois, enquanto a multidão se dispersava ainda empolgada pós-performance, Afeni, com Tupac ao lado, parabenizou Jada.

Enquanto os três caminhavam em direção à saída, Jada sussurrou algo para Afeni. As duas deram boas gargalhadas, e assim nasceu uma amizade entre elas.

Tupac deve ter ficado radiante ao ver a mãe e a nova melhor amiga juntas naquela noite. Mais tarde, ele falou do amor e do respeito que tinha por elas. A noite da apresentação foi um momento feliz, talvez a sensação de enfim estar estabelecido. Mesmo que as coisas nem sempre tivessem sido boas para Tupac em casa, na escola tudo estava sólido. Mas seu mundo estava prestes a mudar mais uma vez.

MANTENHA A CABEÇA ERGUIDA
1987-1988

> I remember Marvin Gaye used to sing to me.
> He had me feelin' like Black was the thing to be.*
>
> — TUPAC SHAKUR

O currículo de preparação para a faculdade da EAB, junto com o exigente treinamento em artes criativas, provou-se rigoroso para Tupac. Com os ensaios se estendendo até tarde da noite, não era incomum um aluno passar 12 horas ou mais por dia na escola. Durante o primeiro ano, enquanto assistia às aulas de matemática e biologia, Tupac começou a sentir como se estivesse perdendo tempo aprendendo sobre o teorema de Pitágoras e as equações quadráticas. Ele sabia que não ia se tornar engenheiro, médico ou matemático e começou a mudar o foco para aulas que ofereciam treinamento artístico nas disciplinas que ele achava que ajudariam a moldar sua carreira. Por fim, Tupac passou a ignorar por completo as principais aulas acadêmicas.

A imaturidade de Tupac, misturada a seu intelecto afiado e personalidade extrovertida, era uma receita desastrosa para o compor-

---

* Lembro que Marvin Gaye cantava para mim./ Ele me fazia sentir que ser negro era a melhor coisa do mundo.

tamento em sala de aula. Suas palhaçadas e tentativas de piadinhas para entreter os colegas, junto às notas ruins, logo o colocaram sob avaliação. Em um dos boletins acadêmicos, um professor escreveu: "Tupac tem muito potencial. A energia e o entusiasmo dele são muito fortes e podem ser úteis à classe, mas ele precisa controlar a energia para não perturbar o processo de trabalho dos demais." Outro professor escreveu: "O comportamento de Tupac é extremamente disruptivo na sala de aula. Ele não fez nenhum dos deveres de casa. Também falta bastante. Já conversei com ele uma vez, e o resultado foi mínimo. Ele tem potencial, mas não está trabalhando nele."

O professor de inglês Richard Pilcher acreditava nas habilidades artísticas de Tupac, assim como no intelecto dele. "Tupac era um tremendo ator. Ele era inteligente. Tinha inteligência emocional. Tinha um grande coração. Acho que o futuro dele era como ator... acho que estaria lá em cima junto com os Larry Fishburnes e Samuel Jacksons e outros ótimos atores negros que temos. Ele estaria entre eles." O boletim escolar dele mostrava a confiança que o professor tinha na habilidade de Tupac: "Imaginação e exploração são boas. Precisa ter mais disciplina e aprofundar mais seu trabalho. Faça perguntas mais difíceis a si mesmo. E, pelo amor de Deus, melhore suas notas acadêmicas. Você deveria frequentar uma faculdade. Aprender algumas coisas na escola. Você consegue, se quiser. LEIA!"

Ler, ele lia. Tupac era um ávido leitor desde os dias em que fora forçado a ler o *New York Times* como punição, mas foi durante os anos na EAB que ele começou a consumir literatura desenfreadamente. Ele se perdia nas histórias de personagens fictícios ou nos temas de biografias. Sua fome de conhecimento tornou-se insaciável. Donald Hicken lembra que Tupac costumava pedir permissão para fazer um monólogo de Shakespeare: "Ele tinha muita facilidade para entender Shakespeare, porque amava as palavras. Era bom nisso." Ele leu Platão e Sócrates e devorou os romances *O apanhador no campo de centeio, Moby Dick* e *Negras raízes: A saga de uma família.* Passava horas na biblioteca, às vezes durante os intervalos para o almoço. A Sra. Rogers, a bibliotecária da escola, disse sobre Tupac: "Ele era engraçado e tinha um brilho nos olhos e um sorriso largo. Tinha problemas, e [a biblioteca] era um bom lugar para ele. Ele leu muitas peças de teatro, poesia e consultou muitos livros sobre arte. Estava interessado em

MANTENHA A CABEÇA ERGUIDA

uma grande variedade de livros, mesmo sendo tão novo." A mente inquisitiva de Tupac ia a lugares que a maioria dos adolescentes nunca havia se aventurado, mas ele ainda lia apenas o que queria, não o que os professores indicavam.

As exceções eram as atividades dadas na disciplina de história mundial. Tupac achava as lições interessantes, e ficou particularmente curioso quando o professor introduziu o controverso filósofo italiano Nicolau Maquiavel. Tupac foi cativado pela obra-prima literária assinatura de Maquiavel, *O príncipe*, que descreve as teorias obstinadas do autor de sobreviver a qualquer custo como um rei em um mundo turbulento de estados pequenos e beligerantes. Maquiavel acreditava que era essencial para um governante ser temido, não amado. Depois da aula naquele semestre, Maquiavel juntou-se a Vincent van Gogh no panteão de heróis históricos de Tupac.

Fora da escola, quando não estava ensaiando para uma apresentação ou saindo com Jada e John, Tupac e Mouse continuavam seu caminho criativo na música, expandindo a dupla para um grupo de quatro. Eles abandonaram o nome Eastside Crew e, com dois alunos da EAB, Darrin Bastfield e seu DJ, Gerard Young, formaram um novo grupo chamado Born Busy. Eles começaram a compor e gravar músicas juntos, algumas com temas socialmente conscientes, incluindo "Babies Havin' Babies", um apelo para que as meninas esperassem antes de ter filhos.

O grupo buscava por todo lugar qualquer oportunidade de ser descoberto. Numa noite, após irem ao show da dupla Salt-N-Pepa, da tour *Hot, Cool & Vicious*, eles usaram a lábia para entrar no hotel onde as rappers estavam hospedadas. Salt-N-Pepa, como eram conhecidas no palco, eram artistas femininas pioneiras e as primeiras na história do hip-hop a obter discos de platina. Tupac disse ao segurança que ele e os amigos faziam parte da equipe, e eles até fizeram um minishow para provar que eram artistas. O segurança acreditou neles e guiou os meninos até o elevador.

Quando chegaram à porta do quarto de hotel de Salt-N-Pepa, bateram na expectativa de uma oportunidade de ouro para demonstrar seu talento. Só que, assim que Salt atendeu à porta, o segurança que tinham enganado apenas alguns minutos antes apareceu. Bem quando Salt concordou em ouvi-los, foram afastados. O segurança entrou no elevador com os meninos e os acompanhou de volta para o saguão a fim de garantir que sairiam do prédio. Conforme desciam, Tupac criticou o homem: "Você já teve um sonho?", perguntou ele. O segurança continuou em silêncio e se recusou a engajar em qualquer conversa com aqueles garotos que tinham acabado de mentir para ele. Tupac ficou bravo. "É por isso que você ainda é um segurança", gritou ele enquanto levava os amigos do elevador para o saguão.

Tupac raramente hesitava em se expressar contra aqueles que sentia que o tinham enganado. Essa ousada convicção, aliada a 16 anos absorvendo de Afeni uma absoluta falta de confiança nas autoridades, vez ou outra o deixava encrencado. Como um jovem negro, essa encrenca às vezes tinha consequências terríveis. Tupac admitiu, anos depois: "Tenho uma bocona. Não consigo evitar. Falo do coração. Sou verdadeiro."

Uma noite, enquanto estava em casa com Tupac e o sobrinho Scott, que viera de Nova York para passar os meses de verão com eles, Afeni percebeu que seu suprimento de maconha tinha acabado. Ela pediu a Scott que se aventurasse para encontrar um pouco. Scott chegou ao local e soube que os traficantes voltariam em poucos minutos, então abriu uma lata de cerveja para matar o tempo. Ele estava em Baltimore há apenas algumas semanas e desconhecia as rígidas leis da cidade sobre beber em público. A polícia apareceu imediatamente.

— Com licença, o que você está bebendo? — perguntou um dos policiais.

— Estou bebendo cerveja.

— E está boa? — debochou o policial.

— Na verdade, sim, está boa. Está boa e gelada. — Scott se perguntou o porquê do interrogatório.

— Você se importa em jogá-la fora? — perguntou o policial. A expressão dele ainda era calma. — Posso ver sua identidade?

Segundos depois, a polícia algemou Scott. Ele ainda estava confuso com o motivo da prisão.

Então, do nada, Tupac apareceu a distância. Scott o viu se aproximar com passos decididos e arrogantes.

— Por que estão algemando ele? — gritou Tupac, a voz alcançando os policiais bem antes que ele chegasse.

Os policiais olharam para o adolescente agitado que se aproximava.

— Cai fora, garoto!

— Me fala por que ele está sendo preso — exigiu Tupac.

— É melhor você ir, ou vamos prender você também.

— Me prender? Pelo quê?!

MANTENHA A CABEÇA ERGUIDA

— Qual a sua escola? — perguntou o policial.

— Escola de Artes de Baltimore.

— Você é o quê, dançarino?

— Não, sou a-TOR!

Logo, a polícia também havia algemado Tupac e o jogado no porta-malas da viatura ao lado do primo. Na cela da delegacia, Tupac continuou a expressar sua frustração atrás das grades. "Vocês não podem me prender por nada!" Eles liberaram Tupac, mas Scott passou a noite na cadeia por ter bebido cerveja em público.

O primeiro confronto de Tupac com as autoridades policiais lhe ensinou uma dura lição: se você criticar a polícia, não importa se acha que está certo ou não, terá que enfrentar as consequências, sobretudo se for negro. Alguns podem ter internalizado essa lição. Tupac, não. Em vez disso, sua convicção em exigir justiça e resistir à injustiça ficou ainda mais profunda. Ele não iria desistir. Não iria se render. Só defenderia o que acreditava ser certo na luta para se livrar de todo assédio policial ou opressão sistêmica.

Cada vez mais, Tupac confrontava outra realidade — a da pobreza da família. O contracheque de Afeni pelo turno da noite no banco de investimentos não era muito mais que o cheque mensal de 375 dólares que ela recebera como auxílio no primeiro ano deles em Baltimore. Mal dava para pagar o aluguel. Eles não tinham dinheiro suficiente para ter um telefone ou comprar uma televisão, e até os serviços básicos se tornaram luxos. Em certas noites, ao chegar da escola, Tupac se deparava com a escuridão quando acionava o interruptor. O peso familiar e opressivo da responsabilidade caía sobre ele enquanto observava a sala escura. Mas, como um adolescente preso em se sentir muito diferente dos colegas, Tupac ainda encontrava maneiras de prosperar. Embora passasse longos dias na escola com os colegas abastados — aqueles que não precisavam enfrentar a polícia em seus bairros, que tinham aquecimento no quarto, mais opções de roupas que apenas uma calça, que contavam com o dinheiro do almoço todos os dias e que nunca tinham a energia cortada em casa —, ele encontrou espaço para crescer apesar dessas realidades que podiam muito bem ter limitado o seu potencial. Anos depois, ele relembrou em uma entrevista a sensação esmagadora daqueles momentos em que a eletricidade era cortada: "Eu costumava sentar do lado de fora perto das luzes da rua e ler a *Autobiografia de Malcolm X*. E a situação tornava muito real para mim o fato de que eu não tinha energia em casa e estava sentado nos degraus lendo aquele livro."

Ele encontrava conforto em John, que havia se formado na EAB e se mudado para o apartamento do irmão na seção da Reservoir Hill de Baltimore. Era um apartamento apertado, com John, o irmão e o rapaz que morava com eles, Richard, compartilhando o pequeno espaço. Mas John ainda dava um jeito de abrir espaço para seu amigo, e Tupac costumava ir até lá, revelando para John seus mais recentes desafios em casa. Ele contou ao amigo que a energia tinha sido cortada porque Afeni não tinha dinheiro suficiente para pagar a conta. John respondeu sem hesitar e disse a Tupac para não se preocupar, que ele podia ajudar. No dia seguinte, o pai de John fez um cheque para a companhia de energia no valor de noventa dólares.

Mas Tupac tinha outro motivo para não querer morar em casa. Afeni começara um novo relacionamento com um homem que conhecera no início daquele ano. A princípio, ele pareceu ser um cidadão honesto. Ela confiou nele e o deixou entrar em sua casa. Mas, pouco depois, o tempo revelou que ele era um mentiroso, um ladrão e um abusador. Primeiro, ela o pegou cheirando heroína em casa. Em seguida, descobriu que ele havia roubado dinheiro dela, esvaziando o pouco que tinha na poupança. Ela exigiu que o homem saísse de casa e ligou para a polícia. Mas, antes que a ligação completasse, ele arrancou o telefone da mão de Afeni e a socou no rosto cinco vezes, resultando em dois olhos roxos.

Se o crack havia interrompido o progresso de Afeni em Nova York, esse relacionamento fez com que ela retrocedesse em Baltimore na mesma medida. Tupac fervia de raiva. Ele e Scott disseram a Afeni que estavam planejando encontrar o homem e espancá-lo, mas ela garantiu aos meninos que cuidaria daquilo. Não queria que o filho se machucasse ou se envolvesse em qualquer coisa que ela acreditava poder resolver sozinha. Afeni contou: "Tupac tinha 16 anos na época e nunca me perdoou por não tê-lo deixado me proteger."

Aos poucos, Tupac começou a passar mais tempo com John, que garantiu que ele tinha um lugar para ficar pelo tempo que precisasse. Depois disso, Tupac voltava para casa apenas esporadicamente para pegar roupas. A distância causou mais tensão no relacionamento dele com Afeni. Uma vez, no meio da noite, quando Tupac voltou para casa para pegar uma muda de roupa antes de voltar para o apartamento de John, Afeni acordou para confrontá-lo.

— O que acha que está fazendo chegando em casa tarde desse jeito? — perguntou ela.

Tupac ficou nervoso com a reprimenda da mãe.

— Fico na casa de John o tempo todo mesmo, então o que importa?

— Importa porque você está me desrespeitando vindo para casa na hora que quer.

Durante o ano anterior, Tupac tinha sentido que estava "dirigindo o carro com Afeni sentada no banco de trás", como contou para a tia Jean pelo telefone. Ele sentia que, já que estava ajudando com as tarefas de casa, dando dinheiro a Afeni para as compras de supermercado e limpando a casa, deveria ter poder de decisão sobre o que acontecia na casa.

Afeni discordou.

— Se você mora debaixo do *meu* teto, então você…

— Bem, enquanto *ele* estiver aqui, não vou morar debaixo do seu teto! — gritou Tupac.

Ele sentia muitas emoções. Estava cansado de viver sob as regras de Afeni, ainda mais quando a mãe havia acolhido um homem que Tupac sabia que a maltratava. Aos 16 anos, ele sentia que estava preparado para viver sozinho.

— Você precisa me deixar ser o homem que você criou!

Afeni ergueu a mão.

— Não vou deixar você me machucar. — Tupac se afastou. — Não vou deixar *ninguém* me machucar ou me parar!

Ele saiu batendo os pés no chão.

Afeni percebeu que ele estava certo. Não era mais o menino de 4 anos na creche que precisava ser repreendido por dançar como James Brown em cima da mesa. Não era mais o aluno do terceiro ano que precisava de uma surra por fazer um pênis de argila na aula de arte. Não era mais o menino na varanda precisando de um sermão por não ter ficado de olho nos agentes do FBI que ameaçavam sua liberdade. Afeni deixara claro, antes que Tupac pudesse falar, que ele se tornaria um homem negro forte, orgulhoso e independente. E era isso que ele tinha se tornado.

Mas ela estava com raiva. Com raiva por ele ter resistido ao controle parental. E principalmente zangada por ele não querer mais ficar em casa. Ela correu atrás de Tupac, pegou uma cadeira de metal da varanda e jogou-a escada abaixo em cima dele.

Tupac a encarou. Enquanto Afeni falava como ele precisava aprender a respeitar ela e sua casa, procurando algo mais para jogar na varanda, Tupac foi até o ponto e esperou que um ônibus aparecesse. Um momento depois, Afeni encontrou um pedaço de carpete enrolado e o arremessou escada abaixo, mas errou de novo. Por fim, o ônibus chegou, e Tupac entrou e foi embora.

Pouco depois desse incidente, Afeni limpou a casa. "Ela expulsou aquele homem logo de cara", contou Jean. Ela e Tupac aos poucos permitiram que a raiva passasse. Enquanto tentavam reparar seu relacionamento, Tupac continuou a ajudar a mãe a pagar as contas deixando o dinheiro de seu novo trabalho como ajudante de garçom. John conseguiu o serviço para ele em um restaurante local de frutos do mar, e, conforme o restaurante crescia, Tupac levou Mouse, Darrin e seu primo Scott para trabalhar lá também.

Para se livrar da monotonia das tarefas de limpar mesas, Tupac divertia a equipe ao trabalhar em suas habilidades de "método de atuação". Ele fazia vários personagens. Em algumas noites, se transformava em Tony Montana do filme *Scarface*. Em outras, se tornava um personagem que criara, um velho bêbado que mancava chamado Redbone. "Ele ficava no personagem por dois, três dias", lembrou-se John. "A gente falava: 'Olha, você tem que fazer outra coisa. Estamos ficando cansados desse Redbone.' Ele ficava cambaleando, esbarrando na gente e tudo."

Em algumas noites, Tupac comia no restaurante, e, em outras, Afeni cozinhava e mandava comida para o apartamento de John. O relacionamento deles evoluiu de um marcado pela dependência e afeto materno para uma amizade entre mãe e filho cheia de amor e respeito. Ao longo dos anos, Afeni alcançou o status de heroína para Tupac, e foi nessa época que ele começou a pensar nela como a mulher mais forte do mundo. Ele admirava sua capacidade de superar a dissolução dos Panteras Negras e de se manter sozinha, mas apreciava acima de tudo o amor incondicional que ela dava a ele e à irmã. "Minha mãe é meu mano", dizia Tupac. "Passamos por nossos pequenos… nossos momentos, sabe, nos quais primeiro éramos mãe e filho, depois éramos como sargento e cadete. Depois, éramos como um ditador e um pequeno país."

Àquela altura, Tupac estava morando quase em tempo integral com John, mas nunca ficava longe de casa por muito tempo. Em suas visitas, ele e Afeni tinham longas conversas. Tupac confidenciava a Afeni sobre suas namoradas e ouvia enquanto ela o lembrava de "usar camisinha" e "tomar cuidado". Vez ou outra, Tupac tocava em assuntos escolares, mas discutia principalmente suas experiências fora da sala de aula, enchendo as conversas com notícias sobre produções teatrais que tinha visto ou de que tinha participado. Com os olhos brilhando, ficou empolgado ao falar sobre *Os Miseráveis*, o musical da Broadway que ele havia visto em uma excursão com sua turma de teatro. Declarou que era uma obra-prima e disse à mãe que um dia queria estrelar uma produção teatral grandiosa como aquela. Afeni admirou seu desejo de ir além do mundo deles, sua curiosidade implacável, seus sonhos destemidos que desafiavam as limitações impostas pela falta de estabilidade financeira. Ela estava orgulhosa do portfólio que ele estava começando a construir — o Departamento de Teatro havia começado a produzir uma versão de *A Raisin in the Sun,* e daquela vez Tupac tinha o papel principal.

Tupac e Afeni assistiam a filmes juntos e discutiam os enredos em detalhes. *Cornbread, Earl and Me,* uma história sobre um promissor atleta do ensino médio confundido com um suspeito de roubo e morto a tiros pela polícia, foi o filme com o qual Tupac mais se conectou nessa época. "Aquele filme provavelmente teve mais efeito sobre ele do que qualquer outra coisa", lembrou Afeni. "O [personagem] Cornbread de Laurence Fishburne foi provavelmente o momento decisivo para ele como indivíduo." Tupac apreciava sua coleção de várias fitas VHS do drama épico de Alex Haley, *Negras raízes*. E gostava principalmente de *Sparkle, Cooley High* e *Claudine*, todos filmes com enredos que ele conseguiu internalizar: temas de mães solo, sonhos de estrelato e tiroteios policiais. Tupac também gostava do filme *Vidas sem rumo*. Ele se identificou tanto com os personagens do filme que comprou o livro de S. E. Hinton no qual foi baseado e o leu várias vezes. Ele memorizou o poema de Robert Frost "Nothing Gold Can Stay", que o personagem Ponyboy recita para seu amigo Johnny, avisando-o que todas as coisas boas chegam ao fim.

As discussões deles também incluíam o quanto sentiam falta de Sekyiwa, que estava passando o verão com a família de Geronimo Pratt em Marin City, Califórnia. Desde que tinham se mudado para Baltimore, Afeni ficara de olho na possibilidade de se mudar para o oeste a fim de ficar mais perto da família Pratt e ajudar a continuar a pressão pela liberdade de Geronimo. Ela sempre soubera que Baltimore seria um lar temporário para eles. Mesmo tendo se livrado de suas responsabilidades de Pantera Negra anos antes, ela não podia deixar para trás os muitos que estavam vivendo as consequências das táticas fraudulentas da Cointelpro, Geronimo incluído. Ela pensou que a hora de mudar poderia chegar assim que Tupac se formasse na EAB.

Enquanto Afeni começava a planejar a mudança deles de Baltimore, a amizade de Tupac com John e Jada permanecia forte — até que um único incidente estilhaçou a confiança dele em John e os afastou. Uma noite, ao voltar para casa depois de trabalhar no restaurante, Tupac ficou surpreso ao ouvir que John e o irmão dele estavam planejando se mudar e deixar o apartamento para o terceiro morador, Richard.

Outro amigo de John estava lá naquela noite e riu quando Tupac entrou. Ele sabia que John estava prestes a dar a má notícia para Tupac.

— Fala para ele — disse o amigo.

Tupac ficou curioso.

— Falar o quê?

— Fala para ele que você vai se mudar e ele vai ter que ficar aqui com Richard.

John percebeu logo de cara que Tupac ficou chateado. Ele tentou interferir e consertar as coisas antes que ficassem piores, mas era tarde demais. Tupac se sentiu traído pelo riso, e o que doeu ainda mais foi John ter feito planos pelas suas costas. Ele não conhecia Richard, que lhe parecia apenas um colega de quarto aleatório. Mas naquele momento ele se sentiu sem saída, com pouca escolha a não ser ficar. Ao que parecia, ir com John não era uma opção, só que, depois de estar por conta própria, ir para casa também não funcionaria. Então, em um misto de tristeza e raiva, ele relutantemente concordou em ficar com Richard e pagar uma parte do aluguel.

Tupac ficou devastado. Ele havia confiado em John mais do que em qualquer pessoa fora da família. John contou: "Foi uma péssima sequência de acontecimentos. Um grande equívoco. Na época eu não sabia como consertar isso. Ele sentiu que eu o decepcionei e viu

MANTENHA A CABEÇA ERGUIDA

NOTHING CAN COME BETWEEN US
4 JOHN

ET's NOT talk of MONEY
ET us forget The WORLD
4 a moment let's Just revel
IN our eternal comradery
IN MY HEART I KNOW
there will NEVER BE a DAY
that I DoN't remember
the times we shared
u were a friend
when I was at my lowest
and being a friend 2 me
was not easy nor feshionable
Regardless of how popular
I become u remain
my unconditional friend
unconditional in it's truest sense
Did u think I would forget
Did u 4 one moment Dream
that I would ignore u
so Remember this from here 2 forever
othing Can Come betwEEN us

Poema de Tupac para seu grande amigo John Cole.

em mim um amigo que o estava desapontando. Ele se fechou e se tornou frio."

Os dois não se falaram por anos, embora John permanecesse na memória de Tupac. Essas memórias por fim encontraram permanência em um dos cadernos de Tupac:

... in my Heart I know
there will never be a day
that I don't remember
the times we shared
u were a friend
when I was at my lowest
and being a friend 2 me
*was not easy nor fashionable**

Tupac sentiu que a vida que havia construído para si estava desmoronando. Ele havia perdido o melhor amigo, e logo depois perdeu algo igualmente precioso — qualquer esperança de um futuro na EAB. Em junho de 1988, no fim do segundo ano, uma carta da escola chegou em sua casa. "O comitê revisou o histórico de seu filho... e decidiu colocá-lo em advertência no primeiro semestre do ano que vem... A não ser que haja uma grande melhora na qualidade do trabalho dele, Tupac pode ser dispensado da escola no fim do primeiro semestre. Ele não obteve créditos suficientes para passar para o terceiro ano e, portanto, deverá repetir o ano."

Conforme o último ano se aproximava, seus colegas começaram a falar da faculdade para a qual queriam ir ou em quais programas de teatro ou companhias de dança queriam se inscrever. Com uma nuvem de pressão acadêmica se aproximando, Tupac se sentiu derrotado. Mesmo que pudesse melhorar as notas, ele não via a faculdade como uma opção por causa da questão financeira — se sua mãe tinha dificuldade em manter as contas de luz do apartamento pagas, como ela ajudaria nas mensalidades? Naquele momento, até mesmo um diploma de ensino médio parecia escapar de suas mãos. Ainda mais preocupante era a possibilidade de ter que pagar aluguel de repente,

---

* ... No meu coração eu sei/ Que jamais haverá um dia/ Em que não me lembrarei/ Do tempo que compartilhamos/ Você foi um amigo/ Quando eu estava no fundo do poço/ E ser meu amigo/ Não era fácil nem descolado.

uma responsabilidade que ele não tinha antes. Ele precisava de trezentos dólares todo mês para cobrir sua parte e, embora ainda ganhasse gorjetas no restaurante, não seria o bastante. Sempre empreendedor, ele encontrou trabalho como figurante em um comercial de rádio local, um trabalho que pagava o necessário para o aluguel do mês.

Durante tudo isso, ele manteve bravamente os sonhos de se tornar um artista. Seus talentos e criatividade se agitavam dentro dele, e mesmo com as dificuldades da vida, Tupac ainda encontrou sustento em suas aulas de atuação, atuando em peças da escola e escrevendo rimas com Mouse e os outros depois do expediente. Só mais tarde Afeni perceberia a magnitude dessa época para Tupac. Mesmo enquanto via ele e seus amigos praticando por horas, lhe apresentando as letras enquanto se sentavam no sofá da sala, ela não percebia em que nível íntimo as artes estavam entrelaçadas com a visão de Tupac para o próprio futuro. "Eu pensei que atuar era uma coisa passageira", ela admitiu mais tarde. Eles quase não conversavam sobre as experiências dele em sala de aula na EAB ou sobre seus sonhos de ir para a faculdade. Quando a escola informou que o status de formatura de Tupac estava em risco, ela não se conteve.

— Se você não tiver um diploma, não vai ser ninguém!

— Mas eu só quero ser ator — respondeu Tupac.

— Você precisa ter um diploma antes de pensar em atuar. Então talvez você deva ir para uma escola acadêmica regular.

— Mas eu não quero.

— O que a escola de artes vai fazer além de te atrasar?

Antes que Tupac pudesse responder, Afeni deixou uma sugestão capciosa: ele sairia de Baltimore e se juntaria à irmã na Califórnia; Sekyiwa havia decidido permanecer lá e se matricular na escola. Baltimore não dera nada além de becos sem saída para Afeni. Ela estivera guardando dinheiro para a mudança para a Califórnia, com a intenção de esperar a graduação de Tupac, mas, com o status acadêmico dele no momento em risco, era hora de enviá-lo para o oeste. Ela faria a mudança semanas depois.

Mudar para a Califórnia? Tupac não sabia como reagir àquela ideia tão absurda. Ele passara os últimos anos almejando o momento marcante no programa da EAB — o projeto de performance do último ano. Conhecido pelos alunos como "O Projeto", era o ponto alto de três anos de preparação, e apenas alunos com talento de primeira linha eram convidados a se apresentar. Hicken tinha grandes planos para Tupac desempenhar o papel principal em uma versão de *Hamlet* de Shakespeare, dizendo que Tupac "era um dos membros mais fortes do grupo". E, mesmo enfrentando a provação acadêmica, ele ainda manteve o Projeto em mente como uma meta.

Tupac não queria ir embora. Sentado no escritório de Donald Hicken, despedindo-se, ele não conseguiu conter as lágrimas. "Ele estava muito, muito triste", lembrou Hicken. "Estava deixando para trás uma família. Ele encontrou a identidade e o apoio que os jovens de lá recebem e que não encontram em outras escolas. É uma escola de excêntricos onde você pode explorar a si mesmo até descobrir quem é. Tupac saiu apenas na metade do caminho de descobrir quem era e o que amava fazer." Hicken disse a Tupac que não precisava ir embora — ele sabia que poderia encontrar uma família anfitriã para acolher Tupac em seu último ano. Mas Tupac sabia que tinha que ir, pelo menos para cuidar da irmã.

Tupac deixou Baltimore sem se despedir de nenhum dos amigos e colegas de classe. Não houve festas de despedida nem conversas. Ele não disse a ninguém pessoalmente que estava indo embora. Jada conta: "Ele literalmente saiu no meio da noite e foi embora. Não se despediu, e isso foi devastador. Mas receber aquela carta… Acho que alguém a entregou a um professor de inglês. Não me lembro para quem ele a entregou, mas de alguma forma ela chegou até um professor de inglês… e recebi a carta. Ele se desculpou e, assim que se estabeleceu, passou a ligar e escrever."

Usando uma jaqueta de couro com zíperes na frente e uma calça jeans rasgada, ele esperou no ponto de ônibus diante do apartamento pela última vez. Uma grande mala estava ao seu lado, e sua mochila estava cheia de cadernos de espiral meio preenchidos, alguns livros, um álbum com os discurso de Malcolm X e um grande estoque de sementes de girassol para a viagem que cruzaria o país. Ele tinha um pouco de dinheiro no bolso para a passagem de ônibus. Quando o ônibus encostou no meio-fio, ele se deparou com mais um adeus a uma cidade que chamava de lar. Ele se despediu de Scott, que estava na porta. Em seguida, entrou no ônibus municipal que o levaria à estação Greyhound. Enquanto se afastava, Tupac deu um último adeus, olhando pela janela até que seu apartamento em Greenmount sumisse de vista.

PARTE III

A BAY AREA

ESTILO *THUG*
1988

> Had to move to the West to regain my style.*
>
> — TUPAC SHAKUR

Marin County, na Califórnia, era um dos condados mais ricos dos Estados Unidos quando Tupac se mudou para lá. Ao norte da ponte Golden Gate, saindo de São Francisco, a região tem de tudo, de paisagens de tirar o fôlego a trilhas para o monte Tamalpais, escolas públicas de primeira linha e vizinhanças idílicas e seguras. Composto principalmente de subúrbios, o condado foi se tornando o lar de habitantes de São Francisco que buscavam fugir da agitação da cidade e encontrar uma comunidade mais segura onde pudessem criar os filhos, e por fim se tornou um paraíso para empresários da área da tecnologia e do ramo imobiliário, investidores da área de capital de risco e celebridades. As charmosas cidades da região, incluindo Mill Valley, Tiburon e Ross, tinham célebres habitantes como Robin Williams, Tom Cruise, Sean Penn e Andre Agassi.

---

* Tive que me mudar para o oeste para retomar meu estilo.

Já Marin *City* era outra história. Chamada de "A Selva" pelos próprios moradores, Marin City ficava entre essas cidades prósperas e tornou-se lar da população negra do condado. A "cidade" em si era pequena, uma comunidade isolada de 2,5 quilômetros quadrados, construída ao redor de uma rua circular com uma entrada e uma saída. Diferentemente das comunidades próximas, cheias de riqueza e recursos nos anos 1980, época em que Tupac chegou, muitos dos moradores de Marin City tinham dificuldade para se manter.

Fundada em 1942, Marin City começou como uma "cidade instantânea", uma área rural que se desenvolveu rapidamente a fim de abrigar o enorme fluxo de trabalhadores decorrente das agitadas docas do condado durante a Segunda Guerra Mundial. Pessoas negras que chegavam do sul do país migraram para cidades como Richmond, Hunters Point, Mare Island e Marin City para trabalhar como soldadores, pintores de navios, trabalhadores qualificados e caldeireiros. Em menos de três anos, trabalhadores de Marin City foram responsáveis por construir e zarpar 93 navios cargueiros da Classe Liberty dos estaleiros de Marin. Um esforço que ficou conhecido localmente como parte "essencial" para a "vitória na guerra".

No fim da guerra, os moradores brancos se mudaram para cidades próximas enquanto os moradores negros não tiveram opção de mudança devido às práticas racistas que os impediam de conseguir hipotecas ou de alugar casas em outra região. "As pessoas negras não eram bem-vindas em nenhuma outra cidade do condado naquela época", observou o reverendo Fred Small, ex-pastor sênior da Inter-City Fellowship de Marin City. Nos anos 1970, Marin City era uma comunidade predominantemente negra com moradores que se orgulhavam do mercado de pulgas local, das quatro igrejas Cornerstone, um centro de recreação simples e uma grande loja de bebidas chamada Hayden's Market, apelidada pela vizinhança de "A Loja". Embora a segregação de Marin City fosse se tornar um símbolo da má distribuição de renda do condado, a comunidade manteve o forte espírito de solidariedade, tornando-a uma das mais unidas de Marin.

No verão de 1988, Tupac desembarcou de um ônibus em Marin City, com apenas uma mala, uma mochila e a identidade que tinha cultivado em Baltimore. A única parte boa para ele na época era estar perto de Sekyiwa. Afastados por meses, eles agora se aproximavam, sabendo que, com Afeni ainda prestes a chegar, só tinham um ao outro com quem

ESTILO *THUG*

contar. Tupac tinha 17 anos, e Sekyiwa apenas 12. Juntos, eles encarariam um novo capítulo de suas vidas em uma nova cidade, em uma nova região, durante os anos decisivos que os levariam à maioridade.

Marin City ficava a apenas 12 quilômetros da Prisão Estadual San Quentin, onde Geronimo Pratt estava preso. Tupac viria a morar com Sekyiwa no apartamento dos Pratt. Assim que ele se acomodou, a esposa de Geronimo, Ashaki, o apresentou às normas. Tupac teria que seguir as mesmas regras que ela definira para Sekyiwa e seus dois filhos, Hirogi e Shona. Todos deviam estar em casa até as oito da noite. Mas Tupac, àquela altura quase legalmente adulto, havia se tornado independente durante o tempo que vivera com John em Baltimore e sentiu que estava sendo tratado como criança. Ele ignorou a regra do horário e se aventurou na nova comunidade para descobrir o que ela tinha a oferecer.

A poucos passos da casa dos Pratt ficava a Drake Avenue, um pequeno trecho de uma estrada de duas pistas que era o centro da atividade local. Os moradores se referiam a esse local como "o Fronte". Casas populares do governo ficavam de um dos lados da rua. Homens de todas as idades ficavam por ali, apoiados em carros antigos abandonados pelo caminho, brincando de dado, jogando conversa fora e usando drogas.

Para Tupac, a pobreza em Marin City era ainda mais chocante em comparação ao que ele vira em Baltimore. "Fui para Marin City, e lá havia ainda mais pobreza", contou ele mais tarde. Mas também ativou a percepção de que o que ele tinha visto na Costa Leste não era uma experiência isolada, e que as humilhações e dificuldades de sua família não eram um fardo só deles. "Enfim comecei a perceber. A única coisa que temos em comum, enquanto pessoas negras, é a pobreza. Percebi que não era só eu. Era geral. O meu povo estava sendo sacaneado. Não era só a minha família. Éramos todos nós."

Buscando uma nova comunidade, Tupac sabia que a melhor forma de conhecer gente nova era se apresentar às pessoas por meio de sua arte. No Fronte, em Marin City, Tupac demonstrava seu talento com o rap a qualquer um que estivesse disposto a escutar, esperando não apenas fazer amigos, mas talvez também algumas conexões que pudessem deixá-lo mais próximo do prêmio que ele ainda almejava: o contrato com uma gravadora. Em Marin City, onde havia poucas — se alguma — produções teatrais, Tupac viu outra vez o rap como a melhor forma de avançar. Ele sabia que se conseguisse uma entrada rápida na indústria da música, as portas se abririam e criariam um caminho para que ele obtivesse o apoio necessário para começar a falar de suas preocupações.

Naquele verão, o hip-hop estava chegando à sua era de ouro. Artistas pioneiros e influentes abriam caminho, com temas e letras profundos. As batidas do começo dos anos 1980 de artistas como Kurtis Blow, LL Cool J e Rakim abriram caminho para um novo e inspirador subgênero do rap, no qual músicas destacavam importantes questões sociais sobre a composição da América Negra e expandiam a conversa sobre raça no país.

Tupac estava antenado. No instante em que escutou "Bring the Noise" e "Rebel Without a Pause", do Public Enemy, ele se convenceu. As letras teciam uma mensagem social muito nítida. Chuck D e Flavor Flav falavam de resistência em suas canções, informando aos ouvintes que seria necessária uma nação inteira para "nos" segurar. Para Tupac, a relação com as lições de Afeni era impossível de ignorar.

Algumas semanas depois de chegar em Marin City, Tupac acabou em uma festa não muito longe do apartamento de Ashaki, na casa de um DJ chamado Demetrius Striplin. Enquanto o rapper Anthony "Ant Dog" Marshall entretinha a plateia com uma batida, Tupac ansiosamente pediu o microfone. "Quem é esse garoto?", perguntaram as pessoas. Demetrius se lembrou de tê-lo visto na cidade dias antes e de ter se perguntado quem ele era; em Marin City, uma comunidade pequena e próxima, novos rostos tendiam a se destacar. Agora, aquele mesmo garoto — usando uma camiseta branca puída e calça jeans esfarrapada com MC New York pintado nas pernas — estava diante dele, segurando o microfone. Quando Tupac cantou com confiança uma letra original chamada "Girls Be Tryin' to Work a Nigga" por cima de "Genius is Back", de Mixmaster Spade, a multidão logo começou a prestar atenção, e Ant Dog não se incomodou em compartilhar o microfone com o novato pelo resto da noite.

Em algumas semanas, Tupac conheceu os amigos de Demetrius e entrou para um grupo formado por Demetrius, os aspirantes a rappers Ryan D e Ant Dog, o produtor musical DJ Darren Page, que usava o nome "Gable", e o beatboxer Terry August. Alguns anos mais velhos que Tupac, esses jovens já tinham terminado o ensino médio e estavam dispostos a transformar o sonho com a música em realidade.

Com Tupac, eles começaram o próprio grupo e deram a ele o nome O.N.E., de One Nation Emcees [MCs de Uma Nação]. Para oficializar, encomendaram medalhões com o nome do grupo, com colares em estilo africano feitos de couro verde, vermelho e preto. Munidos com a bateria eletrônica de Gable, teclado, gravador de quatro trilhas e toca-discos, eles transformaram o apartamento do padrasto de Demetrius em um estúdio de gravação caseiro e começaram a trabalhar. Sessões de gravação que duravam a noite toda indicavam que o apartamento poderia servir como um lugar para Tupac dormir; logo ele passou a dormir naquele sofá tanto quanto na casa dos Pratt.

Tupac se destacou no grupo por sua ingenuidade a respeito dos costumes da Costa Oeste. Foi uma espécie de intercâmbio cultural, com Tupac educando o grupo sobre história negra enquanto eles o ajudavam a se habituar àquele novo mundo. "Ele sabia tudo sobre negritude, sobre coisas que a gente não sabia", conta Gable. Mas "ele não sabia muito da vida nas ruas em Marin City, muito menos da Costa Oeste. Tentamos ensiná-lo como se vestir, como agir, o que dizer... Ele nos ensinou muito sobre Malcolm X e Mandela, e ensinamos a ele muito sobre as ruas".

A maioria desses novos conhecidos não conseguia entender o estilo de Tupac. Em um mundo de jaquetas e moletons da Members Only, Tupac não se encaixava muito. Mas a diferença ia além da moda. Marin City era um local difícil de se entrosar, e a sensibilidade e alcance dos interesses de Tupac nem sempre se encaixavam. Ele era um jovem imerso na tradição intelectual negra, apaixonado por poesia, amava "Vincent", de Don McLean com a mesma intensidade que amava "Radio", de LL Cool J. Não havia nada de vergonhoso no prazer que sentia lendo *Os Miseráveis*, nenhuma contradição entre as sessões matinais de rap e os ensaios vespertinos para um balé de Stravinsky. Mas, naquele momento, como se de repente tivesse pulado em uma piscina de gelo, ele foi jogado em um ambiente onde algumas dessas paixões pareciam incompreensíveis para seus colegas. "Eu não me encaixava. Eu era o esquisitão", lembrou Tupac. "Me vestia como um hippie; eles me zoavam o tempo todo por causa disso. Eu não sabia jogar basquete. Não sabia quem eram os jogadores [profissionais] de basquete. Eu me achava estranho por escrever poesia e me odiava. Costumava esconder isso. Eu era um nerd."

O isolamento geográfico de Marin City tornava mais difícil fazer amizades fora da comunidade, explorar outras regiões por meio do transporte público. A maioria dos novos amigos de Tupac, todos um pouco mais velhos, já tinha carteira de motorista e carro. Tupac pensou que, se praticasse o bastante, seria fácil passar na prova de direção da Califórnia. Embora ainda não tivesse carteira, ele costumava perguntar aos amigos se podia pegar o carro deles emprestado.

Um dia, Tupac pediu as chaves do Cadillac Coupe DeVille '72 de Ryan, dizendo que queria dirigir por Marin City enquanto o amigo estava com a namorada. Ryan concordou, sem saber que Tupac nunca tinha dirigido antes. Não demorou muito para ele perceber o erro. "Olhei pela janela e de repente meu carro estava parado do lado errado da rua, prestes a passar sobre um monte de terra. Tupac estava dando ré, tentando endireitá-lo", contou Ryan.

Ryan saiu correndo da casa. "Tupac, o que você tá fazendo, porra?", ele ouviu o amigo gargalhando dentro do carro e correu até lá. "Cara, você tá tentando acabar com o meu carro."

Tupac sabia que não tinha muita esperança de ter um carro só dele. Ele não tinha dinheiro para comprar um carro, nem tinha pais que tivessem um, nem mesmo pais que tivessem dinheiro. De novo, ele sentiu que era menos afortunado até em relação àqueles que não tinham muito. Mesmo o conhecimento de que a pobreza era endêmica em muitas comunidades negras não era capaz de suavizar o golpe ou amenizar a dor. Ser chamado de pobre tinha seu preço. Anos depois, ele contou: "Eu não tinha dinheiro, e isso costumava me enlouquecer. Eu era zoado o tempo todo. Eu recebia amor, mas o tipo de amor que você daria a um cachorro ou a um maluco da rua. Eles gostavam de mim porque eu estava no fundo do poço."

Nova cidade, antiga realidade. A instabilidade financeira continuou a ser um problema. A fortuna que cercava a população negra de Marin City criava uma divisão que lembrava — embora com maior intensidade — aquela que ele vira pela Greenmount Avenue, em Baltimore. Tupac havia aprendido com Afeni e Mutulu sobre o problema de distribuição de renda nos Estados Unidos, sobre a estrutura de poder capitalista e como ela atrapalhava a vida dos marginalizados e carentes. Em Marin City, ao ver que essas ideias ficavam absurdamente óbvias, a visão de mundo de Tupac continuava a se desenvolver.

ESTILO *THUG*

Em uma entrevista que deu mais tarde naquele ano, ele disse: "Se não existisse dinheiro e tudo dependesse da sua conduta, e da forma como você se comporta e de como trata as pessoas, seríamos milionários. Seríamos ricos. Mas já que não era assim, então éramos pobres de marré... [A] única coisa que me incomoda é ter crescido pobre, porque não tive acesso a várias coisas." Aos 17 anos, esse aspecto da vida dele se destacava: "Esta é a única coisa ruim, a pobreza. Se eu odiava algo, era isso."

Mas a mudança para Marin City implicava outros desafios. O primeiro era encontrar companhias que quisessem discutir as questões políticas pelas quais ele tinha paixão. Como não tinha com quem conversar sobre esses assuntos, seus cadernos de espiral e de redação se tornaram mais importantes em Marin City. Eles serviam como espaço de reflexão enquanto ele lutava com as realidades do mundo, despejando os pensamentos e os traduzindo em poesia e versos de rap. Os amigos se lembram de ver mais de dez cadernos de Tupac empilhados sobre a mesa de café no apartamento de Demetrius. Darrel Roary, um amigo próximo que Tupac fez enquanto morava em Marin City, conta: "Ele levava um caderno aonde fosse. Para toda parte. Sabe quando alguém carrega um cobertor favorito ou uma bola? Ele era assim com os cadernos."

Semanas se passaram enquanto Tupac se habituava ao novo grupo em Marin City. Sessões diárias de zoação aconteciam enquanto seus amigos riam da tinta loura no cabelo dele, ou do corte estilo "Gumby" — um personagem de desenho animado que tinha a cabeça em formato irregular —, e em troca ele fazia piada dos cachos Jheri dos amigos. Eles também descobriram que suas diferenças geográficas não tinham impacto apenas no estilo. Uma noite, no Fronte, alguém bolou um pequeno baseado. Tupac só encarou e riu. "Sério?", perguntou ele, parecendo cético. "Para, vocês precisam usar isso aqui." Ele estendeu um cigarro para que vissem antes de fazer uma incisão com precisão quase cirúrgica para esvaziar o tabaco. Em seguida, Tupac ergueu o cigarro oco, mostrando-o com orgulho. "Baseado. É assim que fazemos no leste." Ele olhou para a maconha deles. "Me dá isso aqui", pediu. Os amigos deram um pouco para ele, mas não o suficiente para preencher o cigarro marrom extragrande. Ele continuou mesmo assim. Mal podia esperar para acender o baseado e passá-lo para os novos amigos. Empolgado, já esperava elogios e reverências.

Em vez disso todos se engasgaram — estavam fumando mais papel de cigarro do que erva.

Tupac também tinha levado consigo a profunda desconfiança das forças da lei e a disposição para enfrentar a polícia. Como o Departamento de Polícia de Marin County ficava a poucos metros do Fronte, policiais costumavam circular por ali, esperando flagrar o tráfico ou outra atividade ilegal. Tupac detestava isso. Ele achava que aquela prática era uma invasão de espaço e privacidade. Seus novos amigos faziam vista grossa e tentavam desencorajá-lo a chamar atenção da polícia, mas Tupac era obstinado. Ele encarava os policiais enquanto passavam em viaturas verdes e brancas, só esperando que um deles os abordasse, os olhos queimando de revolta.

Essa vontade de confrontar as autoridades tinha raízes profundas dentro dele, voltando àquelas primeiras conversas em casa sobre o assédio do FBI e da polícia, as práticas secretas e ilegais do Cointelpro e as desigualdades do sistema jurídico estadunidense. Havia também os diálogos mais detalhados e específicos sobre o que acontecera com Geronimo, Assata e Mutulu. Dentro dessas conexões profundamente pessoais, havia histórias que Afeni contara a Tupac e Sekyiwa como parte da educação deles: os horrores da escravidão, a injustiça da constituição, os efeitos psicológicos das leis Jim Crow e as escolas, os banheiros e os bebedouros "separados, mas iguais". Ela ensinou os filhos a enfrentar tudo o que havia de errado no país — como Nat Turner fizera, como Rosa Parks fizera, como Stokely Carmichael e Huey P. Newton fizeram.

Por todos esses motivos, Tupac se recusava a simplesmente ignorar os efeitos dos capítulos mais sombrios da história dos Estados Unidos. Estava enfurecido. Respirava esses acontecimentos, carregava-os nos ombros e no coração. Ele ia dormir toda noite e acordava todos os dias de manhã com eles. Enquanto os policiais passavam devagar pela Drake Avenue até a Cole Drive, as ruas principais de Marin City, Tupac os via como tubarões na água se preparando para atacar. Ele não toleraria assédio sob nenhuma circunstância. "Tupac odiava a polícia", conta Ryan. "Isso era coisa de Afeni. Ele herdou isso da família. Era real. E eu sempre respeitei. Só queria que às vezes ele se segurasse porque atraía atenção desnecessária. Eu falava: 'Vamos, cara.' Mas ele começava a xingar."

ESTILO *THUG*

A recusa em se manter calado levou a confrontos inevitáveis. Um dia, dois policiais de Marin County que estavam em patrulha o viram no ponto de ônibus. Ele devolveu os olhares. Quando o carro parou ao seu lado, Tupac já tinha começado a xingar. Dentro de minutos, ele se viu algemado no porta-malas de uma viatura. A caminho da delegacia, um dos policiais perguntou se ele fazia parte de uma gangue, supondo que o medalhão O.N.E. pendurado no pescoço de Tupac indicasse afiliação a uma. Tupac explicou que O.N.E. era a sigla de seu grupo de rap, One Nation Emcees. Os policiais não acreditaram. Eles o levaram para a delegacia e o jogaram na cela enquanto vasculhavam o manual da Califórnia à procura de uma gangue chamada O.N.E. Por fim, sem conseguir encontrar tal grupo, tiveram que liberá-lo.

Tupac não tinha ninguém para obrigá-lo a ir para a escola no primeiro dia de aula. Por fim, um mês depois do início das aulas, no dia 11 de outubro, ele foi até o campus da escola de ensino médio local para começar o último ano. Diferentemente das escolas que frequentara no passado, cercadas por um mar de concreto, a Tamalpais High School ficava no meio de um vale de sequoias, na pequena e próspera cidade de Mill Valley. Todas as manhãs, Tupac e os outros alunos de Marin City pegavam o ônibus das 8 horas do serviço Golden Gate Transit que os levava por menos de dez minutos até uma parada que ficava a poucos passos da entrada da escola. Lá eles se juntavam a um corpo estudantil predominantemente branco de cerca de mil alunos, onde representavam menos de 5% do total de alunos.

O trajeto de oito minutos atravessava mundos: viajar de ônibus de Marin City a Mill Valley era como ir do East Harlem ao Upper East Side. De Greenmount East a Roland Park, em Baltimore. De Crenshaw a Beverly Hills. Durante a rota, garças sobrevoavam baixo as costas lamacentas enquanto gaivotas ressoavam no céu, visões que contribuíam para o charme costeiro de Marin. O que tornava as diferenças ainda mais evidentes para os passageiros era que as cidades eram vizinhas. Em um mundo ideal, as duas comunidades poderiam ter se misturado, formando uma grande e linda paisagem. Mas não foi o que aconteceu. Mill Valley nunca quis se misturar com Marin City, e, por esse motivo, Marin City retribuiu na mesma moeda. A Tamalpais High School, conhecida pelos moradores como

Tam High, era onde as duas comunidades se reuniam, embora fosse evidente, pelo campus em expansão, que uma divisão racial seguia a todo o vapor.

Tupac não se importava. Ele não era o tipo de pessoa que deixaria qualquer barreira ou diferença racial impedi-lo de encontrar as pessoas criativas e ligadas à arte em qualquer novo ambiente. Logo encontrou espaço na Ensemble Theatre Company, o celebrado departamento de da Tam. Naquele primeiro dia, em outubro, Tupac entrou no Teatro Ruby Scott Theather e se juntou a um grupinho de alunos. O professor de teatro, David Smith, apresentou-o — pronunciando o nome corretamente, Tupac percebeu —, e Tupac deu um sorriso amigável, agradecendo a todos pelas boas-vindas e dizendo que estava feliz por estar ali. "Isso é ótimo", disse ele. "Agradeço muito." Então ele se sentou no chão, com o caderno espiral de sempre aberto no colo. Era como se ele tivesse chegado em casa após uma viagem de anos e se acomodado novamente em tudo o que lhe era familiar.

No programa de teatro da escola conheceu uma aluna, uma garota birracial chamada Cosima Knez, e se apaixonou. Tupac ficou encantado pela pele marrom radiante e pelos cachos loiros, e os dois passaram horas se conhecendo melhor no restaurante Tam Deli na frente da escola. Conversavam sobre a vida, e Tupac compartilhou suas poesias e composições com ela. A paixão dele aumentava conforme a amizade se aprofundava. "Ele costumava se sentar lá [no restaurante] e escrever poesias e canções", conta Cosima. "Tupac era muito profundo para alguém da sua idade. E não acho que ele percebia isso. Ele era diferente, muito diferente. Tinha uma inteligência que estava muitos anos à frente da idade dele."

A princípio, para decepção de Tupac, Cosima quis manter as coisas no campo da amizade. "Ela me disse que eu era muito legal", relatou ele pouco depois. "Não pude acreditar. Não ia dar certo porque eu era muito legal." Tupac expressou suas frustrações a qualquer um que ouvisse. O colega de classe Christian Mills se lembra de passar todas as manhãs na biblioteca da escola com Tupac, porque nenhum deles queria ir para a aula de espanhol. "Tupac e eu ficávamos na biblioteca todo dia, por meses, das 8 horas às 8h45, lá num canto", relembra Mills. "Ele usava a mesma roupa todos os dias, calça e jaqueta jeans, e usava o corte de cabelo estilo Gumby na época. Ele cheirava a cigarro... Amava fumar de manhã. A gente tomava café lá. Discutia

Shakespeare. Ele escrevia suas letras e falava sobre a Cosima Knez. Ele amava falar da Cosima Knez."

É provável que ele também estivesse escrevendo cartas para Cosima durante o período que passava na biblioteca, confiando na palavra escrita para conquistá-la. Tupac escreveria quase vinte cartas para ela durante o ano seguinte. No fim, as cartas funcionaram. "Ele me deixou intrigada", contou ela. "Eu continuava voltando porque estava curiosa. Acabamos tendo um relacionamento muito especial."

Naquela época, Tupac conheceu e fez amizade com Kendrick Wells, um nativo de Hunters Point que era três anos mais velho e morava sozinho algumas cidades ao norte, em San Rafael. Ele logo ficou sabendo que o apartamento de Kendrick era um refúgio de solteiro movimentado, e as possibilidades românticas de Tupac aumentaram. Uma noite, ele, Kendrick e duas garotas estavam no sofá assistindo a um filme. Os quatro estavam sentados na frente da TV, as garotas dando risadinhas e recitando falas de *Grease 2 – Os tempos da brilhantina voltaram*. Kendrick, em uma missão que não incluía assistir TV, puxou Tupac para um canto. Disse que tinha um plano para atrair a atenção das garotas. Tupac estava dentro. Mas, quando voltaram para a sala de estar, descobriram que seria mais difícil do que pensavam. As garotas estavam profundamente absortas no filme favorito delas. Em vez de tentar ajudar Kendrick no plano de fazer as garotas esquecerem do filme, Tupac começou um debate sobre qual filme era melhor, *Grease* ou *Grease 2*. Então, uma das cenas musicais ecoou pelos autofalantes da televisão, uma das garotas aumentou o som, pulou do sofá e começou a dançar. Sabendo a maioria dos passos, as garotas imitaram os dançarinos e cantaram alto. Tupac não conseguiu se segurar. Ele se juntou a elas. Os três começaram a fazer o próprio musical bem no meio da sala de Kendrick. Ciente de que a empreitada tinha ido por água abaixo, Kendrick balançou a cabeça, desacreditado, e desistiu.

No primeiro ano morando em Marin City, Tupac conseguiu um emprego de meio período na Round Table Pizza, em Mill Valley. Ele costumava colocar o trabalho na frente da escola, às vezes até trabalhava em turnos que coincidiam com o horário escolar. Mesmo assim, nunca perdia as aulas de teatro. Semanas após o início do ano letivo, o professor de teatro David Smith anunciou a produção anual que homenagearia Martin Luther King Jr. A peça tinha sido escrita por um professor e faria uma homenagem ao Dr. King por meio de cenas que destacavam suas teorias sobre resistência não violenta. Como a última performance seria feita no Marin Civic Center, e todas as cinco escolas de ensino médio do distrito estariam presentes, Smith estava muito estressado por conta de todos os processos que envolviam a produção. Quando ele perguntou quem estava disposto a participar, Tupac levantou a mão na mesma hora.

Ele foi escalado como par romântico de uma colega chamada Liza. Branca, de cabelo longo e castanho e magrinha, Liza morava em Mill Valley e tinha sido criada com a mente aberta e um grande coração. Quando os alunos foram divididos, pediram que começassem a trabalhar nas habilidades de improvisação. Tupac e Liza conversaram enquanto praticavam.

— Muito bacana que a gente esteja aqui, fazendo isso — disse ele —, mas ninguém mencionou Malcolm X ou nenhum dos outros grandes líderes.

Liza olhou para ele, confusa.

— Malcolm X?

— Sim, Malcolm X.

— Quem é esse?

— Foi um homem notável que levantou a voz pela causa e pelo povo — explicou Tupac. — Ele não tinha medo do governo branco.

Tupac não ficou surpreso por Liza não saber quem era Malcolm X. Mesmo em tão pouco tempo na Tam High, ele pôde perceber que o currículo não era diferente daquele oferecido na maioria das escolas de ensino médio do país, onde ensinavam sobre as figuras históricas negras mais conhecidas. Ele não culpou Liza por não saber, mas sim o sistema por não ensinar.

Naquele ano, Tupac falou abertamente sobre o que pensava a respeito do currículo escolar padrão estadunidense com o diretor de documentários Jamie Cavanaugh, que estava começando a fazer entrevistas para o projeto de filme que detalharia a vida da juventude urbana durante uma década. Tupac ficou animado em participar e ser entrevistado — tão animado que, quando percebeu que a entrevista estava marcada para o horário de trabalho, sabendo que o chefe não o liberaria, decidiu pedir demissão da Round Table na mesma hora.

Cavanaugh enxergou a visão crítica de Tupac. Até então, o ativismo de Tupac buscava lidar com questões de degradação urbana — das manifestações que ele ajudava a organizar com o objetivo de cons-

ESTILO *THUG*

cientizar sobre a gravidez na adolescência às músicas que compunha sobre a importância do hábito de ler. Conforme amadurecia em Marin City, Tupac passou a não apenas buscar soluções para a população marginalizada, mas também a buscar as raízes do problema. Cada vez mais, ele queria jogar luz sobre os acontecimentos que construíam uma estrada mais dolorosa e difícil para os negros nos Estados Unidos, uma estrada mais cheia de obstáculos do que aquela seguida pelos brancos.

O que ficava nítido na avaliação dele era que o sistema educacional estava profundamente falido. "Acho que deveria haver um currículo diferente em cada vizinhança", disse ele a Cavanaugh. "Porque frequento a Tamalpais High e estou aprendendo o básico, mas não é básico para mim... Não nos prepara para o mundo de hoje, o que aprendo lá não me ajuda", prosseguiu ele. "Deveríamos ter uma aula sobre violência policial. Deveríamos ter uma aula sobre por que as pessoas estão passando fome..., mas não temos. As aulas são... de educação física. Vamos aprender a jogar vôlei!"

Afeni chegou em Marin City em novembro, também de ônibus, com uma bolsa e uma mala, nada mais. Ela havia deixado tudo da vida deles em Baltimore para trás. Aquela vida não havia sido a solução que a irmã Jean esperava quando a família deixou Nova York. Em vez disso, tinha desgastado Afeni. Entre os ratos, a constante falta de dinheiro, o relacionamento abusivo e a crescente desconexão com o ativismo dos Panteras que dera sentido à vida de Afeni ela se tornara mais frágil do que nunca. Em Baltimore, o uso de drogas continuou, mesmo quando ela mal conseguia sustentar a si mesma e aos filhos. Mas ela ainda acreditava que o vício não era um problema, que tudo ficaria bem se pudessem recomeçar na Califórnia.

Ela chegou ao apartamento dos Pratt e encontrou a porta fechada, as luzes apagadas e a casa vazia. Perguntou a algumas pessoas que estavam por ali onde eles poderiam estar. Em Marin City, as coisas eram assim. Caso você precisasse de uma carona, alguém daria. Se precisasse que seus filhos fossem para casa, alguém os alertaria e eles chegariam em casa dentro de minutos. Como um telefone sem fio, o pedido de encontrar o paradeiro de alguém era simples, certamente uma vantagem nessa pequena comunidade. Assim que Afeni informou que havia chegado e estava procurando os filhos, eles apareceram correndo escada acima.

Afeni mal havia chegado quando recebeu a notícia de que Ashaki estava entregando o apartamento e ia se mudar; os Shakur teriam que encontrar outro lugar para morar. Afeni imediatamente começou a procurar um emprego para juntar algum dinheiro. Até conseguirem pagar por algo, Sekyiwa e Afeni ficariam com uma amiga de Ashaki, Gwen, que tinha três meninas de quem Sekyiwa tinha se tornado próxima. E Demetrius disse a Tupac, que já havia passado a dormir no seu sofá, que ele era bem-vindo para ficar com eles até que a mãe encontrasse um lugar. Afeni conta: "Demetrius permitia que todos que estavam fugindo, todo mundo, os jovens que não tinham onde ficar [morassem lá]… A casa dele era oficialmente o local onde as pessoas ficavam quando não tinham onde morar."

Mas tal conforto não duraria muito. Pouco depois da virada do Ano-Novo, a amizade de Tupac e Demetrius chegou a um fim abrupto. Uma noite, quando Demetrius não estava em casa, Tupac decidiu dar uma festa louca que saiu totalmente do controle. A mesa de centro chique da sala de estar foi quebrada, e, pior, os policiais invadiram o precioso estúdio de gravação de Demetrius. Frustrado, Demetrius arremessou os álbuns de Malcolm X de Tupac em uma árvore como se fossem frisbees e disse que ele precisava se mudar.

Por sorte, logo Afeni recebeu aprovação para o aluguel de um pequeno apartamento de dois quartos na Drake Avenue, no mesmo complexo de residências populares onde os Pratt tinham morado. Os Shakur estariam juntos sob o mesmo teto outra vez. Sekyiwa e Afeni se acomodaram nos quartos e Tupac ficou com o sofá.

Houve dias em que Tupac se perguntava se devia se dar ao trabalho de ir para a escola. Uma manhã, ele ouviu um anúncio na KMEL, a estação de rádio popular da Bay Area, dizendo que Flavor Flav, do Public Enemy, estava a caminho do estúdio para uma entrevista. Havia ali uma *oportunidade*. Tupac já havia passado a apreciar as letras carregadas de críticas sociais e a intensidade política do grupo. Sabia que se conseguisse chegar à estação de rádio, poderia dar um jeito de encontrar Flavor Flav. Ele ponderou a oportunidade em relação à responsabilidade. Ir para a escola e fazer uma prova? Ou encontrar Flav? Tupac pensou: se eu encontrar Flav, talvez ele possa me ajudar a fazer acontecer esse lance do rap.

Algumas horas depois, Tupac se viu na KMEL, tirando fotos com um de seus ídolos. Ele foi para casa com uma estimada foto sua com Flav, que guardou em segurança junto à foto que ainda guardava de Jada.

ESTILO *THUG*

Nos dias em que Tupac decidia ir à escola, ele continuava a impressionar os colegas na aula de teatro. Liza lembra que o "processo" de atuação dele era errático, mas que seus resultados eram sempre um sucesso. "Se o processo de alguém estivesse estranho, geralmente o resultado ficava estranho", disse ela. "Nem sei qual era o processo dele. Ele se atrasava para os ensaios. Não aparecia. Metade do tempo não decorava as falas, então simplesmente inventava na hora." Liza riu enquanto contava sobre os dias em que compartilhou o palco com Tupac. "Mas a produção dele era sempre muito animadora. Todos ficavam muito animados para vê-lo, porque nunca dava para saber o que ele ia fazer ou o que ia acontecer."

O talento de Tupac teve um efeito dramático na escola. David Smith se lembra de Tupac perguntando se podia apresentar uma peça de Shakespeare ou Tchekhov. "Ele se apresentou em uma das peças de Tchekhov, *O Urso*", lembrou Smith. "Eu me lembro de me preocupar se ele ia ou não acertar as falas. Ele sempre foi uma pessoa muito agradável, mas nunca decorava as falas. Mas subiu no palco naquela noite e encantou a todos com seu charme e carisma."

A professora de inglês de Tupac, a Sra. Owens, costumava pedir aos alunos que se revezassem, lendo em voz alta. Uma tarde, durante a matéria sobre Shakespeare, ela deu a Tupac o papel de Otelo. Imediatamente, ficou impressionada pelo entendimento dele da linguagem shakespeareana e por sua recitação profissional. "Foi uma das performances mais brilhantes de Shakespeare, principalmente de *Otelo*, que já ouvi", contou ela. "Quando chegou à cena em que Otelo tem uma discussão crucial consigo mesmo decidindo se deveria ou não matar Desdêmona, Tupac leu brilhantemente. Parei a aula e disse aos alunos: 'Vocês jamais vão ouvir *Otelo* ser lido tão bem quanto ouviram agora.'"

A maior performance ainda estava por vir. Por semanas, a turma de teatro vinha ensaiando para o tributo anual a Martin Luther King Jr., e agora faltavam poucos dias. Eles fariam três apresentações. As duas primeiras aconteceriam no Ruby Scott Theater da Tam High, mas a performance final seria para milhares de pessoas no Marin Civic Auditorium.

Na noite da primeira apresentação, Liza queria entrar no personagem ensaiando algumas falas antes que as cortinas fossem abertas, mas não conseguia encontrar Tupac em lugar algum. Quando ele enfim chegou, atrasado, correu e de brincadeira se jogou em cima dela, dando um montinho na colega e fazendo os dois caírem. Era seu jeito de demonstrar carinho, mas Liza não estava para brincadeira. Ela o empurrou e tentou fazê-lo ensaiar. "Eu estava toda séria e tentando me preparar para a peça, mas ele nem deu confiança. Tentei ficar com raiva, mas ele sempre me fazia rir", contou Liza. Apesar da falta de ensaio de Tupac, a apresentação da primeira noite foi um sucesso.

Na segunda noite, no entanto, as coisas não correram tão bem assim. Tupac passou a primeira parte do dia em Novato, uma cidade trinta minutos ao norte de Mill Valley. Ele, Ryan e outro amigo, Pogo, foram visitar amigos. No meio do dia, acabaram em um supermercado, onde um deles conseguiu uma garrafa de Jack Daniel's, e então caminharam até a Base da Força Aérea de Hamilton, tomando goles da garrafa. Enquanto seguiam pela rua, em busca de confusão, conseguiram entrar em um jogo de basquete de uma escola que havia por ali.

Quando o sol começou a se pôr, Tupac percebeu que estava ficando tarde e entrou no primeiro ônibus em direção ao sul. Ele só precisava chegar à Tam antes da abertura das cortinas. Enquanto fazia a baldeação, ouviu um passageiro chamar alguém de "crioulo".

Bastou.

Uma briga começou, e Tupac correu para defender. Quando a briga foi separada pelo motorista, o ônibus que levaria Tupac para a escola havia partido.

No Ruby Scott Theater, Liza e o elenco esperavam por Tupac. O professor e os membros do elenco foram ficando ansiosos, pois não havia substituto para o papel de Tupac — a apresentação não poderia começar sem ele. Por fim, quando mais de meia hora havia se passado e Tupac ainda não havia chegado, o diretor não teve escolha a não ser dar as más notícias à plateia. Resmungos e suspiros se espalharam pelo teatro enquanto anunciavam que a apresentação seria cancelada. Enquanto a multidão partia, os alunos nos bastidores trocavam olhares de decepção e consternação. Momentos depois, o pequeno teatro ficou vazio. A companhia matutina de Tupac na biblioteca, Christian Mills, que também estava na turma de teatro, lembrou desse acontecimento como algo inédito. "Nos meus quatro anos na Tam isso de alguém no elenco não aparecer nunca tinha acontecido."

Liza e a família entraram no carro e estavam saindo do estacionamento da escola quando viram alguém correndo em direção a eles. Era Tupac.

— Liza! Espere! — gritou Tupac, correndo para alcançar o carro.

Antes que Liza sequer pudesse perguntar o que havia acontecido para ele dar o bolo no elenco inteiro, ele começou um relato dramático sobre o motivo do atraso. Enquanto explicava detalhes do incidente e contava que, enquanto estava no ônibus, um homem chamara outro passageiro de uma palavra racista e depreciativa, Tupac nitidamente ainda estava na defensiva. Ele contou a Liza que *teve* que defender o homem.

A família de Liza estava no carro. Eles tinham ido assistir à peça depois de ouvi-la falar sem parar por semanas do "aluno novo" na aula de teatro.

— Ah! Agora minha família nunca vai saber como você é bom — provocou ela.

— Eles vão, sim.

Tupac olhou dentro do carro, deu seu melhor sorriso para todos e disse:

— Vou resolver isso, prometo.

E saiu correndo.

Um momento depois, no entanto, ele daria uma desculpa totalmente diferente. Quando entrou no Ruby Scott Theater, ele se deparou com outra colega de elenco, uma garota chamada Alexa Koenig. Ela perguntou o que tinha acontecido. Koenig conta: "Ele me disse que não ia fazer por uma escola branca o que as pessoas brancas não tinham feito pela população negra dos Estados Unidos."

Ela ficou lá, pasmada, tentando entender uma resposta pela qual não esperava. Um pneu furado? Tudo bem. Talvez tivesse ficado sem gasolina? Qualquer coisa, menos o que Tupac dissera. Ela o considerava um amigo depois de terem conversado tomando um café na lanchonete Denny's a alguns quilômetros subindo a autoestrada. Alexa não conseguia entender como Tupac podia ter deixado ela, sua amiga, esperando, e então aparecer com uma desculpa tão esfarrapada. "Eu me lembro de ficar com muita raiva por ele ousar não aparecer, nos deixar esperando e nem sequer avisar por que não tinha chegado", contou ela anos depois. "Ele disse que queria fazer um protesto por meio da arte. Lógico que agora, com o tempo e maior contexto e consciência social, entendo que o que ele estava fazendo era tentar despertar as pessoas para a injustiça social."

Um padrão estava se desenvolvendo. Mais uma vez, Tupac sentiu que era seu dever proteger seu povo, quer fosse um membro da família ou um estranho, do ataque racial ou da violência da polícia, apesar das consequências que traria para sua vida ou para aqueles ao seu redor. Para ele, a importância de suas ações começava a ser maior que as consequências.

Para a apresentação final do tributo a King, no dia 30 de janeiro de 1989, no Marin Civic Auditorium, Liza encontrou Tupac no estacionamento da escola para irem juntos e também evitar o risco de Tupac perder outro ônibus.

— Que bom que conseguiu aparecer dessa vez — disse ela, sorrindo.

Enquanto paravam no estacionamento, vinte minutos depois, Tupac perguntou a Liza:

— Está nervosa?

Havia duzentos alunos de ensino médio de todo o condado a caminho do auditório para assistir à peça. Era sempre mais difícil se apresentar para colegas. Eles eram os mais difíceis de agradar.

— Não ensaiamos o bastante, Tupac — respondeu Liza, sincera. — É claro que estou nervosa.

Tupac sorriu para ela.

— Só pense no *King*.

Liza riu e revirou os olhos para ele. E, mais uma vez, ele deu um montinho nela a caminho do teatro.

PODER PANTERA
1988-1989

> Fathers of our country never cared for me
> They kept my ancestors shackled up in slavery.*
>
> — TUPAC SHAKUR

Mesmo com a tentação e a animação do famoso departamento de teatro da Tam High School, em muitas manhãs Tupac decidia ignorar a viagem de ônibus até Mill Valley e ficava em Marin City. Sentindo que já tinha assistido a aulas de matemática e ciências suficientes àquela altura — e rapidamente perdendo a fé no currículo da escola, em especial no departamento de história —, seu foco passou a ser encontrar maneiras de ganhar dinheiro e sobreviver.

Em uma dessas manhãs, ele passou por uma mulher branca sentada no amplo campo de grama seca entre a Hayden's Liquor Store e a escola de ensino fundamental local. Ela estava lendo o livro de memórias de Winnie Mandela, *Parte de minha alma*.

— Ah, esse livro é bom — disse Tupac, dando sua aprovação.

A mulher era Leila Steinberg, uma educadora que morava em Santa Rosa, uma cidade 45 minutos ao norte de Marin City. Leila passava os

---

* Os Pais do nosso país nunca se importaram comigo/ Eles mantiveram meus ancestrais presos na escravidão.

dias se dividindo entre escolas públicas na Bay Area com o objetivo de montar assembleias de consciência cultural em conexão com a Young Imaginations, uma instituição sem fins lucrativos multicultural voltada para a área educacional.

Mais uma vez, a reputação de Tupac chegara antes dele. Leila percebeu que, na noite anterior, tinha visto o jovem na pista de dança de uma boate local. E sabia que ele era o garoto novo que alguns de seus alunos na Marin City tinham elogiado. "Você precisa conhecer o aluno novo, Tupac!", um deles dissera. "Ele é rapper e seria perfeito para o nosso grupo de escrita."

Oito anos mais velha que Tupac e com a mentalidade de educadora, Leila se sentiu tentada a perguntar por que ele não estava na escola. A resposta deixou uma inegável primeira impressão.

— Não vou hoje. É chato. Parece que preciso ensinar meus professores.

Leila explicou que estava a caminho de uma de suas assembleias multiculturais ali perto, na Bayside Elementary School. Tupac, é óbvio, logo desafiou a mulher, que parecia branca, mas na verdade era de ascendência latina e turca:

— E o que é que você tem que a qualifica para ensinar qualquer coisa multicultural? — Mas, então, em vez de esperar a resposta, ele rapidamente voltou atrás e decidiu dar uma chance a ela. — Tá legal, vou lá pra descobrir.

Os dois seguiram juntos para a escola. Naquele dia, Leila daria uma aula sobre história musical, e Tupac se sentou em silêncio nos fundos da sala, construindo uma crítica baseada em suas observações. Depois da aula, os dois saíram juntos da escola, e Tupac compartilhou suas impressões.

Intrigada pelas suposições diretas dele, e cativada por aquele charme e curiosidade, Leila o convidou para uma roda de poesia que ela daria em casa mais tarde. Tupac aceitou. Uma roda de poesia onde escritores se reuniam e compartilhavam o amor pela palavra falada? Parecia muito melhor do que estar em uma aula de matemática ou química. Eles dirigiram por uma hora em direção ao norte pela rodovia 101 até Santa Rosa, em Sonoma. A paisagem que mostrava a expansão suburbana de shoppings e concessionárias de carros passava pelas janelas enquanto os dois trocavam ideias sobre a educação nos Estados Unidos.

Tupac contou a Leila que era rapper e estava trabalhando em algumas canções. "Quer ouvir uma?", perguntou ele, aproveitando qualquer oportunidade de se apresentar para uma audiência interessada e cativa. Ele balançou a cabeça acompanhando uma batida imaginária e deu uma versão improvisada de sua canção "Panther Power", com energia e convicção suficientes para cativar uma pequena plateia. Leila ouviu com atenção, impressionada com a letra:

As real as it seems, the American Dream
Ain't nothing but another calculated scheme
To get us locked up, shot up, and back in chains
To deny us of the future, rob our names
. . . kept my history a mystery, but now I see
The American Dream wasn't meant for me
'Cause lady liberty's a hypocrite, she lied to me
Promised me freedom, education, equality
. . . never gave me nothing but slavery
And now look at how dangerous you made me
Calling me a mad man 'cause I'm strong and bold
With this gun full of knowledge of the lies you told. *

Naquela noite, na roda de poesia, Tupac chegou na modesta casa de Leila animado para ser apresentado a um novo grupo de amigos, pessoas da sua idade e com históricos socioeconômicos semelhantes, pessoas com quem passaria os próximos meses trocando ideia, na escrita e na vida.

Todos foram se apresentando, e depois foi a vez de Tupac falar. Àquela altura, ele já tinha um plano traçado em mente. Por meio de sua poesia e de suas letras, ele se tornaria um agente de mudanças na sociedade; melhoraria a vida dos mais necessitados e da juventude vulnerável.

---

* Por mais real que pareça, o Sonho Americano/ Não é nada além de mais uma fraude calculada/ Para nos prender, alvejar e acorrentar outra vez/ Para nos negar o futuro, roubar nossos nomes/ …mantive minha história em segredo, mas agora vejo/ Que o Sonho Americano não foi feito para mim/ Porque a dama liberdade é uma hipócrita, ela mentiu para mim/ Me prometeu liberdade, educação, igualdade/ …nunca me deu nada além de escravidão/ E agora veja o quanto você me tornou perigoso/ Me chamando de louco porque sou forte e ousado/ Com esta arma carregada com o conhecimento das mentiras que contou.

"Todo mundo na sala se apaixonou por Tupac na mesma hora", contou Leila. "Eles se apaixonaram pelo talento dele. Ele causava um impacto. Ele brilhava."

Ray Tyson, conhecido como "Rock T", estava entre os escritores que Tupac conheceu naquela noite. "A roda de poesia era um círculo de escrita freestyle", contou Ray. "Você podia compor raps, poesia, podia escrever histórias. Ou podia simplesmente pôr os pensamentos no papel. Era aonde todos iam para esquecer o mundo por um tempo e fazer o que gostavam." Leila estava animada para Tupac conhecer Ray, com quem suspeitava que ele se daria bem. Naquela noite, Tupac fez uma interpretação rápida de "Panther Power" para Ray, que em troca apresentou uma de suas composições. Leila estava certa: a conexão deles foi instantânea.

"Éramos um grupo pequeno", contou Leila. "Ray e mais duas, aspirantes a poetas e escritoras, Kenyatta e Jacinta. Eram todos parceiros de luta de Tupac. Eram os colegas dele." O grupo se conectou logo de cara por seus interesses em comum em usar a criatividade para promover mudanças sociais. Amizades assim, com um círculo social diverso de irmãos e irmãs negros que sentiam o mesmo que ele, eram a força vital de Tupac. Faziam com que ele continuasse no caminho.

Durante as semanas seguintes, Tupac voltou para sessões de escrita, que eram intercaladas com longas e profundas discussões. Ele compartilhava suas crenças sobre a comunidade negra e os motivos que atrasavam seu desenvolvimento, expondo que muitos dos membros ainda não haviam se curado dos efeitos da escravidão. Durante a escravidão, explicou ele, mães negras foram forçadas a desacreditar os próprios filhos a fim de protegê-los. Era parte de um plano para deixá-los fracos, porque a fraqueza não era atraente no mercado escravagista. Para diminuir as chances de seus bebês serem vendidos jovens e levados por senhores brancos escravocratas, mães tinham que abusar verbalmente deles, desnutri-los e, como medida extrema, matá-los. Tupac acreditava que essa tradição de sistematicamente enfraquecer crianças negras havia persistido ao longo da história, fazendo mães negras não elogiarem os filhos, sobretudo os meninos. E como consequência, Leila recorda: "Lembro dele, aos 17 anos, dizendo que a autoestima da comunidade negra é completamente comprometida por conta da escravidão."

Leila se lembra de ele ter contado ao grupo: "A comunidade branca criou uma situação neste país e depois não entendeu o dano ou o processo. E, assim, depois de quinhentos anos de mentiras e omissão da verdade na história, temos essa ferida putrefata que começou a escorrer e afetar a todos."

Os novos amigos de Tupac ficaram encantados com suas filosofias, principalmente Leila, uma criança dos anos 1960 que viera de uma família ativista, com pais que a levavam a marchas no Elysian Park para se posicionar com orgulho junto ao movimento trabalhista de Cesar Chavez. Ela também tinha nascido em uma família que buscava fazer mudanças no mundo e sabia que essa semelhança ajudaria a forjar uma forte amizade com Tupac. Ele era uma uma cara nova e essencial para a roda deles, um grupo de pessoas que, lembrou Leila, "eram jovens e burras o suficiente para acreditar" que poderiam mudar o mundo.

Durante uma sessão, Leila informou ao grupo que a divisão local da NAACP, a Associação Nacional para o Progresso das Pessoas de Cor, estava planejando um evento chamado "100 Black Men" para honrar a trajetória dos homens negros nos Estados Unidos e os esforços de mentoria da organização. Ela estivera trabalhando de perto com eles nos últimos anos para promover entretenimento relacionado à justiça social. Naquele momento, Leila estava dando aos membros de seu círculo criativo uma chance de apresentarem um poema no evento. Ela definiu um tema específico sobre o qual todos deveriam escrever e convidou aqueles que estavam interessados em voltar na sexta seguinte para começar a ensaiar.

Logo de cara, Tupac foi contra o tópico proposto por Leila.

— Você sempre diz a todos sobre o que devem escrever? — perguntou ele.

Leila foi pega de surpresa por esse desafio inesperado.

— Sim.

— E todo mundo segue?

Leila assentiu.

— É meu grupo.

— Mas por que a decisão é sua?

— Porque todos escrevemos algo juntos, para que possamos compartilhar perspectivas diferentes.

— Bacana, mas por que é você que decide o assunto?

— É a sua primeira vez aqui, por que está tentando me constranger? — perguntou Leila, furiosa.

A fúria logo se transformou em admiração. Embora os outros escritores e artistas também fossem dinâmicos e talentosos, Tupac foi o primeiro a questionar sua instrução.

— Bem, sobre o que *você* quer escrever? — perguntou Leila.

Tupac não hesitou.

— Dor! — exclamou ele.

Leila logo soube que aquilo era mais do que um mero questionamento sobre o tópico. Tupac estava assumindo a liderança.

— É disso que vamos falar, então. Pessoal, escrevam sobre sua experiência mais dolorosa ou sobre o que a dor significa para vocês.

Ele começou a escrever freneticamente e logo finalizou um poema chamado "If There Be Pain…" [Se houver dor…].

If there be pain,
all u need 2 do
is call on me 2 be with u
And before u hang up the phone
u will no longer be alone
Together we can never fall
Because our love will conquer all

If there be pain,
reach out 4 a helping hand
And I shall hold u wherever I am
Every breath I breathe will be into u
4 without u here my joy is through
my life was lived through falling rain
so call on me if there be pain[*]

"Ele conseguia escrever uma obra-prima em três minutos", conta Leila.

Durante as sessões de escrita, o grupo também falava de seus gostos literários. Tupac exibia seus amplos interesses, recitando uma

---

[*] Se houver dor,/ Tudo o que você precisa fazer/ É ligar para que eu fique com você/ E antes que desligue/ Não estará mais sozinho/ Juntos jamais poderemos falhar/ Porque nosso amor tudo vai conquistar// Se houver dor,/ Busque uma mão amiga/ E vou segurá-la onde eu estiver/ Todo o meu ar estará com você/ Pois sem você aqui minha alegria não existe/ Minha vida foi vivida em meio a chuva caindo/ Então me ligue se houver dor.

passagem de *Moby Dick* ou adaptando versos de *Macbeth* antes de mudar de repente de gênero para dar uma opinião sobre o livro de memórias de Iceberg Slim, *Pimp – The Story of My Life*. Em certos dias, ele despertava o interesse do grupo ao falar do que aprendera em um livro sobre shiatsu, a arte da massagem com a pressão dos dedos. Ele contou ao grupo que, para se curar, era necessário se concentrar tanto nos aspectos físicos da cura quanto nos aspectos mentais e psicológicos. Juntos, eles exploraram e absorveram livros como *O livro tibetano dos mortos, O fenômeno do homem*, de Pierre Teilhard de Chardin, e *Ponder on This*, uma coleção de escritos da filósofa da Nova Era Alice Bailey.

O grupo também compartilhava músicas, e, quando Tupac percebia que alguém não gostava de uma música que ele curtia, ele se esforçava para garantir que entendessem por completo a intenção do artista. Fosse Prince ou Sting ou mesmo um de seus musicais favoritos, Tupac fazia os amigos ouvirem até que apreciassem a música tanto quanto ele — ainda mais se fosse seu álbum favorito, a trilha sonora de *Os Miseráveis*. Mesmo em Marin City, ele carregava o CD com orgulho no bolso de trás, informando a qualquer um que lhe desse ouvidos que se tratava de seu favorito.

A mente dele estava sempre agitada, entrando e saindo de vários mundos e circunstâncias. Leila conta: "Ser capaz de ir de clássicos como *Moby Dick* a Iceberg Slim, de recitar a poesia de Khalil Gibran e até xingar um policial que passava, era essa a personalidade do Tupac."

Esses exemplos não são hipotéticos. Um dia, durante uma roda de poesia, um policial bateu à porta. Esse tipo de coisa estava se tornando rotina — desde que Tupac começara a passar um tempo na casa de Leila, a polícia ia conferir reclamações de barulho, porque Tupac gostava de ouvir música *alta*.

Enquanto Leila estava na porta se desculpando, Tupac espiou por cima do ombro dela.

— E aí, Sr. Polícia? Algum problema? — perguntou. — Os vizinhos escutam rock tão alto quanto a gente. E você não bate na porta deles.

Tupac correu até o aparelho de som e abaixou o volume, mas, enquanto o policial estava na porta conversando com Leila, ele trocou o disco, colocando "Fuck tha Police", o hit da época de um de seus grupos favoritos, o N.W.A. (Niggaz Wit Attitudes). Ele aumentou o volume da música, não no máximo, mas alto o suficiente para que o policial ouvisse. E então voltou para a porta.

— Me avise caso esteja muito alto? — pediu Tupac, com uma gentileza fingida.

Ele riu, deu um sorriso para o policial e voltou para seu caderno.

Leila não foi a única a perceber o potencial de Tupac. Durante aquele tempo, ele foi contatado por dois camaradas de Afeni, Watani Tyehimba e Chokwe Lumumba. Chokwe, um advogado da cidade de Jackson, no Mississippi, que dedicava a vida ao ativismo político, conhecia Afeni desde o tempo em que ela trabalhara no caso de Geronimo Pratt. Ele era o presidente da New Afrikan People's Organization [Organização das Novas Pessoas Africanas] (NAPO), um esforço nacionalista negro que surgiu dos ideais revolucionários dos anos 1960 e 1970 e cuja missão era "quebrar permanentemente a coluna do imperialismo estadunidense". Watani explica: "Era na verdade nosso direito à autodeterminação e à soberania." O principal objetivo da NAPO era criar um estado nacional fora da região do cinturão negro — Alabama, Mississippi, Carolina do Sul, Louisiana e Geórgia — com o objetivo de "acabar com a discriminação de cor e classe social sem abolir a diversidade saudável e promover o respeito próprio e a harmonia entre todas as pessoas na sociedade".

Junto com Mutulu, Watani havia sido um dos principais membros do NAPO, um membro fundador, e mantivera contato com Afeni ao longo dos anos. Nos últimos meses, Watani e os dois filhos vinham trabalhado diligentemente com o Center for Black Survival [Centro para Sobrevivência Negra], um centro comunitário em Los Angeles que organizava reuniões para uma divisão juvenil do NAPO chamada New Afrikan Panthers [Novos Africanos Panteras], cujo objetivo era aumentar a consciência da juventude negra por meio de palestras intensivas sobre a história negra e de discussões de pensamento crítico que despertassem orgulho e resiliência.

Tendo observado Tupac ao longo dos anos por meio de Afeni, Chokwe e Watani o consideravam um líder promissor e um presidente em potencial para a divisão juvenil. Eles ligaram para fazer uma proposta. Tupac mostrou grande interesse nos objetivos do programa para jovens e sabia que queria se envolver de alguma forma. Chokwe

PODER PANTERA

começou falando do jornal da organização, esperando que Tupac pudesse aumentar o número de leitores na Costa Oeste. Ele despachou centenas de cópias para Marin City, e, quando chegaram, Tupac saiu às ruas. Em um curto espaço de tempo a venda dos jornais deslanchou. Leila conta: "Até jovens brancos do condado de Sonoma compravam os jornais do New Afrikan Panthers de Tupac."

Tupac também continuou sua rotina de ler os jornais locais, pelo menos dois todas as manhãs. Às vezes lia o *San Francisco Chronicle*, outras vezes o *Oakland Tribune*, mas sempre lia o *New York Times*. Seu castigo mais pesado quando criança havia se transformado em hábito.

Enquanto se debruçava sobre as notícias, ele ficou obcecado com o aumento das taxas de criminalidade e da violência armada nas áreas urbanas de todo o país, em especial em Oakland e na região centro-sul de Los Angeles. A epidemia de crack estava se espalhando e as vendas da substância perigosa e letal disparavam por todo o país, atingindo um novo pico em 1988, ano em que Tupac fez 17 anos. As taxas de homicídio entre negros também tinham atingido um recorde histórico. Em Oakland, do outro lado da baía de Marin City, as taxas de homicídios atingiam níveis alarmantes. De 1988 a 1992, o número de homicídios por ano passou de 112 para 175.

A devastação enfrentada pelas comunidades urbanas piorou graças a leis cujas consequências brutais recaíam de forma desproporcional sobre os homens negros. Quando o Congresso aprovou uma iniciativa legislativa de novecentos milhões de dólares que tornaria a pena de morte aplicável a crimes relacionados a drogas, nos quais os infratores matavam "intencionalmente", e quando aprovou leis que permitiriam o uso de provas obtidas de maneira ilegal em julgamentos de tráfico de drogas, o resultado foi mais homens negros exponencialmente cumprindo pena de prisão perpétua ou no corredor da morte. No fim da década de 1980, poucas comunidades urbanas haviam permanecido ilesas aos flagelos da violência relacionada ao crack e de um sistema penal armado.

Embora Tupac por vezes tivesse discordado dos ensinamentos de Afeni em Baltimore — a opinião dela sobre uma educação de ensino médio padrão ser a chave para o sucesso ou a preferência pelas filosofias de Malcolm em vez de Martin Luther King Jr. —, conforme crescia, suas crenças se tornaram mais alinhadas às da mãe. As lições dela sempre tinham sido a base do ativismo dele — os avisos sobre as mazelas da sociedade, as histórias que contava sobre o destino de seus camaradas, as descrições da opressão sistêmica que sobrecarregava as comunidades negras e as destruía. Essas lições eram como uma onda que cresceu de tamanho e força ao longo da vida dele. As duras realidades que via nos noticiários diários tornavam tudo mais real, aumentando os riscos. Os relatórios assustadores, a lista de homicídios trágicos partiam o coração de Tupac, tornando seu intenso desejo de promover a mudança uma urgência da mais alta prioridade.

Em uma canção que ele compôs nessa época, "My Block", ele pintou um retrato vívido e emocionante das comunidades negras em ruínas e tomadas pelo crime:

And I can't help but to wonder why, so many young kids had to die
Caught strays from AK's and in a drive by
Swollen pride and homicide don't coincide*

Tupac também passou a ficar fascinado por guerras e conflitos ao ler sobre assuntos internacionais, principalmente no Oriente Médio. Ele e seus amigos costumavam discutir e analisar o conflito acalorado e interminável entre Israel e Palestina. Tupac ficou impressionado com o fato de a Terra Santa, a terra mais sagrada, ter se tornado uma das regiões mais voláteis do planeta. A África do Sul e a violência opressiva do Apartheid também eram um assunto polêmico. "Ele era um jovem que gostava de discutir e analisar sistemas de opressão", explica Leila. Mas ele mantinha a esperança, Tupac e os membros da roda de poesia falavam não apenas de revolução, mas também de resolução e da possibilidade de reconciliação global.

As amizades que Tupac fez na roda de poesia de Leila fizeram a indecisão diária de frequentar ou não a escola diminuir. Ele passou a pegar menos o ônibus e preferia ir de carona até Santa Rosa, onde passava o dia projetando e estudando o próprio currículo. A casa de Leila tornou-se um recanto criativo para ele, Ray e vários outros adolescentes. Juntos, eles escreviam, tentavam fornecer cura espiritual um ao outro, sentavam-se em círculo e massageavam uns aos outros,

---

* E não posso deixar de imaginar por que tantos jovens tiveram que morrer/ Com balas perdidas de AK's ou carros que passam atirando/ Orgulho excessivo e homicídio não combinam.

PODER PANTERA

usando as técnicas que tinham aprendido. Eles compartilhavam sonhos e elaboravam planos para a carreira.

Tupac até tomou a liberdade de sugerir um novo nome para Ray. "Meu nome era MC Rock T e Tupac era MC New York", contou Ray Luv. "Estávamos em busca de maneiras de nos diferenciar de todos os outros. Hoje, temos alguns artistas que usam seus nomes reais, mas naquela época todos tinham um apelido que representava de onde vinham. Em Nova York, os descolados, cheios de estilo, que usavam as roupas mais fodas, muitas dessas pessoas adicionavam 'Luv' ao nome... Run-D.M.C. era Run Luv. Tupac começou a me chamar de Ray Luv — era a progressão natural."

Ray Luv e Tupac decidiram unir suas visões criativas e começar um novo grupo, a que deram o nome de Strictly Dope e começaram a compor e gravar canções juntos. Logo, os dois se tornaram inseparáveis, conectando-se nas viagens de ida e volta entre a casa de Ray em Santa Rosa e Marin City, e durante as longas caminhadas ao supermercado, nas quais Afeni costumava enviá-los para comprar comida. A rota os levava para os limites da rica e branca Sausalito, e, enquanto passavam pelos portos e lojas à beira-mar, falavam de seus sonhos. Vendo a disparidade entre suas circunstâncias e a riqueza que os cercava, Ray lembra que costumavam prometer um ao outro que "um dia, essa merda não vai ser assim".

Em abril de 1989, Tupac abandonou oficialmente o ensino médio. Fazia menos de um ano que ele estava em Marin City, ainda atormentado pela instabilidade que o impedia de manter o foco na escola. "Eu não tinha os créditos necessários", explicou ele mais tarde. "Quando eu estava prestes a me formar, eles falaram: 'Você tem que voltar ano que vem e cursar saúde e educação física.' Eu fiquei tipo, 'Ah, de jeito nenhum'. Eu mal tinha conseguido o dinheiro para ir à escola e almoçar. Eu disse que precisava de dinheiro. Precisava dar um jeito de me sustentar."

Afeni não gostou de saber que ele não ia se formar. "Não quero que você tenha que depender de auxílio do governo!", disse a ele. Ele sabia, bem no fundo, que não dependeria. Acreditava que não apenas alcançaria seus objetivos de carreira, mas também seria responsável por inspirar mudanças entre aqueles que passavam por dificuldades, para que também não precisassem depender de auxílio. Naquela época, ele foi inspirado a escrever o poema "Government Assistance or My Soul".

It would be like a panther
Asking a panther hunter
4 some meat, all
High school dropouts R NOT DUMB
All unemployed aren't lazy
And there R many days I hunger
But I would go hungry and homeless
*Before the American Government gets my soul**

Com drogas e traficantes sempre por perto, a tentação do dinheiro fácil o rondava. Os boatos de que ele tinha sido traficante seguiriam seu sucesso. Mas os amigos da época sempre desmentiam os rumores. "É, alguém pode ter dado a ele algo para vender", contou Bobby Burton, um dos amigos de Tupac de Marin City, "mas ser *traficante*... Quanto a Tupac ser traficante, negativo."

"Eu não tinha um centavo", contou Tupac. "Eu precisava de dinheiro. Precisava encontrar uma forma de ganhar dinheiro. Tentei vender drogas por talvez duas semanas. E aí o cara ficou tipo 'Ah, cara, me devolve as drogas', porque eu não sabia vender. Eu vendia, [e quando] alguém não me pagava e eu ficava tipo 'Ah, tudo bem, não precisa me pagar'."

Apesar de sua evidente incapacidade para vender drogas, ou talvez por causa disso, os verdadeiros traficantes acabaram sentindo que precisavam defendê-lo. Eles perceberam o talento e a criatividade dele e até ofereceram apoio financeiro para evitar que Tupac tivesse problemas. "Os traficantes costumavam cuidar de mim", lembrou ele. "Só me davam dinheiro e diziam: 'Não se mete nisso. Vai conquistar seu sonho.' Então eles eram meio que meus patrocinadores."

Um desses "patrocinadores", apenas alguns anos mais velho que Tupac, era Mike Cooley, um mano tranquilo, mas pé no chão, de traços finos e altura mediana. Cooley foi apresentado a Tupac pelo

---

* Eu seria como uma pantera/ Pedindo ao caçador/ Um pouco de carne/ Quem larga a escola NEM SEMPRE É BURRO/ Os desempregados não são todos preguiçosos/ E há muitos dias em que passo fome/ Mas eu prefiro ter fome e não ter um teto/ A vender minha alma ao governo norte-americano.

PODER PANTERA

irmão. "Eu tinha acabado de sair da prisão; foi em 1989. Meu irmão me pegou e me levou para Marin City. Estávamos no estacionamento de Hayden. Tupac passou. Meu irmão me disse que ele era de Nova York. Disse que as pessoas o tratavam mal porque ele não era de lá." Quando Cooley soube que ele havia se envolvido com alguns dos traficantes locais para tentar vender drogas, sentiu-se mal. Ele conta: "Falei pro meu irmão: 'Chama ele aqui.' Perguntei a Tupac: 'Você fuma?' Ele disse: 'Claro que sim.' Ele se sentou no banco de trás e andamos juntos desde então."

Durante os próximos meses, Cooley apadrinhou Tupac. "Falei com ele: 'Fique com o rap e eu fico com a droga.'" Por fim, Tupac começou a morar temporariamente com Cooley, e, como sempre, não demorou muito para ele compartilhar seu conhecimento e paixão em qualquer discussão envolvendo a liberdade, a igualdade e a progressão das pessoas negras. "Ray Luv e Tupac me apresentaram ao Farrakhan", conta Cooley. "Eu nunca tinha ouvido falar nele. Nós ouvíamos as fitas cassetes de Farrakhan por horas... Tupac dizia: 'Como é que você nunca ouviu falar de Farrakhan, porra?'"

Através de Cooley, Tupac teve contato com Charles Fuller, também conhecido como "Man-Man", um dos traficantes mais populares de East Bay. "Na época, Tupac precisava de dinheiro para se sustentar", contou Man-Man. "Ele veio e propôs um acordo. Disse que escreveria um álbum pra mim ou produziria um por algo entre três e dez mil dólares. Pelo dinheiro. Ele disse: 'Não importa o que eu tenha que fazer, preciso do dinheiro agora.' Depois, fez um freestyle rimando com o meu nome. Fiquei impressionado. Falei: "Estou aqui para o que você precisar. Vou investir na sua carreira porque acredito em você.'"

O apoio significava tudo para Tupac. Ele não tinha mais o conforto da validação que o ambiente da EAB oferecia, principalmente o Sr. Hicken, que sempre acreditou no talento dele. Sem estabilidade em casa, Tupac precisava daquele amor e apoio, que se estendia a ter outro lugar para ficar. Man-Man relembrou: "Ele não tinha casa e, nessa época, às vezes ficava com Cooley."

Não era um contrato com uma gravadora, mas, pela primeira vez, Tupac tinha pessoas com recursos financeiros para ajudá-lo a sobreviver e se desenvolver como artista, cobrindo os aluguéis de estúdio e as taxas de produção. Esses relacionamentos tiveram um efeito profundo sobre ele, tanto que, mais tarde, ele os imortalizaria na música "Dear Mama":

*I hung around with the thugs
and even though they sold drugs
they showed a young brother love.* *

Depois de largar a escola, Tupac morou na maior parte do tempo com Leila ou Mike Cooley, mas ainda ia para casa às vezes ver Afeni e Sekyiwa em Marin City. Durante essas visitas, ele viu que não era o único lutando para encontrar estabilidade. Afeni estava com dificuldades de novo, o vício tinha piorado. Um dos amigos de Tupac daquela época lembra de passar no apartamento de Afeni, onde se sentavam à mesa da cozinha para conversar. Afeni os presenteava com histórias do passado, dos Panteras Negras e dos esforços dela para melhorar as condições nas comunidades ao redor da cidade de Nova York. O mesmo amigo, que se tornara um dos traficantes conhecidos em Marin City, conta de uma noite específica em que, quando estavam para ir embora, Afeni o chamou discretamente. De canto de olho, Tupac o viu entregar a ela uma pedra de crack. Afeni tentou pagar, mas ele não aceitou. Ele pensou que se estivesse *dando* o crack para ela, não seria o mesmo que *vendê-lo*.

O momento passou despercebido por ele e Tupac enquanto se despediam, saíam porta afora e desapareciam na noite. "Me senti mal", admitiu o amigo. "Porque aquele era o meu mano e a mãe dele, saca?" Os dois nunca falaram do assunto.

Tupac sabia que a vida da mãe nunca tinha sido fácil. Ele sabia que às vezes ela tinha dificuldades, mas sempre tentava manter a cabeça erguida com graça e determinação. E, por isso, Tupac a valorizava. Ela era sua heroína. Sim, ela tinha sido ausente na infância para lutar "por um bem maior". E, sim, eles brigavam e gritavam um com o outro e discutiam suas filosofias às vezes. Mas ele entendia que isso era parte da experiência singular deles de mãe e filho. Acima de tudo, era grato por ela ter lhe ensinado as lições mais importantes da vida e da história, com valores que o enchiam de orgulho e amor-próprio e serviam de base para o homem que ele estava se tornando. Por todos esses motivos,

---

* Andei com os marginais/ E embora vendessem drogas/ Deram amor a um mano jovem.

aquela descida dela na escuridão do vício em drogas o devastava. Ele esperava que fosse apenas um escape emocional das lembranças que a atormentavam, mas cada vez mais via que não era o caso.

Uma noite, ele estava a caminho de casa para visitar Afeni e Sekyiwa quando os amigos o puxaram de lado assim que ele chegou na cidade. "É melhor você ir ver sua mãe", sussurraram. Então, quando se aproximou do apartamento, um vizinho disse: "Ei, alguém acabou de vender crack pra sua mãe."

Ouvir alguém do bairro gritar aquilo praticamente arrancou o ar dos pulmões dele. Devagar, Tupac se sentou na beirada do meio-fio e respirou fundo. Ele começou a chorar. Disse a si mesmo que poderia ter sido só uma fofoca maldosa. Ele decidiu entrar e perguntar a Afeni se era verdade que ela havia comprado crack.

Ela assentiu. "Sim, comprei. Mas está sob controle. Se virar um problema, vou te contar. Está tudo bem."

Mas Tupac sabia que, se seus amigos na rua estavam falando da condição de Afeni na vizinhança, significava que ele não podia mais ignorar a verdade. Significava que ela estava longe de estar bem.

Tupac foi confrontado com a maior contradição de sua vida. Sua mãe, a mulher que dera a ele uma educação inestimável, a pessoa que ele colocara em um pedestal e pela qual tinha o maior respeito, sua heroína, estava se perdendo em um vício perigoso e implacável. Ele estava ferido e com raiva. "Depois que ela começou a fumar crack e tudo mais, eu, tipo, perdi o respeito por ela", admitiu ele mais tarde.

Tupac tentou lidar com as emoções por meio de um poema. Escrito naquele ano, "When Your Hero Falls", foi uma de suas composições mais comoventes e poderosas:

> *When your hero falls from grace*
> *all fairytales R uncovered*
> *myths exposed and pain magnified*
> *the greatest pain discovered*
> *U taught me 2 be strong*
> *But I'm confused 2 c u so weak*
> *U said never to give up*[*]

---

[*] Quando sua heroína cai em desgraça/ Todos os contos de fadas são desmascarados/ Mitos expostos e dor amplificada/ A maior das dores descoberta/ Você me ensinou a ser forte/ Mas estou confuso por te ver tão fraca/ Você me disse para jamais desistir.

A mágoa era difícil de entender, e descobrir o que fazer a seguir não foi mais fácil. Saber do problema não o resolvia. A princípio, ele só conseguiu bloquear a dor e se afastar. Mas o peso no coração começou a incomodar muito, e, alguns dias depois, ele ligou para a única pessoa no mundo que sabia que poderia ajudar: tia Jean.

— Você pode mandar buscar sua irmã? — perguntou ele.

A voz de Jean soou com preocupação.

— Conte o que está acontecendo.

— Ela está se drogando. Está em casa, e não tem comida lá. Não tem mais nada na casa. Ela precisa ficar com você e Sekyiwa também.

Embora os Shakur tivessem morado em Marin City por apenas alguns anos, o tempo lá foi um momento decisivo para cada um deles, colocando suas vidas em trajetórias diferentes. Tupac comentou em uma entrevista, anos depois: "Sair da escola [EAB] me afetou muito. Vejo aquilo [Marin City] como o momento em que me perdi." "Se perder" era perder a estabilidade que a Escola de Artes de Baltimore oferecia. "Se perder" significava ter que se matricular em uma escola de ensino médio de cidade pequena onde mais uma vez ele não conhecia ninguém, uma escola que enfatizava o currículo acadêmico e não as artes. "Se perder" significava assistir à mãe, que usava drogas ocasionalmente em Baltimore, se afogar na areia movediça do vício em crack. "Se perder" significava o momento no qual a irmã não teve a mãe para protegê-la, e consequentemente também não teve a criação de que precisava. A estrada de instabilidade que tinha estado rachada e irregular em Baltimore havia quase sido destruída em Marin City.

Sekyiwa partiu primeiro, voltando para Nova York antes de Afeni. "Foi como uma guerra", Sekyiwa contou mais tarde. "Foi como na tropa, quando você adoece e se isola para não prejudicar os outros. Você se conserta para poder voltar."

PALAVRAS DE SABEDORIA
1989-1990

> This is for the masses, lower classes, ones you left out.
> Jobs were givin' better livin' but we were kept out.
> Made to feel inferior, but we're the superior.*
>
> — TUPAC SHAKUR

Sem a distração da escola preenchendo os dias, Tupac conseguia passar o tempo fazendo planos para o futuro. Ele precisava encontrar uma maneira de ganhar dinheiro, mas também buscava fazer sua mensagem ser ouvida por meio da música e do papel no New Afrikan Panthers. Ele queria ter uma plataforma para fazer seus pronunciamentos e transmitir a preocupação com os jovens negros dos Estados Unidos. Um local a partir do qual pedir ao mundo que escutasse.

A carreira no rap se tornou sua vida. Ele comprou o livro *All You Need to Know About the Music Business*, de Donald Passman, e o estudou, concentrando-se no capítulo intitulado "Como escolher uma equipe". Seguindo as etapas descritas no livro, ele deu a Leila a responsabilidade de ser a empresária do Strictly Dope. "Vou te dizer o que você vai fazer e como vai me vender", disse a ela.

---

* Essa vai para as massas, as classes baixas, aqueles que vocês deixaram de lado/ Empregos promoviam uma vida melhor, mas fomos excluídos/ Nos fizeram sentir inferiores, mas somos superiores.

Leila entrou em contato com todo mundo que conhecia na Bay Area. Uma noite, ela, Tupac e o amigo de Tupac, Kendrick, foram a San Jose para ver De La Soul, Afro-Rican e Def Jef. Através dos contatos locais de Leila na indústria, eles conseguiram credenciais VIP e passaram a noite nos bastidores entre artistas de rap que usavam jaqueta de couro, algumas com o logo "Delicious Vinyl". Depois do show, foram convidados à suíte do hotel onde os artistas faziam uma festinha. Tupac estava ansioso para mostrar seu rap para qualquer um que escutasse e, assim que recebeu o sinal verde, arrasou em uma improvisação de "Panther Power". Infelizmente, ele não recebeu nada além de olhares vazios e menosprezo da plateia de rappers bem-sucedidos. Não importava — a rejeição só serviu para alimentar sua vontade; um dia, ele provaria que estavam errados, todos que não viram seu talento e o que ele sentia poder oferecer ao mundo.

Leila também tinha falado com um de seus contatos de negócios. Nativo da Bay Area e dono da TNT Management, Atron Gregory era um profissional discreto, inteligente e um pouco sem noção. Atron estava buscando um talento para adicionar à sua já impressionante lista de clientes, que incluía o pianista de jazz indicado ao Grammy, Rodney Franklin e o três vezes vencedor do Grammy, Stanley Clarke. Atron também passara anos como gerente de turnê do já lendário rapper Eazy-E, membro do N.W.A e fundador da Ruthless Records. Quando Leila entrou em contato com ele, Atron estava ocupado gerenciando o lançamento mundial de um novo grupo chamado Digital Underground, que estava nos estágios finais de produção de seu álbum de estreia, *Sex Packets*, a ser lançado pela Tommy Boy Records.

Atron pediu primeiro a Leila um vídeo do grupo para que ele pudesse decidir se valeria a pena marcar um encontro pessoalmente. Tupac e Ray Luv começaram a trabalhar. Montaram um palco improvisado no quintal de Leila. "Eles fizeram uma apresentação inteira, um pocket show. Apresentaram músicas que tinham escrito juntos e cada um fez um solo", lembrou Leila. Tupac, naturalmente, dirigiria o vídeo. Ele vinha treinando para aquilo desde a infância, quando dirigia os primos pela sala em suas muitas produções familiares. Naquele momento, ele também era o diretor de fotografia, tomando as decisões para garantir que cada ângulo fosse perfeito e cada momento tivesse a iluminação certa. Ele era o mestre de cerimônias. Tupac era responsável pelo bufê, cuidando do churrasco para o almoço, certificando-se de que todos estivessem alimentados. Até recitou um monólogo no final do vídeo para que Atron soubesse que ele não era apenas um rapper, mas também um ator talentoso.

Atron gostou do que viu, mas disse a Leila que, antes de tomar qualquer decisão, ela precisava levar o grupo para uma reunião com um dos artistas que ele gerenciava, Gregory Jacobs, também conhecido com Shock G, uma das forças por trás do Digital Underground. Enquanto Atron era a mente dos negócios de sua empresa de gerenciamento, ele por vezes encarregava Shock das decisões criativas e de produção.

O primeiro encontro de Tupac com Shock aconteceu no Starlight Sound, um estúdio de gravação em Richmond, na Califórnia. A cidade de Richmond ficava a vinte minutos de distância de carro, em um condado que era bem mais diverso racial e socioeconomicamente do que Marin, e com uma taxa de criminalidade bem mais alta. Mas os detalhes da história da cidade e suas taxas de homicídio ou demografia não eram importantes no momento.

Tupac mal conseguia se conter. Quando ele e Leila chegaram no estúdio, Shock G, um mano bonito, alto e magro, ele era negro de pela clara e um black, estava sentado à mesa de mixagem. Tupac foi direto nele, confiante, todo sério. "Você está pronto? Quer que eu comece agora?"

Quase oito anos mais velho que Tupac, Shock ficou impressionado com a assertividade do garoto, mas entrou na onda. "Vamos lá", disse ele, conduzindo Tupac até a sala do piano, local onde Shock se sentia mais à vontade. O próprio Shock estava à beira do merecido estrelato. Ele era um camaleão, que fazia rap usando o próprio nome e com um provocador e divertido alter ego, Humpty Hump, usando uma combinação de óculos e nariz falsos no estilo do comediante Groucho Marx. Músico bem-sucedido, Shock havia respeitosamente recebido o nome de "Piano Man" dos amigos.

Tupac começou a audição com uma canção que compusera no início daquele ano, chamada "The Case of the Misplaced Mic", que ele pensou que atrairia a atenção de Shock. Apresentando-se como se sua vida dependesse disso, Tupac revelou um ritmo chiclete e uma rima cuidadosamente construída, uma história de um amado microfone que desaparece:

They finally did it. They stole the mic I grip
Now that it's gone, I'm feelin' tired and sick*

Anos depois, Shock ainda se lembrava de ter ficado impressionado com o estilo e a dicção de Tupac: "Era urbano. Era educado. Era articulado... como uma fantasia de hip-hop, um espião procurando seu microfone."

Tupac passou no teste. "É, você é bom", Shock disse a ele. "Vou ligar pro Atron e dizer pra ele." Uma segunda reunião foi marcada com todo o Digital Underground. Atron queria que o resto do grupo o ajudasse a decidir, porque ele sabia que, se assinasse com Tupac, era provável que Shock e os outros artistas e produtores do grupo participassem da produção da demo. Daquela vez, Ray Luv e o DJ da Strictly Dope, que usava o nome Dize, iriam com Tupac e Leila. Mas, primeiro, Atron deu a Leila um aviso. "Saiba que se Shock e os outros gostarem do grupo, tudo bem. Mas se gostarem só de Tupac, é assim que vai ser."

E foi o que aconteceu. Money B, outro membro do Digital Underground, lembrava da presença de Tupac mesmo além da audição. "Achei Ray Luv e Tupac rappers igualmente talentosos", conta ele, "mas quando pararam de fazer rap, e Tupac continuou falando e sua personalidade apareceu, ele era tão interessante que dava para ver que, tipo, tá, esse é o cara."

No dia 2 de agosto de 1989, algumas semanas após o aniversário de 18 anos de Tupac, contratos de gerenciamento foram assinados com a empresa de Atron, a TNT Management. Tupac ficou extasiado: Atron Gregory, ex-gerente de turnê de Eazy-E e atual empresário do Digital Underground agora era também o empresário *dele*.

Tupac adicionou as próprias condições no contrato, insistindo que o acordo fosse firmado sob o nome do grupo Strictly Dope. Ele queria garantir que Ray Luv e Dize não fossem deixados para trás. Mas, embora o contrato tenha sido feito sob o nome do grupo, Leila continuaria a gerenciar a carreira de Ray Luv, e Atron tomaria as rédeas da carreira de Tupac. "Era mais fácil assim", contou Atron. "Ray era

---

* Eles enfim conseguiram. Roubaram o meu microfone/ Agora que se foi, estou me sentindo cansado e doente.

um talento excepcional. Tupac era um talento excepcional, mas meio que funcionou dessa forma. Fiquei com Pac, e ela ficou com Ray Luv."

Seguindo os altos e baixos da vida de Tupac, a celebração acabou algumas semanas depois quando ele soube da trágica morte de um de seus heróis. Huey P. Newton, o cofundador do Partido dos Panteras Negras, havia sido assassinado a sangue frio em uma esquina de West Oakland. Através de Afeni, Tupac permanecera em contato com vários ex-Panteras ao longo dos anos e, através das histórias deles, passara a admirar Huey muito por seu pioneirismo e por suas conquistas corajosas nos anos 1970. Para Tupac, a vida de Huey incorporava a difícil batalha por igualdade da qual muitos haviam fugido. Ele considerava Huey um líder justo, um homem disposto a sacrificar a vida pelos pobres, viciados, pelos que trabalhavam nas ruas, pelos que não tinham voz e por aqueles com dificuldade em pagar as contas. Huey havia criado uma organização para desafiar o sistema vigente, que dera forma e foco à vida de Afeni e, através dela, à vida de Tupac.

Quando soube da morte de Huey, Tupac se sentiu motivado a escrever um poema intitulado "Fallen Star" e levá-lo à família de Huey quando fosse ao memorial em Oakland.

> *They could never understand*
> *What u set out 2 do*
> *Instead they chose 2*
> *Ridicule u*
> *When u got weak*
> *They loved the sight*
> *Of your dimming*
> *And flickering starlight*
> *How could they understand what was so intricate*
> *2 be loved by so many, so intimate* *

Huey disse uma vez: "Jamais defendemos a violência. A violência é infligida a nós. Mas acreditamos na autodefesa para nós e para os outros", um sentimento que Afeni havia ensinado a Tupac, que se via

---

* Eles jamais entenderiam/ O que você decidiu fazer/ Em vez disso, escolheram/ Te ridicularizar/ Quando você ficou fraco/ Eles amaram a visão/ De sua luz estelar/ Diminuindo e tremeluzindo/ Como poderiam entender o que era tão complexo/ Ser amado por tantos, tão íntimo.

refletido em muitos dos homens que estavam morrendo pela violência armada nas cidades do interior tomadas pelo crime. Enquanto a cadeia de tragédias implacável que recaíra sobre a família Shakur ao longo dos anos se remexia dentro da memória e do coração de Tupac, ele começava a acreditar que também sofreria uma morte prematura. Lumumba estava morto. Zayd estava morto. Mutulu estava preso. Assata permanecia em exílio. A mãe dele, em sua própria luta contra o vício, estava perto do fogo.

Tupac começou a declarar abertamente que a própria vida terminaria em breve. Ele justificava essa previsão com estatísticas: muitos homens negros não passavam dos 25 anos. Alguns eram mandados para a prisão, enquanto outros se tornavam vítimas da crescente violência nas ruas. Esse sentimento fatalista persistiria pelo resto da vida de Tupac; em pouco tempo, apareceria em sua escrita. No poema "In the Event of My Demise", ele deixou claro:

> In the event of my demise
> When my heart can beat no more
> I hope I die for a principle
> or a belief that I had lived 4
> I will die before my time
> because I feel the shadow's depth
> So much I wanted to accomplish
> before I reach my death
> I have come 2 grips with the possibility
> and wiped the last tear from my eyes
> I loved all who were positive
> In the event of my demise*

Apesar da premonição sombria, Tupac sempre observou a beleza e o poder das contribuições das comunidades negras pelo país. O coração dele ansiava em ajudar aqueles que tinham poucos motivos para ter esperança, em despertar orgulho naqueles que se sentiam presos sob

---

* Na ocasião de minha morte/ Quando meu coração não mais bater/ Espero morrer por um princípio/ Ou por uma crença pela qual vivi/ Morrerei antes da hora/ Porque sinto a profundidade da sombra/ Tanto que queria realizar/ Antes de morrer/ Aceitei a possibilidade/ E limpei a última lágrima dos olhos/ Amei todos que foram positivos/ Na ocasião de minha morte.

PALAVRAS DE SABEDORIA

o peso de um sistema opressor. Em um de seus poemas mais icônicos, "The Rose That Grew from Concrete", Tupac buscou elevar o espírito de seus irmãos e irmãs derrotados dizendo a eles que, mesmo do nada, algo bonito poderia surgir.

> *Did u hear about the rose that grew from a crack*
> *in the concrete*
> *Proving nature's laws wrong it learned 2 walk*
> *without having feet*
> *Funny it seems but by keeping its dreams*
> *it learned 2 breathe fresh air*
> *Long live the rose that grew from concrete*
> *when no one else even cared!***

Com o contrato assinado, era hora de Tupac gravar sua demo, com três ou quatro canções para apresentá-lo aos executivos de gravadoras que tinham o futuro dele nas mãos. Ele sabia que precisava deixar uma ótima impressão. Já que Shock G estava ocupado mixando o segundo single do Digital Underground, "The Humpty Dance", do álbum de estreia deles, Tupac entrou no estúdio com um dos produtores do grupo, Jimi Dright Jr., também conhecido como "Chopmaster J".

"Panther Power" viria primeiro. Durante meses, ele havia recitado as letras para amigos, desconhecidos, professores e artistas consagrados em suítes de hotel. Naquele momento, estava pronto para gravá-las oficialmente. Chopmaster J preparou a primeira sessão de gravação em um estúdio em Richmond. Ele conta da empolgação de Tupac: "Ele estava louco, no ápice, com energia pra caralho." Enérgico, mas não menos charmoso. Em poucas horas, enquanto Tupac entrava e saía da cabine de som para gravar suas letras, ele e a esposa do engenheiro começaram a flertar. Logo, o ambiente ficou estranho. "Enquanto estávamos no estúdio de gravação do marido dela, ela flertava abertamente pelas costas dele", lembrou Chopmaster. "Tocando, acariciando e brincando com Tupac… Nem acho que Pac sabia que ela era casada com o engenheiro, mas acabei tendo que puxá-lo de lado para avisar.

---

* Você ficou sabendo da rosa que nasceu de uma rachadura/ No concreto/ Provando que as leis da natureza estavam erradas, aprendeu a andar/ Sem pés/ Parece engraçado, mas ao manter seus sonhos/ Ela aprendeu a respirar ar fresco/ Vida longa àquela rosa que cresceu no concreto/ Quando ninguém mais sequer se importou!

Foi muito estranho tentar mixar as batidas com Tupac e essa mulher rindo pelos cantos."

Chopmaster sabia que precisava encontrar outro estúdio. "Tupac passou a ser como um irmão mais novo", escreveu ele. "Ele era irritante, mas contagiante, tudo ao mesmo tempo. Dava para ver que isso vinha sobretudo de suas paixões." Eles acabaram na casa do gerente de turnê do Digital Underground, Neil "Sleuth" Johnson. Sleuth morava com a mãe perto da Thirty-Ninth com a Market Street em West Oakland e, como ela mal ficava em casa, ele converteu uma parte da sala de estar em um estúdio caseiro. O lugar havia se tornado recentemente o covil criativo do Digital Underground — Tupac chegara na hora certa.

Assim como em todas as cidades onde vivera antes, Tupac se viu com um novo círculo de amigos. Só que daquela vez era diferente. Essa nova equipe já estava construindo um nome, viajando pelo mundo, exibindo seu talento para multidões em anfiteatros. E, como o apartamento de Sleuth também servia como sede temporária do Digital Underground, Tupac pôde ver tudo o que acontecia no lançamento do álbum do grupo. Ele assistiu de camarote enquanto Sleuth planejava a logística da turnê e discutia as vendas de produtos licenciados. Viu Money-B, membro do Digital Underground, e o restante da equipe dar entrevistas à imprensa e ouviu as conversas criativas de Shock com a gravadora. O melhor de tudo é que ele não precisava mais "subir" ou descer o Fronte para vender suas rimas por dinheiro. O feedback e as críticas construtivas pelos quais ele esperava há tanto tempo estavam bem ali diante dele, vindo de uma equipe que já havia conquistado sucesso.

Outro benefício para Tupac em gravar em um ambiente de estúdio caseiro eram os encontros espontâneos com novos amigos que iam passar tempo. Uma noite, enquanto ele gravava no apartamento de Sleuth, Money-B apareceu com uma amiga que conhecia desde o ensino médio. Quando entraram, Tupac disse que havia escrito novas canções para sua demo e queria a opinião deles. Money conta da reação da garota quando Tupac começou a se apresentar: "A garota ficou lá, encarando Tupac. E eu olhei pra ele e pra ela olhando pra ele e fiquei tipo, 'Acho que tem algo especial nesse cara'. Eu nunca tinha visto alguém encarar daquela forma outra pessoa que nunca tinha visto e que nem era famosa. Ela ficou hipnotizada."

Chopmaster J levou outro produtor do Digital Underground, DJ Fuze, e, dentro de semanas, eles terminaram de gravar mais três canções potenciais para a demo de Tupac.

Durante outra sessão de estúdio com Ray Luv, Tupac viu uma bola de papel amassada na lata de lixo. Ele a desamassou e descobriu uma canção que Ray Luv começara a compor chamada "Trapped".

"Compus os primeiros versos de uma canção sobre como eu me sentia naquele ambiente", conta Ray. "Como era estar na minha pele... ser um homem negro retinto em um país que é predominantemente branco e rico, em especial em Santa Rosa, que é uma comunidade de policiais aposentados. Pessoas como Pac e eu eram consideradas "as outras", e minhas interações com a polícia na época sempre era eles me dizendo: 'De joelhos!' e 'Esvazie os bolsos!'. Era assim que eles nos tratavam – *todo santo dia...* mas nunca me senti de fato confortável em ser intimista e aberto como Pac era."

Tupac olhou para o papel e disse para Ray: "Ei, isso aqui é foda... deixa eu fazer algo com isso." Ray concordou. Logo de cara, Tupac pegou o caderno e começou a compor.

Ele escreveu uma canção sobre a desesperança que os homens negros sentem por estarem presos em suas próprias comunidades por conta da violência policial. A faixa por fim se tornaria o primeiro single do álbum de estreia dele:

> *They got me trapped*
> *Can barely walk the city streets without a cop harassing me*
> *Searching me then asking my identity*[*]

A cada sessão, a confiança de Tupac aumentava. A demo dele estava progredindo, e os novos amigos podiam ver seu imenso talento em exibição no estúdio. Mas, mesmo com a perspectiva de um contrato com uma gravadora, Tupac ainda pensava em seu povo. O chamado para o ativismo permanecia forte. De Atlanta, Chokwe e Watani continuavam a encorajar o futuro de Tupac como líder do New Afrikan Panthers, tanto que Tupac contou a Chopmaster J que estava pensando em se mudar para Atlanta. Chop logo disparou o alarme: "Naquele momento,

---

[*] Eles me encurralaram/ Mal posso andar pelas ruas sem um policial me assediar/ Me revistar e pedir meu documento.

enfatizei muito para [Atron] que era melhor levarmos Tupac conosco na estrada ou íamos perdê-lo."

O aviso não chegou a tempo. Tupac voou para a Geórgia para encontrar Watani e os outros em novembro de 1989. Ele foi a uma reunião da NAPO, onde jovens negros com inclinações políticas se reuniram e o indicaram para liderar a organização como presidente. Representantes da Califórnia, de Atlanta, de Nova York e do Mississippi votaram.

Watani preparou uma série de eventos para a imprensa a fim de divulgar a organização e o novo papel de Tupac. Em entrevista ao *Round Midnight with Bomani Bakari,* da WRFG Atlanta, Tupac explicou seu papel como presidente e os planos que ele e a organização desenvolveram. "Resumindo, é meu dever ser um dos muitos porta-vozes e implementar alguns dos princípios do programa no cotidiano, e tentar entender o que estamos fazendo e o que estamos tentando fazer neste país, nos Estados Unidos da América." Em outra entrevista, ele fez os próximos passos parecerem ainda mais sólidos. "Estamos recomeçando os Panteras Negras em Marin City. Primeiro ensinando orgulho e depois educação, e veremos onde vai parar a partir daí."

O apresentador perguntou a Tupac sobre o assassinato amplamente divulgado de Yusef Hawkins, o jovem adolescente negro morto por uma multidão de jovens italianos no bairro de Bensonhurst, no Brooklyn: "[Quando isso aconteceu] eu estava na Califórnia. É onde moro agora. Do jeito que nossa sociedade funciona hoje, apenas imagens negativas da comunidade negra são retratadas em todo o mundo… Isso acontece, e está acontecendo e já aconteceu antes e vai acontecer de novo, a menos que irmãos e irmãs realmente parem e percebam que nem tudo está bem nos Estados Unidos. É hora de começar a se preocupar e ficar com raiva. Não ficar com raiva e pegar uma arma, mas ficar com raiva e começar a abrir a mente. Despertar. É essa a missão real dos Panteras, fornecer uma alternativa, um movimento para você fazer parte."

O apresentador perguntou a Tupac se era necessário engajar com a juventude na Palestina, Nicarágua e América do Sul, para que os esforços pudessem ser internacionais. A resposta de Tupac foi inequívoca: "Acho que é totalmente necessário, mas temos que nos unir aqui primeiro antes de sequer pensarmos na possibilidade de ir para o exterior e ajudar nossos irmãos lá. Agora, não estamos conseguindo nos unir nem aqui. Você precisa entender, o opressor fez lavagem cerebral em nós por centenas de anos e nos fez pensar que viemos de uma raça inferior e fraca, e agora está nos fazendo pensar que tudo está bem e estamos vivendo em uma série de comédia e que tudo está indo às mil maravilhas e todos estão bem. Todo mundo está sendo bem pago. Mas sabemos que situações como a de Yusef Hawkins acontecem e acontecerão. Então não está nada bem."

O poema "Untitled", escrito por Tupac nessa época, capta o sufo-camento emocional que ele sofria por conta da opressão e da pobreza, do custo da luta dos jovens negros para simplesmente *sobreviver* nos Estados Unidos nos anos 1990, e de sentir honra e respeito da cultura dominante.

> *Please wake me when I'm free*
> *I cannot bear captivity*
> *Where my culture I'm told holds no significance*
> *I'll wither and die in ignorance*
> *But my inner eye can C a race*
> *who reigned as Kings in another place*
> *The green of trees were Rich and full*
> *And every man spoke Beautiful*
> *Men and women together as equals*
> *War was gone because all was peaceful*
> *But now like a nightmare I wake 2 C*
> *That I live like a prisoner of poverty*
> *Please wake me when I'm free*
> *I cannot bear captivity*
> *4 I would rather be stricken blind*
> *Than 2 live without expression of mind**

---

* Por favor, me acorde quando eu estiver livre/ Não aguento o cativeiro/ Onde dizem que minha cultura não tem importância/ Enfraquecerei e morrerei em ignorância/ Mas meu olho interno consegue ver uma raça/ Que reinou como Reis em outro lugar/ O verde das árvores era rico e intenso/ E todo homem falava lindamente/ Homens e mulheres juntos como iguais/ A guerra se fora porque tudo estava em paz/ Mas agora é como se eu acordasse para ver um pesadelo/ Que vivo como um prisioneiro da pobreza/ Por favor, me acorde quando eu estiver livre/ Não aguento o cativeiro/ Pois prefiro ser cegado/ A viver sem expressar os pensamentos.

TUPAC SHAKUR

Quer através de sua poesia ou de suas letras, Tupac criava arte com a intenção de canalizar as duras emoções que milhares de negros compartilhavam. Esses sentimentos estavam no cerne de "Panther Power" e "Trapped". Quando ele voltou à Califórnia, gravou outra canção para sua demo que escrevera anos antes e em que revisitava e estendia esses temas, uma canção chamada "Words of Wisdom". Na introdução da canção, ele trocou a conotação da palavra "crioulo" e incentivou seus ouvintes a revidarem e começarem a fazer planos. Ele incorporou temas que tinham sido parte de sua criação, mas também alguns que tinham sido integrados também à missão do New Afrikan Panthers:

When I say niggas it is not the nigga we are grown to fear
It is not the nigga we say as if it has no meaning
But to me it means Never Ignorant Getting Goals Accomplished*

A canção em si lidava com o que Tupac via como contradições na sociedade norte-americana. Ele teceu comentários sobre a Proclamação de Emancipação de Abraham Lincoln, a Estátua da Liberdade e a bandeira dos Estados Unidos. Descrevendo essas letras mais tarde, ele observou que "a mesma bandeira que tremulava acima de nós enquanto nos espancavam e vendiam e cometiam todas aquelas injustiças, e a polícia que carregava aquela bandeira costumava jogar pessoas no chão enquanto hasteavam a bandeira".

Em "Words of Wisdom", ele direcionou a mensagem àqueles deixados para trás, às "massas, classes inferiores, aqueles que vocês deixaram de fora", sem direitos.

Com canções suficientes prontas para a demo, Atron acionou seus contatos na indústria, começando com selos de gravadoras com as quais já tinha assinado contratos. Ele começou com a Tommy Boy Records. O rol do selo estava expandindo rapidamente — eles haviam acabado de lançar o marco de De La Soul, *3 Feet High and Rising*, em março daquele ano, e a estreia de Queen Latifah, *All Hail the Queen*, estava marcada para novembro. Como Atron havia acabado de negociar e fechar um acordo para o Digital Underground com Tommy Boy no

---

* Quando digo a palavra "nigga" não falo dos negros que passamos a temer/ Não é o negro que dizemos como se não tivesse significado/ Mas para mim significa *Never Ignorant Getting Goals Accomplished* [Nunca Ignorante em Alcançar Propósitos].

PALAVRAS DE SABEDORIA

Words of Wisdom
all lyrics written by Tupac Amaru shakur
concept by Tupac A. shakur

This is 4 the Masses lower classes ones u left out
Jobs were given Better living But we were Kept out
Made 2 feel inferior But we're superior
Break the chains on our Brains that Made us fear ya'
Pledge Allegiance 2 the flag Neglects us
& Honor a man That refused 2 respect us
Emancipation Proclamation-Please!
Lincoln Just said that 2 save the Nation-These
R lies That we've all accepted
say No 2 Drugs But the governments Kept it
Running Thru our Community Killing the unity
the War on Drugs is a war on U & Me
and yet they Say this is the home of the free
u ask me it's all about hypocrisy
"The Constitution" - yo' it don't apply 2 me
"Lady Liberty" - stupid Tramp lied 2 me
This may be strong and no ones gonna like what I'm
But it's wrong 2 Keep Someone from learning so.
so geTup it's time 2 Start Nation Building
Fed up. cuz we gotta start teaching children
That they can Be what they Want 2 Be
it's more 2 life than just Poverty
W s of Wisdom

"Words of Wisdom", por volta de 1989.

ano anterior, e como o grupo estava tendo muito sucesso desde que assinara, ele esperava que essa fosse sua primeira e única parada.

Enquanto Atron falava com esses contatos, Tupac esperava.

Mas ele não era o único empenhado em suas responsabilidades futuras com o New Afrikan Panthers. Quando Chokwe ficou sabendo que o empresário de Tupac estava ativamente vendendo a música dele, ligou para Leila para transmitir uma mensagem poderosa: *Ele* é quem determinaria as prioridades de seu novo jovem presidente. "Ele é um filho da revolução", disse Chokwe a Leila. "Você está fazendo ele gravar agora. Está arranjando um contrato para ele. Mas precisa entender qual é o objetivo dele. E agora eu direciono o que acontece."

Naquele momento, foi Leila a disparar o alarme. Quando ela ligou para Atron para informá-lo de que o foco de Tupac estava sendo redirecionado, ele ligou imediatamente para Shock G., que estava se preparando para continuar a perna norte-americana da turnê do Digital Underground antes que o grupo fosse para o Japão.

— Você pode fazer algo com Tupac? — perguntou Atron.

Shock ficou confuso.

— Como assim?

— Pode levar ele em turnê com você?

— O quê? Estamos lotados.

— Bem, se não fizermos alguma coisa, vamos perdê-lo.

— Talvez eu possa substituir um dos *roadies*? — ofereceu Shock.

Isso teria que servir. Mas primeiro Shock fez questão de conversar com Tupac e explicar as responsabilidades de um *roadie*. Ele o advertiu de que incluíam tarefas subalternas, como carregar bolsas para os artistas. Ele disse a Tupac que não queria humilhá-lo pedindo ou esperando que ele fizesse isso em turnê — Shock entendia que Tupac também era um artista, não um carregador de malas. Tupac logo respondeu que não se importava. "Faço qualquer coisa. Estou enlouquecendo aqui." Então Shock tirou o irmão de Money-B da turnê e deu a Tupac seu lugar. O raciocínio de Shock foi que o irmão de Money não era rapper, mas Tupac era. Se fosse necessário, Tupac poderia servir como dançarino de apoio e até fazer rap de improviso. Mas, principalmente, tratava-se de oferecer a ele a promessa de algo mais.

"Tupac não ia esperar por ninguém", lembrou Atron. "Ele estava frustrado porque queria sair no mundo e mostrar seu talento e fazer o que todo mundo estava fazendo. Se não fizesse isso, ele iria embora para outro lugar."

FAMA
1990-1992

I owe everything to the hood*

— TUPAC SHAKUR

A turnê *Big Daddy Kane: Chocolate City* estava programada para percorrer mais de vinte cidades em dois meses. Kane, com suas rimas chiclete e estilo impecável, tinha se tornado um astro com os álbuns *Long Live the Kane* e *It's a Big Daddy Thing*. Além de Digital Underground, seus artistas de abertura na turnê incluíam Queen Latifah, que havia acabado de emplacar um hit com seu single de estreia, "Ladies First", o rapper MC Lyte e 3rd Bass. Erik B. & Rakim e De La Soul também se juntariam ao grupo em algumas cidades pelo caminho, assim como um novo artista chamado Jay-Z.

Enquanto Shock e a equipe cruzaram o país de avião até a Geórgia, onde começariam a parte da turnê que seria percorrida de ônibus, um novo capítulo da jornada de Tupac começava. Ele estava embarcando em uma vida nos palcos, um objetivo com o qual sonhara desde que a cortina se abrira em sua primeira apresentação de *A Raisin in*

---

* Eu devo tudo à quebrada.

the Sun, apenas cinco anos antes. Mas, quando o grupo chegou no primeiro local de apresentação, em Augusta, ficou óbvio que Tupac não se acanharia diante da oportunidade. Ele não ficaria no fundo assistindo, não ficaria tranquilo observando tudo. Ele era um homem em uma missão, comunicativo, falava na cara, corrigindo injustiças onde quer que as visse — mesmo que isso significasse mexer com o único cara do som da turnê.

Durante a apresentação do Digital Underground, estática e retorno interromperam os níveis de volume dos microfones. De acordo com Tupac, isso arruinou a apresentação deles. Quando a apresentação terminou, ele estava furioso. Enquanto o grupo voltava para os bastidores, Tupac correu até o cara do som e gritou: "Você ferrou com o som! E fez essa merda de propósito!"

"Pac queria arrancar a cabeça dele", contou Money-B. "Tentou dar um soco nele. Quer dizer, o cara do som realmente errou alguma coisa, e todos queriam acabar com ele, mas Pac estava pronto para fazer isso." Quando Money-B pediu que ele se acalmasse, Tupac ficou ainda mais furioso.

Mas Tupac também estava dando aos outros, incluindo Atron e Shock G, motivos para pedirem que se acalmasse. Ele era sempre o primeiro a reagir, pronto para desafiar qualquer segurança ou policial. Eles passaram muitas noites tentando controlar a energia e imprevisibilidade de Tupac. "Torci o tornozelo três vezes", disse Atron. "Uma vez por agarrar Tupac quando ele saiu correndo do palco para o meio da plateia depois do show. Eu não sei se estava pedindo a ele para se acalmar ou só que não corresse para a plateia descamisado depois do show... Seja como for, ele não podia fazer nada daquilo. O próximo artista vai subir no palco e toda a atenção deve ir para ele, então eu o agarrei, tropecei e machuquei o tornozelo." No fim da turnê, pedir a Tupac para se acalmar tinha se tornado uma piada interna.

Durante as reuniões diárias no ônibus da turnê, Tupac estava sempre empoleirado e pronto para tecer um comentário, mexer na agenda ou simplesmente dar sua opinião. E, depois que Tupac provou que conseguia carregar malas e cumprir as tarefas de *roadie*, Shock G pediu a ele que subisse no palco com o resto do grupo para se apresentar como dançarino substituto.

A apresentação do Digital Underground não era um show padrão de hip-hop. O grupo fazia rap e dançava, mas foram os adereços e a teatralidade que tornou o grupo um dos mais memoráveis dos anos 1990. Shock G era o melhor líder, entrando e saindo com facilidade do personagem de seu alter ego, Humpty Hump, e animando a plateia com pistolas de água e bonecas infláveis até causar um frenesi geral. Tupac mergulhou de cabeça, pronto para fazer parte de tudo.

Assim que ele entrou no palco como dançarino substituto, a confiança e o charme dele atraíram a atenção das fãs. "Pac se tornou popular instantaneamente entre as mulheres da primeira cidade", contou Shock. "Foi quando realmente soubemos que ele era um astro. Já estávamos trabalhando nos álbuns dele. Acreditávamos nele. Sabíamos que era capaz de rimar. Mas soubemos que ele era um astro pela forma como as garotas reagiram." Mesmo antes do primeiro show, durante a passagem de som, Tupac acabou nos fundos do ônibus com uma garota que havia conhecido naquele dia. Money-B ficou impressionado. "Fiquei pensando, como é que esse cara chega aqui no primeiro dia e já está conseguindo mulheres antes de mim? Ela se sentou com ele nos fundos do ônibus por um tempo e eles ficaram grudadinhos, e, mais tarde naquela noite, depois do show, ele ficou com ela [antes que todos embarcassem]."

Ela e Tupac seriam o motivo de uma encrenca e tanto quando o motorista reparou que um homem estranho estava perseguindo o ônibus quando saíram da arena. O motorista parou e abriu a porta. "Minha mina tá aí?", quis saber o homem, obviamente um namorado insatisfeito. Uma chuva de nãos soou alto do ônibus. O motorista fechou a porta, deixando o homem lá enquanto ela e Tupac se escondiam nos fundos.

Quando Shock percebeu a adoração que Tupac recebia das fãs durante o show, decidiu dar a ele uma oportunidade no microfone. Primeiro, Tupac improvisou, mas tinha um problema: ele não conseguia se restringir a um verso aqui e outro ali. Tupac cortava os versos dos outros membros, fazendo rap com eles ou no lugar deles. Às vezes, quando um dos cantores estava no refrão e Tupac não gostava de como soava, ele tentava cantar por cima para manter a plateia focada em si. "Ele tomava conta do show inteiro", contou Shock. "Fiquei me sentindo como Frank em *Scarface*, e ele era Tony Montana. Ficava tentando mudar tudo."

Shock pediu a ele para relaxar. Tupac o ignorou. Shock avisou de novo. Mas Tupac não se importava se era a vez de alguém. Ele não se importava de ter sido contratado, inicialmente, como *roadie*. Toda vez que Shock colocava o microfone na mão dele, Tupac ficava focado.

Depois de alguns avisos, e outra noite de Tupac invadindo o verso de alguém, Shock se cansou. Ele demitiu Tupac.

— Você não é cantor, Pac — explicou ele.

— Mas ele estava cantando mal — protestou Tupac.

— Você não saberia. Você não é cantor.

— Mas estávamos perdendo a plateia. Eles não estavam gostando daquela merda. Eu tinha que fazer alguma coisa pra recuperar a atenção da plateia.

— Você ia gostar se alguém cantasse em cima da sua parte? — perguntou Shock.

Tupac foi direto ao ponto.

— Foda-se! E daí? Você vai me mandar pra casa?

— Sim, estou te mandando pra casa — devolveu Shock. Então gritou alto para quem quisesse ouvir: — Foda-se! É, Pac está fora da turnê!

Mas ele nunca foi embora. Em vez de aceitar que tinha sido demitido e partir naquela noite, Tupac acabou no saguão, socializando com a equipe. Shock se sentou ao piano, com todos reunidos ao redor, fazendo freestyle e cantando, relaxando depois de um longo dia. E lá estava Tupac, como se nada tivesse acontecido. Como se não tivesse sido demitido. Como se, àquela altura, não devesse ter encontrado um jeito de ir para casa e estar a caminho de lá. Ele não conseguia evitar. Adorava sua nova vida e adorava principalmente suas sessões de freestyle depois dos shows. MC Serch do 3rd Bass sempre estava lá, e às vezes Queen Latifah. "Quando tinha chance de falar, e isso acontecia nas sessões de freestyle, ele falava. Tupac queria falar a noite inteira", conta Money-B.

E assim aconteceu, Shock chutando Tupac da turnê, Tupac se recusando a partir. Shock riu disso anos depois. "Eu mandava Tupac para casa o tempo todo. Nós nos xingávamos, mas duas horas depois ficava tudo bem." Anos depois, ao refletir sobre o assunto, ele resumiria seu relacionamento com Tupac da seguinte forma: "Foi uma longa discussão."

Quando "Humpty Dance" do Digital Underground chegou ao primeiro lugar nas paradas de rap da *Billboard*, a reputação do grupo cresceu e choveram oportunidades. Uma delas foi um convite para voltarem a sair em turnê, daquela vez com alguns dos maiores heróis do hip-hop de Tupac — o grupo de rap com foco político Public Enemy, liderado por Flavor Flav e Chuck D. Apenas dois anos antes, Tupac matara aula e correra para encontrar Flavor Flav na estação de rádio local, esperando conseguir uma foto: naquele momento, ele fazia parte do grupo que viajaria pelo país com o Public Enemy enquanto eles promoviam o novo álbum *Fear of a Black Planet*. Heavy D, Ice Cube e Queen Latifah também participariam de partes da turnê.

Os ônibus para a turnê *Fear of a Black Planet* ofereciam aos artistas uma experiência mais luxuosa — camas maiores e áreas de cozinha e TVs melhores — do que aquela da turnê de Big Daddy Kane, mas o que mais importava para Tupac era quem estava no ônibus. Embora fosse esperado que cada grupo e sua comitiva permanecesse no próprio ônibus durante as viagens, Tupac vagava livremente, por vezes fazendo amizade com garotas que eram parte das outras comitivas.

Uma delas era uma das dançarinas de Heavy D, Rosie Perez, de 25 anos, que estava no começo de uma carreira que ia, como a de Tupac, levá-la longe em Hollywood. Apaixonada e curiosa, ela se lembrou da primeira vez que viu Tupac. Ao lado de Heavy D quando Tupac subiu ao palco, Rosie ficou impressionada com seu carisma. "Esse filho da puta é um astro!", gritou ela. "E todos começaram a olhar para ele, porque, como falei, gritei bem alto. Estávamos nos bastidores. E lembro de sair dos bastidores e ir até a frente, onde ficam os seguranças, para poder vê-lo. Não sei por que fiz isso; só senti que era uma espécie de obrigação. Ele tinha essa grandeza."

Quando foram apresentados, os dois se deram conta de que compartilhavam uma história similar. Depois disso, eles se viram sentados um ao lado do outro enquanto os ônibus seguiam pelo interior. Em uma parada da turnê, Tupac perguntou se poderia recitar um poema para ela. Quando ele terminou, Rosie disse:

— Ei, isso foi bom. Você devia escrever um livro de poemas.

Tupac respondeu:

— Vou ser maior que um livro.

Tupac também encontrou uma amiga em Yolanda Whitaker, uma garota de 18 anos, de Los Angeles, que fazia rap usando o nome artístico Yo-Yo e tinha aparecido na canção de sucesso de Ice Cube "It's a Man's World". Quando Cube periodicamente se juntava à turnê, Yo-Yo participava em "It's a Man's World" com ele. Depois desses shows,

Tupac e Yo-Yo faziam longas caminhadas juntos, conversando sobre objetivos de vida e sonhos em Hollywood. Tupac fumava um cigarro atrás do outro enquanto caminhavam. "Por que você fuma tanto?", Yo-Yo perguntava toda vez que ele acendia um cigarro.

"Estresse", respondia Tupac. Ele contou a Yo-Yo que estava pronto para ver sua carreira decolar e queria estar no palco. Ele crescera pobre e precisava ganhar dinheiro. Embora Tupac estivesse enfim recebendo um salário semanal e uma quantia pelos custos da viagem, a maior parte de seus ganhos voltava para Atron, a fim de recuperar o adiantamento que ele recebera ao assinar com a TNT.

Já que o amor pela arte, pela poesia e pelas rimas era o elo que unia Tupac e Yo-Yo, as conversas entre os dois costumavam se transformar em sessões de rap. "Ele sempre estava com fome", conta Yo-Yo. "Batia na mesa e improvisava aonde quer que fôssemos." E ela se lembra especificamente de que ele falava de Malcolm X e Martin Luther King Jr., sobre oferecer a outra face. Ela era atraída pela militância e disposição dele de posicionar-se contra injustiças. "O que me fez amá-lo tanto foi que ele realmente se importava com a comunidade", respondeu Yo-Yo. Eles costumavam conversar até o sol nascer.

Tupac logo começou a escrever cartas e poesias para Yo-Yo. Durante o tempo que passaram juntos na turnê, os dois cruzaram a linha da amizade. "Quando nos beijávamos, era mágico", conta ela.

Tupac também fez amizade com um dos *roadies* de Queen Latifah, um nativo de Nova Jersey chamado Anthony "Treach" Criss, que acabaria ganhando fama global com seu grupo, Naughty by Nature. Os dois jovens estavam determinados a fazer rap até chegar ao estrelato. "Vimos uma vida totalmente nova juntos", lembrou Treach, "de duas quebradas diferentes, mas, tipo, o mesmo tipo de manos com a mesma mentalidade, procurando o mesmo tipo de coisa."

Apesar da emoção de estar em outra turnê nacional, ainda houve momentos em que a conturbada vida familiar de Tupac causou preocupações. Ligações periódicas para Nova York para falar com Sekyiwa e verificar como Afeni estava se saindo em Marin City o deixavam fragilizado. Ele sabia que a mãe tinha um longo caminho pela frente para vencer o vício em drogas, mas se manteve esperançoso, acreditando que ela era forte o suficiente para encontrar o caminho da recuperação. Às vezes, durante esses momentos tristes e desanimadores, ele se sentava sozinho no quarto de hotel e ficava ouvindo "Vision of Love", de Mariah Carey:

Felt so alone
Suffered from alienation
Carried the weight on my own[*]

"Sempre dava para saber quando Pac estava triste. Se você fosse até o quarto dele no hotel e ouvisse aquela música tocando, saberia", contou Shock.

Money-B também aprendeu logo como lidar com o humor de Tupac. Os dois costumavam dividir o quarto durante as turnês e ficaram mais próximos quando descobriram que ambos eram filhos de Panteras Negras. Money foi criado em Oakland e era cria da Oakland Community School, administrada pelos Panteras. Tendo recebido o diploma do ensino médio das mãos de Huey P. Newton, Money sabia exatamente o que era ser um "filhote de Pantera". Tupac ficou feliz por enfim encontrar um amigo que não achava que ele estava falando outra língua quando mencionava Cointelpro, ou Fred Hampton, ou a condenação injusta de seu padrinho Geronimo Pratt, ou a situação dos 21 Panteras. Money lembrou que as conversas deles em geral iam dos Panteras e de suas infâncias ao amor de Tupac pela mãe e sua profunda conexão com ela. "Tupac sempre dizia, 'Cara, você tem que conhecer minha mãe, ela é demais!' Quer estivesse falando do vício dela em crack, ou contando todas as coisas que ela o ensinara e que metade do que ele sabia tinha aprendido com ela, a gente sempre entrava num assunto… qualquer coisa, e a conversa sempre acabava em alguma história sobre a mãe dele."

Mesmo com a perspectiva de sucesso no horizonte, Tupac ainda era pavio curto em relação à polícia. Uma noite, eles tiveram dificuldade em entrar em uma boate e a polícia foi chamada. Shock estava pronto para ir embora, mas Tupac entrou na briga. Shock conta: "Decidimos ir embora. Foda-se, vamos para outro lugar, mas, como alguém levantou a voz para Queen Latifah, Pac discutiu com os policiais."

Olhando o policial nos olhos, ele perguntou em voz alta: "Você sabe com quem está falando? Esta é Queen Latifah. Porra! Ninguém

---

[*] Me senti tão sozinha/ Sofri com o isolamento/ Carreguei o peso sozinha.

fala com Queen Latifah desse jeito!" Uma confusão só foi evitada por uma intervenção de última hora de Shock, que entrou em cena, praticamente agarrou um Tupac irado pelo pescoço e o puxou de lado para tentar acalmá-lo.

Mas Tupac não conseguia se acalmar. Se houvesse algum tipo de autoridade por perto, ele ficava em estado de alerta, pronto para se precaver contra a injustiça. Devido aos ensinamentos de Afeni, de que a polícia não era confiável, e de tudo o que tinha visto em Baltimore e Marin City, a reação de Tupac se tornou instintiva, a intensidade jamais diminuindo.

Quando o Digital Underground se apresentava nos estados pertencentes ao Cinturão da Bíblia, a apresentação precisava ser adaptada, porque as leis locais proibiam atos "grosseiros" — uma designação que certamente incluía os gestos sexuais e as danças com bonecas infláveis que se tornaram uma das marcas registradas de performance do grupo. Em vez de deixar de fora os adereços, a banda bolou um plano. Eles usariam as bonecas como sempre, só que, assim que o show terminasse, em vez de irem aos bastidores onde os policiais estariam esperando, eles pulariam do palco de um metro e meio e se jogariam na plateia. A partir daí, poderiam se misturar à multidão, e os policiais que se enfileiravam no palco não seriam capazes de encontrá-los.

Uma noite, assim que o show acabou, Shock pulou na plateia primeiro, seguido por Tupac e Money. Enquanto Shock e Money se misturaram calmamente entre os fãs, garantindo que não atrairiam nenhuma atenção, Tupac correu pela plateia em direção ao estacionamento. Quando Money finalmente saiu, viu Tupac correndo e se escondendo atrás de carros. "Ele estava se escondendo atrás dos carros como se estivesse em *Missão: Impossível* ou algo assim", Money-B relembrou, achando graça. No fim das contas, esse comportamento paranoico e exagerado o tornou um suspeito óbvio para os policiais que correram para fora, levando-o a uma prisão e uma noite na cadeia por má conduta pública.

Por mais que Tupac detestasse seguranças e policiais, não hesitava em fazer certo policiamento por conta própria, resolvendo o problema com as próprias mãos se aqueles de quem gostava fossem injustiçados. Na cidade de Oklahoma, correram nos bastidores boatos de que alguém havia entrado no camarim do Public Enemy e roubado a jaqueta de couro preta que Chuck D sempre usava. Tupac ficou furioso, outra reação decorrente dos ensinamentos de Afeni sobre mentir e roubar. Ele vasculhou o local procurando o culpado. "Acho que sei quem fez isso. Vou descobrir quem foi", prometeu Tupac a Chuck D.

Horas depois, enquanto todos se reuniam no saguão do hotel para embarcar no ônibus, um homem de repente entrou correndo. Tupac vinha logo atrás, alcançando-o rápido o suficiente para acertar alguns socos antes que o sujeito saltasse para trás do balcão da recepção. Ninguém entendeu direito o que estava acontecendo. Tupac correu para pegar o homem atrás do balcão, mas alguém da turnê o conteve. Naquele momento, o ladrão conseguiu pular de novo por cima do balcão e fugir.

"Por que tá me segurando, cara?!", gritou Tupac. "Eu encontrei o cara! Aquele é o cara que roubou a jaqueta do Chuck D. Me solta!" Mas aí já era tarde demais. Embora parecesse que Tupac era o único a se importar de verdade com o furto, sua atitude não passou despercebida. "Ele virou uma lenda naquela primeira turnê", contou Money-B, "todo grupo e banda que estava conosco partiu se perguntando o que ia acontecer, o que íamos fazer com ele. Mas sabiam que o veriam de novo."

A turnê do Public Enemy fortaleceu e aproximou Tupac ainda mais dos objetivos que ele estabelecera em relação à carreira no rap, mas também plantou as sementes para suas aspirações cinematográficas. Durante a turnê, o Digital Underground foi convidado a abrir para Biz Markie no Palace, em Hollywood. O ator Dan Aykroyd estava na plateia; ele foi aos bastidores após o show para conhecer o grupo e fez uma oferta irrecusável: pediu que fizessem uma participação especial em seu próximo filme, *Nada além de problemas*, e gravassem algumas músicas para a trilha sonora do filme. Logo o grupo estava fazendo planos para filmar a participação especial em Los Angeles. Tupac não apenas estaria em um set de filmagem de Hollywood pela primeira vez, mas também filmaria uma cena com atores de primeira linha: Dan Aykroyd, Demi Moore, Chevy Chase e John Candy.

Shock pode ter tido a sensação de que sua relação com Tupac era "uma longa discussão", mas não podia negar o talento dele, ou que o novato estava no caminho para feitos grandiosos. No fim das contas, ele deu a Tupac uma grande chance: pediu que ele escrevesse e gravasse um verso em uma das músicas que o Digital Underground gravaria para a trilha sonora do filme. Tupac ficou em êxtase. Se a música fosse um sucesso, seria sua apresentação formal ao público mais amplo que ele esperava alcançar. E, ainda mais importante, poderia ajudar a aumentar suas chances de conseguir um contrato com uma gravadora.

A música que Shock tinha em mente chamava-se "Same Song", uma clássica canção de festa do Digital Underground com versos divertidos de Shock (Humpty Hump) e Money-B. Tupac fez seu verso por último, escolhendo um gancho introdutório de Shock: "2Pac, go 'head and rock this." [Tupac, vai e arrasa nessa]. E, como sempre, Tupac foi simplesmente ele mesmo. Enquanto a maioria dos rappers focava principalmente em festas, o verso de Tupac parecia quase uma autobiografia, contando aos ouvintes como a vida dele mudara e como, apesar disso, ele estava comprometido a permanecer verdadeiro.

Quando chegou a hora de filmar o videoclipe, levaram para o grupo figurinos que combinavam com o refrão da música: "All around the world same song" [Por todo o mundo a mesma canção]. "Tínhamos essas roupas diferentes representando 'a mesma canção', 'todo o mundo' e diferentes nacionalidades", lembrou Shock. "E eu disse a Money que ele seria o judeu ortodoxo e falei para Pac que ele ficaria com o africano."

Eles presentearam Tupac com uma vestimenta africana num tom dourado, uma faixa marrom e um colar africano de contas com um kufi dourado combinando. O acessório era uma grande e elaborada bengala africana de madeira marrom. Cético, Tupac encarou o figurino escolhido para ele. "Por que eu tenho que ser o africano?", perguntou brincando, mas ao mesmo tempo falando sério.

Mas, quando Tupac percebeu que no vídeo iriam içá-lo e carregá-lo como um rei em uma liteira, o ceticismo em relação ao traje africano se transformou em entusiasmo. "Mas ele foi e fez, e fez bem. E entrou para a história como um rei africano", lembrou Shock G. E, em poucas semanas, Tupac estava nas telas de televisão em todo o mundo, lançando seu verso de "Same Song" na MTV.

A oportunidade que Shock G dera a Tupac de gravar oito versos em "Same Song" para o Digital Underground foi incrível. Os ouvintes de rádio não só escutariam a voz de Tupac pela primeira vez, como também a participação especial no filme lhe renderia uma cobiçada associação ao Screen Actors Guild, um processo que costuma levar anos para um aspirante a ator. E, claro, o clipe da música, filmado com os figurinos que eles selecionaram e intercalados com cenas do filme, marcou sua primeira aparição em um videoclipe.

Mais tarde, Tupac contou que seu tempo em turnê com o Digital Underground foi um dos melhores de sua vida. Desde que assinara com a TNT Management, um ano antes, ele aparecera no *The Arsenio Hall Show* com Shock G e Money-B, viajara por todo o país, fizera sua primeira viagem internacional (para o Japão) e aparecera em um filme. Mas, apesar da onda de sucesso, ele não conseguia esquecer de tudo o que a mãe estava passando em Marin City. Ele ainda não tinha aceitado que sua heroína se afundava cada vez mais, e, enquanto estava fora, passou a telefonar cada vez menos. Por fim, os dois mal se falavam. Mas Afeni jamais culpou Tupac por ficar chateado com ela. Ela sabia que seria pesado demais para qualquer filho saber que a mãe estava usando drogas.

Ainda assim, Tupac planejava ver como ela estava assim que voltasse da turnê. Quando falou com a mãe, ele sentiu que o tempo estava se esgotando. Afeni estivera se dividindo entre o apartamento da amiga Gwen em Marin City e o de um homem que conhecera e morava quatro horas ao norte, em Lake Tahoe. Mas ainda tinha recaídas, e ela e Tupac sabiam que ela não podia mais ficar em Marin City. Era hora de voltar para Nova York para ficar com a irmã. "Eu estava morrendo e sabia que estava morrendo, porque meu espírito não estava lá", Afeni escreveria sobre essa época em sua autobiografia. "Eu ia para a cama à noite e não me importava se ia acordar ou não. Algo dentro de mim estava me empurrando para voltar para casa, ir para Nova York e reencontrar minha família."

Novamente, Tupac ligou para a tia Jean, desta vez para finalizar os planos da partida de Afeni e posterior chegada em Nova York. Talvez para tentar amenizar uma situação difícil, Tupac disse que em breve também retornaria. "Tupac contou uma mentira", relatou Jean. "Ele disse: 'Ela vai primeiro e depois eu vou.' Essa é a mentira... Para facilitar. Ele sabia que, me dizendo isso, eu ia aceitar, porque o adorava. Mas eu sabia que ele não iria. Por que iria? As coisas estavam começando a dar certo para ele. Tupac só queria que a mãe estivesse em um lugar seguro para que ele pudesse se concentrar na carreira."

Era um dia frio de dezembro quando eles enfim conseguiram que Afeni deixasse a Califórnia.

No dia marcado para a partida de Afeni, Tupac e Ray Luv foram com Mike Cooley até o terminal de ônibus na Fourth com a Heatherton, em San Rafael. Cooley conta: "Glo [Jean] nos disse que se conseguíssemos mandá-la para Nova York, ela cuidaria de Afeni. Comprei uma passagem de ônibus e uma caixa de frango frito do KFC para ela e coloquei um dinheiro em seu bolso. E falei para ela: 'Você não precisa se preocupar com seu filho. Desde que eu tenha um teto e algum dinheiro, ele vai ficar bem.'"

Tupac ficou triste porque a mãe tivera uma recaída e precisara deixar a Califórnia. Mas, mesmo que aquela fosse a primeira vez na vida de Tupac em que ele e a mãe morariam em lados opostos do país, ele ficava mais tranquilo sabendo que ela estaria segura e no conforto da casa da irmã. Ele enfiou a mão no bolso e deu a ela um bolo de dinheiro. Os dois trocaram um adeus silencioso enquanto Afeni embarcava no ônibus.

"Minha família me convenceu a voltar para casa", Afeni conta dos longos dias de jornada de ônibus pelo país. "A cada parada, eu ligava para eles chorando, com frio, com fome, sozinha. E eles me convenciam a voltar para casa — minha filha, meu sobrinho Katari, o mais novo, ele me dava força durante as ligações. Ele dizia que me amava, que sentia saudades e me queria em casa."

Dias depois, quando o ônibus enfim chegou ao Terminal Rodoviário de Port Authority, em Nova York, Jean chegou à estação e encontrou Afeni sentada no chão, com a mala ao lado. Quando Afeni avistou a irmã, uma onda de alívio a invadiu. "Quando vi minha família descer as escadas, foi a primeira vez que me senti humana de novo", disse ela. "Eu não sabia mais quem eu era ou mesmo quem eu costumava ser. Não sabia mesmo. Então, quando os vi, foi como um sinal de que ali era meu lugar. A sensação de que eu realmente pertencia a algum lugar, sabe? E eles me amaram e me deram carinho até que eu melhorasse."

NADA ALÉM DE CONFUSÃO
1991

> Girls who used to frown, say I'm down, when I come around
> Gas me and when they pass me, they used to dis me, harass me,
> but now they ask me if they can kiss me.*
>
> — TUPAC SHAKUR

"Same Song" foi lançada em 6 de janeiro de 1991, poucas semanas depois de Afeni deixar a Califórnia. Quando Tupac, Ray Luv e Leila se aproximaram da Ponte Richmond-San Rafael naquela semana, com o rádio sintonizado na KMEL, se emocionaram ao ouvir a voz de Tupac no som do carro. "Ficamos muito felizes!", contou Leila. "Em seguida pedi dinheiro a todo mundo, porque eu precisava de dois dólares para o pedágio. Ninguém tinha um tostão no bolso e acabei tendo que fazer um cheque para seguirmos em frente."

Tupac reparou na ironia: "Todos devemos nos lembrar deste momento porque será a última vez que não vamos ter dois dólares para pagar o pedágio e cruzar uma ponte."

---

* As garotas que costumavam virar a cara agora dizem "estou a fim" quando apareço/ Dão em cima quando passam por mim, elas sempre me dispensavam e zoavam,/ Mas agora perguntam se podem me beijar.

Também seria uma das últimas vezes que ele precisaria ficar na casa de Leila ou de Mike Cooley. Com a ajuda de Cooley e Man--Man, que tinham se tornado dois dos amigos e confidentes mais próximos de Tupac, o pagamento pela rápida turnê no Japão e um cheque do filme e da trilha sonora de *Nada além de problemas*, Tupac tinha dinheiro suficiente para alugar um apartamento de um quarto na McArthur Boulevard, em Oakland, de onde podia andar até o lago Merritt. Schmoovy-Shmoov, membro do Digital Underground, era o administrador do complexo, o que ajudou no processo de locação. "Éramos como uma família para ele", contou Shock. "Costumávamos ajudar com as solicitações de aluguel. Todos contribuíam, emprestavam cartões de crédito e assinavam como fiadores."

Tupac se preparou para enfim fazer a prova de direção na Califórnia e comprar seu primeiro carro. Man-Man estava mais do que pronto para Tupac ter o próprio veículo. "Eu estava cansado de dirigir para ele o tempo todo, dando carona até a casa das mulheres. Falei: 'Cara, não posso continuar fazendo isso. Temos que arranjar um carro pra você. Tenho que te ensinar a dirigir.'" Man-Man tinha uma licença para venda de veículos no mercado atacadista e recentemente havia adquirido um Toyota Celica detonado. "Eu devo ter pagado uns setecentos dólares no carro. Falei: 'Cara, só fica com ele.'"

Assim que a carreira de Tupac começou a decolar, ele pensou em como poderia partilhar seu sucesso ao ajudar o começo de carreira de outros aspirantes a artista. Ele queria formar um grupo de jovens talentosos e ajudá-los a usar sua rebeldia para a música, tirando-os das ruas. Pensando nisso, lançou um programa chamado Underground Railroad. "Tudo o que falo em minhas rimas, falo por causa de como cresci. Então, para lidar com isso, em vez de ir a um psiquiatra, consegui um grupo que lida com os problemas das gerações mais jovens", explicou Tupac ao jornalista de hip-hop Davey D. "O conceito por trás disso é o mesmo por trás de Harriet Tubman, é trazer meus irmãos que podem estar envolvidos com o tráfico de drogas ou com o que quer que seja ilegal, ou que são privados de direitos pela sociedade de hoje; quero trazê-los de volta à sociedade, colocando--os na música... Agora somos vinte e somos fortes. As pessoas que estão no UR vêm de Baltimore, Marin City, Oakland, Nova York, Richmond, de toda a parte."

Naquela época, Tupac se reconectou com seu meio-irmão, Maurice Shakur, também conhecido como Mopreme, filho de Mutulu. Fazia anos que não se viam, desde os tempos de celebração do Kwanzaa em família, quando moravam em Nova York. Mopreme, quatro anos mais velho que Tupac, entrou no mundo da música antes dele, como artista de destaque no sucesso absoluto dos anos 1990 "Feels Good", de Tony! Toni! Toné!, que havia subido rapidamente para a nona posição na parada Hot 100 da *Billboard*.

Quando se tratava de amigos e familiares, Tupac sempre fora o mais inclusivo possível. Naquele ano, Katari, Malcolm Greenidge e Yafeu "Yaki" Fula pegaram um avião e passaram as férias de verão em Oakland, onde Tupac os imergiu na vida artística, incentivando--os a começar a escrever e gravar em um estúdio. Embora Katari e Malcolm ainda estivessem no ensino médio e Yaki tivesse apenas 14 anos, Tupac sabia que, quanto mais tempo passassem com ele na Costa Oeste, mais preparados estariam para fazer álbuns no fim do ensino médio. Na mesma época, Tupac também orientou um rapper chamado Mystah e um grupo formado por cinco jovens aspirantes a rapper de Oakland, com idades entre 11 e 13 anos, que ele batizou de Kidz. Ele investiu o pouco dinheiro que tinha para lhes comprar tempo de estúdio.

Entre o Kidz, Mystah e a gravação de mais músicas demo, Tupac praticamente morou em vários estúdios espalhados por Richmond, em especial no Starlight Sound. Enquanto os jovens do Kidz, cujo nome ele mudou para Havenotz, estavam na escola durante o dia, Tupac trabalhava nas próprias músicas. Depois das aulas, o Havenotz ia direto para o estúdio gravar as deles. Tupac prometeu levá-los toda semana para a Toys "R" Us se tirassem boas notas, chegassem ao estúdio no horário e ficassem longe de problemas. Em uma dessas visitas, os meninos decidiram comprar pistolas de água. No apartamento, Tupac se juntou à brincadeira, vestindo os meninos com sacolas plásticas para mantê-los secos antes de assumir seu lado *Scarface* e subir no telhado do apartamento com sua pistola, atingindo eles um a um.

Mas, enquanto investia na carreira de artistas como o Havenotz, as notícias que Atron, o empresário de Tupac, trazia mostravam que haveria obstáculos em seu caminho para a fama e o sucesso. Uma noite, enquanto Tupac estava gravando no Starlight Sound, Atron o puxou para um canto.

"Podemos dar uma voltinha?", perguntou ele. Atron foi direto. "Só queria informar que estou com dificuldade em conseguir um contrato pra você." Ele tinha começado a enviar a demo de Tupac para todas as gravadoras com as quais tinha contato. A princípio, Atron achou que a Tommy Boy Records teria interesse em contratá-lo, já que Laura Hines, RP da gravadora, havia passado um tempo em turnê com Tupac e o Digital Underground no Japão. Depois de presenciar no palco a habilidade natural de Tupac para entreter multidões, Hines dissera a Atron que estava impressionada e tentaria convencer seus executivos a assinarem com ele. Mas eles disseram não. Além da Tommy Boy, a Elektra e a Def Jam também recusaram.

Tupac ouviu as más notícias, mas seu desejo, sua determinação e sua vontade de conseguir o que queria o mantiveram focado no futuro. "*Tudo* o que quero na minha vida é lançar um álbum e participar de um filme. Isso é tudo o que eu quero." E então acrescentou: "E, se eu não conseguir, serei presidente dos New Afrikan Panthers."

Semanas depois, Sleuth, gerente de turnê do Digital Underground, recebeu uma ligação de Cara Lewis, agente de reservas do grupo na William Morris. Um diretor de cinema chamado Ernest Dickerson estava procurando atores para um filme chamado *Uma questão de respeito* e convidaram Money-B para um teste. Dickerson era aclamado por seu trabalho como diretor de fotografia de Spike Lee em uma série de filmes, incluindo *Ela quer tudo*, *Lute pela coisa certa*, *Faça a coisa certa*, *Mais e melhores blues* e *Febre da selva*. Agora ele estava escrevendo e dirigindo seu primeiro longa-metragem, um retrato da vida no centro da cidade e uma história de amadurecimento sobre quatro adolescentes no Harlem.

Enquanto Tupac e os membros do Digital Underground percorriam as ruas de Nova York em uma limusine, participando do New Music Seminar de Nova York e fazendo várias coletivas de imprensa, Money-B lia o roteiro. Ele leu as falas planejadas para Steel, o papel para o qual deveria fazer o teste, mas, enquanto lia, um dos outros personagens chamou sua atenção. Money passou o roteiro para Tupac. "Dá uma olhada no personagem Bishop. Esse cara é igualzinho a você", disse a Tupac. "Você devia vir para a audição e ler esse outro papel aqui."

O amigo de Tupac, Treach, que ele conhecera na estrada meses antes, havia sido recomendado aos diretores de elenco por Queen

Latifah, que também seria escalada para o filme. No dia seguinte, Money, Treach e Tupac chegaram na William Morris Agency. Apenas Money e Treach tiveram uma audição oficial. Eles esperaram pacientemente ao lado de outros atores para fazer o teste para os vários papéis. "Pensamos que, se tudo desse certo, eu seria Steel, Tupac seria Bishop", contou Money-B. "Treach seria Q. Teríamos amigos de verdade como amigos no filme, o que seria foda."

Money-B foi primeiro e recebeu um rápido "não, obrigado". Treach foi em seguida e, embora não tenha conseguido um dos papéis principais, acabou sendo escalado em um papel menor. Dickerson então viu Tupac na sala de espera e perguntou se ele queria participar da audição. Em alguns instantes, Tupac se viu em uma sala cheia de recrutadores e produtores fazendo audição para o papel de Q.

— Qual é o seu nome? — perguntaram.

— Tupac.

— Ah, é um nome interessante. O que significa?

Tupac explicou orgulhoso as origens de seu nome.

Assim que ele terminou de ler as falas de Q, Dickerson teve uma ideia.

— Você pode ficar mais um pouco? Pode fazer o teste para este papel? — perguntou enquanto entregava a ele pequenos trechos de diálogo para estudar. Eram as falas de Bishop, o personagem que fizera Money pensar em Tupac.

Tupac assentiu, deu uma olhada no papel e saiu para estudar um pouco.

Depois de se preparar, ele voltou e ficou diante de Dickerson e dos outros cineastas que tinham o destino de seus sonhos nas mãos. "Li tudo de uma vez; entrei lá, peguei o papel e li", contou ele mais tarde. "E consegui o papel. Foi coisa de Deus."

"Tupac entrou na sala", contou Money. "De repente, ouvimos aplausos. E as pessoas se levantando e assobiando e tudo."

Dickerson e os outros se entreolharam quando Tupac saiu da sala. Eles sabiam que tinham encontrado seu Bishop. "O que ele conseguiu captar que ninguém mais conseguiu foi a dor", lembrou Dickerson.

O produtor David Heyman, que anos depois produziria os filmes de Harry Potter, estava lá e lembrou que, após a audição, "[Tupac] saiu da sala, virou o rosto e, com uma piscadela e um sorriso, porque era travesso, disse: 'É melhor vocês me darem o papel porque sei onde moram', e depois fechou a porta e saiu."

Os produtores do filme convidaram os quatro protagonistas em potencial para jantar e ver se tinham química juntos. À mesa com Tupac naquela noite estavam Jermaine Hopkins, que havia atuado no clássico *Meu mestre, minha vida* e estava sendo considerado para o papel de Steel; Omar Epps, aluno da LaGuardia High School of Music & Art and Performing Arts que seria escalado como Q; e Khalil Kain, que tinha sido figurante em *New Jack City – A gangue brutal* e fizera audição para o papel de Raheem. No final do jantar, os produtores estavam convencidos da sintonia entre os quatro jovens. Era a combinação perfeita.

Enquanto Tupac esperava por uma confirmação oficial de que havia sido escalado para *Uma questão de respeito*, Atron continuou distribuindo sua demo para gravadoras em Nova York e Los Angeles. Por mais que a lista de rejeições só crescesse, Atron recebia notícias esperançosas. "Jeff Fenster, da Charisma Records, foi o único da indústria que entendeu Tupac [naquela época]", conta ele. Mas a esperança logo morreu. Fenster não conseguiu convencer os executivos da Charisma a fazerem uma oferta.

Em meio a essas rejeições, Ernest Dickerson respondeu com um sonoro *sim* — Tupac havia oficialmente conseguido o papel em *Uma questão de respeito*. Por uma coincidência quase predestinada, o filme seria gravado na cidade natal de Tupac, Nova York, no Harlem, a uma curta distância do Apollo Theatre, onde seis anos antes Tupac havia sido picado pelo bichinho da atuação ao atuar em *A Raisin in the Sun*. Em uma época na qual as telas de cinema de todo o país estavam se enchendo de retratos cinematográficos da vida nas quebradas — principalmente naquele ano, quando filmes como *New Jack City: A gangue brutal* e *Os donos da rua* estrearam e tiveram um sucesso gigantesco —, *Uma questão de respeito* parecia prestes a estourar.

A produção começou em 14 de março de 1991, menos de duas semanas depois que o motorista Rodney King foi agredido violentamente por quatro policiais do Departamento de Polícia de Los Angeles, após uma perseguição em alta velocidade. O espancamento, que foi filmado e repetido incessantemente na mídia, foi um divisor de águas nas relações raciais nos Estados Unidos. Muitos membros da população negra estavam prontos a se revoltar contra a opressão racista por trás desse ato de violência. Tupac, também furioso e cansado do abuso de poder por parte da polícia, só queria ver esses policiais sendo indiciados e que o mundo enfim começasse a dar sinais de mudança positiva. Mas as coisas ainda iriam piorar em Los Angeles antes de melhorar: dois dias depois do início das filmagens, a adolescente negra Latasha Harlins, aluna da Westchester High School, foi baleada por um comerciante coreano por causa de uma garrafa de suco de laranja no valor de 1,79. Harlins havia colocado a garrafa na mochila ao se aproximar do caixa, com duas notas na mão e a intenção de pagar. A cidade era um barril de pólvora, prestes a explodir.

Do outro lado do país, Tupac se preparava para seu primeiro papel no cinema. Durante as filmagens, os produtores do filme alugaram um apartamento para ele no nono andar de um prédio na Fifty-First Street com a Seventh Avenue. O local logo se tornou um ponto de encontro para alguns de seus colegas de elenco, bem como um lugar para se reunir com amigos que tinha conhecido em turnê, como Yo-Yo.

No início, as idas diárias de Tupac ao set foram tranquilas. Ele chegava no horário na maioria das vezes, exceto em algumas manhãs bem cedo, quando desconsiderava a chamada e deixava toda a equipe esperando. Os membros do elenco lembram de conversas sobre esse comportamento, mas Tupac não dava importância. "Pac ficava bravo e saía do set", contou Jermaine Hopkins. Hopkins disse que Tupac dizia aos colegas de elenco: "Eles precisam mais de nós do que nós deles. Você sabe quanto dinheiro custaria para substituir um de nós agora e ter que fazer essa merda de novo?"

Com mais frequência, no entanto, Tupac deixava o comportamento egoísta em casa e se mostrava agradável e complacente no set. A produção filmava ao ar livre quase todos os dias, e muitos membros do elenco e da equipe notaram uma tendência natural de Tupac a se envolver com curiosos e pessoas em situação de rua. Incomodado com o problema da falta de moradia desde jovem, ele não hesitava em verificar se estavam bem, conversando com eles e fazendo o possível para motivá-los. Às vezes, ele até fazia amizade com fãs que estavam por perto enquanto seguiam para o set.

Por mais sociável que fosse, quando se tratava de atuar, Tupac ficava focado. Ele mergulhou de cabeça no papel de Bishop, o antagonista do filme, um personagem com um passado duvidoso que abrigava a dor profunda de uma vida familiar muito disfuncional. Seu treinamento na EAB e sua curta passagem pelo departamento de teatro da Tam High brilharam enquanto os produtores assistiam às gravações. Um deles, Preston Holmes, lembrou de como seu ceticismo inicial fora infundado: "Fiquei mais do que surpreso, para dizer o mínimo, por ver que Tupac levava tão a sério a arte de atuar. Acho que presumi que aquele cara era só um rapper que eles estavam colocando no filme, porque ele tinha vendido uns discos, e que a dor de cabeça de lidar com ele no dia a dia seria nossa, mas a verdade é que aquele cara era um profissional. Ele era excelente. Impressionou a todos nós."

Tupac encontrou uma maneira de usar as próprias experiências de vida em sua performance, explorando sua profunda raiva. Mais tarde, ele explicou o processo: "Quando consigo um papel, primeiro tento descobrir, tipo, como esse personagem se sente. Se eu pensasse na pessoa, como ela seria? Tento colocar um rosto nela, mesmo que seja o meu rosto. Dou a ela um jeito de andar. Uma atitude. Você só precisa se relacionar com o personagem." Em outra entrevista, ele lembrou: "Eu sou real... Eu continuo real, nunca sou uma história, nunca sou um roteiro, nunca sou um personagem. Mesmo quando estou interpretando um personagem, eu sou esse personagem. Não tem nada falso. Simplesmente pego tudo e internalizo."

Tupac também tentou explorar o que acreditava serem os sentimentos de muitos jovens negros dos Estados Unidos naquela época. "Você precisa entender esse personagem. Ele veio de um lar disfuncional", explicou ele sobre Bishop em uma entrevista. "Sem ninguém para servir de inspiração, padrão ou referência de verdade. Ninguém mandava a real para ele. Ele só tomava café da manhã em casa, saía para a rua e ali é que recebia toda a sua educação." Em outra entrevista, ele disse que *Uma questão de respeito* era "a história da juventude negra de hoje e precisava ser contada, porque a polícia agride irmãos na rua. E tudo isso ainda acontece. E tudo isso precisa ser contado." Falando do ponto de vista de Bishop, ele explicou: "Não tenho padrões de referência. Foi por isso que passei dos limites." No auge do arco dramático de Bishop, ele entrega as sinistras falas clássicas: "Eu sou louco, mas quer saber? Não tô nem aí, porra! Não tô nem aí pra mim, caralho." Essas falas capturaram a desesperança que às vezes tomava conta não apenas da alma de Tupac, mas também da alma de tantos jovens por todo o país.

A representação de Bishop por Tupac foi tão convincente que acabaria confundindo alguns dos espectadores do filme, que relacionaram a agressividade do personagem ao ator. Mas a questão era muito mais complexa. O colega de elenco de Tupac, Jermaine Hopkins, falou sobre o papel de Tupac como Bishop: "Tupac era Bishop? Não. A atitude de Bishop estava dentro de Tupac? Estava. Havia certas situações que poderiam fazer Bishop aparecer em Tupac? Sim. Bishop era um personagem em um pedaço de papel. A personalidade de um Tupac Shakur em estilo de vida e educação e provações e tribulações ao longo da vida trouxe Bishop à vida como um personagem. Essas palavras no roteiro continuam sendo palavras num roteiro se você não coloca nenhum sentimento nelas."

A produção de *Uma questão de respeito* teve drama. O trailer de Tupac durante as gravações — seu espaço privado para se vestir e relaxar entre as cenas — funcionava como um ponto de encontro, com amigos e colegas de elenco entrando e saindo, e fumaça de maconha pairando no ar dentro do pequeno espaço. De acordo com familiares, Tupac nunca gostou de ficar sozinho e, por vezes, se cercava de amigos e família. Às vezes, até recebia fãs curiosos e transeuntes no set. Mas, em uma tarde, essa cordialidade lhe custaria caro. Algumas horas depois de convidar um estranho para o set, Tupac percebeu que todas as suas joias de ouro tinham desaparecido.

Tupac enlouqueceu com a violação de uma das regras fundamentais de Afeni: nunca roube. Ernest Dickerson tentou acalmá-lo, garantindo que o reembolsaria por tudo o que tinha sido levado, mas Tupac disse que ele mesmo cuidaria daquilo. Dias depois, alguém avistou o suspeito à espreita no set. Tupac e os amigos correram em sua direção, agarraram-no e o agrediram no meio da rua antes que ele enfim conseguisse escapar e fugir.

Após o incidente, Tupac sentiu que precisava de proteção, de um olhar vigilante. Ele visitou um amigo que logo se tornou parte integrante de sua vida.

Randy "Stretch" Walker era um colega rapper e produtor. Ele e o irmão, Majesty, eram artistas contratados pela Tommy Boy, e juntos formavam o Live Squad. Stretch e Tupac se deram bem logo de cara quando se conheceram em Oakland e descobriram o amor que partilham por fazer rimas sobre a realidade das ruas. Em Stretch, Tupac encontrou um amigo cujas letras vinham do mesmo lugar que as dele: os males das comunidades urbanas dominadas pelo crime e como elas afetavam a mente dos jovens negros.

Os dois logo se tornaram inseparáveis. "Eles andavam juntos o tempo todo", lembrou Shock. "Eles se amavam tanto que eram loucos.

Ficavam na sala, de braços dados, dando chutes um no outro. Um virado para um lado, e o outro para o outro lado. Dávamos atenção a isso por um tempinho e depois voltávamos a jogar dominó. Ficavam assim por uns vinte minutos direto."

Stretch já visitava o set de *Uma questão de respeito* de vez em quando. Naquele momento, Tupac pediu a ele para garantir que ninguém mais entrasse em seu trailer pelo restante das filmagens. Stretch levou a responsabilidade a sério. Assim que ele e sua figura de um 1,80m começaram a aparecer todas as manhãs, todos tiveram certeza de que ninguém mais roubaria Tupac.

Quando estava no set, Tupac passava o tempo lendo jornais. Certa manhã, ele se deparou com a história de uma jovem mãe que havia jogado o filho recém-nascido na lixeira. Ele acompanhou a história de perto ao longo da semana, abalado com os detalhes. Leu que a menina tinha apenas 12 anos e que a gravidez era resultado de um estupro que ela tinha sofrido do primo. Tupac não ficou apenas desencorajado pelo fato de a matéria não ter sido colocada na primeira página, mas também não conseguia entender como alguém que ficava sabendo disso não parava para reconhecer a gravidade daquela terrível tragédia. O incesto, o bebê jogado no lixo — eram demais para ele simplesmente esquecer. Ele conversou sobre isso com colegas de elenco e equipe ao longo do dia e, por fim, pegou um de seus cadernos e passou a rabiscar as letras. "Pac ficou tão perturbado, tipo, a manhã inteira", lembrou o colega de elenco de *Uma questão de respeito* Omar Epps. "Tipo, como uma mulher pode fazer isso? E então, algumas horas depois, ele disse, 'Ei, O, vem aqui'. E lançou sua rima."

A canção era "Brenda's Got a Baby". "Estava no meu trailer enquanto filmávamos *Uma questão de respeito*", lembrou Tupac. "Entre as gravações, compus a letra. Chorei também. Foi assim que soube que todo mundo iria chorar, porque eu estava chorando. É preciso muito para me emocionar. Mas eu estava chorando porque aquela garotinha negra estava sozinha, e, na página seguinte do jornal, estavam falando de debutantes e tal. Aquela merda me afetou demais."

As filmagens de *Uma questão de respeito* terminaram em meados de abril. No último dia no set, o elenco e a equipe se reuniram para comemorar, esperançosos com o futuro do filme nas telonas. Ainda esperando por um contrato de gravação, Tupac voltaria para a Califórnia para continuar gravando. Ao deixar o set, um dos produtores do filme, Neal Moritz, parabenizou-o por sua atuação e brincou com ele por gastar tanto dinheiro em correntes e anéis de ouro. Tupac citou alguns versos de seu poema favorito de Robert Frost: "Assim a aurora se transforma em dia. Nada que é dourado fica."

Moritz garantiu a Tupac que ele seria um grande astro dali a dez anos. Mas Tupac, que não tinha ilusões sobre as estatísticas angustiantes de homicídios que atormentavam os jovens negros dos Estados Unidos, já havia formado a própria profecia sombria e autorrealizável.

— Não vou estar vivo até lá — respondeu.

Durante a produção de *Uma questão de respeito*, Tupac tornara prioridade suas visitas ao número 1.370 da St. Nicholas Avenue, no bairro Washington Heights de Manhattan para visitar Afeni, Sekyiwa, tia Jean e os primos. Uma noite, Tupac levou Money-B, Stretch e Treach com ele para sua refeição favorita: couve, salada de batata, frango frito e inhame caramelizado, cortesia de tia Jean. Durante essas visitas, apenas cinco meses depois de colocar Afeni em um ônibus para Nova York, Tupac ficou sabendo que o vício dela em drogas persistia. Ela se trancava no banheiro da tia Jean para fumar crack e soprava a fumaça pela janela, ainda nadando nas águas profundas e obscuras do vício.

Mas, em maio de 1991, durante uma reunião dos 21 Panteras no vigésimo aniversário de sua absolvição, os amigos de Afeni fizeram uma intervenção que enfim a colocaria no caminho da reabilitação. Ali Bey Hassan, um de seus corréus dos 21 Panteras, convenceu uma hesitante Afeni a ir à comemoração. Depois disso, ele e a esposa, Sue, a convidaram para passar a noite em sua casa em Connecticut, onde ela foi chamada por Ali e a filha de Sue, Tonya, uma dependente química em recuperação, a participar de uma reunião do AA, na manhã seguinte. No primeiro dia, Tonya e Afeni foram juntas a duas reuniões. No fim da semana, Afeni estava indo a três por dia. Aquele momento marcou o início do fim da batalha de anos de Afeni contra o crack.

Afeni sabia do preço que isso havia cobrado, principalmente dos filhos. "Meu vício afetou o crescimento deles, tudo deles", ela refletiu anos depois. "Meu padrinho… me encorajou a entender que meus filhos, minha irmã, minhas sobrinhas e meus sobrinhos, minha família, tinham direito a reagir e a lidar com essa reação ao efeito devastador do meu vício em suas vidas… Nunca mais quero que meu filho olhe para mim do jeito que ele olhava quando eu estava me drogando. Não quero ver aquilo em seus olhos."

Tupac visitava Afeni enquanto ela estava em recuperação, reservando um tempo para expressar sua mágoa e decepção. A sinceridade sempre tinha sido um ingrediente-chave no relacionamento deles, e, como na perspectiva de Tupac, Afeni havia desconsiderado os próprios ensinamentos que transmitira aos filhos, ele precisava ser muito sincero com ela para então perdoá-la.

Durante uma das visitas, Tupac colocou um envelope nas mãos de Afeni. Nele havia uma carta de 13 páginas escritas em papel de carta marrom. "Tupac tirou um tempo para explicar exatamente a dor que eu havia causado nele", lembra Afeni. "E, embora estivesse feliz por eu estar em recuperação, eu não deveria esperar que ele acreditasse que minha recuperação era para valer só porque eu estava dizendo que era. Tupac era um parâmetro maravilhoso para a moralidade. Ele me ensinou que, se eu quisesse assumir a responsabilidade por tudo de bom que ele tinha feito, também deveria assumir a responsabilidade pelas coisas ruins."

De volta à Costa Oeste, Tupac seguiu gravando músicas na esperança de chamar a atenção de uma gravadora. Em junho, durante uma sessão madrugada adentro no Starlight Sound, em Richmond, quando todos já haviam se esquecido do bebê recém-nascido que fora jogado em um incinerador pela mãe de 12 anos em Nova York, Tupac foi a uma cabine de som para gravar a música que havia escrito no set de *Uma questão de respeito* dois meses antes. Com a tragédia ainda pesando em sua mente, ele tinha ligado para um produtor que conhecera por Money-B chamado Deon "Big D the Impossible" Evans. Com Big D presente, Tupac pegou o microfone e apresentou o que se tornaria uma de suas canções mais icônicas.

> *I hear Brenda's got a baby*
> *But Brenda's barely got a brain*
> *A damn shame, the girl can hardly spell her name**

---

* Fiquei sabendo que Brenda teve um bebê/ Mas Brenda mal tem um cérebro/ Uma pena, a garota mal consegue soletrar o próprio nome.

A canção se tornaria um single de seu álbum de estreia. "O que eu queria era realmente explanar", explicou ele, "dizer a todos *quem* eu era com 'Trapped' e em nome de quem eu queria falar — o jovem negro. Com 'Brenda's Got a Baby', eu queria que todos soubessem que, embora eu fosse a favor do jovem negro, isso também incluía as jovens manas negras."

Ele tinha tudo a seu favor — a exposição com o Digital Underground, um verso tocando no rádio, seu primeiro grande filme finalizado e aguardando lançamento. Agora ele só precisava de um contrato de gravação.

VIOLENTO
1991-1992

> My words are weapons, and I'm stepping to the silent.
> Wakin' up the masses, but you claim I'm violent.*
>
> — TUPAC SHAKUR

Em um dia de verão em 1991, o advogado da área de entretenimento de Los Angeles, Kim Guggenheim, ligou para Atron Gregory com uma sugestão aleatória que mudou o curso da vida de Tupac. "Acabei de conhecer um cara que é representante de artistas de uma nova empresa chamada Interscope", disse Guggenheim. "Seu nome é Tom Whalley. Você deveria procurá-lo."

Whalley, um nativo de Nova Jersey de 39 anos com cara de surfista e ouvido afiado para talentos, já era uma figura importante da indústria, vinha construindo sua carreira desde a sala de correspondência da Warner Bros. Records até o departamento de A&R, assinando grandes nomes como Modern English e The Cure. De lá, ele foi para a Capitol Records, contratando a banda australiana Crowded House e a superestrela do blues Bonnie Raitt. Depois de brigar com o alto

---

* Minhas palavras são como armas e falo por quem não tem voz/ Conscientizando as massas, mas você diz que sou violento.

escalão da Capitol por contratar Raitt — achavam que ela não era a melhor contratação para a gravadora —, Whalley provou ter razão quando o álbum dela, *Nick of Time*, ganhou três Grammys e vendeu cinco milhões de cópias. Ele estava procurando algo novo quando se encontrou com Ted Field, produtor de cinema e herdeiro do império varejista de Marshall Field. Field trabalhava com cinema, mas adorava música e queria abrir uma gravadora independente que trabalhasse com artistas que valorizassem a liberdade de expressão. Para Whalley, que vivia para o processo de criação musical e valorizava a visão do artista acima de tudo, parecia o modelo de negócios perfeito.

A equipe dos sonhos que Field reuniu para ajudar a administrar a gravadora incluía Whalley e o veterano da indústria John McClain. Field enfim se juntou ao produtor Jimmy Iovine, que havia trabalhado com Bruce Springsteen e John Lennon, para formar a Interscope Records. Em vez de focar em um gênero específico, eles buscaram compor sua lista com artistas de qualidade que pudessem dar aos ouvintes um vislumbre de sua vida, às vezes até de sua alma. Buscavam contadores de histórias não convencionais. "Pegamos artistas radicais e lhes demos liberdade, e então a mídia foi até eles, em vez de comprometer a voz do artista para que chegassem à mídia", contou Whalley. E as decisões de negócios eram guiadas pela mentalidade da visão do artista em primeiro lugar, incorporada na missão da gravadora. "Dei voz aos artistas que contratei. Tive total apoio de Ted, o que permitiu um apoio financeiro grandioso à carreira dos artistas."

No ano anterior, Iovine tinha dado à gravadora seu primeiro sucesso com "Rico Suave", do cantor pop equatoriano Gerardo. Whalley assinou com a banda alternativa Primus e depois com o 4 Non Blondes, de São Francisco. Logo depois, um jovem de Boston chamado Mark Wahlberg, que seria apresentado ao mundo com seu grupo como Marky Mark and the Funky Bunch, foi contratado, assim como o Nine Inch Nails, de Trent Reznor, e o Helmet.

Quando Atron Gregory deu a demo de Tupac a Whalley, ele foi imediatamente cativado pelas letras de "Words of Wisdom" e "Trapped". "Fiquei empolgado com o que ouvi e passei a música para Ted, Jimmy e John", lembrou Whalley.

Field na época conhecia Tupac como "o dançarino do Shock G", mas logo ele seria reconhecido pelo nome. A rotina de Field para ouvir demos era colocar a fita cassete no som do carro enquanto dirigia; se não gostasse, jogava a fita no banco de trás e colocava outra. A demo de Tupac nunca viu o banco de trás. Em vez disso, acabou nas mãos da filha de 12 anos de Field, Danielle, que ouvia rap e, Field sabia, daria a ele uma opinião mais objetiva. Ela adorou.

Whalley teve a mesma reação. Atron deu a ele várias demos, e dali Whalley escolheu dois artistas: Money-B e Tupac. Ao ouvir, ele chamou Atron e pediu reuniões com os dois, mas, quando Money-B decidiu assinar com a Hollywood Records, Whalley não quis perder a chance de assinar com Tupac. "Quero contratá-lo", ele disse a Atron.

Poucos dias depois, Tupac estava em um avião de Oakland para Burbank, onde ele, Whalley e sua assistente conseguiram se conhecer durante um almoço rápido em uma cabine do restaurante do hotel Holiday Inn do aeroporto. Whalley pediu a Tupac que contasse o que estava por trás das letras de suas canções, e Tupac respondeu com preocupação genuína por sua comunidade. Como sempre, disse que queria "representar o jovem negro. Ninguém na minha comunidade acredita que vai passar dos 25 anos, e eles se sentem oprimidos". Whalley ficou impressionado e comovido. "Eu estava procurando alguém que tivesse um ponto de vista artístico."

Depois da reunião, Tupac retornou ao terminal do aeroporto a caminho de casa. Whalley lembrou que, quando ele e a assistente saíram do restaurante, a assistente disse: "Ele é tão bonito. Você viu aqueles cílios? E os olhos?" Whalley tinha visto. Mas vira muito mais que isso. No caminho para casa, ele pensou: *Esse cara é um poeta com algo importante a dizer, e eu vou apoiá-lo.*

Dias depois, Tupac voltou a Los Angeles para jantar no Genghis Cohen em Fairfax com Tom Whalley e Ted Field. Imediatamente Field o deixou à vontade com notícias empolgantes. "Olha, para que o jantar seja descontraído, fique sabendo que estamos contratando você", disse ele a Tupac. "Você não precisa se preocupar. Se quiser fechar com a gente, vai acontecer."

Tupac estava feliz, mas também aliviado. Enfim poderia respirar. Naquele momento, seu sonho de se tornar um músico profissional estava se realizando. Alguém estava lhe dando a plataforma da qual poderia transmitir sua acusação contra a opressão social dos Estados Unidos.

— Sabe, se isso não tivesse acontecido, não sei o que teria feito — disse ele. — Eu sentia que ia explodir. Tenho tanto dentro de mim, tanto para dizer, tanta música.

VIOLENTO

O clima na mesa era de comemoração.

— Bem — disse Field —, agora você não precisa explodir.

Em 15 de agosto de 1991, Tupac assinou contratos que tornaram tudo oficial: ele era o primeiro rapper da Interscope Records.

Quando Tupac voltava ao estúdio para dar os últimos retoques no álbum de estreia, Whalley pegou um avião para encontrar executivos na East West Records America, uma divisão da parceira da Interscope, Atlantic Records. Como a Interscope ainda era uma gravadora nova e, até então, investia mais em rock e pop, não tinha ainda o conhecimento de marketing para lançar um artista de rap. Era um mundo diferente. Comparado a artistas de rock ou pop, os artistas de hip-hop e seus selos encontravam barreiras significativas ao tentar levar novos artistas para o mercado. Quase não existiam raps tocando nas rádios nos anos 1980, com exceção de estações menores como a KDAY, uma estação de rádio AM com sede em Los Angeles, uma das primeiras a integrar rap e hip-hop na programação diária. Na TV, a maior oportunidade de exposição era por meio de programação de nicho, como *Video Music Box* e *Yo! MTV Raps*, o segmento noturno da rede de videoclipes dedicado ao rap. Apresentar um rapper significava explorar novos canais de marketing, e Whalley esperava que a East West, divisão de música urbana da Atlantic, pudesse ajudar.

Whalley aguardou no saguão por mais de uma hora e por fim foi conduzido ao escritório de um dos executivos de marketing da East West. Após uma rápida audição, o executivo olhou para Whalley e declarou:

— Isso não é bom.

Chocado, Whalley não soube o que dizer.

— O que faz você pensar que sabe alguma coisa de rap? — perguntou o executivo, sério.

— Não sei — respondeu Whalley. — Mas sei que entendo de boa música.

— Bem, posso dizer que você não entende nada de *rap*, porque isso não é nada bom — rebateu o executivo, devolvendo a fita cassete para ele.

Whalley voltou ao escritório em pânico. Ele contou a Field que a Atlantic não iria ajudar a promover o álbum de Tupac. Ele também disse a Field que não queria dar a Tupac falsas esperanças e que ligaria para ele dando a má notícia: eles não tinham o apoio para lançar o álbum e iriam fazer o distrato com ele. Se não tivessem o marketing certo, uma equipe que soubesse lançar e apoiar um álbum de rap estreante, seria impossível lançar um artista.

Mas Field teve outra ideia. Perguntou a Whalley se ele tinha gostado do álbum.

Whalley disse que sim.

— Bem, eu também gosto. Você acredita em Tupac?

— Claro que acredito.

— Eu também.

O apoio de Field também significava seu apoio financeiro; ele tinha os meios para promover qualquer artista da Interscope que a Atlantic não tivesse confiança em apoiar.

— Você é um cara esperto, dê um jeito — disse Field. — Só me diga de quanto precisa.

Imediatamente Whalley ligou para Atron Gregory, que estava ocupado recebendo ligações de descrença de grandes figurões, muitos dos quais já haviam rejeitado Tupac, como os executivos da Tommy Boy e da Def Jam.

— Por que você pôs a Interscope no mercado do rap? — perguntaram, denotando a inexperiência da gravadora.

A resposta de Atron foi simples.

— Nenhum de vocês quis contratá-lo. Queriam que eu fizesse o quê?

Whalley disse a Atron que a Atlantic estava hesitante e não ajudaria a promover Tupac, mas que isso não importava.

— Temos o apoio de Ted — afirmou ele. — Nós mesmos vamos fazer.

Com o adiantamento da Interscope, Tupac alugou outro apartamento, agora na região de San Fernando Valley, em Los Angeles, a uma curta distância de carro da maioria dos estúdios de Hollywood e dos estúdios de gravação de Los Angeles. O apartamento de três quartos tinha espaço mais do que suficiente para acomodar Afeni, que estava se recuperando e voou para a Califórnia a fim de comemorar o crescente sucesso de Tupac.

Em pouco tempo, o álbum ganhou um título provisório, *2Pacalypse Now*, e uma data de lançamento, 12 de novembro. Em preparação para a estreia, o jornalista musical Salvatore Manna entrevistaria Tupac em sua casa. No dia em que combinaram de se encontrar, Manna chegou ao novo apartamento de Tupac e foi recebido na porta por Afeni segurando um prato de biscoitos de chocolate caseiros recém-saídos do forno. Manna, que durante a carreira entrevistaria nomes como Snoop Dogg, Dr. Dre e Kurt Cobain, ficou agradavelmente surpreso. "Nunca vi um artista ou a mãe de um artista fazendo isso", contou ele mais tarde.

Enquanto ele e Tupac se preparavam para uma conversa tranquila, apenas os dois, a equipe de Tupac, seu círculo de amigos, não estava por perto. Não havia música alta. Nenhuma festa ao fundo. Tupac disse na entrevista que o aspecto mais importante de sua música era a mensagem positiva: "As pessoas são boas e há esperança." Mas não poupou Manna da realidade do outro lado. "A vida para o jovem negro é difícil. Não é como em *The Cosby Show*", declarou. Tupac esperava que seus ouvintes se identificassem com a dor dele de "crescer pobre". "Precisamos de alguém que ainda esteja nas ruas, alguém que apoie uma causa", contou a Manna. Resumindo os temas do álbum, ele disse: "*2Pacalapyse Now* é um grito de batalha. Um álbum sem enrolação, sobre como realmente vivemos, como nos sentimos. O hip-hop é um reflexo de nossa cultura hoje. Tudo de que falamos será lembrado e 'Pray' não é como vivemos os anos 1990."

Manna estava convencido.

— Você tem um filho extraordinário — disse ele a Afeni naquele dia.

— Ele vai fazer coisas incríveis — respondeu ela, orgulhosa. Então hesitou por um momento. A expressão dela ficou séria. — Se viver o bastante.

Em 25 de setembro de 1991, apenas dois meses depois de assinar com a Interscope, a era do *2Pacalapyse Now* começou com o lançamento do primeiro single, "Trapped". Tupac já estava planejando o que queria fazer para os videoclipes. Por meio de Money-B, ele conheceu os gêmeos cineastas em ascensão Allen e Albert Hughes, que haviam feito vídeos para o segundo grupo de Money, chamado Raw Fusion. Tupac fez a gravadora agendar um horário para os irmãos irem ao escritório. E disse a Whalley:

— Quero contratar esses irmãos para meus vídeos. Eles estão na faculdade.

— Na faculdade?! — preocupou-se Whalley, imaginando se tinham experiência suficiente para lidar com a produção de um grande video-clipe. Perguntou a Tupac de quanto dinheiro precisava para pagá-los.

— Setenta e cinco mil. Para os dois clipes, "Trapped" e "Brenda's Got a Baby".

Whalley achou que não tinha ouvido direito.

— Para os *dois* clipes? Só isso?

A quantia era uma fração do que custaria usar profissionais da indústria.

Originalmente, Tupac tinha imaginado a cena de abertura do vídeo de "Trapped" com a dramatização de uma reunião de gravadora na qual ele se sentaria à cabeceira de uma mesa de diretoria cheia de executivos brancos enquanto uma equipe de "jovens vestidos como verdadeiros adolescentes negros" dava um sinal positivo ou negativo para cada uma das ideias dos executivos. Quando os irmãos Hughes foram contratados, o conceito mudou para adolescentes jogando dados em uma esquina de Oakland. Tupac cuidou para que os amigos Mike Cooley, Man-Man e Money-B fossem escalados como os jovens.

Quando um carro da polícia chega, eles correm. O vídeo muda para Tupac fazendo rap de uma cela de prisão e corta para cenas com ele e Shock G conversando em uma área de visita na prisão. Shock faz o gancho: "*Uh-uh, they can't keep a black man down.*" [Uh-uh, eles não conseguem manter um homem negro no chão.]

"Quando aquele bagulho apareceu na MTV, eu estava sentado ao lado dele", lembrou Ray Luv. "Estávamos comendo e esperando o vídeo começar. Ficamos dizendo: 'Cara, vai passar hoje. Sei que vai ser hoje. Ficamos sentados lá comendo asinhas de frango da Original Buffalo Wings em San Rafael. [Então] Dr. Dre e Ed Lover anunciaram a estreia do vídeo, e surtamos."

Menos de um mês após o lançamento de "Trapped", em 17 de outubro de 1991, às 12h45, e semanas antes do lançamento de *2Pacalapyse Now*, Tupac estava andando de limusine por Oakland com os membros do Digital Underground. Quando pararam no Union Bank, no centro da cidade, Tupac levou alguns minutos para sair do carro enquanto os outros atravessavam a rua e entravam no banco. "Estávamos prestes a fazer algo grande", Shock G contou a respeito daquele dia. "Talvez

Trapped the Video

start

B4 the music starts we Hear Noise coming from
an office door labeled "The Underground Railroad
~President~"
The door opens we c a long Table filled
with young white executives and at the head
of the table sits 2PAC

The executives R giving video ideas
4 Trapped 2 ideas R heard A Hammer concept
and a N.W.A concept I Turn 2 a small table
of Kids dressed like Real young black Teenagers (Beepers, Baseball caps)
2 get the okAy each time I get thumbs
down. I get up & Walk out as I step out
2 the street music starts!

A ideia de Tupac para o videoclipe de "Trapped".

fôssemos receber, talvez fôssemos pegar dinheiro para sair da cidade. Todo o grupo entrou no banco... e por algum motivo Pac ficou do lado de fora."

Tupac por fim saiu da limusine e atravessou a Broadway na Seventeenth Street em direção à entrada do banco. Mas, antes que chegasse lá, dois policiais de Oakland, Kevin Rodgers e Alexander Boyovich, o abordaram, bloqueando seu caminho. Eles pediram a identidade de Tupac enquanto um dos policiais abria seu bloquinho. Disseram que iam multá-lo por atravessar fora da faixa. Tupac ficou incrédulo. "Eles estavam me repreendendo por atravessar fora da faixa, e juro pra você que eu nem sabia que isso era proibido", ele lembrou mais tarde.

Tupac perguntou por que o acusavam de um crime tão insignificante e explicou que tinha vindo com o grupo Digital Underground e que eles já estavam dentro do banco. Explicou ainda que estava ali apenas para retirar dinheiro de sua conta e entregou a um dos policiais sua carteira de motorista e duas formas adicionais de identificação. O policial riu quando olhou sua identidade.

— Tupac?! — zombou o policial. — Por que sua mãe te deu esse nome?

Tupac sempre odiou que zombassem de seu nome. Desde o tempo em Nova York, quando as crianças da vizinhança caçoavam dele e de seus primos por causa de suas roupas e nomes, e até seus anos em Baltimore, quando os professores não sabiam pronunciar seu nome e os colegas riam disso. E agora aquele policial também estava rindo.

Umas poucas semanas depois de filmar seu videoclipe de estreia, que durava cinco minutos e que ele desejava passar ao mundo uma mensagem de que os jovens negros se sentiam "presos" em suas comunidades, destacando a frequente violência policial e o abuso de poder, Tupac fervia de raiva ao enfrentar escárnio e ridicularização. Mas dessa vez não era uma dramatização em seus videoclipes. Era real.

Tupac explodiu.

— Cara, quero mais que a polícia se foda! Me dá logo a minha multa.

Um dos policiais estrangulou Tupac e o jogou no chão.

Tupac gritou para eles:

— A escravidão acabou e vocês não são meus senhores!

— Senhores? — replicou Rodgers. — Gostei disso.

Então esmurrou a cabeça de Tupac na calçada.

2PACALYPSE NOW

written By Tupac Amaru Shakur

starring the lyrical lunatic 2PACALYPSE

also Featuring: Mocedes, Ray Love, Treach, Apache, Lakim, Money B, Shock G

SIDE ALONE   SIDE 2   Schmoove
                                                              Schmoov

1   WORDS OF WISDOM   J-X   8   My Burning Heart
2   NEVER Surrenda'   S   8   My Burning Heart Phrases of Phrazes
3   WALKING TRAPPED!   S   9   Rolling out 2 Forsythe County
4   UPLIFT THA' RACE   X   10 BACKSTABBAS   N
5   THE Case of the Misplaced Mic   11 I THOUGHT u KNEW   N
6   WHAT I WOULD NOT DO   S   12 THEY CLAIM THAT I'm Violent N
        Gotta Thingy' u   12½ Reap the 2PACALYPSE S
7   STRAIGHT FROM the Underground S 13 2PACALYPSE NOW 3

                                          MOVIE SAMples
                                          Black Belt Jones
Production   The Mack
         Raw Fusion   BATMAN
         Shock G   Jinx   Across 110th ST
Ramone   The New style Bomb Squad   48 Hours
         A.D. DION   Rock III
         TERMINATOR   X

Dedicated 2 the memory of TROY "Trouble T-Roy" Dixon
                          Yusef Hawkins
                          Kenneth Saunders
                          Snoop
                          Damon
                          Big John
                          Malcolm X
                          Huey Newton

Uma das primeiras de muitas tentativas de organizar uma lista de faixas para o álbum de estreia de Tupac, *2Pacalypse Now*.

Tupac relatou o incidente em uma coletiva de imprensa semanas depois: "Meu espírito foi quebrado. Porque, depois que recobrei a consciência, eles ficaram fazendo piadas com 'Não consigo respirar! Não consigo respirar!', porque eu não conseguia respirar. O ar foi arrancado de mim."

Os policiais arrastaram Tupac desorientado e ensanguentado do chão e o jogaram na parte de trás da viatura. Levaria sete horas até que ele fosse retirado da cela para receber atendimento médico. Mas, pior do que os hematomas, eram as cicatrizes que o incidente deixaria em sua alma. Afeni sempre temeu que algo assim acontecesse com o filho. Ela explica que isso é como uma espécie de rito de passagem: "Depois que foi espancado pela polícia de Oakland, Tupac mudou. Os jovens negros passam por esse processo em que ficam com muita raiva da realidade das circunstâncias da vida."

E, enquanto estava caído na calçada da rua em Oakland, Tupac viu com clareza que a guerra que a mãe lutara por tanto tempo chegara até ele.

Semanas depois, Tupac contratou o advogado de Oakland especializado em direitos humanos John Burris para abrir um processo civil solicitando uma indenização no valor de dez milhões de dólares contra o Departamento de Polícia de Oakland. Burris agendou uma coletiva de imprensa para que Tupac pudesse dar seu relato publicamente. Tupac explicou que, depois que os policiais lhe disseram que ele precisava se colocar em seu lugar, ele acabou inconsciente na sarjeta, acordou com o rosto ensanguentado e se viu a caminho da delegacia por ter resistido à prisão. Ele disse ao microfone com convicção: "Isso é agressão para mim, ter que ser parado no meio da rua e inspecionado como se estivéssemos na África do Sul, e pedirem minha identidade. O policial Boyovich bateu minha cabeça no chão várias vezes enquanto Rodgers me algemava — o que não era necessário — por andar fora da faixa."

Em entrevista, Tupac explicou exatamente o que faria se recebesse a indenização. "Se eu ganhar e conseguir o dinheiro", disse ele, "o Departamento de Polícia de Oakland vai comprar uma casa para um garoto, uma casa para mim, uma casa para a minha família e pagar por um Centro pelo Fim da Violência Policial." A alegação foi resolvida com um acordo. A indenização foi de meros 42 mil dólares.

Em uma entrevista no ano seguinte, Tupac ficou de frente com Tanya Hart da Black American Television e mostrou aos Estados

Unidos as cicatrizes que os policiais do Departamento de Polícia de Oakland tinham deixado em seu rosto enquanto abordava o assunto da brutalidade policial. "Permita-me mostrar o que eles fizeram com Tupac Shakur", disse ele. "Aquele filme que eu fiz significou nada para eles. Eu ainda era um C-R-I-O-U-L-O. E eles fizeram questão de demonstrar isso. E se conseguiu registrar isso, Sr. Cinegrafista, tudo isso são cicatrizes que vou levar para o túmulo. São cicatrizes de 'aprenda a ser um neguinho.'"

Com o tempo, Tupac também entenderia a surra como uma resposta mais específica ao seu sucesso. "Não tive passagem pela polícia durante toda a minha vida", disse ele a Ed Gordon, da BET. "Nenhuma passagem, até lançar um álbum."

Ainda dentro do cronograma, em 12 de novembro de 1991, o álbum de estreia de Tupac, *2Pacalypse Now,* foi lançado.

As semanas seguintes foram repletas de comemorações. A TNT e a Interscope organizaram uma festa do pijama no Club 650 de São Francisco. Tudo o que Tupac queria era lançar um disco e participar de um filme, e no momento aquilo era mais do que oficial: aos 20 anos, ele havia conseguido as duas coisas. Usando um pijama xadrez, ele comemorou aquela noite com seus entes queridos. "Essa foi uma das poucas vezes na vida de Tupac em que ele realmente comemorou uma conquista", contou Atron sobre aquela noite. "Mas, mesmo assim, foi uma festa de lançamento do álbum, então na verdade foi trabalho."

Logo após o lançamento de *2Pacalypse Now*, a Paramount lançou a campanha de marketing para *Uma questão de respeito*. Tupac gostou de seu destaque no pôster promocional como Bishop, bem na frente, uma presença assombrosa e encapuzada com as mãos cruzadas, segurando um revólver. Mas, conforme a data de lançamento do filme se aproximava, Atron recebeu um telefonema do estúdio para informá-lo de que iam corrigir o pôster e retirar a arma. "Decidimos que a imagem de quatro jovens era forte o suficiente. Tiramos a arma", dizia o comunicado do Paramount Studio. Tupac não aceitou. De imediato, presumiu que o estúdio achava muito ameaçador ter um homem negro segurando uma arma em um pôster de filme. E, alguns dias depois, quando abriu o jornal e viu que a arte alterada do filme, sem a arma, havia sido colocada bem ao lado de um anúncio de um filme chamado *Kuffs – Um tira por acaso*, estrelado por Christian Slater — cujo personagem segurava uma arma —, ele soube que tinha mesmo razão.

Tupac ficou furioso com o que percebeu como um caso de dois pesos e duas medidas por conta do preconceito racial. "Dói saber que eles deixaram um cara branco, Christian Slater, ficar ao meu lado no jornal", ele contou à revista *Right On*. "Ele pode ter uma arma, mas os pretos não?" Ele observou que não era apenas um problema com *Uma questão de respeito*. "Não gosto do fato de que na [arte de] *O último boy scout*, Bruce Willis está com uma arma e Damon Wayans está com uma bola de futebol americano. Não gosto do fato de que em *O Exterminador do Futuro 2* [Arnold Schwarzenegger] tem uma arma extragrande e supersuprema, e [ele] é um herói norte-americano."

Na sexta-feira, 17 de janeiro de 1992, *Uma questão de respeito* chegou aos cinemas de todo o país. O *New York Times* chamou Tupac de "a figura mais magnética do filme".

Os Estados Unidos já haviam sido apresentados a Tupac por meio de filme e música: por meio das letras politicamente carregadas de *2Pacalypse Now*, pelos videoclipes de "Trapped" e "Brenda's Got a Baby" e como protagonista em seu primeiro filme. A crescente exposição ao longo de 1991, e no ano seguinte, transformou-o em uma figura reconhecível: um astro do rap em ascensão e um astro do cinema de Hollywood. Nas semanas e meses seguintes à estreia do filme, se Tupac caminhasse pelas ruas de Oakland, Los Angeles ou Nova York, costumava ser cercado por fãs — muitos deles garotas — gritando seu nome, às vezes até o chamando pelo nome do personagem de *Uma questão de respeito,* Bishop.

Essa energia intensa cercou o filme também. Nos cinemas de todo o país, multidões turbulentas levaram um elemento caótico, às vezes violento, que resultou no cancelamento de exibições e reforço da segurança. Nas entrevistas com os colegas de elenco, os jornalistas costumavam direcionar as perguntas para Tupac, insinuando que a natureza psicótica e agressiva do personagem Bishop era a principal causa da violência relacionada ao filme. Tupac revidava. Ele defendia tanto o personagem quanto sua interpretação ao defender o longa. "O filme fala sobre problemas muito reais que estão acontecendo hoje", dizia ele. "Quer falemos deles ou não. Quer tenhamos um filme sobre eles ou não. Eles vão acontecer. E seja um filme negro, latino ou filipino, vai ter violência no cinema… Mas não é *Uma questão de respeito*, de

Ernest Dickerson, que faz as pessoas brigarem... Todo filme lançado hoje em dia tem uma arma e ninguém repara, exceto quando se trata de um filme negro."

Conforme o filme atraía mais atenção para Tupac, em grande parte negativa, Lori Earl, sua assessora de imprensa na Interscope, sabia que era hora de trazer alguém para ajudar. Ela ligou para Karen Lee, uma de suas colegas da Rogers & Cowan, uma agência de relações públicas onde tinham trabalhado juntas. A ligação foi quase obra do destino: Karen já tinha encontrado com Tupac antes — vinte anos antes, quando ele era apenas um bebê de dois meses, enrolado em um cobertor nos braços de Afeni enquanto ouviam Louis Farrakhan discursar em um comício no Armory, em Nova York. Karen reconheceu o nome de imediato, mas não teve certeza de que era o mesmo Tupac até que o viu no CBS Studios em Studio City, Los Angeles. Ela ficou impressionada com a notável semelhança de Tupac com seu velho amigo Billy Garland, e soube na hora que ele devia ser filho de Billy. Sem querer fazer especulações, ela mencionou que ela e a mãe de Tupac tinham um amigo em comum chamado Billy Garland, que morava em Jersey City. Quando Karen percebeu que Tupac não reconheceu o nome, decidiu deixar para lá.

Desde o início do trabalho com Tupac, Karen teve muito a resolver. O primeiro item da lista era cancelar todas as próximas entrevistas à imprensa para divulgar o filme *Uma questão de respeito*. Ela lembra: "Ele não tinha nada a ver com [a violência] nos cinemas. Ele era um ator no filme", contou ela mais tarde. "Não achei justo que ele fosse colocado em uma situação em que seria culpabilizado."

No entanto, Karen não podia fazer muita coisa. Mais visibilidade significava mais atenção da mídia, então, logo após o lançamento de *Uma questão de respeito* e a subsequente violência nos cinemas, Tupac se viu sob acusação pública não apenas pelo filme, mas também pelas letras de *2Pacalypse Now*. O álbum estava sendo envolvido na tempestade crescente em torno dos temas do gênero rotulado como "rap de gângster". Popularizado na década anterior por artistas como Ice-T e N.W.A na Costa Oeste e Schoolly D na Costa Leste, o conteúdo das letras do gênero refletia a realidade urbana e a cultura das gangues de rua com sucessos como "Fuck tha Police" e "P.S.K.". No início de 1992, o país havia se tornado um barril de pólvora de temas raciais, e a questão tornou-se política, provocando conflitos legais nos estados e na polícia em todo o país, chegando até mesmo ao plenário do Senado norte-americano. Defensores de ambos os lados dos vieses políticos tentavam censurar e impedir a venda de músicas do gênero, considerando letras tão violentas um prejuízo para a base moral dos Estados Unidos como um todo.

No centro da polêmica estava a música "Cop Killer" da banda de thrash metal de Ice-T, Body Count, que pertencia ao disco homônimo lançado em março daquele ano pela Sire Records. A letra mencionava o incidente com Rodney King e bradava contra a violência policial, sem rodeios e com intensidade suficiente para chamar a atenção da nação. Mas os artistas seguiram dizendo que apenas *relatavam*, não *incitavam* nada. Eles compartilhavam suas perspectivas e permitiam que os ouvintes tivessem um panorama desse mundo por meio de suas visões. No entanto, "Cop Killer" direcionou a tempestade para a Time Warner, a empresa-mãe da distribuidora da Interscope.

A música de Tupac foi levada tão diretamente para o debate como resultado de um trágico incidente ocorrido no Texas na noite de 11 de abril de 1992. Ronald Ray Howard, de 19 anos, foi parado pelo policial do Departamento de Segurança Pública do Texas, Bill Davidson, por conta de um farol quebrado; seguiu-se uma discussão durante a qual Howard atirou em Davidson, que faleceu três dias depois. Como parte da defesa de Howard, um ano depois, na esperança de poupá-lo da pena de morte, o defensor público alegou que seu cliente havia sido influenciado pela letra de *2Pacalypse Now*, cuja fita cassete tinha sido encontrada no toca-fitas do carro roubado. Eles citaram especificamente a música "Soulja's Story".

Durante a maior parte da carreira de Tupac, ele teve que defender suas letras. Em uma entrevista para divulgar o álbum, ele explicou que suas canções eram "canções rebeldes, assim como, sabe, nos anos 1960, tínhamos canções folk, sabe, 'Sixteen Tons'… É isso. Isso é música soul. É como uma música pra gente continuar, pra gente seguir em frente… canções de batalha… canções que falam de homens negros fortes dando o troco… Você nunca ouve uma música minha falando de acordar e atirar em um policial. É sempre alguém sendo provocado. É sempre legítima defesa… Não faço rap sobre como devemos superar e fazer as pazes, porque isso é um sonho distante."

Conforme a indignação pública continuava a girar em torno do rap de gângster e das letras explícitas como um todo — principalmente aquelas que envolviam violência e policiais —, Tom Whalley começava a sentir a pressão dos executivos da Time Warner. Ele pediu a Tupac para conversar com ele sobre a polêmica que suas letras vinham causando. Tupac explicou a Whalley que não estava *dizendo* às pessoas para atirar em policiais e que, em vez disso, estava falando dos sentimentos que os jovens negros experimentam quando se sentam e olham pela janela e veem a polícia patrulhando seu bairro todos os dias. Além disso, explicou que os homens negros têm esses sentimentos, porque, quando saem de casa, na maioria das vezes, são agredidos pela polícia. Disse que esse tipo de tratamento frequente era como uma semente plantada na mente de um jovem negro, que acaba se transformando em um ódio intenso pela polícia em geral. "E estou dando voz aos sentimentos deles", disse a Whalley.

Whalley entendeu. Ouviu Tupac. Prometeu apoiar seu artista, embora não tivesse como adivinhar quanto Tupac seria questionado pelo que estava por vir.

SÓ DEUS PODE ME JULGAR
1992

> Mista, Police, please try to see
> that it's a million motherfuckers stressin' just like me.*
>
> — TUPAC SHAKUR

Com o sucesso de *Uma questão de respeito*, apesar da polêmica, Tupac esperava que o próximo papel em um filme aumentasse seu alcance como ator. "Quero um papel como *O Exterminador do Futuro 2*", disse ele em uma entrevista, "algo diferente para que as pessoas possam ver de verdade a diversidade. Porque acho que, mesmo agora, as pessoas estão tipo: 'Bom, isso é só ele sendo ele mesmo. Não é tão difícil ser louco.' Agora quero fazer algo são, ou quero estar apaixonado, ou algo diferente para que as pessoas possam ver a diversidade do que posso fazer."

Logo ele receberia essa chance. O cineasta John Singleton, que havia acabado de sair do sucesso *Os donos da rua*, entrou em contato com Atron por meio da agente de Tupac e marcou uma reunião para falar de seu próximo filme, o drama romântico *Sem medo no coração*.

---

* Seu polícia tente entender/ Tem um milhão de filhos da puta estressados assim como eu.

A princípio, Singleton tinha o rapper e ator Ice Cube em mente para o protagonista masculino, mas, quando Cube pediu a Singleton para mudar algumas coisas no roteiro, o diretor se recusou e, no fim, não conseguiu persuadir Cube a embarcar na história de amor, embora a atriz e superestrela do pop Janet Jackson já tivesse se comprometido a interpretar a protagonista. Tupac viu a oportunidade de atuar em um papel romântico e diversificar seu portfólio e, quando descobriu que seria escalado ao lado de Jackson, decidiu que precisava conseguir o papel. A reunião inicial foi o mais informal possível. "Tupac, John e eu apenas sentamos no meu carro e conversamos", lembrou Atron. "E, em algum momento durante a conversa, John olhou para Pac e disse: 'Quero que você seja meu De Niro, e eu serei seu Scorsese.'"

Para avaliar a química entre Tupac e Janet, Singleton organizou um teste em um dos cenários provisórios do filme, um salão de beleza no rico bairro de Black Ladera Heights, em Los Angeles. "Ele estava animado", lembrou Atron. "Comigo ele estava dando risadinhas, pulando entusiasmado, mas, quando chegou lá, as pessoas jamais teriam suspeitado disso. Quando ele chegou lá, estava tranquilo. Ficou bem sério e fez a leitura."

Singleton soube de imediato. "Testamos Tupac e Janet porque [a Columbia Pictures] estava reticente com a atuação de um deles ou de ambos", disse ele. "Quando os testamos juntos... Foi mágico. Sinal verde."

Em 14 de abril de 1992, Tupac começou a trabalhar em *Sem medo no coração*. O papel de Lucky, um charmoso carteiro que se apaixona por Justice, uma aspirante a poeta, exigiria algo muito diferente das transformações que ele havia feito para Bishop. "Se o Bishop de *Uma questão de respeito* era um reflexo do jovem negro de hoje, eu não seria sincero se não mostrasse outro reflexo", disse ele em uma entrevista no set. "Nossos jovens negros não são todos violentos. Nem todos fazem justiça com as próprias mãos. Nem todos estão indo ao extremo para ter algum tipo de conquista na vida. Portanto, essa é apenas outra maneira de mostrar como você pode ser um jovem negro e conquistar algo. Lucky escolheu seguir o caminho oposto ao de Bishop. Ele trabalha. É muito responsável. Tem um propósito. Está cuidando da filha. É uma pessoa respeitosa. Está morando com a mãe e não se importa com isso. É onde ele quer estar. Ele quer estabelecer metas e alcançar algo."

Por mais feliz que Tupac estivesse em conseguir o papel, ele ainda se viu envolvido em problemas no set. Uma tarde, uma briga entre Tupac e um dos figurantes do filme começou a ficar mais séria. O figurante estava zombando de Tupac, referindo-se a ele como "Fu-Pack" sempre que podia. Tupac não deixou para lá e logo se viu envolvido em uma discussão acalorada.

A briga foi aplacada por uma fonte improvável de graça. A lendária poeta Maya Angelou estava no set naquele dia; Singleton tinha incorporado a poesia de Maya no roteiro do filme e a convidara para uma participação especial. Quando ela saiu de seu trailer e viu dois jovens prestes a brigar, sentiu que precisava intervir. Para diminuir um pouco o nível de raiva de Tupac, ela gentilmente colocou a mão em seu ombro e disse com a voz régia e calmante:

— Deixe-me conversar com você.

De início, Tupac não se acalmou. Ele continuou a xingar o figurante enquanto algumas pessoas se dispersavam e outras se aproximavam para ver a briga.

Mas Angelou insistiu, mantendo o temperamento gentil.

— Deixe-me conversar com você — repetiu.

Levou um minuto, mas sua persistência funcionou. Os dois se afastaram do grupinho de pessoas que esperava ver o ator principal espancar um figurante. Ou vice-versa. Quando ficaram sozinhos, Angelou olhou nos olhos de Tupac e declarou:

— Você sabe quanto é importante para nós? Sabe que centenas de anos de luta foram por você? Por favor, querido, pare um momento. Não perca sua vida em um segundo. — Ela o abraçou. — Você sabia que nosso povo dormiu, encolhido, nos porões imundos de navios negreiros para que você pudesse viver duzentos anos depois? Você sabia que nosso povo foi leiloado para que você pudesse viver? — Tupac ouvia, extasiado. — Quando foi a última vez que alguém lhe disse quanto você é importante?

Angelou relembrou o momento mais tarde em uma entrevista: "Ele começou a chorar. As lágrimas caíram. Esse era Tupac Shakur. Eu o peguei, desci com ele até um cantinho e o virei de costas para que as pessoas não o vissem, e sequei as bochechas dele."

Dias após as filmagens de *Sem medo no coração*, a RP de Tupac, Karen, teve uma ideia. Com Legs morto, Billy ausente e Mutulu e Geronimo Pratt ainda na prisão, ela pensou que Tupac poderia se beneficiar da presença de uma forte figura "paterna" negra em sua vida, mesmo que na mera posição de um mentor de carreira. Com isso em mente, ela o apresentou a Bill Duke, um ator e diretor negro, na época com quase 50 anos. Um ator de estatura imponente, Duke interpretou papéis memoráveis em filmes de ação como *Comando para matar* e *Predador*, ao mesmo tempo que investia em uma carreira como diretor de televisão. No ano anterior, havia dirigido seu primeiro longa, *Perigosamente Harlem*, com Forest Whitaker e Danny Glover. Karen achou que, como Bill já estava estabelecido em Hollywood na frente e atrás das câmeras, Tupac poderia se interessar em cultivar uma amizade. E talvez, ela pensou, Bill pudesse compartilhar suas experiências de atuação com Tupac e ajudá-lo a se tornar o ator de primeira linha que ele almejava ser.

Tupac e Bill se conhecerem enquanto comiam frango e waffles no Roscoe's. Bill contou a Tupac sobre o filme que tinha acabado de gravar, e Tupac compartilhou partes de sua vida e planos futuros. Duke ficou impressionado. "Ele falou de suas crenças", contou mais tarde. "Falou sobre a nossa comunidade. Falou deste país e do mundo. Ele era um jovem brilhante." Bill aceitou o papel que Karen havia concedido a ele como mentor e inspiração e, algumas semanas depois, convidou Tupac para a estreia de seu novo filme, *Traindo o inimigo*.

Karen também observou o desenvolvimento de uma amizade entre Tupac e Janet Jackson ao longo da produção de *Sem medo no coração*. Janet já havia se tornado um nome familiar com seus álbuns de sucesso *Control* e *Rhythm Nation 1814*. Como haviam se tornado amigos, Tupac pensou em convidá-la para estrelar um de seus videoclipes. Ela aceitou e apareceu na Union Station, no centro de Los Angeles, para a filmagem de um dia do clipe de "If My Homie Calls", terceiro e último single do álbum de estreia de Tupac.

Em outro dia de folga, Janet e o marido, o dançarino e diretor René Elizondo Jr., convidaram Tupac para se juntar a eles no Six Flags Magic Mountain, um parque temático cinquenta quilômetros ao norte de Hollywood. Por mais que o dia no parque de diversões fosse o mesmo da estreia de *Traindo o inimigo*, Tupac achou que conseguiria voltar a Hollywood a tempo. No fim do dia, porém, enquanto o grupo ainda estava no parque, Tupac ficou ansioso ao perceber que talvez não desse tempo. Então se viu em uma nova situação que exigiria que ele fizesse malabarismos com amigos famosos e equilibrasse compromissos.

Ele acabou perdendo o filme e se sentiu péssimo por quebrar a promessa feita a Bill. Karen Lee conta: "Ele ficou *muito* chateado por não ter voltado a tempo", porque esperava cativar um relacionamento com seu novo mentor.

Duas semanas após o início da produção de *Sem medo no coração,* em 29 de abril de 1992, um júri no subúrbio de Simi Valley, em Los Angeles, absolveu os quatro policiais que tinham agredido Rodney King — um desfecho amplamente considerado por negros e muitos norte-americanos brancos como um abuso da justiça. Habitantes negros de Los Angeles ficaram indignados. A raiva se espalhou pelas ruas, e, três horas após as absolvições, o centro-sul de Los Angeles estava pegando fogo.

No set de *Sem medo no coração,* o elenco e a equipe observavam tudo, com as emoções à flor da pele. Singleton avisou que pararia a produção e mandaria todos para casa. Dias depois, em um parque, entre uma multidão em um jogo de softbol de fim de semana, a imprensa abordou Tupac. A certa altura, o jornalista tirou a atenção do campo e perguntou a Tupac o que ele achava dos protestos: "O que sentiu semana passada quando viu o que estava acontecendo na cidade?"

"Detesto dizer, mas eu avisei. Me senti muito bem vendo a união", respondeu ele. "Mas fiquei nervoso, porque sei que os Estados Unidos não permitem que protestos como esse continuem por muito tempo, e me preocupei que perdêssemos muita gente. Este é um momento para o país analisar como olha para as minorias", prosseguiu Tupac. "Ou se vive ou se morre pela ignorância. Ou mudamos ou caímos."

Por causa do hiato temporário nas filmagens de *Sem medo no coração,* Tupac teve a chance de pegar um voo noturno para Atlanta e passar um tempo com Shock G, Money-B e o resto da equipe do Digital Underground, que estava em uma turnê de seis shows pelo sul do país. Após um voo de cinco horas, ele pousou nas primeiras horas da manhã e pegou um táxi. Viu o ônibus da turnê estacionado em frente a um hotel, entrou e seguiu pelo corredor gentilmente cutucando todos para acordá-los. Ainda meio adormecido, Shock olhou para Tupac com só um olho aberto. Mas, antes que ele pudesse dizer qualquer coisa, uma voz grogue soou do fundo do ônibus escuro: "Cara, você tá pegando a Janet Jackson mesmo?"

Depois de passar a manhã colocando o papo em dia, Tupac e os outros folhearam a última revista da *Billboard.* Enquanto Shock examinava as paradas do novo álbum de DU, *Sons of the P*, Tupac checava o progresso de *2Pacalypse Now*. Reparou que ainda não havia chegado nem perto da posição do Digital Underground nas paradas. O sucesso do single mais recente do grupo, "Kiss You Back", havia levado o álbum a receber a certificação de ouro, por quinhentas mil cópias vendidas. O álbum de Tupac, no entanto, não chegava nem perto do topo das paradas. Para alcançar esses lugares cobiçados, ele teria que competir com artistas de sucesso como Queen, Mariah Carey, U2, Michael Jackson e TLC. Seu recorde havia ultrapassado a marca de trezentos mil unidades vendidas, mas não era o suficiente. Ele fechou a cara para a publicação da *Billboard* e então olhou para Shock, que o observava, esperando que dissesse alguma coisa.

Tupac jogou a revista na mesa. Frustrado, ele fez sua declaração final. "Ah, se eu pudesse ter uma batida como 'Kiss You Back'!"

Shock prometeu que mandaria algumas batidas para Tupac. Mas o momento marcou mais do que apenas um simples pedido. Shock se lembra daquilo como uma mudança fundamental na missão de Tupac na música. "Pac costumava escolher todas as batidas para seus álbuns, e algumas das que ele escolheu não achei que dariam discos de platina, mas Pac não era um tipo pop que apelava para as massas; o alvo dele não era o rádio", contou. "Ele procurava batidas que expressassem o clima de suas letras. Estava fazendo arte. Então, quando conversou comigo no ônibus naquele dia, foi a primeira vez que ouvi essa emoção vindo dele. Essa merda me chateou. Fiquei sem palavras." Para *2Pacalypse Now*, Tupac trabalhou com outros produtores da família do Digital Underground, porque Shock estava muito ocupado tentando lançar o próprio grupo. Mas naquele momento as coisas eram diferentes. Era hora de ele intervir. Shock mandou uma fita com duas batidas para ele.

Tupac passou o aniversário de 21 anos no set de *Sem medo no coração*. Antes do grande dia, Atron planejou surpreender Tupac com um Jeep Cherokee preto novinho em folha. Como Tupac tinha dinheiro para dar entrada, mas não crédito para financiá-lo, Atron colocou o empréstimo no próprio nome, pegou o carro na concessionária e fez Mopreme levá-lo até Seaside, na Califórnia, onde o filme estava sendo gravado naquele dia. Surpreendido na frente de toda a equipe de filmagem, Tupac ficou emocionado, não apenas por ter um ótimo carro novo, mas por enfim entregar as chaves do velho e desgastado

Celica que dirigia, cortesia de Man-Man. "Ele estava feliz naquele dia", lembrou Atron. "Ainda bem que ele não caiu de um precipício, porque não sabia dirigir muito bem. Mas acho que Mo ou Mouse iam dirigir o carro na maior parte do tempo."

A cada mês que passava, Tupac via um novo marco nas vendas ou papéis no cinema, e com tudo isso vinha o dinheiro que enfim o permitiria escapar da pobreza que o perseguira por toda a vida. A memória que Karen Lee tem do aniversário de Tupac foi o choque e a surpresa dele por ainda estar vivo. "Me lembro do aniversário de 21 anos dele... E como ficou surpreso por ter chegado nessa idade. Muitas vezes conversávamos sobre isso, e eu dizia a ele: 'Você precisa parar com esse negócio de morte.'"

A festa de encerramento de *Sem medo no coração* foi agridoce, sobretudo por causa do conflito que surgiu entre Tupac e Janet a respeito do vídeo de "If My Homie Calls". Um representante de Janet ligou para Atron pedindo que Janet fosse retirada de algumas cenas, sentindo que ela aparecia "demais" no vídeo. Tupac ficou furioso e como resposta cortou-a do vídeo inteiro. Na festa, ele e Janet se viram, mas, segundo amigos, mantiveram distância. Em vez disso, Tupac passou o tempo com outras celebridades convidadas. Ice Cube estava lá. Michael Rapaport também.

Naquela noite, Tupac também conheceu o rapper Snoop Dogg. "Eu o vi no filme *Uma questão de respeito* e contei a ele quanto achei foda e disse que gostei da atuação dele", contou Snoop. "Ele disse o mesmo tipo de coisa para mim, então enrolamos um baseado e fumamos lá fora. Quando voltamos para a festa, John Singleton me fez pegar o microfone. Fiz um pouco de freestyle, e Pac também. Depois disso, trocamos telefones. Tínhamos nos conectado. Tudo o que ele gostava, eu gostava. Éramos como irmãos."

Com as filmagens finalizadas e algum dinheiro extra no bolso, Tupac tinha a liberdade de ir e vir de Los Angeles para a Bay Area a fim de trabalhar com produtores de Oakland enquanto começava a gravar seu segundo álbum, inicialmente intitulado *Black Starry Night* e depois *Troublesome 21*. Durante essas viagens de seis horas de Los Angeles em seu novo Jeep Cherokee, ele costumava torturar a todos com suas escolhas musicais. "Pela metade do caminho, ou-

ZPAC "TROUBLESOME 21"

EAST SIDE Intro

1. Holler if ya Hear Me w/the Live Squad — (ZPAC & the Live Squad)
2. Crooked Nigga Too — (ZPAC & Big D)
3. I Get Around w/ Digital underground — (Digital Underground)
4. Love ya Future — (Digital underground)
5. Troublesome — (ZPAC-Jayzee)
6. Strictly 4 my Niggaz — (Lawhouse & 2PAC)
7. the Streetz R Deathrow — (the Live Squad & ZPAC)

WEST SIDE Intro

(Lawhouse & 2PAc) 8. Don't Call me Bytch
(DJ Daryl & 2PAc) 9. Still don't give a PHUCK
(DJ Daryl & 2PAc) 10. Keep ya HEAD UP
(2PAC & Big D) 11. PAPA'z Theme
(Lawhouse & 2PAc) 12. WHEN I GET Free ⟨Souljah Revenge⟩
(DJ Daryl & 2PAc) 13. Nothing But Love
(2PAC & Lawhouse) 14. I WONDA if HEAVEN Got A Ghetto

PRODUCED BY:

OUTRO

1. This Albulm is dedicated 2 the Spiritz of Latasha Harlins, yusef Hawkins, and The Murdered children of Atlanta and 2 all lost souls on this planet.... I feel ya!

2. My Mother congratz 1 yr Drug Free. I'm extremely Proud of u. U R as u have alwayz been, My Hero. 2 my Sista my Model for True BLACK Women Strong but Sensitive and understand I love U both over

3. 2 My family I love U all
4. 2 My True Niggaz Race 2 ya Jay ya Troubles down Much Love 2 the 50 Niggaz Posse

A lista que Tupac escreveu a mão para o álbum *Troublesome 21*, que mais tarde foi renomeado como *Strictly 4 My N.I.G.G.A.Z.*

víamos *Os Miseráveis* ou Sting", lembra Mopreme. Todos no carro esperavam até que Tupac adormecesse para trocar a música. Para o azar deles, Tupac raramente dormia e a fita cassete de *Os Miseráveis* era repetida. Tupac ignorava as reclamações. "Esse é o meu lance, cara."

Uma das músicas que Tupac estava ansioso para trabalhar no estúdio apresentava uma batida da fita cassete que Shock enviou para ele após a conversa sobre as paradas da *Billboard*. Shock lembrou de ouvir Tupac dizer que, quando ouviu a fita, era exatamente o que esperava. "Sim, é isso!", Tupac exclamou pelo telefone para Shock. "A primeira batida aqui nesta fita, vou querer. Sim, quero essa. Eu nem ouvi o resto ainda. Acabei de ouvir o início e desliguei para ligar para você... Sim, é essa."

Ao chegar ao estúdio para gravar, Tupac informou a Shock que tinha apenas algumas horas antes de pegar o voo de volta para Los Angeles. Shock não estava pronto para uma sessão de gravação corrida, então disse a Tupac que gravasse seus vocais, e ele faria os dele no dia seguinte. Money-B também gravaria seus versos depois.

— Não — recusou Tupac, balançando a cabeça. — Temos que fazer agora.

— Cara, eu estou exausto — reclamou Shock. — Passei a semana toda no estúdio.

Tupac ignorou a reclamação, pegou seu caderno e começou a rabiscar. Alguns minutos depois, ele deu uma página para Shock.

— Aqui, fala isso.

Shock olhou para as palavras no papel.

Just 'cause I'm a freak don't mean that we could hit the sheets
Baby, I can see that you don't recognize me
I'm Shock G, the one who put the satin on your panties[*]

Shock gostou e assentiu.

— Tá — disse a Tupac —, isso é legal.

A letra que Tupac rascunhara às pressas para Shock se tornaria lendária para o homem que faria rap com ela.

---

[*] Só porque sou louco não significa que podemos ir para a cama/ Amor, vejo que você não me reconhece/ Sou Shock G, aquele que coloca o cetim nas suas calcinhas.

"Sim, foi Tupac quem me abençoou com a infame frase de 'cetim na calcinha'", disse Shock. "Fiquei conhecido por essa frase."

Tupac foi o primeiro a ir para a cabine de som. Com fones de ouvido, ele ouviu a batida. Shock se sentou à mesa de mixagem.

— Tá, é assim que eu quero o refrão — instruiu Tupac. Ele cantou no microfone:

— "Round and round, here we go." Vamos lá.

Shock não tinha certeza daquilo no início, mas quando Tupac disse: "Coloque o lance do Shock G aí", Shock escreveu uma melodia rápida e tocou no piano. Todos adoraram. Em poucas horas, os dois gravaram os versos para "I Get Around", e Tupac foi para o aeroporto.

Com os filmes tomando cada vez mais espaço em sua vida e carreira, e o crescente protagonismo de Los Angeles no mundo explosivo do hip-hop, Tupac poderia ter cortado seus laços com a Bay Area e se mudado de vez para o sul. Mas não fez isso. Ele manteve o apartamento em Oakland e continuou viajando de um lado para o outro. Não estava pronto para deixar o lugar onde, como já disse, "aprendeu o jogo". Anos depois, sua lealdade a Oakland permanecia forte. "Dou todo o meu amor a Oakland", disse ele em uma entrevista. "Se eu tiver que reivindicar uma cidade, vou reivindicar Oakland." Ele sabia que suas relações de trabalho no norte da Califórnia eram importantes, e as colaborações estavam produzindo sucessos para seu segundo disco. Porém, uma dessas viagens de volta para casa acabaria lançando uma sombra muito mais obscura e dolorosa sobre o futuro.

Em 22 de agosto de 1992, Tupac entrou em seu Jeep para viajar com sua equipe — Man-Man, Mike Cooley, Katari, Malcolm, Mouse (que havia se mudado de Baltimore) e Mopreme — até o Festival de Música de Marin City. Tupac planejava aproveitar a tarde com alguns de seus velhos amigos de Marin City e depois seguir para São Francisco, para a festa de lançamento do disco de estreia de Ray Luv. No caminho, disse que queria compartilhar seu sucesso com os amigos do antigo bairro e com os jovens da comunidade que o admiravam. Ele pensou que ficariam felizes em ver que, se você se esforçasse, poderia alcançar objetivos e realizar sonhos.

Suas viagens de volta à baía para ver os amigos em Marin City se tornaram poucas e esporádicas, principalmente por conta da agenda lotada devido ao crescimento de sua carreira. E, no fim das contas, sua "boca grande", como ele costumava chamar, prejudicou sua reputação por lá. Durante uma entrevista, ele acabou com a comunidade em uma só frase, ao proferir insultos e generalizações sobre os residentes de Marin City. O comentário feriu o orgulho de uma cidade inteira, deixando muitos que viviam lá furiosos.

Logo Tupac ficou sabendo que não estavam nada felizes com seus comentários, e que havia alguns avisos de que ele deveria ficar longe. Tupac não acreditou. "Ficamos sabendo que eles estavam um pouco frustrados com o que Tupac tinha a dizer", lembrou Man-Man. "Mas ele não estava preocupado com isso." Tupac achou que tudo ficaria bem assim que chegasse ao festival; aqueles na comunidade que estavam chateados com suas declarações deixariam isso de lado.

Era um evento familiar de sábado à tarde, com música ao vivo e uma atmosfera descontraída. Os convidados se sentavam em lençóis, bebendo vinho e desfrutando o ar da baía e o sol. Várias bandas locais, incluindo seu antigo grupo, One Nation Emcees, que tinha mudado o nome para 51.50, estavam programadas para se apresentar antes que os astros Frankie Beverly e Maze encerrassem o dia.

Tupac estava certo sobre os jovens. Assim que desceu do carro, um grupo de fãs entusiasmados o cumprimentou. Aos olhos deles, Tupac havia se transformado do cara "pobre", que fazia rap no Fronte, em uma celebridade. Eles ergueram canetas e pedaços de papel para ele pedindo autógrafos.

Mas Tupac se equivocou sobre deixarem suas declarações de lado. Ant Dog explicou: "Marin City não o odiava, apenas *algumas* pessoas o odiavam." Aqueles que ainda guardavam ressentimento confrontaram Tupac naquele dia. Eles achavam que ele tinha ofendido a comunidade e não tinha o direito de estar lá. Man-Man refletiu: "A intenção dele não foi ir lá para afrontar ninguém. Ele foi retribuir à comunidade que cuidou dele e o ajudou. Não fomos lá para causar problemas."

Tupac se sentiu ameaçado pelo confronto, e a discussão se transformou em uma briga. Um dos homens deu um soco no rosto dele. Mas o que aconteceu a seguir teria consequências terríveis e continuaria sendo questão de debate nos próximos anos.

No meio da confusão, ouviu-se um tiro. O caos foi instaurado. Tupac e os amigos correram em direção à cerca que separava o festival do estacionamento, na esperança de pular e chegar aos carros. Mas Katari, que estava de muletas por conta de uma perna quebrada, ficou para trás, e Malcolm se lembra de ter que correr para buscá-lo. Ele também se lembra de ter visto o que parecia ser toda a multidão correndo atrás deles e imaginou por que tantas pessoas estariam envolvidas no que começou como uma simples treta.

Quando chegaram aos carros, Tupac pulou no banco do passageiro do Jeep e bateu a porta, mas alguém quebrou a janela, estendeu a mão e tentou puxá-lo para fora do carro. Tupac rastejou para o banco de trás para se deitar sobre Katari e Malcolm, protegendo-os dos estilhaços.

Enquanto isso acontecia, os policiais do condado foram informados do motivo da fúria da multidão: um tiro atingiu e matou um menino que andava de bicicleta pelo festival. Carros verdes e brancos da polícia do condado de Marin aceleraram em direção ao Jeep de Tupac e bloquearam a saída. Os policiais apontaram as armas para o carro e ordenaram que Tupac e os outros saíssem e se ajoelhassem no chão, enquanto moradores furiosos de Marin City atiravam garrafas e pedras.

Um por um, todos no carro foram algemados, jogados na parte de trás das viaturas e levados para a delegacia mais próxima. Todos foram detidos e interrogados pelo tiroteio que matou Qa'id Walker-Teal, de 6 anos, mas acabaram sendo liberados sem acusações criminais.

Quando Tupac soube da morte de Qa'id, ficou arrasado e horrorizado por estar sendo associado àquele acidente. Ele havia acabado de começar sua cruzada, sua missão de melhorar a vida dos outros, principalmente de jovens negros. Isso tinha se tornado seu foco, pois ele havia jurado *ouvi-los*, *compreendê-los* e *estar presente* para eles na ausência de todos aqueles que haviam falhado em fazer isso. Em busca de uma forma de protegê-los, ele assumira de bom grado o papel de irmão mais velho e, em suas letras e aparições públicas, passara a denunciar aqueles que ignoravam os jovens, confrontando os adultos pela negligência. E, então, em meio a essa grande visão para começar a mudança e trazer esperança para as comunidades negras, Tupac se deparou com aquele acontecimento devastador, a morte de um jovem negro. Qa'id Walker-Teal, que representava as gerações futuras que

Tupac queria proteger da pobreza e da violência, deixara este mundo. O incidente esmagou seu espírito e o mudou para sempre. Malcolm contou: "Tupac foi profundamente afetado. Ele nunca conseguiu lidar com isso. Nunca se recuperou desse incidente."

Aqueles próximos a Tupac o incentivaram a sair da Bay Area. Ficaram sabendo que havia um prêmio por sua cabeça. Tupac tirou seus pertences do apartamento em Oakland, colocou tudo o que tinha na mala do Jeep e mudou sua vida para Los Angeles.

PARTE IV

LOS ANGELES

A VINGANÇA DE UM SOLDADO
1992

> ... My message to the censorship commitee—
> Who's the biggest gang of niggas in the city?
> The critics or the cops?*
>
> — TUPAC SHAKUR

Em agosto de 1992, a corrida presidencial nos Estados Unidos começava a esquentar enquanto Tupac se instalava em sua casa, em Los Angeles. Conforme a disputa ficava mais acirrada e o Presidente George H. W. Bush sentia o aperto do empresário bilionário Ross Perot e do governador do Arkansas, Bill Clinton, as já aquecidas questões de raça, crime e policiamento, anteriormente trazidas à tona pela agitação racial que ocorria pelo país, seguiam coincidindo com os temas das letras de rap. Em discursos naquele ano, o vice-presidente Dan Quayle enfatizou a importância dos valores familiares e culpou a indústria do rap, principalmente artistas como Ice-T, cujas letras expressavam tendências contra a polícia, pela alta taxa de crimes.

---

* ... Minha mensagem para o comitê de censura —/ Quem é a maior gangue da cidade?/ Os críticos ou os policiais?

Foi o resultado de um longo verão de protestos. A pressão sobre as gravadoras havia se intensificado. Os questionamentos a respeito do que poderia ser feito para controlar os artistas e acalmar os críticos começaram a aparecer nas reuniões da Time Warner. A princípio, Tom Whalley e Ted Field foram firmes, orgulhosos em apoiar seus artistas e o desejo deles de se expressarem sem esse tipo de censura. Mas a Interscope era uma empresa independente, com sua distribuição feita pela Atlantic Records, e a Atlantic era uma divisão da Time Warner. Ainda que os executivos da Interscope tenham resistido à pressão por um tempo, por fim foram obrigados a se alinhar às diretrizes da empresa-mãe, a Atlantic.

Atron se lembra da repressão final durante uma reunião conduzida por Mo Ostin, diretor da Warner Bros. Music. Atron estava lá, assim como Ice-T e ambos os membros do Live Squad: o amigo de Tupac, Strech, e o irmão dele, Majesty. Ostin explicou que, em primeiro lugar, a Warner tinha que considerar seus acionistas. Por isso, dali em diante, a empresa não distribuiria álbuns com letras e temas de violência contra a polícia. Além disso, qualquer selo ou artista associado à Time Warner teria que submeter o conteúdo de suas letras para aprovação antes que o produto fosse liberado para comercialização. Ostin disse aos artistas que respeitava o trabalho deles, mas que a empresa simplesmente não podia correr esse tipo de risco.

Ice-T, cujo single "Cop Killer" era o centro da polêmica, decidiu resolver as coisas por conta própria. Mandou retirar "Cop Killer" das prateleiras e se manteve firme no posicionamento de que a canção era sua "gravação de protesto" e que ele só estava sendo "mal compreendido". Em uma coletiva de imprensa, ele explicou que a canção "não é um incentivo para assassinar policiais. Essa canção fala sobre raiva e a comunidade e de como as pessoas chegam ao ponto de se sentir assim".

O primeiro álbum de Tupac, *2Pacalypse Now*, não chegou a ser barrado, mas a nova máxima iria afetar diretamente canções que ele já havia gravado para o novo álbum, ainda intitulado *Troublesome 21*. Tom e Atron tiveram que informar a ele que o álbum precisaria ser reformulado e que algumas canções precisariam ser regravadas.

A princípio, Tupac ficou furioso, mas enfim concordou em repensar algumas canções. Chegou a zombar da questão em uma tarde, durante uma sessão no estúdio que estava sendo gravada em vídeo, mais ou menos nessa época. Ele estava com Stretch, o produtor Big D, Mopreme e "um dos melhores músicos do mundo inteiro, meu parceiro Bush — nada a ver com George Bush". Tupac ergueu uma arte proposta para o álbum *Troublesome* e disse: "Vejam, essa era a capa do álbum, do *Troublesome*, mas adivinha? A Time Warner falou pra jogar fora!" Os amigos de Tupac no estúdio reagiram em coro: "JOGA FORA!"

A Interscope escolheu apoiar Tupac como pudesse, incluindo cobrir os custos relacionados com as alterações. E, mesmo aceitando fazer os ajustes solicitados pela Warner, ele rejeitava o argumento de que suas letras de rap ou de que sua performance em *Uma questão de respeito* promovessem a violência. "Todo aquele lance do Caso Irã-Contras, aquela guerra, isso é que é violência para mim. Isso é violência de verdade", declarou durante entrevista naquele ano. "Aquilo que contamos no rap acontece nas ruas... O que estamos fazendo é usar o cérebro para sair do gueto do jeito que pudermos, então contamos essas histórias e elas tendem a ser violentas porque nosso mundo é cheio de violência."

A retirada de "Cop Killer" do álbum *Body Count* não deu à Time Warner muito alívio dos protestos públicos. Em setembro daquele ano, incentivado pelas alegações da defesa de Ronald Ray Howard de que a música de Tupac incentivara seu crime, o vice-presidente Quayle mudou seu alvo de Ice-T para Tupac.

Na seção "Campaign Trail" da edição de 23 de setembro de 1992 do *New York Times*, a manchete dizia: "Na lista de Quayle: Um rapper e uma gravadora". A matéria trazia comentários que Quayle havia feito quando conhecera a filha do patrulheiro rodoviário assassinado Bill Davidson, nos quais acusava a Interscope e a Time Warner de cometer "uma decisão corporativa irresponsável" ao promover e distribuir *2Pacalypse Now*. "Não tem motivo nenhum para um álbum como esse ser lançado por uma empresa responsável", disse Quayle. "Estou sugerindo que a subsidiária da Time Warner, Interscope Records, recolha esse álbum. Ele não tem espaço em nossa sociedade."

A agitação do Congresso era uma coisa. O vice-presidente acusar a empresa era outra. A profissional de RP da Interscope na época, Lori Earl, conta: "Assim que ele [Tupac] começou a irritar os políticos, isso obviamente chamou a atenção da Time Warner. E, assim, eu fiquei

Tupac gostava de criar "retroacrônimos". Ele pegou a palavra N.I.G.G.A., um termo historicamente negativo, e a transformou em uma palavra positiva e empoderadora.

no meio dos dois, dizendo à Time Warner para se acalmar e também tentando explicar Tupac para eles. E, em defesa da empresa, eles o apoiaram. Pagaram advogados para ajudá-lo."

Essa época foi, de muitas maneiras, sombria e frustrante, pessoal e profissionalmente. A trágica morte do jovem Qa'id Walker-Teal em Marin City seguia pesando muito na mente de Tupac, e naquele momento o posicionamento público e as restrições da Time Warner significavam que ele teria que fazer concessões em sua arte, a pura essência de sua expressão pessoal. Ele havia declarado publicamente que suas letras eram apenas uma reação a uma sociedade injusta: "Minha música e muitas outras apenas falam dos oprimidos reagindo aos opressores — então as únicas pessoas que têm medo são os opressores. As únicas pessoas que serão prejudicadas serão aquelas que oprimem." Mas, naquele momento, com essas restrições em mente enquanto compunha em seus cadernos, ele se sentia frustrado com a possibilidade de não ser mais uma voz sem filtro para aqueles que não se sentiam representados, aqueles que eram constantemente agredidos e assediados pela polícia. Agora ele não podia mais se expressar da forma crua e direta que desejava — sem ter a aprovação de um homem branco.

Quando o assunto era raça nos Estados Unidos, a temperatura continuava subindo. O veredito no julgamento Latasha Harlins, mantido por um juiz naquele verão, foi visto pela América Negra como mais uma falha do sistema de justiça, com o assassino de Harlins condenado a cumprir pena em liberdade condicional, realizar serviços comunitários e pagar uma multa no valor de 500 dólares. Tupac ficou furioso com esse resultado. Ele se solidarizava com a dor da vítima e da família, e usou essa raiva e tristeza como inspiração para suas músicas e letras. Uma delas, "Keep Ya Head Up", que ele gravou naquele ano com o produtor DJ Daryl, se tornaria um dos seus maiores sucessos. Ele dedicou a música aos Harlins.

Era hora de unificar — de juntar seus irmãos e irmãs — e liderar. Usar sua plataforma musical para contar a história da opressão nos Estados Unidos era apenas uma parte do plano. Ele também acreditava que era importante iniciar um movimento, um esforço nacional para empoderar as comunidades negras. Decidiu chamar essa iniciativa de "50 N.I.G.G.A.Z.", usando o retroacrônimo criado na música "Words of Wisdom"*. O algarismo 50 representava o número de estados do país.

A missão 50 N.I.G.G.A.Z. surgiu da crença de Tupac de que, se pudesse recrutar um "soldado", um homem negro em cada estado, para se erguer e assumir um papel de liderança, para se tornar um embaixador dentro de sua comunidade, estas e os "soldados" poderiam, juntos, falar de injustiças, estabelecer objetivos e começar a ver o progresso em direção a uma sociedade justa e igualitária.

Como algumas canções de seu segundo álbum precisaram ser substituídas, Tupac decidiu renomeá-lo, adicionando um tom de lealdade ao nome de sua campanha de unificação. *Troublesome 21* se tornou *Strictly 4 My N.I.G.G.A.Z.*

Para demonstrar ainda mais seu comprometimento, Tupac chamou o tatuador Dennis "Dago" Coelho, que fizera as duas primeiras tatuagens no peito dele — uma da rainha egípcia Nefertiti, símbolo de poder e beleza feminina, e a outra com seu nome artístico, "2Pac", expandido como outro retroacrônimo que ele criara no ano anterior, "2 Produce and Create" [Produzir e criar]. Ele pediu a Coelho para tatuar o nome de seu novo movimento na barriga, incluindo a imagem de um rifle AK-47 logo abaixo. A intenção original era simbolizar a ideia de que, com um homem em cada estado do país conduzindo a comunidade negra, eles se tornariam mais fortes do que qualquer arma.

Dias depois, porém, Tupac desistiu do nome 50 N.I.G.G.A.Z. Ele pensou em uma nova ideia, um slogan para seu movimento, que seria chamado de "T.H.U.G. L.I.F.E" — Vida Bandida. O plano era trazer representatividade àqueles que costumavam ser rotulados de "bandidos", *thugs*, e trocar a conotação negativa da palavra, assim como parte da comunidade negra havia feito com a palavra "nigger" ao alterar sua grafia para "nigga". Ele trocaria a conotação negativa por uma de pertencimento e orgulho.

Thug Life representava o próximo estágio na evolução do ativismo que Tupac vinha exercendo durante toda a vida. Ele estava determinado

---

* Na canção "Words of Wisdom", Tupac deu uma nova conotação a uma palavra usada como xingamento aos negros. Para isso ele criou um retroacrônimo com as letras que formavam a palavra "nigga" e as transformou numa sigla para "Never Ignorant Getting Goals Accomplished" [Nunca ignorante em conquistar objetivos]. Ao criar a iniciativa, Tupac retomou o jogo de palavras criado na música para dar nome ao seu movimento. [N. da R.]

a dar esperança e ajudar aqueles que permaneciam firmes, mas não tinham oportunidades igualitárias nas questões mais básicas, aqueles que se viam presos às consequências de 246 anos de escravidão — os que eram repetidamente discriminados por conta da cor da pele.

Muitos acusariam Tupac de incentivar uma vida violenta. Mas ele não se importou. Para ele, era uma forma de legitimação que despertaria sentimentos de inclusão e inspiração. O objetivo era fazer as pessoas se sentirem vistas, ouvidas e aceitas. "Quando digo 'Vivo a vida bandida, amor, não tem jeito', alguém pode ouvir e levar ao pé da letra, mas estou fazendo isso pelo jovem que realmente vive a vida bandida e sente que não tem esperança", explicou.

No entanto, Tupac tinha dificuldade em fazer com que mesmo seus confidentes mais próximos interpretassem a frase dessa forma.

Tupac ligou para Jamal Joseph, em Nova York, a fim de pedir conselhos. Desde seus dias como companheiro de Afeni nos 21 Panteras e, depois, como *sensei* de Tupac e um de seus padrinhos, Jamal se envolvia nos esforços do Exército Negro de Libertação, o que o levou a cumprir cinco anos e meio da pena de 12 anos e meio na Penitenciária de Leavenworth por abrigar um fugitivo. Após sua libertação, em 1987, depois de obter três diplomas enquanto estava encarcerado, ele conseguiu emprego na Touro University, em Nova York, e tempos depois se tornou professor na Universidade de Columbia. Conforme Tupac crescia, sempre consultava Jamal em busca de orientação.

Jamal expressou suas dúvidas. Ele permanecia orgulhoso de sua herança de Pantera Negra e dos princípios da organização, orgulho e lealdade, e tinha dificuldade em entender por que Tupac escolheria uma palavra como "bandido", com tantas conotações negativas, para representar seu plano. Jamal temia que fosse mal interpretada pelo grande público, que atrapalhasse em vez de ajudar a construir o movimento.

— Tupac, qual é o lance com *Thug Life*? — perguntou Jamal. — Você é filho de uma Pantera. Huey Newton e Bobby Seale foram bandidos e se tornaram revolucionários. Malcolm X foi um bandido que se tornou um revolucionário. Então você nasceu revolucionário, por que está regredindo?

Tupac respondeu imediatamente:

— Tem a ver com chegar aos jovens no momento em que estão, articular essa dor e focar em algo positivo. — Ele continuou: — Tenho que dar o papo reto aos pretos que me deram o papo reto. Foram eles que demonstraram amor por mim. Foram eles que cuidaram de mim.

Tupac sentia que os chamados bandidos e traficantes eram o único grupo de pessoas, além da família, que lhe dera amor incondicional e uma sensação de confiança e segurança no passado. Legs tinha sido o primeiro. Depois, os manos na vizinhança em Baltimore. Depois, os traficantes na Bay Area, Mike Cooley e Man-Man. Esses exemplos aleatórios haviam se tornado aqueles com quem Tupac mais se identificava.

Quando ele ligou para Mutulu contando seus planos, Mutulu disse a ele para "defini-los". Ele também contou a Tupac a história da palavra "thug", traçando suas origens hindi (de *thag*, que significa "ladrão" ou "enganador") e sua conexão com grupos de assassinos profissionais na Índia nos anos 1930. Os bandidos faziam amizade com grupos de viajantes e então os assassinavam e roubavam seus pertences. Enquanto os poderes coloniais britânicos tentavam parar esses assassinos violentos, "thuggery" [bandidagem] se tornou uma palavra usada para reunir tudo o que havia de violência na sociedade deles. Mutulu também lembrou Tupac de que os Shakur tinham inimigos no governo, o que o tornava um alvo. Proclamar ousadamente um slogan que podia ser interpretado como uma glorificação da violência poderia atrair atenção indesejada das autoridades.

Para ajudar Tupac a definir melhor sua missão, Mutulu sugeriu que ele incorporasse uma doutrina de códigos, um conjunto de regras formalizado para a rua a fim de ajudar a discutir o que ele havia cunhado como "agressão horizontal". O código incluía ordens como: Nada de sequestrar veículos. Nada de traficar em escolas. Nada de explorar idosos. "Violência sem sentido e estupros precisam parar." "Maus-tratos contra crianças não serão perdoados."

Tupac explicou: "Acho que até as gangues podem ser positivas. Só precisa ser organizado. E tem que deixar de ser autodestrutivo para se tornar autoprodutivo." A proclamação final do código do Thug Life era: "Na união há força."

Em um esforço para simbolizar sua dedicação a esse novo movimento Thug Life, Tupac decidiu que precisava de outra tatuagem feita por Coelho. "Tinha que ter significado, e tinha que ser algo que ninguém mais tivesse", Coelho contou sobre o processo de pensamento de Tupac. Daquela vez, Tupac deixou o estúdio com as palavras "THUG LIFE" em letras garrafais de sete centímetros de altura. O "I" era uma bala.

A VINGANÇA DE UM SOLDADO

Tupac imaginou o Thug Life como bem mais que um slogan: ele queria transformá-lo em uma operação organizada similar ao movimento dos Panteras Negras, como os homens e mulheres negros dos anos 1960 que encontraram consolo na filosofia de liderança de Huey P. Newton e Bobby Seale. Tupac sentia que os bandidos dos anos 1990 também eram excluídos da sociedade. Ele queria que mais pessoas dessa comunidade se sentissem ouvidas e compreendidas. Acreditava ser importante que essas pessoas soubessem que ele via as dificuldades enfrentadas por elas.

Tupac precisava montar a equipe certa para ajudá-lo a apoiar e construir esse movimento. Ele perguntou à pessoa que mais o inspirara na vida: sua mãe. No primeiro ano após sua recuperação, Afeni voltara a morar com a irmã, Jean. Tupac ficou muito orgulhoso dela e pensou que trabalhar juntos ajudaria a consertar as partes do relacionamento deles que haviam sido prejudicadas pelo uso de drogas. Sem hesitar, Afeni aceitou a sugestão do filho para ir para Los Angeles e começar a trabalhar com ele. Ela seria responsável por gerenciar todos os programas de assistência social à comunidade, arrecadação de fundos e outras iniciativas de caridade. Para financiar inicialmente esses esforços, ele usaria qualquer dinheiro extra que tivesse de seus projetos de música e cinema, começando com 200 mil dólares que acabara de ganhar por *Sem medo no coração*.

A tarefa seguinte de Tupac era garantir que as pessoas que o ajudavam a desenvolver sua carreira estivessem dedicadas apenas a ele e à sua visão. Atron havia visto o potencial dele desde o início, mas Tupac ainda era apenas um de seus artistas, de uma grande lista, competindo por tempo e atenção. Tupac pensou que precisava de um empresário que pudesse lhe dedicar 100% do tempo. Um dia, depois que Atron o buscou no Aeroporto Internacional de Los Angeles e seguiu em direção ao norte pela Interestadual 405, Tupac disse a ele que não queria compartilhá-lo com o Digital Underground ou qualquer outro dos seus artistas. Atron se lembra das palavras de Tupac: "Vou ser o melhor, ponto-final. E, se você não puder trabalhar só comigo, preciso encontrar alguém que trabalhe. Preciso ser o mais importante pra você, e, se você não quiser assim, preciso partir pra outra."

Atron gostaria de ter encontrado uma maneira de manter Tupac em sua lista de clientes, mas ainda estava trabalhando com o Digital Underground, com a rapper MC Smooth, com vários produtores musicais e um grupo chamado Gold Money. Àquela altura, a empresa de gerenciamento dele havia crescido a ponto de ter escritórios com funcionários no norte e no sul da Califórnia. Ele entendeu a preocupação e o desejo de Tupac de ter um relacionamento exclusivo com seu empresário, mas não podia cortar todos os outros. "Então ele ligou para Watani, em quem confiava", contou Atron.

Nas semanas e meses seguintes, no entanto, Atron logo ficou sabendo que não estava fora do círculo íntimo. Não apenas Tupac continuaria a ligar para ele com perguntas, e às vezes frustração, como Watani também, vez ou outra, recorria a ele em busca de conselhos.

Tupac e Watani já tinham um relacionamento sólido, cultivado durante o curto período do rapper como presidente do New African Panthers. Naquele momento, isso ganharia outra dimensão. Tupac e Afeni decidiram que Watani seria um bom candidato para lidar com *todas* as funções de gerenciamento dali em diante. Não importava que Watani não tivesse experiência nas indústrias musical e cinematográfica. Eles estavam confiantes de que ele daria conta do recado. E, como Karen Lee havia informado a Tupac que estava de mudança para um novo trabalho com Prince em Paisley Park, Watani levou Talibah Mbonisi, uma colega dos New Afrikan Panthers. Tupac a havia conhecido no ano anterior e logo passou a gostar da força e disposição que ela tinha para desafiá-lo. Ele acreditava que Talibah conseguiria ser sua relações-públicas e manter a "boca grande" dele fechada.

Como Mutulu e Jamal, Watani se preocupava que Tupac atraísse mais polêmica e confusão com sua empreitada do Thug Life. Como seu novo empresário, Watani esperava guiar Tupac e aquela mensagem. Ele sugeriu usar a palavra "outlaw" [fora da lei] em vez de "thug" [bandido]. Mas Tupac não dava o braço a torcer. Então Watani, como Mutulu, o incentivou a definir sua missão, a criar uma base moral que poderia sustentar as ideias positivas por trás do Thug Life a fim de responder àqueles que logo o criticariam.

A moral e a missão logo ficaram mais claras: Tupac queria alcançar indivíduos ignorados pela sociedade — jovens negros forçados a crescer sem qualquer exemplo ou orientação, criando um ciclo negativo que afetava toda a comunidade urbana. Ele queria difundir os valores ensinados por Afeni, usar os princípios do Partido dos Panteras Negras para fortalecê-los, enchendo seu espírito com orgulho negro. Queria que esses jovens compreendessem que, apesar da opressão que seus antepassados haviam suportado, seria sua força e resiliência — transmitidas durante séculos, de geração em geração — que serviriam de base conforme seguissem enfrentando a opressão e as adversidades. Tupac sabia, porque Afeni havia ensinado, que os negros precisavam abraçar essa resiliência, orgulhar-se dela. A unidade forjada por essa resiliência encorajaria a autoestima.

Ele também planejava informar à sociedade que era essa mesma opressão, esse *ódio*, que atrapalhavam o crescimento dos jovens negros e limitavam seu verdadeiro potencial. Isso veio logo depois, em uma noite em que Watani providenciou que Tupac discursasse em um jantar para o Malcolm X Grass Roots Movement em Atlanta. Diante de um salão de baile lotado, Tupac falou sobre a mãe, o movimento dos Panteras Negras e a importância da educação parental. Ele elogiou Afeni por ter ficado em casa para ensiná-lo, em vez de continuar a lutar.

A convicção de Tupac aumentava à medida que ele observava as contínuas desigualdades que assolavam a sociedade e sua incapacidade de ignorar o assunto. Ele disse à plateia que aquele era um momento crítico para ele. Aquela era a sua oportunidade de expressar tudo o que o preocupava. Ele falava com cada vez mais entusiasmo, quase atropelando as palavras enquanto apelava à comunidade por mudanças. Como é que havia faculdades por todo o país, e ainda assim havia "manos" que estavam "presos", e "manas" que estavam tendo filhos antes da hora, perguntou ao público. Ele discutiu abertamente o peso da responsabilidade que sentia em liderar, dizendo: "Dói — não, me incomoda, não dói — eu ter que deixar minha juventude de lado para me levantar e fazer alguma coisa que outra pessoa devia estar fazendo. Tem gente demais por aí, então por que eu tenho que fazer isso? Não é minha vez ainda. Eu deveria estar vindo logo atrás para aprender."

Prosseguindo com o discurso, ele revelou um significado mais profundo de seu novo slogan, "Thug Life". "Seremos o que vocês colocarem nisso. Então, se não colocarem nada, não fiquem bravos quando tudo explodir", disse ele à plateia.

Tupac acreditava que o mundo inteiro sofria as consequências quando as crianças negras cresciam recebendo ódio, o que em sua concepção incluía negligência, opressão e racismo por parte da sociedade. Em outra entrevista, ele explicou o nome que atribuiu ao novo movimento. "T. H. U. G. L. I. F. E. The. Hate. U. Gave. Little.

Infants. F-u-c-k. Everybody [O ódio que você semeia em criancinhas ferra todo mundo]. Ou seja, o que vocês nos dão cresce e explode na sua cara", explicou. "Isso é Thug Life."

Watani concordou em ajudar Tupac a moldar seu movimento. Mas, se Tupac pretendia alcançar e representar as ruas, Watani queria ter certeza de que ele entendia a mentalidade das ruas de Los Angeles, os bairros e principalmente o histórico dos territórios das gangues locais. As décadas de 1980 e 1990 viram o crescimento de uma forte presença de gangues no centro-sul de Los Angeles, com picos de vendas de drogas e carros que passavam atirando. Era bem diferente do que Tupac vira em Marin City e Oakland.

Watani conhecia membros tanto dos Crips quanto dos Bloods, o que ajudaria muito no interesse de Tupac em formar uma coalizão, um lugar onde as gangues se misturassem e os homens negros, independentemente da afiliação a gangues, pudessem unir forças. Ele acreditava que, se todos se unissem, seriam uma oposição mais forte ao que ele considerava a "gangue" mais opressora do país: a estrutura de poder branco representada pela política e a polícia. "Este país foi construído por gangues... Republicanos. Democratas. A polícia, o FBI, a CIA", disse Tupac em entrevista. "São gangues." Ele falou: "Os Estados Unidos *são* Thug Life."

Watani agendou um encontro entre Tupac e Anthony "Serge" Bryant, que ele pensou que poderia ajudar a supervisionar a adaptação à vida em Los Angeles, para além das luzes dos sets de filmagem de Hollywood. Serge levou Tupac para o Echo Sound Studios em Atwater Village. Também o apresentou a amigos de seu bairro em Inglewood, uma cidade no condado de Los Angeles.

Um desses amigos era Tyruss "Big Syke" Himes, um rapper que estava gravando seu álbum de estreia. Apenas alguns anos mais velho que Tupac, Syke tivera uma educação muito diferente. Preparado pela vida nas ruas de Inglewood, Syke era a personificação do grupo demográfico que Tupac estava tentando alcançar, e os dois logo se aproximaram. "Ele se apegou a mim porque eu era um verdadeiro membro de gangue, só tentando sair das ruas fazendo minhas coisinhas independentes", lembrou Syke. Os dois trocaram ideias e estratégias para vender seus discos enquanto, ao mesmo tempo, tentavam motivar os jovens negros das vizinhanças ao redor do centro-sul de Los Angeles a se unirem e resolverem suas diferenças. Tupac compartilhou seus planos para o movimento Thug Life e sua intenção de montar uma gravadora com o mesmo nome. Na visão dele, seu álbum *Thug Life* seria cheio de realidades vividas que refletiam a experiência de jovens negros nas ruas. "Quando ele falava de Thug Life, era autoexplicativo", contou Syke, "e era algo do que eu sabia que queria fazer parte. Ele me ajudou a me encontrar."

Durante as frequentes visitas a Syke no Imperial Village de Inglewood, Tupac acabou conhecendo os amigos dele, Mental Illness, um rapper, e Big Kato, que atuava como investidor de Syke, assim como Mike Cooley e Man-Man tinham sido para Tupac. Kato pagou o tempo de estúdio para o grupo de Syke, Evil Mind Gangsta's, gravar o álbum *All Hell Breakin' Loose*.

"Essa foi a introdução de Pac às ruas", contou Watani. "E então ele começou a mudar, e sua arte foi refletindo isso. E ele me disse: 'Quero garantir que não vou excluir esse elemento. Quero ter certeza de que eles não pensem que simplesmente os larguei e que não consigo me identificar com eles.' Portanto, era para equilibrar. Ele se sentiu pressionado porque teve que provar seu valor nas ruas por não ser das ruas."

Naquela época, os irmãos Hughes, Allen e Albert, que dirigiram os dois primeiros videoclipes de Tupac, o procuraram convidando para um papel em seu longa-metragem de estreia, então chamado *Perigo para a sociedade*. Os irmãos haviam fechado um acordo de distribuição do filme com a New Line Cinema, mas o acordo dependia de que conseguissem um artista com disco de platina para um dos papéis.

Allen Hughes contou para ele do filme: um vislumbre realista e sincero da vida nas ruas do centro-sul de Los Angeles. Hughes achou que Tupac seria uma boa opção para o papel coadjuvante de Sharif, um jovem muçulmano cujas tentativas de redirecionar a vida violenta do amigo Caine, personagem principal do filme, termina em tragédia. Tupac concordou de cara, mas, antes de aceitar a oferta, quis garantir que Allen entendia que, para os irmãos Hughes, ele só poderia aceitar um papel coadjuvante; seus papéis principais foram reservados para John Singleton. "Eu vou fazer *Perigo*", disse ele, "mas eu e John Singleton, a gente é tipo De Niro e Scorsese. Só faço papéis principais com ele. Então vou ser coadjuvante de vocês." Mesmo com esse pedido atrevido, depois que os contratos foram assinados, Tupac ganhou 300 mil dólares pela gravação de três semanas.

Enquanto os irmãos Hughes decidiam o elenco do restante do filme, Tupac pensou em Jada Pinkett. Fazia anos que eles queriam trabalhar juntos, e Tupac pediu a Allen Hughes que a considerasse para um papel. "Tupac entrou primeiro para o elenco de *Perigo para a sociedade*", explicou Jada. "E foi ele quem me colocou lá. Foi ele quem ligou para os irmãos Hughes e disse: 'Vocês precisam conhecer minha amiga Jada.' Ele me ligou e foi tipo: 'Tô nesse filme. E acho que você seria ótima para um papel.' [Então] fui e os conheci. Nós nos demos bem e consegui o papel." O momento marcaria o primeiro projeto criativo de Tupac e Jada desde os anos na Escola de Artes de Baltimore. Seria também uma chance para Tupac trabalhar com Bill Duke, que seria escalado como detetive; e ele teria a oportunidade de conhecer Duke ainda melhor e talvez se redimir por não ter ido à estreia de *Traindo o inimigo* no ano anterior.

No primeiro dia de leitura do roteiro, Tupac chegou aos escritórios de produção do filme. Ele estava animado para começar, mas ainda mais animado por ver Jada. "Quando Tupac chegou no primeiro dia, ele literalmente correu na direção de Jada", contou Allen. "Do outro lado da sala, ele a pegou e [praticamente] jogou ela para o alto e eles se abraçaram. Eram como irmãos."

O resto daquele dia não saiu como planejado.

Conforme Tupac lia o roteiro, parecia haver um vazio cada vez maior entre a visão dos irmãos Hughes para seu personagem e o que ele acreditava que o personagem deveria ser. De acordo com outros membros do elenco, sempre que era a vez de Tupac ler, ele fazia uma pausa, olhava para o roteiro e suspirava. Depois fazia uma nova pausa e tomava um gole de água do copo que estava sobre a mesa. E aí suspirava de novo. Ele contava piadas durante a leitura: às vezes o elenco ria, por nervosismo ou por diversão verdadeira. Às vezes Tupac também ria.

Hughes não ria. Não era engraçado. Ele esperava que Tupac fosse profissional, não um entretenimento para o elenco. Mas, por trás da atitude de Tupac, parecia haver uma frustração com seu papel coadjuvante, que ele queria que fosse mais aprofundado. Larenz Tate, que interpretou O-Dog no filme, conta: "Tupac tinha um problema com parte do roteiro e do diálogo e da forma como o personagem ia ser retratado… Ele foi responsável o suficiente para dizer 'Olha, é assim que eu quero que esse personagem seja retratado'."

Outro colega de elenco, o rapper Aaron Tyler, também conhecido como MC Eiht, lembrou-se dos detalhes da reclamação de Tupac: "Ele queria que eles colocassem no roteiro *por que* [seu personagem] se tornou muçulmano. Que mostrassem o motivo. A representação deveria ser que seu irmão mais novo tinha sido assassinado, mas eles não iriam mostrar tudo isso… E foi o que o irritou… Se você quer que eu interprete o cara justo, você tem que mostrar por que me tornei justo. E eles não queriam fazer isso."

Hughes tentou controlar Tupac, mas nada foi capaz de convencê-lo a abandonar seus esforços para fazer acréscimos criativos e mudanças no enredo. Ele disse a todos na sala "sem ofensa ao elenco", mas que não conseguia abrir mão do que considerava a maneira certa de contar uma história. E, quando Tupac acreditava em algo, não tinha volta. Ele era inflexível, determinado e tinha dificuldade em não conseguir o que queria.

Mais tarde naquele dia, quando os maquiadores chegaram para arrumá-lo, Tupac recusou. Allen tentou apaziguá-lo, mas o comportamento errático continuou. No dia seguinte, antes que ele chegasse, Hughes pediu ao elenco que não risse de nenhuma piada, esperando um segundo dia mais tranquilo, só que Tupac seguiu interpretando o cara engraçado. Ele saiu da marcação que deveria seguir e ficou fazendo piadas, apesar do silêncio dos colegas de elenco.

Por fim, Hughes não aguentou mais. Ele olhou para Tupac do outro lado da mesa e perguntou: "Tupac, por que você está sendo chato pra caralho?" Mas isso só piorou a situação. Depois, Hughes chamou Tupac em seu escritório na esperança de resolver as coisas em particular. Mas Tupac não estava a fim de conversa. "Ele me confrontou", explicou Allen. "Ele estava enlouquecendo, andando de um lado para o outro no meu escritório."

Então gritou:

— Ligue para o meu empresário!

E saiu furioso do prédio.

Embora Tupac tenha contratado Watani, Atron ainda estava envolvido em alguns dos negócios, principalmente se fossem relacionados com um contrato de cuja negociação ele tivesse participado. Tupac ligou para Atron na mesma hora.

— Não vou fazer esse filme. Desisto!

Atron se lembrou da Mercedes que acabara de comprar para Tupac.

— Você não pode desistir.

— Desisto. Esses filhos da puta não vão me dirigir!

Hughes ligou para Tupac naquela noite, esperando conseguir resolver. Mas Tupac não aceitava.

— Ligue para o meu empresário! — repetiu antes de desligar o telefone.

No entanto, Hughes não tinha planos de ligar para o empresário de Tupac. E, dias depois que Tupac deixou os escritórios da produção de *Perigo para a sociedade,* ele ficou sabendo que a chance de reconciliação era zero. "Tupac foi demitido de *Perigo* porque havia um contrato que estipulava que ele precisava estar no set", contou Allen Hughes. "A New Line Cinema ficou desconfortável, ele foi liberado e outro ator assumiu o papel." Mas, de acordo com Tupac, ele nunca recebeu a notícia de que tinha sido dispensado, e na verdade ficou sabendo por um programa de entretenimento da MTV. E ele ficou furioso.

DÊ UM GRITO SE PUDER ME OUVIR
1993

> Whatever it takes to live and stand, 'cause nobody else'll give a damn. So we live like caged beasts, waitin' for the day to let the rage free.*
>
> — TUPAC SHAKUR

O segundo álbum de Tupac, *Strictly 4 My N.I.G.G.A.Z.*, foi lançado em 16 de fevereiro de 1993, vendendo 38 mil cópias na primeira semana e estreando na posição 24 na *Billboard* 200 dos Estados Unidos e na posição 4 nas paradas de álbuns de R&B/Hip Hop. Embora o álbum tenha passado os de Bon Jovi, Paul McCartney e Mary J. Blige na *Billboard* 200, Tupac esperava alcançar a primeira posição. O primeiro single, "Holler If Ya Hear Me", produzido por Stretch, carregava um pedido urgente para que o país agisse. Para capturar a atenção dos ouvintes com os temas do álbum, Tupac abriu o videoclipe com uma introdução falada, alegando abertamente suas convicções.

> *Too many families have been affected by a wrongful death*
> *This system and this country has tore apart my family and our families*

---

* O que for necessário para viver e se manter de pé, porque ninguém dá a mínima/ Então vivemos como feras enjauladas, esperando o dia de libertar toda a nossa raiva.

You can't have a Black family and be together
How many more funerals do we gotta go to? And how many
more scenes of the crime do we gotta watch them chalk out Black
figures on the concrete before we realize that the only way for us to
ever get out of this predicament is to struggle to survive?
If we wanna change, we gotta fight for it. Ain't nobody gonna
give it to us. We just gonna have to take it.*

Um dos muitos motivos de Tupac ficar com raiva de sua saída de *Perigo para a sociedade* era não poder trabalhar com Jada no filme. Mas logo uma nova oportunidade apareceu, quando pediram a Tupac para fazer uma participação especial no programa de TV dela, *A Different World.* Ao contrário da leitura de *Perigo*, aquela experiência foi maravilhosa. Jada se lembrou da animação da equipe para trabalhar com Tupac. "Não tive que negociar para que ele entrasse", conta ela. "Acho que foi uma sugestão e todo mundo ficou tipo 'SIM!'" Os produtores o escalaram como Piccolo, o ex-namorado da personagem de Jada, Lena. Os roteiristas trabalharam o arco ao redor do relacionamento longo de Jada e Tupac em um diálogo entre dois personagens, quando Piccolo diz para Lena: "Talvez eu queira te pegar mais tarde no futuro." Tupac e Jada até trocaram um beijo na tela.

Fora dela, porém, Tupac e Jada permaneceram grandes amigos e nunca se tornaram mais que isso. Ele falava do profundo amor por ela em entrevistas e até escreveu para ela um poema que foi publicado postumamente. "Jada é meu coração", proclamava em público. "Ela será minha amiga por toda a vida. Ficaremos velhos juntos. Eu daria a ela meu único coração. Meu fígado. Meus pulmões. Meus rins. Meu sangue. Medula. Tudo isso." Jada também sabia que eles tinham algo especial. "O tipo de relacionamento que tínhamos", refletiu ela, "só acontece uma vez na vida".

No set de *A Different World,* Jada apresentou Tupac para Jasmine Guy, que interpretava a memorável personagem Whitley. Guy conta

---

* Muitas famílias foram afetadas por mortes injustas/ Esse sistema e este país dividiram minha família e nossas famílias/ Não dá para ter uma família negra e se manter junto/ A mais quantos funerais vamos ter que comparecer? E mais quantas cenas de crime com figuras negras desenhadas no concreto teremos que ver antes de percebermos que a única saída para nós é a luta para sobreviver?/ Se queremos mudança, temos que lutar por ela. Ninguém vai dá-la a nós. Temos que reivindicá-la.

Here We Go turn it up let it start
From Block 2 Block we snatching Hearts & Jacking Marks
& the punk police can't fade me & maybe
we can have peace some Day
But right Now I got my mind made up
Looking Down the barrell of my 9 get up
cuz it's time 2 make the payback fat
2 my Niggaz on the Block better stay strapped black
Accept No Substitutes I Bring truth 2 the youth
Tear the roof off the whole scoop
oH No I won't turn the other cheek
In case u can't c that's why we burn the other week
Now we got 'em in a smash Blast
How long will it last til the po' get mo' cash
until then Raise up to my young **BIK** males
BLAZE up.
Life's a mess, Don't stress test r given
but Be thankful that ya living BLESS
MUST love 2 my Niggaz in the Pen
c ya when I free ya if Not when they
shove me in
once again it's an all out scrap
Keep ya HANDS ON YA GAT Have ya Boyz
Watch ya Back
cuz in the alleys out in Cali I'ma tell ya
mess with the Best & A vest couldn't help ya
scream if ya feel me c it cleary
ya too Near me Holler if ya Hear me

Letra de "Holler If Ya Hear Me", faixa de abertura do segundo álbum de Tupac, *Strictly 4 My N.I.G.G.A.Z.*

sobre o dia em que se conheceram: "Eu conhecia as músicas dele, mas não havia prestado muita atenção nele até que ele entrou no set e eu pensei, 'Ele é bom!'". Tupac sabia que Jasmine tinha estado nas séries *Fame* e *Um maluco no pedaço*, e estava animado para fazer amizade e aprender com ela. Ele sabia que ter uma amiga com interesses similares era tão importante quanto ter uma com quem pudesse trocar contatos e dicas. Nos meses seguintes, buscou o conselho dela sobre como construir seu currículo de atuação para a TV. Um dos conselhos que ela dava a ele: "Não deixe ninguém dizer que você não pode atuar ou que está surfando na sua carreira de rap, porque você pode sim. Você é ator!" Em troca, Tupac encorajou a florescente carreira musical de Jasmine. Ele até disse que esperava assinar com ela quando tivesse a própria gravadora.

Embora Tupac passasse cada vez mais tempo no estúdio de gravação, ele ainda reservava momentos para oferecer ajuda e cultivar amizades que tinha feito durante a turnê do Digital Underground. Uma tarde, quando ele ligou para Rosie Perez, a conversa começou de maneira casual, mas, conforme avançou, Rosie começou a chorar, explicando que havia sido dispensada por uma pessoa quinze minutos antes de sair para passar a noite no Soul Train Music Awards.

— Esquece! Tô indo aí — disse Tupac a ela. — Ele vai ficar com muito ciúme quando me vir com você.

Os dois se encontraram e alugaram uma limusine para o evento. No caminho, fumaram maconha e conversaram sobre a noite que viria. "Eu não era de fumar naquela época", lembrou Rosie, "a ponto de estarmos na limusine e nós trocarmos um olhar e eu perguntar: 'A gente tem que se beijar ou algo assim?' E ele respondeu: 'Não, porque você é pra casar.'"

E, embora o relacionamento de Tupac e Rosie tenha se mantido platônico, outro romance começou naquela noite. Enquanto Tupac e Rosie caminhavam pelo corredor até seus assentos no auditório, Madonna puxou Rosie de lado e disse: "Me apresenta para ele!" Tupac ficou, obviamente, animado ao saber que Madonna estava interessada. Em poucos dias, os dois estavam oficialmente namorando.

Pouco importava que eles tivessem origens muito diferentes, ou que ela fosse dez anos mais velha, ou que ele fosse uma estrela em ascensão e ela um ícone pop mundialmente famoso. Dentro da bolha da fama, essas diferenças podem desaparecer. Embora Tupac e Madonna tenham tido um relacionamento romântico por um curto período, eles também conversaram muito sobre negócios. Ela compartilhou com ele suas experiências financeiras e lições de vida, ensinando a importância de economizar e fazer o dinheiro render. Eles falaram de unir forças para lançar linhas de roupas e abrir restaurantes, e até gravaram uma música juntos intitulada "I'd Rather Be Your Lover".

Snoop Dogg, que havia se tornado próximo de Tupac depois que se conheceram na première de *Sem medo no coração*, conta de uma noite em que Tupac e Madonna apareceram para se encontrar com ele no set de *Saturday Night Live*. Tupac havia ligado para Snoop.

— E aí, meu parceiro, cadê você?

— Tô no *Saturday Night Live*. Tô sem nenhuma droga.

Tupac logo quis ajudar.

— Não se preocupa com porra nenhuma, parceiro. Vou pro *Saturday Night Live*. Já chego aí.

Snoop contou sobre aquela noite anos mais tarde em uma entrevista com Howard Stern: "Adivinha com quem ele apareceu? Madonna... e ele entrou e tinha uma bolsa grande daquele 'líquido motivador'... demonstrando que estava com o status elevado."

Madonna apresentou Tupac a uma vida de riqueza, privilégio e status VIP que estava a mundos de distância da origem dele, e da origem da maioria das pessoas. "Às vezes eu deixava ele na casa dela", conta Mopreme. "Em uma noite em específico, era para ele ir com ela no jatinho dela, e ele ficou me estressando porque estava atrasado. Ele me fez dirigir a toda velocidade pelo Valley para chegar naquele maldito avião. Mas perdeu o voo."

Naquela primavera, Tupac encontrou cada vez mais seu nome nos jornais, não por vendas de discos ou críticas de filmes, mas por problemas com a lei. No dia 13 de março, em Hollywood, ele e três amigos estavam a caminho do set de *In Living Color* quando brigaram com o motorista da limusine. O artigo da *Associated Press* dizia, em um trecho: "Dois membros do grupo de rap '2Pac' foram presos ontem por supostamente agredir um motorista que reclamou que eles estavam usando drogas na limusine, segundo a polícia... O motorista reclamou quando os dois se sentaram no banco da frente do carro — uma violação da política da empresa de limusines — e supostamente usaram uma droga ilegal. 'Ao que parece, eles ficaram com raiva e o atacaram, espancaram, chutaram e pisotearam', disse o sargento de polícia John Zrofsky." Um mês depois, Tupac foi preso outra vez, antes de um show em Lansing, Michigan, por ameaçar o rapper local Chauncey Wynn com um taco de beisebol durante uma disputa sobre quem se apresentaria primeiro.

Algumas pessoas próximas a Tupac observavam enquanto ele seguia um caminho perigoso. No set do videoclipe de "I Get Around", que estava previsto para ser lançado naquele verão como o segundo single de *Strictly 4 My N.I.G.G.A.Z.*, Shock puxou Tupac para uma conversa.

— Pac, escute. Vai com calma. Estamos todos preocupados.

Tupac tentou tranquilizá-lo, mas Shock o interrompeu.

— Espere, escute — disse ele balançando uma chave diante de Tupac. — Se você quer dar um tempo, relaxar e assistir TV, aqui está a chave da minha casa. É silenciosa e ninguém vai saber que você está lá.

— Shock, você não entende — disse Tupac, pensando que, já tendo alcançado os dois objetivos que definira para si, estar nas telonas e lançar um álbum, havia terminado. — Fiz tudo o que me dispus a fazer. A esta altura, não ligo para nada.

A discussão acabou.

Com seu apetite infinito por novas parcerias criativas, junto à sua ética de trabalho incomparável, Tupac estava sempre expandindo seu mundo. Uma noite, após ouvir o sucesso "Indo Smoke", que seria lançado na trilha sonora de *Sem medo no coração*, ele fez algumas ligações e acabou falando com o produtor Warren G, meio-irmão do artista e produtor de rap Dr. Dre, que estava no caminho para a fama com o sucesso explosivo de seu primeiro álbum solo, *The Chronic*. Warren fazia parte de um grupo chamado 213 com Snoop Dogg, seu amigo de infância, mas, quando Dre e Snoop assinaram com a Death Row, Warren se abriu para novas oportunidades. Ele e Tupac concordaram em se encontrar no Echo Sound Studios. "Eu estava morando com minha irmã na Cedar Street, dormindo no chão, quando ele ligou", lembrou Warren. "Eu peguei meu 'ferro'... Eu tinha uma calibre .45. Peguei minha bolsinha, embrulhei meu mixer e meu toca-discos e pulei no meu Regal caindo aos pedaços."

Quando Warren chegou ao estúdio, o que começou como uma conversa logo se transformou em uma nova música — "Definition of a Thug Nigga". "Entrei no estúdio e ele começou a me perguntar o que estava acontecendo", lembrou Warren. "Contei a ele grande parte do que estava acontecendo, que eu não tinha dinheiro e sentia que estava lutando só para conseguir ter o que comer, e que fui abandonado porque não estava com Snoop, Dre e Death Row, e me sentia pra baixo. Contei que estava participando de tiroteios com os manos e tal. Logo depois disso, ele disse: 'Warren, vou pegar uma batida.' Então carreguei minhas coisas e toquei para ele uma de minhas faixas. Ele pegou um caderno e começou a escrever e tal. Ele usava uma touca com um barbante pendurado e estava com um baseado na boca, e então começou a cantar o refrão de [o que se tornou] 'Definition of a Thug Nigga'. Quando entrou na cabine, falou de tudo o que eu tinha acabado de contar a ele."

Quando Warren e Tupac terminaram a música, receberam uma notícia trágica: o amigo deles Big Kato havia sido assassinado — morto por causa de um conjunto de argolas Dayton que custava 2.500 dólares. "[Tupac] ficou meio arrasado depois disso", lembrou Warren. "Algumas garotas entraram no estúdio e todo mundo estava desolado e se abraçando e tal."

Enquanto estava de luto, Tupac perguntou a Warren se ele tinha outra batida. Em poucos minutos, eles gravaram uma segunda música chamada "How Long Will They Mourn Me?" e a dedicaram a Kato.

It's kinda hard to be optimistic
*When your homie's lying dead on the pavement twisted**

Outra conexão feita nessa época levou a alguns dos sucessos mais lendários de Tupac. Por intermédio de Syke, ele conheceu um produtor chamado Johnny Jackson, conhecido entre os amigos como Johnny "J". Ele era alguns anos mais velho que Tupac, um nativo do centro-sul que fez sucesso produzindo o sucesso de 1990 "Knockin' Boots" para seu amigo de colégio John Shaffer, mais conhecido como Candyman.

"Eu estava trabalhando no álbum de Big Syke", contou Johnny. "E… ele veio até mim e disse 'J, Tupac quer conhecer você. Tupac quer conversar'." "Tupac? Você está falando sério?" Syke estava falando sério. "O cara ouviu as batidas que você fez nas minhas coisas. Ele quer que seja você."

---

* É meio difícil ser otimista/ Quando seu mano está morto e retorcido no asfalto.

Johnny lembra que não perdeu tempo e logo saiu. "Ele me colocou direto no estúdio. Eu não tinha carro. Ele me pegou com minha bateria eletrônica, e eu fui até lá. Funcionou."

Uma das primeiras faixas que gravaram foi "Pour Out a Little Liquor", uma música que homenageava os mortos na violência das ruas.

And now they buried,
Sometimes my eyes still get blurry.
*Cause I'm losing all my homies and I worry**

Em Johnny J, Tupac enfim encontrou um parceiro que gostava de trabalhar na mesma quantidade, rapidez e empenho que ele. As batidas de corte direto de Johnny ajudariam Tupac a documentar a vida nos guetos. Os dois gravaram mais nove canções em apenas três dias. Era o ritmo preferido de Tupac. Quando ele estava focado, nada podia distraí-lo. Ele trabalhou no estúdio até em seu aniversário de 22 anos. Watani perguntou a Tupac se ele queria tirar a noite de folga do cronograma apertado e celebrar durante o jantar, mas Tupac o dispensou.

— Cara, agradeço, mas vou para o estúdio.

— Mas é seu aniversário — respondeu Watani.

— É, mas eu quero ficar lá.

O estúdio havia se tornado um refúgio. Com tanta coisa acontecendo, era um espaço onde ele podia escapar e se expressar. A cabine de som era seu sofá, o microfone seu terapeuta. Se não estivesse se apresentando ou sentado diante de uma câmera sendo entrevistado ou promovendo um de seus projetos, ele estava no estúdio. Tupac explicou: "Eu expurgo a mim mesmo de pesadelos, sonhos, esperanças, desejos, planos, planejamentos, memórias, fantasias; o estúdio é isso. Aquela cabine é a minha confissão. É a minha droga. É tudo o que tenho."

Não importa quanto ele tentasse, pois, a cada coisa positiva que acontecia, parecia haver mais que o puxava para baixo, desde a morte de amigos como Big Kato até a demissão do elenco de *Perigo para a*

---

* E agora eles estão enterrados/ Às vezes meus olhos ainda ficam marejados/ Porque estou perdendo todos os meus manos e me preocupo com isso.

sociedade, desde lidar com seus processos judiciais até as vendas vagarosas do primeiro single do *Strictly,* "Holler If Ya Hear Me".

Mas essa trajetória mudou em um instante no dia 10 de junho daquele ano, quando a Interscope lançou o segundo single, "I Get Around". Enquanto "Holler If Ya Hear Me" tinha mais temas políticos e sociais, "I Get Around" mostrava Tupac e os amigos do Digital Underground se divertindo, relatando suas conquistas com comentários convencidos. A música passou 25 semanas nas paradas da *Billboard* norte-americana, chegando ao número 11 e alcançando a quinta posição nas paradas de R&B.

A Interscope contratou Tupac como seu primeiro artista de hip-hop em 1990, mas, na primavera de 1993, as coisas estavam prestes a mudar. Um ano antes, durante a batalha política sobre as letras de rap, John McClain entrou na Interscope Records e tocou uma mixagem do álbum *The Chronic* de Dr. Dre para Tom, Jimmy e Ted. Sem hesitar, a Interscope fechou um acordo que inseriu definitivamente a gravadora no mundo explosivo do gangsta rap. Com um aporte de 10 milhões de dólares, eles financiaram e concordaram em distribuir um selo independente e inexperiente que logo se tornaria lendário e infame — o Death Row Records. Fundado pelo ex-astro do ensino médio e atleta universitário criado em Compton Marion "Suge" Knight e pelo rapper/produtor do N.W.A. Dr. Dre, junto com o rapper The D.O.C. e o promotor Dick Griffey, o Death Row alcançou sucesso estratosférico com o lançamento de *The Chronic*, que vendeu milhões de cópias e levou Dre e seu artista Snoop Dogg à fama internacional.

Na época em que *Strictly 4 My N.I.G.G.A.Z.* se estabeleceu nas paradas, o nome de Tupac já estava na lista de desejos de Suge Knight para os artistas do Death Row. "Eu sempre via Suge", disse Tupac. "Quando eles fizeram a trilha sonora de *Murder was the Case*, e eu estava passando por todos aqueles problemas com a justiça, ele ficou tipo 'Ei, me arranja uma canção, mano'. Dei a ele uma canção, e consegui o máximo que já consegui de uma canção. Foi praticamente o orçamento de um álbum. Recebi uns 200 mil ou 150 mil dólares por uma música, e eles nem a usaram. Mesmo assim fui pago por tudo o que fiz na trilha sonora. Ele havia me convidado pra ir pra

Death Row, e falei que não estava pronto." Suge não insistiu. "Em vez de levar para o lado pessoal, ele fez isso por mim, e sou grato."

Tupac estava focado em desenvolver a própria gravadora. Naquele ano, ele mudou o nome de Underground Railroad para Out Da Gutta Records. Ele contratou um amigo e camarada Pantera Negra de Afeni, o artista visual Emory Douglas, para criar um logo que representasse um homem saindo de um bueiro, e planejou contratar seus amigos artistas, incluindo Mystah e Havenotz. No entanto, quando explicou o plano a Tom Whalley, este temeu que pudesse ser um pouco prematuro para Tupac começar a contratar novos artistas antes que sua carreira se estabilizasse. Ele temia que Tupac se distraísse lançando carreiras de outros artistas e tivesse menos tempo para se concentrar na própria. "Me lembro de pensar: só estamos começando", contou Whalley. "Aquilo podia ser uma receita para o desastre. Falei para irmos com calma." Tupac tentou ser paciente. Enquanto isso, avisava a todos que o álbum *Thug Life* ia acontecer e que as músicas que estava gravando estariam alinhadas com o movimento proposto por ele.

No verão, a tensão crescente dos desafios judiciais começou a aparecer de diferentes formas. Naquela época, Tupac percebeu que estava perdendo cabelo em um ritmo alarmante. Um dermatologista o diagnosticou com alopecia areata, uma doença autoimune que causa queda periódica de cabelo. As causas podem ser hereditárias, mas também podem ser induzidas por estresse agudo. Tupac começou a raspar a cabeça. Para acalmar a ansiedade que aumentava, ele fumava quantidades excessivas de maconha ao longo do dia, alternando entre baseados e cigarros, acendendo um após o outro. Por fim, sentiu que esse hábito estava saindo do controle e pediu a Afeni e Watani que o levassem a um acupunturista para diminuir os desejos viciantes. A cura durou pouco. "Durou um dia", lembrou Watani. "Ele abriu um buraco na janela com um soco."

Em 3 de julho de 1993, quando discursou na 23ª edição anual da Indiana Black Expo, Tupac subiu ao pódio diante de um salão de baile cheio de convidados e não reprimiu nada. Durante trinta minutos, ele fez um apelo intenso e emotivo que conectava sua raiva crescente à contínua recusa dos Estados Unidos branco em se importar com a situação. "Em primeiro lugar, vocês vão pensar que tem algo errado comigo. Porque estou perdendo o controle", disse ele à multidão.

"Estou falando sério... Sei que todos vocês podem pegar os jornais e dizer que este homem tem problemas. E tenho... Mas todos nós temos problemas. E o meu é sobre mim mesmo, porra." Ele contou para o público uma história sobre as lutas de sua juventude em Baltimore, o vício em crack de Afeni e muito mais. Por fim, mudou o assunto para seu projeto Thug Life. "E, quando digo 'Thug Life', falo sério", disse ele. "Porque esses brancos nos veem como bandidos. Eu não me importo com o que vocês pensam. Não me importo se você pensa que é advogado... se é homem... se é negro. Se você é o que pensa que é, nós somos bandidos e crioulos para esses filhos da puta. E, até sermos donos dessa merda, vou mandar a real."

Ele vinculou a própria raiva aos acontecimentos que destruíram a América Negra e à frustração e impotência que sentiu em resposta. "As coisas mudaram", disse ele. "Porque eu era um cara legal... Eu era feliz... Mas, caramba, eles acabaram com a Latasha [Harlins], e depois com Yusef [Hawkins]. Estão matando pretos mais novos do que eu. E não estamos fazendo merda nenhuma... Estamos marchando há quase cem anos. Estamos marchando no aniversário da marcha que marchamos há 25 anos. É uma merda, caralho." Ele terminou com um apelo sincero pela união: "Então, o que estou dizendo, para encerrar, é que precisamos estar unidos... Não deixem essa merda nos separar. Não ligo se você é da Califórnia, de Nova York ou de onde quer que seja, ou se você é da gangue Blood ou da Crip, ou um bandido, ou um estudante, ou um estudioso, ou sei lá. Não deixe que nada o impeça mais. Precisamos nos unir por todos os meios possíveis e lutar!"

Por mais que Tupac desejasse união, ele continuava a ter problemas quando se tratava das escolhas pessoais. Mais ou menos naquela época, ao visitar o set do videoclipe da rapper Spice para "Trigga Gots No Hearts", que estaria na trilha sonora de *Perigo para a sociedade*, ele e os irmãos Hughes se viram no mesmo espaço pela primeira vez desde que ele descobrira pela MTV News que tinha sido demitido do filme. Enquanto cumprimentava os amigos, Tupac viu os irmãos Hughes chegando. Depois que gritou uma série de acusações e obscenidades para eles, e Albert Hughes logo foi para a saída, Tupac e os outros cercaram Allen. Tupac deu o primeiro soco. Enquanto Allen tentava se esquivar, todos caíram em cima, sem permitir que ele se defendesse. "Peguei Tupac pelo pescoço e estava pronto para socá-lo e, como num filme, o sangue espirrou por toda parte. Eu nunca tinha sido encurralado antes."

Semanas depois, Tupac foi indiciado por atacar os irmãos Hughes e precisou se defender nos tribunais de Los Angeles.

Tupac mal podia esperar para contar ao mundo o que havia acontecido. No dia 16 de julho, durante uma entrevista no *Yo! MTV Raps* em Nova York para promover *Sem medo no coração,* Tupac se gabou do incidente mesmo enquanto se defendia em um processo civil daquela mesma acusação. "Espanquei os diretores de *Perigo para a sociedade.* Me deixe contar para o mundo todo", ele disse na entrevista. A personalidade do rádio Ed Lover tentou impedir que Tupac continuasse falando coisas incriminadoras, mas ninguém conseguiu contê-lo. Olhando diretamente para a câmera, ele contou ao mundo que os irmãos Hughes o haviam demitido "de uma maneira ousada e talarica, então eu os peguei na rua e dei umas porradas neles". Depois disso, os caras que estavam reunidos no set tentaram falar por cima dele. Sem sorte. "E não acabou", gritou Tupac, embora obviamente também estivesse se divertindo, talvez sem se dar conta das implicações jurídicas do que dizia. "Eu era uma ameaça aos irmãos Hughes." Por fim, Lover tampou a boca de Tupac com a mão.

No fim da entrevista, ainda elétrico, ele acrescentou: "Você pode arranjar as coisas para promover uma luta de boxe entre mim e os irmãos Hughes para a caridade? Para a caridade? Que tal? No ringue, de luvas; eu contra os dois cabeçudos, para a caridade?" Pode ter sido uma tentativa de aliviar o momento, mas os irmãos Hughes não aceitaram. Para eles, o estrago já estava feito.

Uma semana depois, no dia 23 de julho de 1993, *Sem medo no coração* estreou nos cinemas de todo o país e logo se tornou um sucesso de bilheteria, arrecadando quase 12 milhões de dólares em seu fim de semana de estreia e ficando em primeiro lugar. E, por mais que os críticos estivessem em dúvida se o diretor John Singleton havia conseguido fazer uma sequência bem-sucedida de sua estreia inovadora, *Os donos da rua,* Tupac recebeu ótimas críticas pela atuação como Lucky, o carteiro. A revista *Variety* disse que "Shakur realiza um trabalho verdadeiramente notável". A *Entertainment Weekly* escreveu: "Tupac Shakur, que foi tão surpreendente como o sociopata de olhos semicerrados em *Uma questão de respeito*, de Ernest Dickerson, faz do ardente Lucky uma figura complexa e atraente."

Na mesma noite em que milhares de espectadores seguiam para os cinemas para ver Tupac na tela, um grupo menor na boate Palladium, em Nova York, testemunharia outro momento marcante. Lá, Tupac estava no palco se apresentando com um novo amigo: Christopher Wallace, também conhecido como "Notorious B.I.G." — "Biggie". Os dois haviam se conhecido por intermédio de Stretch meses antes, durante as filmagens de *Sem medo no coração*, e logo se tornaram amigos. Durante a produção, Tupac costumava tocar a música "Party and Bullshit" de Biggie em seu trailer. Biggie às vezes passava noites no sofá de Tupac no apartamento dele em Los Angeles e, por sua vez, levava Tupac para Bedford-Stuyvesant, o bairro do Brooklyn onde ele cresceu. "Sempre pensei que fosse coisa do signo de Gêmeos", contou Biggie sobre o relacionamento deles em uma entrevista. "Nos demos bem logo de cara e isso nunca mudou."

Meses depois, em outubro, Tupac e Biggie tornaram a subir ao palco juntos, daquela vez para um freestyle improvisado na noite do Budweiser Superfest no Madison Square Garden. Em um show de R&B com Patti LaBelle, Tupac e Biggie, com a amizade cada vez mais forte, pegaram os microfones quando começaram o show. Com a testa suando, Tupac falou com uma convicção urgente, que ganhou um novo significado quando ele começou a promover seu movimento Thug Life na turnê. "Vou contar tudo sobre o Thug Life antes de começar a próxima música", disse ele à multidão. "Thug Life não é o que esses brancos estão tentando dizer que é... Se todos nós nos reuníssemos e usássemos o medo que esses brancos têm de nós de todas as maneiras, talvez tivéssemos alguma coisa. Um neguinho só não consegue fazer nada. Mas, com um milhão de pretos, resolveremos essa porra de país."

Naquela noite, Biggie cantou sua frase icônica: "Onde está o Brooklyn?!" e Tupac fez um freestyle de um verso de sua música "Nothing to Lose". Juntos, os dois agitaram o público lotado no Garden. "Uma das performances de hip-hop mais incríveis de todos os tempos", relembrou o DJ Mister Cee, que estava no palco. "Só reunimos todos eles no palco e a magia aconteceu."

A dupla subiu ao palco outra vez naquele mês, na Bowie State University, em Maryland, com uma grande e turbulenta equipe de colegas rappers, alguns recrutas de Tupac para o movimento Thug Life, outros amigos de Nova York. Todos dançaram ou andaram pelo palco balançando a cabeça, cada um se revezando no microfone. Biggie deu ao público "Party and Bullshit", gritando "Thug Life!" quando terminou, e Tupac disse à multidão para apreciá-lo um pouco. O clima, os sorrisos, tudo isso poderia levar alguém a acreditar que a amizade deles foi estabelecida naquela noite por um respeito mútuo pelo talento evidente de cada um.

Curiosamente, naquela noite, Tupac e Biggie encenaram um momento dramático, uma briga no palco que, de maneira sinistra, foi o prenúncio de uma das brigas mais icônicas da história do hip-hop. Tupac desfilou pelo palco enquanto Biggie se apresentava e pulou agressivamente sobre ele, fazendo o público se perguntar se uma briga violenta ia acontecer. Mas, quando a música começou e o MC no palco, que estava participando da brincadeira, disse: "Espere, espere, espere!", Biggie cantou a letra de sua música: "Can't we all get along?!" ["Não podemos todos nos dar bem?!] Todos no palco aplaudiram e gritaram. Era só brincadeira.

O verão de 1993 levou Tupac a um novo nível de fama e sucesso. Enquanto *2Pacalypse Now* e *Uma questão de respeito* haviam ajudado a lançá-lo, "I Get Around" e *Sem medo no coração* o ajudaram a alcançar um nível ainda mais alto de fama. Durante a metade do primeiro ano, ele saiu em turnê. Afeni lhe enviou kits de viagem que continham camisinhas, números de telefone de fiadores de fianças, paninhos com orações e vitaminas. O público tinha sido menor do que o esperado — alguns locais estavam praticamente vazios. "Me lembro de uma vez que, acho que estávamos em algum lugar de Ohio, ninguém apareceu", contou Syke. "Então compramos bebida e curtimos. Fomos para o meio da pista e começamos nós mesmos a dançar."

No entanto, com o sucesso de *Sem medo no coração,* a imagem pública de Tupac havia crescido rapidamente. "Se Tupac era bom o bastante para beijar Janet Jackson, ele era bom o suficiente para eles", propôs Syke. Quer fosse a impressão duradoura que seu personagem, Lucky, causara nos telespectadores, quer fosse seu romance ficcional com Janet Jackson, a fanbase dele pareceu explodir da noite para o dia. Dias depois do lançamento do filme, a pouca audiência em seus shows se transformou em fãs adoradores e barulhentos.

DÊ UM GRITO SE PUDER ME OUVIR

No final de 1993, Tupac deu os retoques finais em seu álbum *Thug Life*. Este contava com Big Syke, Mopreme, Stretch e Spice 1, assim como Rated R, Macadoshis e Richie Rich. Matt Hall, da revista *Select* do Reino Unido, chamou-o de "um álbum de rap surpreendentemente empático e pensativo.... e muito tranquilo".

Até a Interscope foi influenciada pela recém-descoberta adoração pública de Tupac. Mudou sua posição inicial e ofereceu ao rapper um contrato para distribuir o álbum *Thug Life*. Era oficial. A Out Da Gutta Records assinou, por meio de um empreendimento conjunto, com a Interscope Records. E Tupac poderia contratar outros artistas para a própria gravadora.

Os dois anos desde que havia assinado seu contrato com a gravadora marcaram uma extraordinária produtividade. Tupac lançou três álbuns e estrelou dois filmes. Sem sinais de que desaceleraria, ele seguiu, projeto após projeto. E, enquanto corria do set de filmagem para a gravação de videoclipes e para o estúdio de gravação, sua fanbase continuava a crescer. "I Get Around" encontrou o sucesso que "Holler If Ya Hear Me" não teve, subindo nas paradas da *Billboard* desde a semana da estreia. Perto do final de julho de 1993, *Sem medo no coração* alcançou o primeiro lugar nas bilheterias e "I Get Around" foi disco de platina, com mais de um milhão de cópias vendidas.

Dentro do turbilhão desse novo sucesso e das reivindicações legais em andamento, Tupac se viu precisando de uma base mais do que nunca. Ele também precisava da família. Com o dinheiro que ganhava com seus projetos musicais e cinematográficos, decidiu comprar sua primeira casa, no estado da Geórgia.

Afeni e tia Jean já estavam lá. Meses antes, em uma tarde chuvosa em Nova York, elas haviam recebido uma ligação do amigo de longa data da família Malcolm Greenidge (E.D.I.). "Ele ligou para dizer que os negros estavam se dando muito bem lá", lembrou Jean. "Quando disse que eles estavam comprando grandes casas que eram bem mais baratas que em Nova York, decidimos nos mudar. E, já que T.C. estava aposentado, foi um bom momento." Depois que Jean e T.C. haviam se instalado na nova casa e Afeni em seu próprio apartamento, ambos na cidade de Decatur, Tupac também seguiu o conselho de Malcolm. Com a ajuda de Watani, ele encontrou uma casa de dois andares com 220 metros quadrados no subúrbio de Lithonia, na Geórgia. Era grande o suficiente para que todos se reunissem, comemorassem feriados e criassem lembranças.

No dia da entrega dos móveis, Jean e Afeni receberam os caminhões de mudança na frente da casa. Elas haviam percorrido um longo caminho desde os muitos barracos que os Shakur haviam habitado no Harlem. Elas se sentaram na varanda da nova casa, banhando-se na alegria do sucesso de Tupac, saboreando aquele grande momento. Era a primeira vez que alguém da família conseguia comprar uma casa desde a bisavó de Tupac, Millie Ann, na década de 1950, em Lumberton, Carolina do Norte. "Não era um carreto e não eram os tios e primos arrastando os colchões escada acima", disse Jean. "Era um caminhão de mudança. Foi um grande dia para nós."

Tupac chamou a nova casa de Mansão Thugz e mais tarde escreveu uma música com o mesmo nome. Na música, Tupac descreve sua casa como um santuário: "Um lugar para passar minhas noites tranquilas. É hora de relaxar, muita pressão nessa vida."

EU CONTRA O MUNDO
1993

> The question I wonder is after death, after my last breath, when will I finally rest through this oppression?*
>
> — TUPAC SHAKUR

Entre estrelar como vilão em seu primeiro papel principal no cinema e depois como protagonista romântico em uma história de amor na estrada entre um carteiro e uma poeta no segundo, Tupac teve sucesso retratando dois personagens muito diferentes. Ele estava ansioso para descobrir aonde seu próximo papel o levaria. Ele havia mantido a promessa depois de contar a Allen Hughes sobre sua conexão De Niro/Scorsese com John Singleton, e logo este ligou para lhe oferecer um papel em seu próximo filme, *Duro aprendizado*, sobre racismo e preconceito cultural em um campus universitário. Tupac interpretaria um estudante, um papel que ampliaria ainda mais a gama de suas capacidades de atuação.

Enquanto esperava a negociação de seu contrato com o estúdio cinematográfico, Tupac começou a gravar músicas para seu quarto

---

* Eu me pergunto se depois da morte, depois do meu último suspiro, quando vou poder ter um descanso de toda essa opressão?

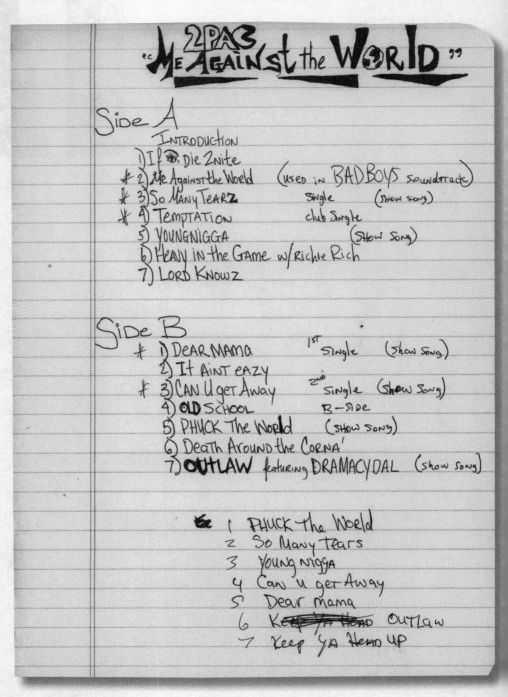

Lista de faixas escrita a mão para o álbum *Me Against the World*.

EU CONTRA O MUNDO

álbum, que planejava chamar de *Me Against the World*. Para esse álbum, ele queria adotar uma abordagem mais contemplativa e introspectiva em sua missão de apontar as injustiças sociais e lançar luz na vida da cidade do interior. Ele não tinha intenção de desacelerar.

Uma noite, no Echo Studios, por volta das duas da manhã, quando todos já tinham ido embora, exceto Tupac e seu engenheiro de som, havia outra pessoa ainda trabalhando. Seu nome era Tony Pizarro, que havia semanas pedia a Tupac para gravar uma música com ele. Pizzarro, produtor e engenheiro, concluíra pouco tempo antes colaborações de sucesso com Tevin Campbell e Teena Marie, e fez engenharia de som para Ice-T. Mas não foi só isso o que impressionou Tupac. Tony passava a noite inteira no estúdio, uma característica que Tupac procurava nas pessoas com quem trabalhava. Os dois fizeram planos de trabalhar juntos.

A primeira faixa que gravaram foi uma música chamada "High 'Til I Die". Mas, uma noite, Tupac foi à casa de Pizarro com uma música nova. Era uma música na qual ele já estava trabalhando, que viria a ser associada a ele de forma mais profunda do que qualquer outra que ele escreveria, uma música que capturava a essência do relacionamento mais importante que ele teria em sua curta vida. Como muitas músicas anteriores, ele a gravou de uma vez só.

"Dear Mama" era uma declaração de amor de Tupac para a mãe, um amor que perseverou e cresceu em meio a contratempos, desafios e dor. Naqueles últimos anos, eles haviam reparado muitos dos danos em seu relacionamento. O golpe que Tupac sofreu por causa do vício da mãe foi difícil e o respeito por ela vacilou, mas com o tempo ele percebeu que, não importava o que acontecesse, ele a amava mais do que qualquer outra pessoa no mundo. Afeni o fortaleceu, plantando na mente dele a ideia de ser um homem negro forte, digno de respeito e dignidade em um mundo que ela sabia que o trataria de maneira diferente. A canção era uma extraordinária demonstração de perdão, uma expressão pessoal que revelava os aspectos mais sagrados da jornada de mãe e filho. Também contava uma história que iria ressoar com mães e filhos em todo o país e em todo o mundo.

> *A poor single mother on welfare, tell me how you did it*
> *There's no way I can pay you back*
> *But the plan is to show you that I understand**

---

* Uma pobre mãe solo recebendo auxílio, me conta como você conseguiu/ Não posso te pagar de jeito nenhum/ Mas o plano é demonstrar que entendo.

Em uma entrevista na MTV com Bill Bellamy anos depois, Tupac explicou: "'Dear Mama'... é uma canção de amor para a minha mãe... eu só a compus e saiu como lágrimas. Logo depois que a compus, liguei para ela. Fiz rap para ela pelo telefone, tipo, ao vivo. Ela chorou. Eu pensei 'É um sucesso'." Ele não estava errado.

Enquanto Tupac seguia gravando canções para o álbum número quatro, ele se sentou nos escritórios da Interscope com Tom Whalley para falar de seu progresso.

Tupac foi direto ao ponto.

— Preciso de mais batidas.

Perplexo, Whalley o encarou.

Tupac repetiu:

— Preciso de mais batidas.

Whalley era uma tela em branco.

"Tupac foi o primeiro artista de hip-hop a assinar com a Interscope, e sempre fico impressionado com o quanto tive que aprender para dar a ele o apoio de que precisava", contou. "Lembro de pensar que não podia ferrar com aquilo nem falhar com as promessas que fiz a ele. Eu havia trabalhado principalmente com músicos e bandas. Eles entram no estúdio e gravam um álbum. Encontrar batidas não era parte do meu processo de fazer álbuns. Então, liguei para um amigo que eu sabia que podia ajudar, Randy Cohen."

Dias depois, Tupac tinha várias novas batidas à disposição. Ele escolheu duas de que gostou, ligou para Whalley e pediu para se encontrar com os produtores do estúdio.

Pouco tempo depois, Tupac recebeu um telefonema de Cohen, empresário de Soulshock & Karlin, a dupla dinamarquesa de compositores e produtores que chamou sua atenção com algumas das batidas que Whalley apresentou. Ele esperava agendar um horário para uma reunião. Soulshock riu ao se lembrar do único pedido que fez momentos antes de Cohen fazer a ligação. "Você pode avisar que somos brancos?"

Depois que desligaram, Tupac ligou para Whalley imediatamente.

— Tom — disse Tupac.

— O quê?

— Tá falando sério?

— O quê?

— Esses produtores.

— Você já os conheceu? — perguntou Whalley.

— São dois caras brancos.

— Você gostou das batidas?

— Gostei.

— Então vai fazer a porra da música — respondeu Whalley, rindo.

Nem Tupac nem Soulshock, cujo nome verdadeiro era Carsten Schack, perceberam que já haviam se encontrado. Mas, antes de se conhecerem pessoalmente, Tupac de repente se deu conta: Soulshock era um dos DJs que estavam em turnê com Queen Latifah quando ele fora contratado como assistente e dançarino reserva anos antes. A caminho do estúdio, no dia em que se encontrariam pela primeira vez, Soulshock recebeu uma ligação. Era Tupac com uma revelação. "Eu sei quem você é, caralho! Eu carregava a porra do seu equipamento e pegava ele para você na porra do seu show!" O gelo foi quebrado. Depois ele disse: "Então traz sua cara branca pra cá!"

Eles começaram a trabalhar. Soulshock lembrou que a primeira sessão de estúdio não foi bem o que a dupla estava acostumada. "Havia vinte pessoas, garotas, e todos tiveram que guardar as armas, então, quando as pessoas se sentaram perto do equipamento, tinha ali uma enorme pilha de armas", disse ele. "E bebiam uísque Henessy, e a maconha tinha acabado, e lembro que meu parceiro, Karlin, disse: 'Vou embora agora.' E foi o que ele fez."

Soulshock ficou e, em poucos dias, eles saíram do estúdio com duas músicas: "Old School" e a faixa-título do álbum, "Me Against the World".

Ainda em busca de batidas, Tupac chamou Shock G. No dia em que se encontraram, Tupac estava ansioso para começar a trabalhar e andava pela sala enquanto esperava que Shock configurasse seu equipamento. Sempre segurando um baseado, Tupac fazia uma pausa para uma revisão silenciosa de suas letras e então entrava em ação na hora certa. Shock se lembrava muito bem daquele dia. "Igualzinho a um cavalo de corrida quando o portão se abre, Tupac correu para a cabine quando chegou a hora e fez três tomadas da música inteira, uma de cada vez", disse Shock. "Mas, a cada passagem, ele cuspia a música inteira, todos os três versos e refrões em uma tomada ininterrupta."

Nessa sessão, Tupac e Shock criaram uma das canções mais proféticas dele, "So Many Tears". A letra é agoniante, traçando sua trajetória desde um jovem em Baltimore até seu despertar para o projeto Thug

STARRY NIGHT
Dedicated in memory of
Vincent Van Gogh

a creative heart, obsessed with satisfying
This dormant and uncaring society
u have given them the stars at night
and u have given then Bountiful Bouquets of Sunflowers
But 4 u There is only contempt
and though u pour yourself into that frame
and present it so proudly
this world could not accept your Masterpieces
from the heart

So on that starry night
U gave 2 us and
u Took away from us
The one thing we never acknowledged
your Life

Inspirado pela vida de Vincent Van Gogh, Tupac escreveu esse poema quando era adolescente. Mais tarde, seria publicado em *The Rose That Grew from Concrete*, uma coletânea da poesia de Tupac.

Life e o sentimento de unificação em sua missão. A música oferecia aos ouvintes uma visão da mente de Tupac enquanto ele narrava a própria dor e pensamentos suicidas. Soava como o grito de um artista preso em um ciclo de sofrimento e enfrentando — até mesmo marchando em direção a — uma morte precoce. De maneira sinistra, a letra lembrava seu poema "Starry Night", escrito quatro anos antes, sobre a vida solitária e subestimada de Vincent van Gogh e sua morte prematura por suicídio.

> *My every move is a calculated step*
> *To bring me closer to embrace an early death**

O álbum de Tupac, *Me Against the World*, seria preenchido por algumas de suas músicas mais vulneráveis até então. "Tudo saiu do meu coração", explicou. "É o mais próximo possível de dizer a verdade e vender discos que eu poderia chegar, e a maior parte da minha música é assim, se você prestar atenção nos meus álbuns anteriores. Eu tento falar sobre coisas que me afetam e coisas que afetam nossa comunidade. Às vezes sou o observador, às vezes sou o participante, e às vezes são apenas alegorias ou fábulas que têm um tema moral ou subjacente."

Apesar de Tupac ter se sentido bem otimista em relação às novas músicas do próximo álbum, ele ainda tinha dificuldades em outras partes da carreira. Quanto mais alto ele subia na escada do sucesso, mais desastroso parecia ser cada vez que caía. Tupac teve que esperar em relação a *Duro aprendizado*, por causa de preocupações da Columbia Pictures com seus problemas judiciais. Enquanto isso, os produtores Barry Michael Cooper e Benny Medina e o diretor Jeff Pollack haviam começado a escalar o elenco para o filme *O lance do crime*, com uma história baseada no *streetball* do Harlem no Rucker Park e nos traficantes de drogas que trabalhavam no parque. Eles pediram a Tupac para estrelar o filme como Birdie, um traficante de rua de Nova York. E, por meio do proprietário da Death Row Records, Suge Knight, Tupac também teve a oportunidade de gravar músicas para a trilha sonora.

Os colegas de elenco de Tupac incluíam Duane Martin, Leon, Bernie Mac, Wood Harris e Marlon Wayans. Tupac e Wayans fi-

---

* Cada movimento meu é um passo calculado/ Para me aproximar do abraço de uma morte prematura.

caram juntos em um trailer de dois quartos, o que quer dizer que Wayans teve que lidar com Tupac fumando maconha o tempo todo. "Ele literalmente transformou nosso trailer em um baseado", brincou Wayans. Mesmo assim, os dois estabeleceram uma amizade cativante no set. "Eu o chamava de Bandido Palmolive porque ele tinha mãos muito macias", lembra Wayans. "Eram como mãos do modelo da Palmolive. E seus cílios. Eu disse a ele que ele tinha cílios iguais ao do Funga-Funga da Vila Sésamo." A amizade deles era, sobretudo, cheia de piadas e risadas compartilhadas, mas Wayans também tentava aconselhá-lo sobre o projeto Thug Life: "Talvez você devesse riscar o T e mudar a imagem de Thug Life para HUG LIFE [abrace a vida]."

Os acontecimentos que logo se desenrolariam no final de outubro e novembro de 1993 estabeleceria para uma parte do público certa imagem de Tupac, cheia de violência e raiva. A situação toda, é claro, era muito mais complicada, como mostra um incidente ocorrido durante aquela época que mostrou a profundidade da bondade e do amor de Tupac pelas crianças. Em meados de outubro, entre dias inteiros de filmagem no set, de curtição da cena do New York Club e de noite inteiras no estúdio, Tupac ficou sabendo pela rádio WPGC em Maryland sobre um menino chamado Joshua Torres, que tinha sido diagnosticado com uma doença terminal. O menino de 11 anos idolatrava Tupac e esperava poder falar com ele por telefone antes de morrer. Os dois tiveram uma breve conversa e, ao final da ligação, Joshua perguntou se Tupac o visitaria pessoalmente. Tupac disse que veria o que poderia fazer. Quando disse aos produtores que teria que deixar a cidade por alguns dias, eles hesitaram, preocupados com o custo financeiro de interromper a produção em sua ausência, mas Tupac deixou o set assim mesmo e seguiu para Aberdeen, Maryland. A mãe de Joshua relembrou o momento em que o rapper chegou ao lado da cama do filho: "Joshua estava muito fraco, mas sorriu para ele e citou algumas de suas letras." Os dois passaram o tempo juntos sorrindo, chorando e se conhecendo. Tupac fez o possível para confortar Joshua, segurando a mão dele enquanto conversavam.

O encontro teve um forte impacto em Tupac. Dias depois de retornar ao set de filmagem, os pais de Joshua ligaram para agradecer por ele ter ido e para informá-lo de que Joshua havia falecido menos

EU CONTRA O MUNDO

de uma hora depois que Tupac saiu da casa deles. Semanas depois, para homenagear o menino, Tupac rebatizou sua editora de Ghetto Gospel para Joshua's Dream.

Às vezes, Tupac aproveitava os intervalos da agenda lotada para conversar por telefone com sua família em Atlanta. Uma noite, o telefone da tia (Gloria) Jean tocou. Era Tupac. Ele estava ouvindo a música "Gloria" da banda dos anos 1970 Enchantment e decidiu ligar para ela. Ela sorriu ao ouvir o sobrinho cantar alto ao telefone, rindo enquanto cantava as palavras "Gloooorrrriaaa my Gloriaaaaaaa! Things ain't been the same since you went away" [Gloooorrrriaaa minha Gloriaaaaaaa! As coisas não têm sido as mesmas desde que você foi embora]. Durante a ligação, ele a chamou de "Glo", e, naquele momento, ela passou de tia Jean para Glo e jamais voltou.

Quando os intervalos duravam mais de um ou dois dias, em vez de ligar, Tupac voava para vê-los em Atlanta. Durante esses intervalos, ele também passava um tempo com o grupo de rap que era seu pupilo, formado por Katari e seus amigos de infância em Nova York, Yafeu Fula e Malcolm Greenidge. Depois de passar aquele verão no norte da Califórnia com Tupac, eles voltaram para casa para retomar as aulas do ensino médio antes de dedicarem todo o tempo a compor músicas e seguir carreiras no rap. O nome do grupo mudou de Escape from New York para Thoroheads. Tupac era uma fonte consistente de incentivo e conselho para o novo grupo. Ele ajudou a prepará-los para uma vida no mundo da música e fez planos para colocá-los no estúdio assim que terminassem os estudos. Mutah Beale, amigo de infância de Yafeu, também voou para Atlanta e se mudou para a casa dos Shakur. No início, Mutah era um artista solo, mas se tornou parte do grupo depois que os quatro compuseram uma música, "Killing Fields", juntos. "Quando Pac ouviu, ele adorou", conta Mutah. "Ele gostou de como me encaixei [com os outros], disse 'quero você no grupo' e mudou o nome para Dramacydal." Depois que Tupac tocou "Killing Fields" para alguns dos chefões da Interscope, a gravadora se ofereceu para financiar tempo de estúdio para o Dramacydal começar a gravar um álbum.

Cuidar dos integrantes do Dramacydal virou prioridade na vida de Tupac. Ele ensinou aos rapazes lições de vida e os educou sobre a história e a sociedade. Ele os repreendia quando não ouviam seus conselhos e muitas vezes insistia que lapidassem seu ofício, desenvolvessem uma ética de trabalho tão forte quanto a dele. Talvez por ter crescido sem pai, Tupac valorizasse o papel paternal que passou a desempenhar para eles. Ele voltava a Atlanta com frequência para ver como eles estavam.

Em uma dessas viagens a Atlanta para ver Afeni, Sekyiwa, Glo e os primos, Tupac se apresentou na Clark Atlanta University, que ficava ali perto. Durante o evento, começou uma briga no meio da multidão, e Watani e um dos primos de Tupac, Bill, escoltaram o rapper para fora do palco e pela porta dos fundos. Entrando em sua nova BMW, Tupac dirigiu em direção ao hotel com uma caravana de amigos e familiares atrás. Quando os carros pararam em um sinal vermelho em frente ao hotel, Tupac viu uma briga entre dois homens brancos e um homem negro. Um dos brancos deu um soco na cabeça do homem negro, jogando-o no chão. Qualquer tipo de conflito com carga racial provocava Tupac, mesmo que os envolvidos fossem completos desconhecidos. Ele saiu correndo do carro e confrontou os agressores.

Dante, outro primo de Tupac, estava dirigindo o carro atrás do dele na longa fila de veículos parados no sinal. "Pac parou o carro e foi até lá, porque, acho, viu um homem negro ser atacado por uns caras brancos", contou Dante. "Ele só tinha que entrar no hotel e logo estaríamos no quarto, mas o cara [branco] pegou uma arma enorme. E ele ficou tipo: 'Vão se foder seus pretos. Vou matar todos vocês, filhos da puta!'"

Quando Tupac desceu do carro, um dos homens se aproximou e apontou a arma para ele.

"Comecei a ter flashbacks de Rodney King e Kunta Kinte", contou Tupac mais tarde.

Tupac se recusava a recuar.

Ele se voltou para todos em seu carro, enquanto mantinha os olhos no homem e sua arma.

— Alguém me dá minha arma!

Ninguém se mexeu.

Ele gritou de novo:

— Alguém me dá minha arma!

De repente, um dos homens usou a coronha da arma para quebrar a janela do carro de Tupac antes que os dois saíssem correndo. A vítima, o homem negro que fora empurrado no chão momentos antes, rastejou até o próprio carro e foi embora.

Tupac voltou para o carro e pegou sua arma.

Ele rapidamente observou a rua e viu os dois homens. Se apoiou em um joelho, em pose militar, e mirou.

— Abaixa todo mundo, porra! — gritou ele.

De acordo com o *New York Times*, duas balas atingiram os alvos. Ambos os homens caíram no chão. Um foi atingido na nádega, o outro no abdome.

Em seguida, como se nada disso tivesse acontecido, Tupac convidou o grupo para ir até o quarto de hotel. Majesty, irmão de Stretch, olhou pela janela do hotel em direção à cena que tinha acabado de acontecer. Os dois homens que Tupac atingiu estavam sendo carregados por paramédicos.

— Acho que eles eram policiais — anunciou Majesty para o quarto. — Cara, aqueles dois homens em que você atirou eram policiais.

Dante não conseguia acreditar que Tupac estava hospedando pessoas em seu quarto depois de atirar em duas pessoas lá fora. "Eu estava morrendo de medo", lembrou ele. "Acabei de ver esse mano atirar em duas pessoas brancas. Liguem para minha mãe. Vou dar o fora daqui, porra."

Tupac gritou para a sala:

— Ei, esperem um minuto, gente... Quero que todos ouçam minha nova música.

Em segundos, a voz de Tupac encheu a sala quando "Dear Mama" começou a tocar.

Dante relembrou o momento: "Ele estava ali enrolando um baseado, rindo e tocando música como se não tivesse atirado em duas pessoas."

De repente, uma batida na porta assustou a todos, exceto Tupac, que enrolava um baseado calmamente.

Alguém olhou pelo olho mágico e anunciou:

— É a polícia.

— Tá, tudo bem, deixe eles entrarem — respondeu Tupac.

Dante ficou ainda mais chocado. Ele conta: "Eu disse: 'O quê?! Como assim deixar eles entrarem? Você acabou de matar duas pessoas lá fora!'"

A polícia foi direto até Tupac.

— Você! Vem.

Tupac se levantou tranquilamente.

— Fui eu — disse ele. — Sim, fui eu.

Tupac foi preso e libertado sob fiança de 55.059 dólares. E, sim, os dois homens eram policiais, e, embora estivessem de folga, não mudava o fato de Tupac ter atirado em duas autoridades. Mas seu instinto para a situação que vira da janela do carro não falhou. Logo foi revelado que os policiais estavam bêbados e que a arma que usaram para quebrar a janela de Tupac havia sido originalmente recuperada em uma apreensão de drogas e depois roubada de um armário de evidências. Em uma reviravolta notável, o caso contra ele foi arquivado.

Desde que Tupac assinou o contrato com a gravadora, ele esteve a toda velocidade, deleitando-se com a fama instantânea e o dinheiro trazido pelo sucesso da noite para o dia. Conforme o ritmo de sua vida e carreira continuava a acelerar, a uma velocidade que poucos conseguiam acompanhar, ele não conseguia parar ou fazer uma pausa para desanuviar a mente e evitar tomar decisões que pudessem trazer consequências negativas.

E, enquanto seguia com uma despreocupação imprudente, poucas semanas após a briga em Atlanta com os policiais à paisana, Tupac enfrentou outro incidente. E esse faria sua vida dar uma parada brusca e o colocaria no caminho mais sombrio de sua existência, do qual ele nunca encontraria totalmente a saída.

Durante as filmagens de *O lance do crime* em Nova York naquele mês de outubro, Tupac fez amizade, na boate Octagon, com um promotor musical, nascido no Haiti e criado no Brooklyn, chamado Jacques Agnant, que tinha uma reputação e tanto em Nova York, não apenas nas ruas por enfrentar traficantes, mas também nas casas noturnas da cidade, onde convivia com VIPs da indústria musical e esportiva. Tupac mencionou às pessoas próximas que queria ficar com Agnant para basear nele o personagem de *O lance do crime*, Birdie. Agnant era mais um exemplo da cultura de rua dos Estados Unidos para Tupac estudar. Pouco depois de conhecer Agnant, Tupac comprou um BMW Série 7 novo e um Rolex, e trocou seus jeans largos por vários ternos de grife caros.

Os amigos mais próximos e familiares de Tupac o alertaram contra essa amizade rápida, incluindo Watani. "Eu e Man-Man dissemos: 'Esse cara é suspeito'", lembrou Watani. "Todo mundo disse para Pac: 'Esse cara é suspeito.' A gente tava vendo essa merda. Todos nós dissemos pra ele deixar esse mano pra lá. Mike Tyson falou para ele deixar aquele merda pra lá. Quando Mike te diz isso, talvez seja hora de ouvir."

Tupac não ouviu. Em vez disso, ele se juntou ao círculo social de Agnant e se viu bebendo garrafas de champanhe nas casas noturnas mais exclusivas de Manhattan. Em uma noite de novembro, enquanto estava em um local popular chamado Nell's, Tupac conheceu uma mulher de 19 anos chamada Ayanna Jackson.

Os detalhes do que aconteceria nos dias seguintes seriam para sempre questionados. Segundo alguns relatos, ele foi apresentado a Jackson; segundo outros, ele se apresentou. Logo os dois estavam na pista de dança. Mais tarde, Tupac contou ao jornalista Kevin Powell o que aconteceu, enquanto dançavam ao som das batidas altas de reggae que pulsavam por todo o clube — que ela havia feito sexo oral nele na pista de dança. Embora Jackson mais tarde tenha afirmado que não, que apenas "beijou o membro", ela confirmou que os dois fizeram sexo consensual mais tarde naquela noite no quarto dele no hotel Parker Meridien "duas ou três vezes".

Alguns dias depois, na noite de 18 de novembro, Jackson voltou ao Parker Meridien e acabou no quarto com Tupac, beijando-o e massageando suas costas depois de ele reclamar que estava cansado do longo dia no set de *O lance do crime*.

Na suíte do hotel também estavam Jacques Agnant, Man-Man e outro homem que nunca foi identificado. Tupac não testemunhou no julgamento que aconteceria, só que mais tarde deu uma longa entrevista sobre o assunto à revista *Vibe*. "Então entramos no quarto", ele falava de si e de Jackson. "Estou deitado de bruços, ela está massageando minhas costas. Ela começa a massagear a frente do meu corpo. Isso durou cerca de meia hora. No meio, parávamos e nos beijávamos. Pensei que ela fosse me fazer outro boquete, mas alguns caras apareceram e eu paralisei mais do que ela... Então eles vieram e começaram a tocar na bunda dela... Eu só me levantei e saí do quarto. Fui ver Talibah [que estava no outro quarto], e conversamos sobre o que ela tinha feito durante o dia, depois deitei no sofá e dormi."

Em seguida, Tupac se lembrou de ter acordado no sofá da sala comum com Jacques Agnant de pé ao lado dele, gritando: "Pac, Pac." E então, um tempo depois, Jackson saiu do quarto com raiva e chateada. "Como você deixou isso acontecer comigo!", ela gritou.

Jackson contaria uma história diferente, em que Tupac não saiu quando os outros homens entraram no quarto, mas, em vez disso, forçou-a a fazer sexo oral em um dos homens e depois nele. Jackson saiu da suíte do hotel, foi até o corredor para chamar o elevador e encontrou o segurança do hotel, que rapidamente chamou a polícia.

Tupac desceu com Agnant e Man-Man. Eles tinham planos de encontrar Biggie e sua equipe no saguão e de lá ir embora juntos para um show em Nova Jersey. No entanto, quando saíram do elevador, a polícia os esperava. De imediato, Tupac, Agnant e Man-Man, junto com Biggie e a equipe, foram detidos e interrogados.

Tupac, Agnant e Man-Man foram presos e acusados de porte de arma; sexo oral forçado, que foi classificado como sodomia; e duas acusações de abuso sexual, especificamente "tocar as nádegas à força". Tupac passou cinco dias na prisão e foi libertado sob fiança de 50 mil dólares enquanto aguardava julgamento. Man-Man conta sobre aquela noite: "Sei que meu irmão Pac amava mulheres. Ele jamais abusaria de uma mulher. Ele ficou chateado e magoado por conta do que aconteceu com ela, mas eu e Pac não tivemos culpa."

Nos dois anos anteriores, Tupac tivera vários problemas com a lei. Mas aquelas acusações deixaram ele e sua família em total choque e descrença. Glo relembrou: "Para mim e a mãe dele foi como reviver um momento do passado. Afeni sentiu empatia pela mulher, mas nunca duvidou de que Tupac fosse inocente."

Tupac continuou a negar enfaticamente todas as alegações de abuso sexual e ficou chocado e irritado com o que considerou uma afirmação falsa. Glo lembrou: "[Ele] não ficou apenas zangado, mas *ofendido* pela acusação."

O mais doloroso foi que daquela vez ele teria que ir contra uma mulher negra. A acusação o magoou profundamente; ele se sentiu traído de maneira específica. Tupac sempre acreditou que a missão abrangente e o amor inabalável que tinha pela sua comunidade, em especial o apoio às jovens mulheres negras, iriam protegê-lo de falsas acusações como aquela.

Tupac tinha apenas a própria palavra a seu favor. Ele passaria o ano seguinte lutando contra reportagens distorcidas da imprensa e dos haters, proclamando publicamente sua inocência. Havia certa ironia no fato de que, enquanto Tupac continuava a negar com veemência as acusações, sua música "Keep Ya Head Up", escrita para suas "manas", para que o mundo soubesse que "Tupac se preocupa" com o sofrimento de jovens negras, subia nas paradas da Billboard. Lançada em 28 de outubro daquele ano como o terceiro single de *Strictly 4 My N.I.G.G.A.Z.*, a música celebrava a força das mulheres negras e o respeito por elas.

> *And since we all came from a woman*
> *Got our name from a woman*
> *And our game from a woman*
> *I wonder why we take from our women*
> *Why we rape our women*
> *Do we hate our women?*
> *I think it's time to kill for our women*
> *Time to heal our women*
> *Be real to our women*
> *And if we don't*
> *We'll have a race of babies*
> *That hate the ladies that make the babies*
> *And since a man can't make one*
> *He has no right to tell a woman when and where to create one*
> *So will the real men get up*
> *I know you're fed up, ladies*
> *But keep ya head up.* *

Foram tempos sombrios para Tupac. Entre a polêmica, as prisões e a cobertura da mídia, ele perdeu o papel em *Duro aprendizado*. "Escrevi *Duro aprendizado* para ele", disse John Singleton à *Vibe* anos depois. "Pac acabou se metendo em problemas e então tudo aquilo aconteceu em Nova York. De uma perspectiva logística, era impossível."

Enquanto Tupac tentava defender sua honra, até as boas notícias que recebia tendiam a alimentar a polêmica ao seu redor. Perto do final do ano, quando os indicados ao NAACP Image Award foram anunciados, Tupác foi escolhido por seu papel como Lucky em *Sem*

---

* E já que todos viemos de uma mulher/ Recebemos nosso nome de uma mulher/ E nossa atitude de uma mulher/ Me pergunto por que tomamos das mulheres/ Por que estupramos as mulheres/ Odiamos as mulheres?/ Acho que é hora de matarmos pelas mulheres/ Hora de curar as mulheres/ Ser verdadeiros com as mulheres/ E se não fizermos isso/ Teremos uma raça de bebês/ Que odeiam as damas que fazem os bebês/ E já que um homem não pode fazer um/ Ele não tem direito de dizer a uma mulher quando e onde criar um/ Então os homens de verdade se levantarão/ Sei que vocês estão de saco cheio, mulheres/ Mas mantenham a cabeça erguida.

medo no coração. Ele estava em boa companhia, ao lado de Denzel Washington, que interpretou Malcolm X na célebre cinebiografia de Spike Lee. Mas a notícia de que Tupac Shakur tinha sido indicado ao Image Award o levou ainda mais à tempestade de críticas públicas. O Congresso Político Nacional de Mulheres Negras, uma organização sem fins lucrativos com décadas de atuação fundada pelas primeiras congressistas negras, Shirley Chisholm e C. DeLores Tucker, pediu à NAACP que retirasse a indicação e proibisse a presença de Tupac na noite da cerimônia de entrega do prêmio. Tupac conhecia bem Tucker, que havia lançado uma cruzada contra o gangsta rap e organizado protestos em frente às lojas de discos para dissuadir os consumidores de comprar álbuns de rap que ela chamava de "lixo cultural". A cantora Dionne Warwick se juntou ao coro de Tucker contra a indicação de Tupac ao prêmio.

A premiação da NAACP foi realizada em 5 de janeiro de 1994, e Denzel Washington levou para casa o prêmio naquela noite. Jasmine Guy, amiga e confidente de Tupac, também ganhou um prêmio por sua atuação em *A Different World*. Quando ela se aproximou da imprensa após o evento, foi bombardeada por perguntas dos repórteres — a maioria sobre Tupac. "Eles queriam saber se eu achava que ele merecia um Image Award com a imagem que havia desenvolvido", lembrou ela. "Primeiro, eu não sabia do que eles estavam falando. Fiquei desconcertada. Eu estava pronta para falar sobre o programa [não Tupac]."

A polêmica em torno do Image Awards o incomodou. No estúdio de gravação Blue Palm, semanas depois, Tupac conversou com o escritor e documentarista Dream Hampton, criticando todos que apoiaram aqueles que se manifestaram contra ele por causa dos prêmios. "Aqueles manos não me querem lá", disse ele, "e aplaudiram de pé o filho da puta do Michael Jackson?"

Em fevereiro, Tupac compareceu ao Tribunal Municipal de Los Angeles para se defender no caso contra os irmãos Hughes. Assim que o escrivão convocou o caso, *O Povo vs. Shakur*, todos foram notificados de uma mudança de última hora no tribunal. No corredor, Tupac se aproximou dos seguranças dos irmãos Hughes, que, com suas gravatas-borboleta e uniformes, pareciam ser quatro homens da Nação do Islã. Tupac tinha uma pergunta para eles. E não perguntou com educação. "Desde quando vocês começaram a proteger os pretos de outros pretos?"

EU CONTRA O MUNDO

Antes que pudessem conceber uma resposta, os irmãos Hughes apareceram. Allen e Tupac disseram obscenidades um para o outro, enquanto a advogada de Tupac, La'Chelle Woodert, fazia o possível para acalmá-lo. Mas seus esforços foram inúteis. Talvez tenha sido o fato de ter visto os próprios irmãos Hughes, ou talvez aquelas palavras sempre estimulantes, "fique calmo". Não importava o motivo, Tupac se exaltou.

A resposta habitual dele: "Não tô nem aí. Foda-se!"

Tupac passou os meses seguintes indo de Los Angeles para Nova York, e vice-versa, navegando pelo que ele chamava de "vales" e "montanhas" que o show business levou para sua vida. Ele continuou a trabalhar na finalização de *Me Against the World,* apresentou-se ao vivo no Source Awards, deu inúmeras entrevistas e, em 8 de março de 1994, apareceu no *The Arsenio Hall Show* pela terceira vez. Em uma entrevista anos depois, Arsenio contou: "Me lembro de Tupac me ligar porque queria limpar seu nome por causa de alguma maluquice que aconteceu entre ele e uma jovem em uma pista de dança."

No programa, Tupac conversou com Arsenio e falou com sinceridade sobre como se sentiu traído pelas acusações feitas contra ele e quanto estresse a incerteza do resultado causou. "Me incomoda muito passar pela vida e por tudo que fiz nela saindo de uma família e de uma casa só com mulheres para chegar ao ponto de ter uma mulher dizendo que me aproveitei dela", relatou ele.

Dois dias depois, no caso *O Povo vs. Shakur,* apesar de uma comovente carta sobre o caráter de Tupac enviada ao juiz Wu pelo pai de Joshua Torres, o jovem com doença terminal que Tupac havia visitado no ano anterior, o caso com os irmãos Hughes terminou com Tupac condenado por agressão. Conforme o caso se desenrolava, Tupac soube que os advogados dos irmãos Hughes haviam intimado a MTV pelo segmento de entrevistas do *Yo! MTV Raps,* onde Tupac fez comentários autoincriminatórios, selando o acordo para uma decisão desfavorável a ele. No dia 10 de março, Tupac foi condenado a 15 dias na prisão do condado de Los Angeles. Ao sair da sala do tribunal, ele falou ao microfone: "Acho que o juiz foi justo. Ainda sinto que não recebi a decisão que queria, mas ele foi o mais justo possível. Sério, para meus amigos: briga é briga. Agressão é agressão. Um problema de dois minutos e meio me custou 15 dias de prisão." Como resultado de sua sentença, ele perdeu a estreia de *O lance do crime* em 22 de março.

Com a chegada do verão, numa época em que Tupac menos esperava encontrar alguém que se tornaria um respiro no mar de incertezas que o aguardava, ele se viu em um relacionamento especial com uma jovem. Os dois se conheceram em uma festa na boate The Capitol, em Nova York, onde Puffy dava uma festa no Dia dos Pais. No fim da noite, Tupac esbarrou nela, uma jovem miúda, de 20 anos, negra, num corredor perto da saída.

— Sei que você está passando por um momento difícil — disse ela —, mas tem algumas pessoas aqui que estão do seu lado. Só tome cuidado com quem anda.

Antes que Tupac tivesse a chance de responder, a multidão os separou.

Mas a interação deixou uma impressão. Um mês depois, Tupac avistou a mesma mulher na boate Tunnel e foi até ela. De uma só vez, ele disse:

— Você é a garota que estava usando vestido preto e botas pretas.

Ela não conseguia acreditar que ele ainda se lembrava dela um mês depois do breve encontro.

— Tenho ido a todos os clubes procurando por você — contou Tupac.

Ela deu de ombros e riu.

— Difícil acreditar nisso.

— Sério mesmo — disse Tupac. — Qual é o seu nome?

— Keisha.

Depois que eles dançaram juntos algumas canções, Tupac se inclinou, pegou um folheto, rasgou um pedacinho e anotou todos os seus telefones.

— Vou te levar para sair amanhã.

— Tenho que trabalhar — respondeu Keisha. Nativa de Nova York, Keisha era conselheira de campo no verão e estudante em tempo integral na Faculdade de Justiça Criminal John Jay no outono.

— Bem, a que horas você sai do trabalho? — perguntou ele.

—Às seis.

Keisha duvidava de que ele ligaria, mas ligou.

— Ele me ligou às seis horas em ponto e disse 'Oi, aqui é o Tupac', e eu fiquei tipo… quê?

EU CONTRA O MUNDO

Ele pediu que ela o encontrasse no saguão do hotel.

— Está bem — respondeu ela —, mas não vou até aí ficar com um monte de gente.

Keisha usava jeans, uma camisa branca e tênis. "Eu não queria me vestir de maneira provocativa", contou ela. "Não queria que ele tivesse má impressão de mim."

Quando ela chegou, ele já havia escolhido o filme.

— *Forrest Gump?* — perguntou Keisha.

— É — disse Tupac. — Era para eu ter feito o teste para o papel de Bubba, mas não consegui. Quero ver o que perdi.

Depois do filme, eles foram até um pequeno e aconchegante restaurante italiano na Eighth Avenue com a Twenty-Second Street. Keisha contou sobre suas aulas na Faculdade John Jay e sobre as crianças que havia aconselhado em um acampamento de verão. Ele falou sobre o próximo álbum e deu a ela uma prévia da música "Temptations", cantando do outro lado da mesa. Eles conversaram por horas. Tupac confidenciou a ela que estava surpreso com tudo que havia conquistado, que não conseguia acreditar que já havia ganhado um milhão de dólares. Ele também falou dos seus problemas com a justiça, explicando que os processos só começaram a acontecer depois que ele conseguiu o primeiro contrato com uma gravadora. Depois, deixou escapar que provavelmente morreria aos 25 anos.

— Como assim? — perguntou Keisha. — Que coisa horrível de se dizer.

— Minha boca grande vai me causar problemas. Sei disso.

Tupac se estabeleceu na normalidade daquele novo relacionamento. Ele havia encontrado uma garota que não apenas gostava de trabalhar como conselheira de acampamento, mas que também passava grande parte do tempo estudando para obter um diploma universitário. O tempo com Keisha pode ter sido uma pausa revigorante na indústria do entretenimento, momentos de calma no turbilhão da fama. Com o passar dos dias, Tupac se viu tão envolvido com ela que a levou para Atlanta para visitar sua família. Durante a viagem, eles foram fazer compras de supermercado e passaram a maior parte do dia em casa até a hora de sair para uma das apresentações dele. Quando voltaram naquela noite, Tupac a parou na porta.

— Espere — disse ele. Ele a pegou no colo e a carregou pela porta.

— É assim que vou carregar você pela porta quando nos casarmos.

Naquela noite, os esforços de Tupac para ser romântico deram muito errado. As velas que acendeu na mesa de cabeceira atearam fogo no travesseiro enquanto ele e Keisha dormiam. Eles acordaram com o calor e entraram em pânico. Keisha saiu correndo do quarto enquanto Tupac apagava o fogo com um copo de refrigerante. Mais tarde naquela noite, ele a provocou por pular da cama e deixá-lo sozinho.

— Não acredito que me largou lá. Você deveria ter ficado comigo — disse Tupac.

— A cama estava pegando fogo! — respondeu ela, rindo.

— É, mas poderíamos ter queimado *juntos* — rebateu Tupac.

Em setembro daquele ano, ele comprou um anel de noivado para Keisha. E um cachorrinho. O cachorro, um cocker spaniel, seria a companhia dela quando ele viajasse, Tupac explicou. O anel era um gesto para representar que ele queria se casar com ela. Tupac pegou a caixa do anel de veludo vermelho e colocou na boca do filhote. Keisha pegou a caixa do filhote e abriu. Ela ficou sem palavras. Era um antigo anel de platina em forma de coroa que continha 42 diamantes brilhantes.

Não houve pedido. Ninguém de joelhos. Apenas uma afirmação de Tupac:

— Vamos nos casar perto do seu aniversário.

Keisha ficou ao mesmo tempo chocada e animada com a proposta. Ela lembra: "Nos conhecemos em junho. Ele comprou o anel em setembro e nos casaríamos em novembro."

Durante aqueles meses, enquanto Tupac continuava a passar a maior parte do tempo em viagens, voando de Los Angeles para Nova York, os noivos tentavam passar o máximo de tempo possível juntos. Enquanto estava em Nova York, Tupac devolveu a chave do hotel e ficou com Keisha no apartamento dela. Em certas noites, os dois iam jantar, ou ao cinema, ou até mesmo a um musical. Em um fim de semana, Tupac comprou ingressos para eles verem um de seus favoritos, *Os Miseráveis*, não uma, mas duas vezes. Keisha conta: "Eu odiei. Fiquei tipo: 'Tupac, você não pode estar falando sério. De todas as peças da Broadway, você quer me levar para ver isso?'"

Tupac não escondeu seu amor pelo espetáculo. "Sim, é uma poderosa história de amor", respondeu ele. Keisha sempre ficava surpresa com as complexas camadas da personalidade do noivo. Cada vez que Tupac abria a boca, ele a surpreendia com algo novo.

EU CONTRA O MUNDO

Tupac passava as manhãs no apartamento de Keisha, no banheiro, seu eterno escritório, escrevendo em um caderno enquanto o cachorrinho mordia seus dedos dos pés. Quando ele saía das longas sessões de escrita, às vezes era recebido por Keisha preparando o café da manhã na cozinha. Ele gostava de ovos estrelados, bem fritos, com bacon e mingau de aveia. No jantar, gostava de comer frango grelhado e macarrão com queijo. Em algumas noites, enquanto Keisha preparava o jantar, ele a afastava e dizia: "Tudo bem, saia daí, você já fez o suficiente. Me deixe terminar." Tupac adorava cozinhar e, a partir do momento em que se sentiu confortável na casa de Keisha, a cozinha dela se tornou seu laboratório.

O tempo que passaram juntos foi uma pausa no caos do mundo exterior e na incerteza da vida dele. Eles nunca falavam sobre as entrevistas na televisão ou sobre os escândalos na mídia. Nunca discutiam os processos judiciais dele. Em vez disso, apenas relaxavam no sofá, aproveitando a companhia um do outro, sonhando com o futuro juntos. Algumas noites, com o ar do Harlem entrando pelas janelas, Tupac recordava a infância enquanto eles ficavam deitados juntos em silêncio.

Naquele outono, Tupac entrou no set de seu quarto filme, o drama criminal *Bullet, droga e morte*. Escalado como um traficante que usava tapa-olho chamado Tank, ele contracenaria com Mickey Rourke, Adrien Brody e Donnie Wahlberg, e trabalharia sob a direção do famoso diretor de videoclipes Julien Temple. Como sempre, não levou muito tempo para Tupac formar novas amizades. Sua conexão com Rourke, em especial, foi instantânea. "Tupac e eu somos das ruas", disse Rourke sobre a amizade deles. "Ou íamos nos dar bem ou não. Nos demos bem." Durante a produção do filme, os dois dividiram uma suíte no Plaza Hotel em Manhattan. Juntos, aproveitaram a vida noturna novaiorquina, destruindo o hotel (tanto que Rourke foi processado) e frequentando bares pela cidade. Rourke se lembra de eles desenvolverem uma reputação e tanto. "Cruzávamos a rua para ir a uma boate", disse ele, "e já dava para ouvir os seguranças dizerem eles estão juntos, vamos fazer o quê?"

"Eu o levei ao centro e o apresentei a John Gotti. Ele gostou muito disso", lembrou Rourke anos depois, quando o tempo mudou sua perspectiva. "Nenhum de nós deveria estar associado àquele cara."

No final de 1994, os jornais que Tupac lia começaram a apresentar cada vez mais matérias sobre ele. Suas letras mais uma vez causaram polêmica. Assim como aconteceu no incidente com a polícia do Texas, elas foram citadas como inspiração criminosa durante o julgamento de dois adolescentes em Milwaukee que mataram um policial. Tupac contratou Chokwe Lumumba, amigo de Afeni e o homem que tentou orientá-lo no caminho dos New Afrikan Panthers, como seu advogado, e Chokwe deu uma declaração ao *Los Angeles Times*: "Tupac é um artista, e seu trabalho consiste em fazer comentários sociais. É lamentável quando alguém morre, mas Tupac nunca disse a ninguém para atirar em um policial. É verdade que ele canta sobre problemas com a polícia, mas esses problemas já existiam muito antes de ele nascer."

Conforme se aproximava a data de início do julgamento amplamente divulgado de Tupac, a história o acompanhava aonde quer que fosse. Uma noite, em um clube de comédia em Nova York, uma comediante o viu e fez algumas piadas sobre o caso. Embora as piadas o tenham magoado, Tupac manteve a compostura, riu e esperou com paciência que ela mudasse de assunto. "Ele sempre manteve não apenas a inocência, mas também a calma", lembra o primo de Tupac, Bill. Mas tudo aquilo teve um preço. "Foi um momento muito turbulento para todos nós."

CARTA AO MEU FILHO NÃO NASCIDO

Tell the world I plead guilty to being anxious.
Ain't no way in hell that I could ever be a rapist.*

— TUPAC SHAKUR

No dia 29 de novembro de 1994, Tupac se sentou em silêncio em um tribunal na Suprema Corte do Estado de Nova York, no mesmo conjunto de prédios onde, mais de vinte anos antes, Afeni, grávida de Tupac, havia lutado por uma absolvição pela sua vida e pela vida do filho ainda não nascido. Tupac foi acusado de um crime que negava veementemente. Ele suspeitava de que o governo norte-americano pudesse estar envolvido de alguma forma. "Sinto que alguém está armando para mim porque sou Tupac Shakur. Minha mãe era uma Pantera. É baseado no que eles fizeram e no que eu faço", Tupac disse ao jornalista da *Vibe* Kevin Powell.

Afeni estava mais preocupada com a liberdade dele. Durante toda a vida, ela havia desejado manter o filho fora da prisão a qualquer custo. Ela tinha estabelecido um padrão alto ao se apresentar no tribunal,

---

* Diga ao mundo que me declaro culpado por ser ansioso/ De jeito nenhum eu poderia ser um estuprador.

confiando apenas em si mesma para obter um veredito de inocência. Naquele momento, ela precisava encontrar um advogado que lutasse pelo filho e garantisse o mesmo resultado. Com uma indicação de Mutulu e Chokwe, ela contratou Michael Warren, que havia construído uma carreira jurídica bem-sucedida ao defender casos de alto nível, incluindo os de vários amigos e colegas Panteras Negras. Warren havia representado Mutulu nas leituras da condicional e, notavelmente, oito anos mais tarde, foi o advogado principal na exoneração dos réus no caso da Corredora do Central Park, o grupo de jovens falsamente acusados de agredir e estuprar uma mulher branca no Central Park em 1989.

A equipe de Warren incluía a advogada de defesa associada Iris Crews, que, anos antes, como estudante de direito, havia ajudado na defesa de Mutulu. Crews disse a Warren que queria conhecer Tupac antes de se comprometer com o caso, porque não representaria ninguém em quem não acreditasse. Eles se conheceram no River Café, no Brooklyn. "Conversamos sobre a jovem. Conversamos sobre o incidente", contou Crews. "Ele me contou o que aconteceu e, mais importante, me mostrou o respeito de que eu precisava para continuar no caso, porque eu tinha que conseguir olhar nos olhos dele e acreditar naquele jovem. Eu tinha que ouvir a voz dele e acreditar naquele jovem. Ele abriu a porta para mim. Puxou minha cadeira. Não entendi a parte da insolência. Eu não recebi todo o xingamento. Era uma pessoa muito diferente. E descobri que ele era alguém bem diferente da pessoa mostrada na TV. Ele estava com medo. Estava magoado. Achava que tinha sido traído e me disse: 'Eu respeito as mulheres, alguém fazer isso comigo, armar para mim assim...' Isso o magoou. Magoou de verdade."

Warren e Crews sabiam que teriam um trabalho difícil quando souberam que o juiz Daniel P. Fitzgerald conduziria. Fitzgerald era um colaborador próximo do prefeito de Nova York, Rudy Giuliani, cuja política era muito diferente da de Tupac. "Fitzgerald era um fantoche controlado por Giuliani", contou Warren, "o ventríloquo que puxava as cordinhas nos bastidores."

Durante todo o julgamento, Tupac ficou em silêncio. Ele ouvia os procedimentos diários enquanto escrevia em um caderno. Ele escreveu letras, listas de faixas e poemas. Até escreveu um roteiro de 99 páginas intitulado *Dayroom 12,* rabiscando o título e mudando-o para *Shadow of Doubt* e depois *Manchild*. O protagonista é Karlo "Kane"

Parker, "um rapper de sucesso no auge da carreira", que está sendo "incriminado por um crime que não cometeu".

Na última página da história, Karlo é considerado inocente e corre para o pôr do sol com seu interesse romântico, Karen. Os créditos finais mencionam que o personagem principal acabou trabalhando no "campo do entretenimento, não como rapper, mas como escritor".

Iris Crews se perguntava o que Tupac escrevia todos os dias enquanto estava sentado ao lado dela. "Um dia ele estava escrevendo poesias de Robert Frost", ela contou. "Olhei o que ele estava escrevendo e falei: 'Me dá isso.'" Crews encarou o papel. Na centésima página do caderno estava "Nothing Gold Can Stay", que Tupac intitulou "Nothing Gold".

Fora do tribunal, ele não ficava tão quieto. Em alguns dias, depois que o dia no tribunal era encerrado, Tupac defendia o próprio caso diante da imprensa na calçada. Enquanto estava encolhido em meio a uma pequena multidão de repórteres, com microfones na cara, definia o julgamento como um ataque não apenas a ele, mas à comunidade em geral. "O que eles pensam é que represento a ilegalidade e a mentalidade fora da lei, que eu represento a mentalidade dos bandidos das ruas", disse ele. "Então acham que, se puderem me punir, vão punir pessoas que não são tão corajosas quanto eu, que não falam contra coisas como eu."

Ele continuou: "Trinta acusações e nenhuma delas tem a ver comigo." Um repórter perguntou por que a moça que acusava Tupac inventaria aquela história. Tupac respondeu com convicção: "Sou culpado de muitas coisas. Provavelmente sou culpado de ser machista. Provavelmente sou culpado de não me importar tanto quanto deveria. Sou culpado por não passar tempo suficiente com as pessoas como deveria. Mas não sou culpado de estupro."

Ele encerrou o depoimento na calçada com "Eu só faço rap! Eu só faço rap e falo alto. Meu maior crime é falar alto... Não tem mais nada além disso."

No dia 30 de novembro, quando o julgamento chegou ao fim e as deliberações do júri começaram, Tupac, o amigo da família Zayd, Stretch e outro amigo, Freddie "Nickels" Moore, foram ao estúdio do DJ local Ron G no Harlem para gravar uma música chamada "Deadly Combination" para Big L, um rapper nascido no Harlem. Durante a sessão, Tupac recebeu

Nothing Gold

NATURE's FIRST GREEN IS GOLD
Her Hardest Hue to Hold
Her Early leaf's a flower
But ONLY SO an HOUr
Then Leaf Subsides to Leaf
So EDEN sank to grief
DawN goes DOWN to DAY
NoThing Gold can Stay

By Robert FROST

Enquanto estava em julgamento, Tupac às vezes escrevia em seu caderno. Em uma das páginas, ele escreveu o poema de Robert Frost "Nothing Gold Can Stay".

uma mensagem de Jimmy Henchman da Henchmen Entertainment, que ele conheceu por intermédio de Jacques Agnant. Henchman, conhecido como "Booker", perguntou a Tupac se ele queria gravar um verso para um de seus clientes, Little Shawn, um artista que havia assinado contrato com a Bad Boy Records. Tupac negociou o valor de sete mil dólares e foi para o Quad Studios na Times Square gravar o verso.

Quando Tupac e sua equipe chegaram ao Quad, às 23h25, uma voz familiar o cumprimentou de uma janela acima. Era o rapper Lil' Cease, amigo próximo de Biggie. Ao entrar, Tupac, sempre atento, percebeu um homem camuflado perto da porta. "Quando fomos até a porta, ele não levantou a cabeça", disse Tupac. "Nunca vi um negro não me encarar de um jeito ou de outro, fosse com inveja ou respeito. Mas esse cara apenas olhou para ver quem eu era e abaixou a cabeça. Não me liguei, porque eu tinha acabado de fumar. Não achei que algo fosse acontecer comigo no saguão."

Quando entraram, eles passaram pelo posto do segurança e entraram no hall para esperar o elevador. De repente, dois jovens negros vieram de trás gritando:

— Vocês, crioulos, no chão!

Eles apontaram os canos de suas armas diretamente para Tupac, Freddie, Zayd e Stretch, e então gritaram:

— Passem as joias!

Tupac não se deitou. Em vez disso, ele se virou rapidamente para encarar os homens. Um deles tentou agarrar seu braço. Tupac puxou o braço para trás. "Não havia medo nos olhos dele", lembrou Zayd.

Enquanto Tupac se apressava para pegar a arma apontada para si, ele simultaneamente pegou a que tinha consigo.

Um dos ladrões gritou:

—ARMA!

O assaltante puxou o gatilho, e uma rajada de tiros irrompeu. A próxima coisa que Zayd se lembrou de ter ouvido foram as botas de Tupac batendo quando ele caiu no chão. "Duas balas o atingiram", lembrou Zayd. "Dava para ver os buracos. E então duas linhas paralelas, indo até a parte de trás da cabeça dele, onde as balas rasparam em seu couro cabeludo. Tinham atingido a cabeça e a porra da mão dele... Levar um tiro na cabeça o fez puxar o gatilho." Embora Tupac tenha sido atingido em vários lugares, nunca se soube de que arma partiram as balas. Tupac acreditava ter sido baleado cinco vezes pelos assaltantes.

"Eles bateram minha cabeça no concreto", lembrou Tupac. "Eu só via branco, tudo branco."

Um dos assaltantes manteve a arma apontada para Stretch, Zayd e Freddie enquanto eles estavam deitados no chão, conforme o outro pegava de Tupac uma de suas duas armas e aproximadamente quarenta mil dólares em diamantes e joias de ouro. Antes de irem embora, os homens deram uma coronhada em Tupac e o chutaram na cabeça.

Enquanto Tupac estava caído no chão, Zayd gritou:

— Ei, você está bem?

— Levei um tiro — conseguiu dizer ele.

Zayd pegou a arma que Tupac ainda tinha e correu atrás dos homens. Tupac se levantou, ferido e sangrando, e o seguiu para fora. Eles tentaram encontrar os dois homens que os roubaram, sem sucesso. Momentos depois, pegaram o elevador até o oitavo andar. Tupac entrou mancando no estúdio, com sangue escorrendo da cabeça e do corpo. Dezenas de pessoas estavam presentes, incluindo Biggie, Puffy e o presidente da Uptown Records, Andre Harrell.

Tupac encontrou um telefone e ligou para Keisha para que ela contasse o que tinha acontecido a Afeni. Depois, ligou para a emergência.

Os paramédicos e a polícia logo chegaram. Tupac percebeu que os policiais eram os mesmos que apareceram no Parker Meridien na noite em que foi preso. Um deles acabara de testemunhar contra ele no julgamento. Os paramédicos cuidaram de seus ferimentos, o colocaram em uma maca e o levaram para fora do prédio em meio a uma multidão de fotógrafos que, agitados, saudaram sua aparição. Indignado, Tupac mostrou o dedo do meio para eles enquanto era colocado na ambulância.

— Não acredito que estão tirando uma foto minha deitado em uma maca!

Enquanto Tupac era colocado na ambulância, os policiais ficaram por perto, observando os paramédicos cuidarem da virilha dele. Mais tarde, Tupac lembrou que um deles "tinha um meio sorriso no rosto e reparei que estavam olhando para minhas bolas. Ele disse: 'E aí, Tupac? Como ele está?'"

Foi então que Man-Man chegou, alertado via pager sobre o incidente. Ele entrou na ambulância com Tupac. Enquanto os dois iam para o hospital, Keisha pegou um táxi e correu para o apartamento da prima de Tupac, Jamala, no Bronx, onde Afeni e tia Glo estavam hospedadas enquanto ficavam na cidade para o julgamento. Keisha só sabia o endereço, não o número do apartamento, e Jamala não tinha telefone. Sem outras opções, Keisha parou diante do prédio e gritou:

— Jamala! Tupac foi baleado! Tupac foi baleado! — Por sorte, Glo a ouviu e foi até uma janela. — Ele está no Bellevue! — gritou ela para eles.

Afeni, tia Jean e Keisha correram para o Hospital Bellevue, onde a equipe médica as atualizou e informou que Tupac ainda estava em cirurgia. Depois de horas na sala de espera, elas foram informadas de que ele estava se recuperando. Momentos depois, porém, ele foi levado de volta à sala de cirurgia para o médico reparar um vaso sanguíneo em sua perna que não parava de sangrar.

No dia seguinte, às quatro da tarde, a imprensa e os fãs começaram a aparecer no hospital conforme o mundo ficava sabendo que Tupac Shakur havia sido baleado. Quando Tupac acordou da anestesia, ainda grogue e todo enfaixado, Afeni foi vê-lo primeiro, e depois Glo. Tupac disse: "Olhem o que fizeram comigo." Afeni segurou a emoção, voltou para a sala de espera e começou a falar com a crescente multidão de visitantes. Watani garantiu a segurança das instalações, exigindo um nível a mais de segurança, guardas particulares da X-Men Security Company, compostos por ex-membros da Nação do Islã.

Em meio ao caos e à conversa agitada na sala de espera sobre o que havia acontecido e quem era o responsável, Glo reparou em Biggie sozinho, afastado da multidão. "Ele parecia triste", contou ela. "Ele não estava com o resto das pessoas tentando ver Tupac. Estava sozinho, encostado na parede." Então Afeni percebeu que Billy Garland, o homem que sabia ser o pai biológico de Tupac, havia aparecido. De repente, depois de muitos anos, ele estava ansioso para ver o filho.

Como a pessoa que determinava quem teria permissão para passar pela sala de espera e ver seu filho, Afeni teve que tomar uma decisão rápida. "Ela ficou tão desnorteada", contou Glo. "Foi um caos no hospital naquele dia, e ela tentou descobrir qual era a coisa certa a fazer naquele momento." Quer tenha sido uma decisão emocional, quer racional, Afeni concordou em deixá-lo entrar.

Ao lado da cama de Tupac, Keisha deu a notícia.

— Tem um homem na sala de espera dizendo que é o seu pai.

— Como é?

— E ele se parece com você.

Momentos depois, um rosto estranhamente familiar apareceu ao lado dele.

— Você está bem, cara?

Tupac olhou para Billy Garland. Ele já havia conhecido Billy, quando Afeni o levou para uma visita quando criança, mas, como Billy tinha a própria família e não pareceu interessado em manter um relacionamento com o filho, Afeni deu meia-volta e deixou que Legs, o homem que reivindicou Tupac como filho tão intensamente, preenchesse o papel. O dia em que Legs apareceu e ficou perto do berço de Tupac e disse: "Sim, ele é meu" — era tudo o que Afeni precisava. Legs queria que Tupac fosse seu filho e estava animado em ser o pai dele, mesmo que não fosse um pai muito disponível. Depois que Legs morreu, Tupac nunca parou de sofrer por ele.

E naquele momento, nove anos depois, sem nenhuma lembrança das visitas a Billy durante sua infância, o homem parado ao lado dele era apenas um estranho, e sua reivindicação de paternidade aumentou o choque de tudo que Tupac acabara de vivenciar. Mas a semelhança era surreal. Glo relembrou: "Ele nos contou que, quando ergueu o olhar, pensou que tivesse morrido porque estava olhando para alguém que se parecia com ele. Ele pensou: 'Estou no céu? Eu morri?'"

Mesmo com um grupo de seguranças particulares do lado de fora do quarto do hospital, Tupac não conseguiu relaxar. A visita de um homem que afirmava ser seu pai agravou os temores urgentes de que ele seria emboscado outra vez. A mente de Tupac parecia uma teia emaranhada de paranoia, dor e confusão. Seus níveis de estresse atingiram o ponto de ebulição. Ele precisava sair daquela cama. Precisava fumar um baseado. Ou um cigarro. Qualquer coisa para desanuviar a mente.

Ainda sob sedação parcial, ele se levantou e saiu do quarto. Um dos seguranças deve ter percebido o desespero de Tupac e, em vez de tentar levá-lo de volta para a cama, ajudou-o a descer de elevador até a sala de espera para encontrar a mãe.

Menos de três horas depois de sair da cirurgia, movido pela adrenalina e ansiedade, Tupac entrou na sala de espera usando a roupa de hospital, casaco e sapatos. Sua cabeça, braço e perna estavam envoltos em gaze, e ele arrastava o suporte intravenoso. Afeni estava conversando com Jamal Joseph, que acabara de chegar, quando o viu.

— Aonde você vai? — perguntou ela a Tupac calmamente.

CARTA AO MEU FILHO NÃO NASCIDO

Tupac começou a implorar, convencido de que, se não saísse do hospital naquele instante, sua vida estaria em perigo.

— Me tire daqui agora.

Ele estava com os olhos arregalados de medo.

Sem fazer mais perguntas, Glo saiu correndo do hospital para pegar o carro enquanto Afeni procurava uma cadeira de rodas. Antes que pudessem sair pela porta, um segurança do hospital os abordou.

— Você não pode sair — anunciou ele.

Jamal sabia que ninguém iria mudar a opinião de Tupac. Ele puxou o segurança de lado e falou baixinho para que os outros não ouvissem.

— Olhe ao redor — disse ele. — Tem uns dez soldados de rua aqui. São ex-Panteras, pessoas da Nação do Islã. Aconselho você a nos mostrar não apenas os papéis para assinar, mas também a saída.

Afeni estava assustada com a decisão precipitada que o filho acabara de tomar, mas também sentia que era importante apoiá-lo naquele momento de medo e incerteza. Ela tirou Tupac do hospital. Eram 18h45. Nem 24 horas haviam se passado desde o tiroteio.

Ao saírem do hospital, eles foram cercados por repórteres, fãs e fotógrafos que haviam encontrado a saída dos fundos. Abrindo caminho no meio da multidão estava Mickey Rourke, que havia pegado um avião em Miami assim que soube que Tupac tinha sido baleado e chegou ao hospital quando ele saía. Enquanto iam para o apartamento de Keisha no Harlem, o cirurgião de trauma do hospital, Dr. Pachter, soube que Tupac havia dado alta a si mesmo. Ele disse aos repórteres: "Em meus 25 anos de carreira, nunca vi ninguém deixar o hospital assim."

Afeni e Watani contrataram um médico particular para cuidar de Tupac enquanto ele se escondia no apartamento de Keisha. Após estabilizá-lo, o médico explicou a Keisha os detalhes dos cuidados de Tupac. Ele disse em que ficar de olho e a alertou sobre sinais específicos que deveriam fazê-la ligar para ele de imediato. Enquanto ele falava, Tupac cutucou Keisha e disse:

— Você não está prestando atenção!

— Estou prestando atenção, Tupac.

— Não está, não. Escute o médico.

— Estou acordada há 48 horas, Tupac.

— E eu acabei de ser baleado!

Depois que o médico foi embora, Keisha reparou que a perna de Tupac ainda sangrava. Ela ligou para Afeni e Watani, que conseguiram convencê-lo a voltar ao hospital mais tarde naquele dia, registrando-o sob o pseudônimo de "Bob Day". Da cama de hospital de Tupac, ele e Keisha assistiram TV. Uma reportagem sobre o tiroteio e seu julgamento foi a matéria principal do noticiário das 23 horas. E, claro, depois da notícia, os apresentadores de *talk shows* noturnos também entraram no assunto. Entre as notícias e a zoação dos comediantes, Tupac ficou irritado.

Enquanto tentava relaxar, o telefone tocou. Como eles haviam dado entrada com um pseudônimo, Tupac imaginou que deveria ser um membro da família, mas, quando atendeu, foi recebido por uma voz desconhecida e sarcástica.

— *Você ainda não morreu.*

Tupac bateu o telefone. Ele precisava de um lugar onde absolutamente ninguém pudesse encontrá-lo. Era hora de eliminar de sua vida todos em quem ele não confiava. Cansado de parceiros casuais, ele acreditava que todos que estavam no Quad Studios naquela noite sabiam quem o atacara e atirara nele. E, como Biggie estava lá, Tupac acreditava que ele também sabia. Tupac suspeitava de que Jacques Agnant tivesse armado para ele no caso de abuso sexual e estivesse envolvido no seu tiroteio, embora Agnant negasse tudo. Tupac chegou a pôr um fim na amizade com o amigo Stretch, porque achava que ele deveria ter se esforçado mais para protegê-lo do ataque.

No dia 1º de dezembro, apenas 48 horas depois de ser baleado, Tupac voltou ao tribunal em uma cadeira de rodas com a cabeça enfaixada e coberta por um boné do New York Yankees. O júri voltou para dar o veredito. Naquele dia, ele saberia seu destino. Mas, depois do almoço, Warren alertou o tribunal que a perna ferida de Tupac estava dormente e que ele voltaria para o hospital. Ele não estaria na sala no momento em que o veredito fosse dado.

Quando os jurados entraram na sala do tribunal, o juiz Fitzgerald perguntou qual tinha sido a decisão do júri.

— Sobre a primeira acusação, qual o veredito?

O jurado Foreman disse:

— Inocente. — Da primeira acusação, tentativa de sodomia.

— Segunda acusação?

— Inocente. — De sodomia.

— Terceira acusação?

— Inocente. — Sodomia.

— Inocente. — Por três acusações de porte ilegal de armas.

Nas acusações de abuso sexual em primeiro grau, o júri o declarou "culpado".

Tupac insistiu veementemente que não estuprou ou sodomizou ninguém e, no fim das contas, foi considerado inocente dessas acusações. O veredito de culpa na acusação de abuso sexual foi mais específico: "tocar as nádegas a força".

Depois do veredito, o corréu de Tupac, Man-Man, foi imediatamente conduzido e preso enquanto aguardava a data da sentença. Tupac continuaria livre; devido ao seu estado de saúde, o juiz deu tempo extra para que ele se recuperasse até o prazo imposto pelo tribunal para retornar à prisão, que acabou sendo prorrogado até 24 de dezembro.

Durante aquele período de três semanas, devido ao medo paralisante da família de que alguém tentasse machucar Tupac outra vez, Afeni sabia que precisava esconder o filho. Mas o circo da mídia tornava tudo mais difícil a cada dia.

Tupac pensou em Jasmine Guy. Ela ia ao tribunal todos os dias para apoiá-lo e se tornou uma de suas amigas mais leais. Tupac achou que poderia se concentrar na recuperação física na casa dela, sem ser incomodado pela imprensa ou se preocupar com a possibilidade de alguém o encontrar. "Não havia [outro] santuário para ele", contou Jasmine. "Ele tinha vários buracos pelo corpo. Foi um momento horrível para lidar com o mundo exterior, principalmente porque ele deveria estar no hospital." Ela o acolheu sem hesitar, abrindo sua casa em Manhattan para ele e a família. "Ele estava tentando lidar com a traição de quem atirou nele e quem eram seus verdadeiros amigos. Ele estava enlouquecendo."

Sentado no sofá de Jasmine por dias a fio, deprimido e desesperado, angustiado por ter sido condenado por um crime que negava ter cometido, Tupac chegou ao limite. Uma tarde, quando Afeni, Glo e Louisa, uma amiga da família, foram ver como ele estava, elas se depararam com o impensável. Entraram na casa de Jasmine e passaram pela escuridão enquanto avançavam na sala de estar. E ficaram chocadas ao encontrar Tupac sentado no sofá, no escuro, uma espingarda em uma das mãos e uma calibre .45 milímetros na outra. Em sua testa estava escrito com marcador preto: Foda-se o mundo. "Havia uma força em torno dele", explicou Glo. "Tive a impressão de ver um demônio ao seu lado. Tupac estava muito deprimido."

Em silêncio, as três voltaram para os fundos a fim de recuperar o fôlego.

Momentos depois, Afeni voltou para a sala e se ajoelhou diante de seu único filho.

Ela pediu a Tupac que fosse forte e disse que ele era necessário para "lutar pelo bem neste mundo".

Foi uma conversa de alto risco e, mais tarde, Afeni recordaria como havia sido crucial. "Aquele foi o dia em que sentei e convenci meu filho a viver."

No dia seguinte, Katari, Yaki, Malcolm, Mutah, Glo e Yaasmyn estavam todos lá. Ainda convalescendo, Tupac conversou com eles sentado no sofá e fez um pedido horrível.

Tupac *havia* planejado tudo em macabros detalhes. Ele queria que o levassem para a floresta, onde ele compartilharia um último baseado com Yaki, Mutah, Katari e Malcolm. Eles o deixariam lá com a espingarda. "E quando acontecer", disse Tupac, "não deixe que eles toquem meu corpo. Não quero eles tocando meu corpo. Vocês, peguem meu corpo."

Nervosos, eles ouviram o pedido dele. Tupac não choramingou. Não chorou. Ficou sentado no meio do sofá, sem esperanças. A única outra esperança, ele disse, era fugir ou se entregar. Ele temia que fugir colocasse todos em perigo, o que era a última coisa que queria fazer. Ele estava especialmente preocupado com sua prima que morava no Bronx, Jamala, e a jovem filha dela, Imani. Se ele fugisse, pensou, a polícia bateria na porta dela primeiro. Mas se tirasse a própria vida, seria o fim de tudo. Não haveria caçada, nem perguntas. Tudo terminaria. "Era como se ele estivesse dirigindo um filme. Ele não foi nem um pouco mórbido", contou Glo. "Ele nos mandou dizer a Mutulu que 'um de nós escapou'.

Ele pediu a cada um deles que prometesse ajudar. Ninguém falou nada. Todos olharam para ele com os rostos sem expressão, descrentes. Yaasmyn se manteve firme e balançou a cabeça, inflexível. Glo correu para o banheiro e fechou a porta. "Foi um momento muito doloroso para todos nós", lembrou ela. "Foi surreal. Em nenhuma circunstância concordamos com meu sobrinho, mas estávamos tentando superar a porra do momento."

Tupac ignorou todas as tentativas da família de dissuadi-lo de seu plano. Mais tarde, ele refletiu sobre o momento e o preço que o julgamento cobrou em sua alma. "Eu simplesmente me senti um suicida. Mas não podia me matar. Só queria que alguém me matasse."

No final da semana, espalhou-se a notícia de que Tupac estava escondido na casa de Jasmine. O telefone começou a tocar sem parar e a campainha também. Família e amigos começaram a aparecer sem avisar, inundando o pequeno espaço da casa. Karen Lee, que foi convidada pela Interscope a retornar à equipe de Tupac para ajudar como RP nas questões relacionadas ao julgamento, ligou para o rapper para perguntar se não havia problema em levar Billy Garland para vê-lo. Ela conhecia Garland havia anos e sabia que ele estava ansioso para ter um relacionamento de pai e filho. Mesmo ainda tentando processar a realidade de que o pai estava vivo, Tupac concordou que Billy fosse visitá-lo. Mas, depois de horas com Billy, Tupac se sentiu atordoado pela presença dele. "Ele me ligou", contou Karen. "Ele disse: 'Você prometeu que não ia deixá-lo aqui. Você sabe que ele só quer ficar aqui, beber vinho e fumar maconha. Tenho um monte de manos para tomar vinho e fumar maconha comigo.'" Karen conta: "Acho que Tupac estava buscando aquela coisa de pai, que ele sempre teve com Mutulu." A inquieta percepção de que não ia receber aquilo de Billy Garland somou-se às difíceis realidades de tudo o que estava acontecendo na vida dele na época.

Depois de duas semanas na casa de Jasmine, era hora de Tupac se realocar. Enquanto a família dele reunia suas coisas, Tupac perguntou a Jasmine se podia pegar emprestada uma das perucas dela para se aventurar nas calçadas de Nova York.

Tupac saiu e de imediato foi recepcionado pelo frio da Costa Leste. Ele recusou um táxi; depois de ficar preso dentro de casa por tanto tempo, decidiu caminhar e sentir o ar livre e a neve gelada sendo esmagada sob seus pés. Usou seu rifle como bengala e mancou quase cinco quarteirões pelas ruas de Manhattan até o próximo esconderijo: o Esplanade, um hotel residencial na rua 74 com a West End Avenue. E então ligou para Keisha.

— Você pode vir cozinhar para mim? Tacos? — perguntou ele.

Ela logo foi, cozinhando enquanto Tupac ouvia repetidamente o álbum *My Life,* de Mary J. Blige. Ele ficou acordado a noite toda, tentando encontrar uma maneira de não se entregar às autoridades.

Enquanto Tupac seguia procurando opções, suas amigas íntimas Jada e Jasmine juntavam dinheiro para pagar sua fiança. Mas ele ainda estava muito longe da quantia de que precisava. O tribunal fixou a fiança em exorbitantes 3 milhões de dólares.

Em 23 de dezembro, um dia antes de Tupac se entregar na ala policial de Bellevue, ele continuava resistindo. "Foda-se, eu não vou", disse à família. Karen Lee tentou explicar a Tupac que, se ele não se rendesse, iria se tornar um fugitivo. A lei viria atrás dele e de todos que o conheciam. Por fim, seus advogados, Iris Crews e Michael Warren, chegaram ao hotel com um plano para convencê-lo. Ao longo do julgamento, Iris e Tupac se uniram durante muitos almoços compartilhados enquanto estavam lado a lado no tribunal. Iris acreditava que, se conseguisse ficar alguns minutos com ele, devido à proximidade que tinham, ela poderia convencê-lo de como era importante se entregar. Mais tarde, Iris se lembrou de seus pensamentos enquanto chegava ao Esplanade naquele dia. "Eu esperava que o Criador me desse as palavras certas a dizer para ajudar esse jovem mano."

Quando ficaram sozinhos na sala, ela disse para ele, baixinho:

— Tupac, vamos fazer isso. Todos nós vamos fazer isso juntos.

Tupac respondeu:

— Veja o que aconteceu com Mutulu. Não vou deixar que aconteça comigo.

— Vamos cuidar de você.

— Não, não vou. Não vou passar o resto da vida na cadeia. Não vou fazer isso.

Iris o deixou falar. Quando ele ficou sem palavras, ela o abraçou. "De alguma forma, abraçá-lo e falar com ele... tudo veio de dois meses dele confiando em mim... o fez dizer: 'Está bem, vou fazer. Vou fazer'", contou Iris.

Horas depois, no dia 24 de dezembro, às duas da manhã, para evitar a imprensa e as multidões esperadas, Tupac enfim se entregou. Ele chegou, junto com a família e os advogados, à enfermaria do Hospital Bellevue, onde continuaria a se recuperar sob os cuidados de médicos e aguardaria a próxima data da sentença.

Enquanto o Natal passava e o Ano-Novo se aproximava, Afeni e Glo passaram longos dias no saguão da enfermaria do hospital, cumprimentando o fluxo constante de convidados que iam dar o seu apoio. Quando Jamal Joseph foi visitá-lo, Tupac o encontrou na sala de visitas, com uma bata de hospital e uma escolta de guardas. A conversa deles logo chegou ao status do projeto Thug Life de Tupac. Ao longo dos anos, Jamal, Watani e Mutulu discutiram a missão geral, o caminho e o propósito do Thug Life com Tupac. Todos os três tinham origens políticas. Todos eles juraram pelos pilares e temas do poder e orgulho negro. Mas Jamal queria discutir o assunto com maiores detalhes, esperando entender a visão de Tupac no futuro. Jamal explicou: "Ele gostava de discutir comigo sobre Thug Life porque nunca concordamos muito sobre esse assunto."

No entanto, assim que Jamal mencionou Thug Life em Bellevue, Tupac o interrompeu.

— Jamal, antes que você comece um sermão, me deixe dizer uma coisa — declarou ele. — Quero contar a vocês sobre um garoto que trouxeram para o hospital aqui outro dia. Você acredita no que esse garoto me disse?

— Não, o que ele disse?

— Ele disse: 'Tupac, você é meu herói. Cara, não acredito que é você.' Falei para ele: 'Espere aí, cara. Por que eu sou seu herói?' Ele disse: 'Você tem todas as garotas, você atira na polícia...' E eu disse a ele: 'Se é por isso que sou seu herói, não preciso ser o herói de ninguém, porra.' E, tio Jamal, eu soube naquele momento que esse negócio de 'Thug Life' precisa morrer. Acabou.

— Faz tempo que eu te digo que precisa acabar.

— Mas eu estava chapado na época. Estou melhor agora.

— Que bom.

— E, já que vou morrer mesmo, precisa...

Jamal interrompeu:

— Por que você fica dizendo isso?

— Porque sou um Shakur.

— Tupac, você não vai morrer.

— Vou morrer. E eu sei que preferia partir como Malcolm do que como um bandido.

E assim seu movimento Thug Life ficou para trás, virou história. Em uma entrevista após deixar Bellevue, Tupac refletiu sobre o fim do Thug Life: "Muitas pessoas têm me criticado por causa dessa coisa de Thug Life. Tenho assumido a culpa por tudo o que Thug Life fez. Qualquer um pode dizer 'Thug Life' e sempre vai ter a ver comigo... Policiais são mortos e eu sou culpado por isso. Acontece todo o tipo de violência e eu sou culpado. Eu não criei o 'Thug Life'. Eu o diagnostiquei."

Em 7 de fevereiro de 1995, Tupac compareceu perante o juiz Fitzgerald para ser sentenciado. O tribunal estava lotado de familiares, amigos próximos e fãs leais, todos esperando que sua presença esmagadora desse apoio no dia mais desafiador da vida de Tupac e transmitisse ao tribunal que eles *acreditavam* na inocência dele. Queriam mostrar que o amavam e o respeitavam como um membro valioso da sociedade.

Quando o juiz perguntou se ele tinha algo a dizer, Tupac, com olhos marejados, falou com modéstia e humildade, primeiro pedindo desculpas a Ayanna. Mas ele quis deixar claro que não estava se desculpando pelos crimes dos quais foi acusado. Ele se desculpou por ter que resolver o assunto em um tribunal. Ele continuou e se dirigiu a ela: "Espero que com o tempo você diga a verdade – eu sou inocente."

Ele expressou sua fé em Deus e compartilhou um pedido de desculpas cheio de pesar por Man-Man, condenado de um mês e meio a quatro meses e meio de prisão e cinco anos de liberdade condicional; Man-Man, o amigo leal que o apoiou financeiramente quando Tupac não tinha nada e depois com sua presença durante anos. Tupac disse ao juiz que sua intenção era *tirar* o amigo das ruas e do "jogo", e não causar problemas com a justiça para ele. Tupac encerrou com uma mensagem direta ao juiz Fitzgerald. "Não quero ser desrespeitoso, juiz, mas você nunca prestou atenção em mim; nunca me olhou nos olhos. Você nunca usou a sabedoria de Salomão. Sempre senti que você tinha algo contra mim. Fiquei tão envolvido na minha carreira que não esperava que isso acontecesse. Não tenho vergonha. Eu não sinto vergonha. Deixo este caso nas mãos de Deus."

As palavras de Tupac provocaram um silêncio mortal no tribunal. "Dava para cortar a tensão com uma faca, de tão pesada que estava", lembrou Shock G. "Isso comoveu todo o lado da acusação. Os olhos de todos no tribunal ficaram marejados." Incluindo o de Tupac. "Ele estava quase chorando", contou Michael Warren. "Porque ele não tinha feito aquilo… Ele ficou magoado de verdade por causa daquilo. Se ele tivesse que cumprir 35 anos por outra coisa que não fossem as acusações sexuais, cumpriria, desde que não fosse condenado por nenhuma acusação sexual. Ele era um mano jovem e de princípios."

O juiz Fitzgerald condenou Tupac de um ano e meio a quatro anos e meio de prisão. Para Michael Warren, a sentença pareceu excessiva. "Com as acusações pelas quais foi condenado, ele deveria ter recebido liberdade condicional", observou ele. "Crimes de classe C. Esses são os crimes mais leves pelos quais você pode ser condenado. E a liberdade condicional é quase automática."

Atron explicou: "Em Nova York, o motivo pelo qual Tupac foi condenado é um crime, mas na Califórnia é uma contravenção; ele teria saído livre. Pelo que entendi, os jurados pensaram que ele ia sair livre. E o juiz fez o contrário. E o mandaram para a pior prisão estadual de Nova York."

NÃO É FÁCIL
1995

Even though you innocent you still a nigga, so they figure.*

— TUPAC SHAKUR

Depois que a sentença foi proferida, as autoridades levaram Tupac e Man-Man para a Penitenciária de Rikers Island, onde ficariam temporariamente. "Eles nos levaram direto do tribunal", contou Man-Man. "Nos colocaram em prisão preventiva, com pessoas que eles tiveram que remover [da] população regular porque haviam esfaqueado alguém ou sei lá. Mas nos colocaram lá com eles. Havia mais ou menos trinta camas para esses prisioneiros no chão. E colocaram Pac numa cela sozinho porque ele era uma celebridade. Não deixavam ninguém se aproximar da cela dele. Eu podia pairar por ali, mas só me deixavam me aproximar dele uma hora por dia. Ele odiava isso."

Semanas depois, Tupac foi levado para o Centro Correcional em Fishkill, Nova York, para uma avaliação com o Departamento de Correção, que revisaria o caso dele, seu passado e informações psicológicas, e determinariam em qual prisão ele cumpriria a sentença. Por fim, o

---

* Mesmo sendo inocente você ainda é negro, então eles supõem certas coisas.

comitê de classificação o designou como um caso de "periculosidade média", mas o Departamento de Correção o designou para uma prisão de segurança máxima. Michael Warren lamentou: "A tragédia real é que o enviaram para uma prisão de segurança máxima. Ele *não* devia ter sido enviado a uma prisão de segurança máxima."

Em março, um ônibus da prisão levou Tupac ao Centro Correcional Clinton em Dannemora, Nova York, a prisão estadual onde o assassino em série "Filho de Sam", David Berkowitz, cumpria pena; onde Charles "Lucky" Luciano, o famoso mafioso da família criminosa Genevose, passou muitos anos; e onde Robert Chambers, o "Preppie Killer", foi condenado por estrangular uma mulher até a morte no Central Park. Clinton era o lar daqueles que cumpriam de 25 anos a prisão perpétua. "Era [o lugar] onde todos os filhos da puta estavam", lembra Syke.

Após a sua chegada a Clinton, o status de celebridade de Tupac logo se revelou uma bênção e uma maldição. Seus companheiros de prisão o trataram com o maior respeito. Tupac lembrou das boas-vindas que recebeu no primeiro dia. "Em duas horas, eu tinha tudo de que precisava", lembrou ele. "Os manos me trouxeram pasta e escova de dente, uma bombinha." Mas, graças à sua fama e à contínua cobertura mediática, as autoridades de Clinton logo o classificaram como um "caso de monitoramento central", o que significava vigilância extra. Eles encorajaram Tupac a entrar voluntariamente em custódia protetora, mas ele se recusou, pensando que isso enfraqueceria sua credibilidade entre os outros prisioneiros e criaria suspeitas de que ele era um informante. No final, a decisão não coube a ele. As autoridades desconsideraram sua recusa e o colocaram na Unidade de Custódia Protetora Involuntária assim mesmo.

Enquanto Tupac tentava ao máximo se acostumar com a vida na prisão, Tom Whalley e o executivo de marketing da Interscope, Steve Berman, estavam ocupados em Los Angeles planejando o lançamento do álbum que o rapper havia concluído antes de se entregar. Nesse processo de produção nada tradicional, Whalley, entre horas ao telefone e viagens a Dannemora para visitar Tupac e revisar ideias de capas, escolhas de músicas e datas de lançamento, fez o que pôde para garantir o sucesso do álbum.

Berman estava lá para executar os planos que Whalley e Tupac colocaram em prática e relembrou as discussões sobre o destino do *Me Against the World*: "Me lembro de estar na sala e daquelas conversas e

NÃO É FÁCIL   313

pensar que poderia ter acontecido o contrário. O cara está na prisão. Isso vai dar em quê? Investimos o dinheiro? Tudo isso. Mas estava tão óbvio que ele era muito importante, e aquele álbum era muito importante, que só tínhamos que lutar e seguir em frente. Me lembro daquelas conversas com Tom e Jimmy e de ficar tipo: 'Vamos nessa.'"

Como estava encarcerado, Tupac não podia filmar videoclipes ou dar entrevistas para promover seu álbum. Não haveria aparições na televisão no BET ou no *Yo! MTV Raps*. Os amigos e parentes de Tupac, Atron e a Interscope mantiveram conversas com ele na cela, planejando o que fariam. Eles discutiram possíveis fotos e a arte para a capa do álbum e debateram ideias de conteúdo para usar em videoclipes para os singles.

Conforme essas conversas criativas se desenrolavam, Afeni, Watani, Atron e Yaasmyn Fula trabalhavam diligentemente, criando relatórios diários para Tupac sobre todas as questões judiciais, garantindo a ele que os advogados estavam trabalhando muito para o recurso de seu caso. Assim que o recurso fosse concedido e o valor da fiança fosse estipulado, Tupac ficaria livre e o caso seria julgado outra vez. Até lá, ele só tinha que focar no lançamento de *Me Against the World* e em como o álbum seria recebido.

Berman passou longas horas nos bastidores planejando a distribuição e o lançamento do álbum. A estratégia era desafiar as regras padrão de categorização de gênero musical, passar pelos "guardiões culturais" e levar *Me Against the World* não apenas aos mercados urbanos, mas ao maior número de lojas em quantas cidades fosse possível. Quando Berman começou a receber sinais positivos dos principais canais de vendas, em regiões onde o hip-hop não costumava vender ou em cadeias de lojas que poderiam negar pela controvérsia, ele soube que estava diante de algo grande. "Me lembro de receber um telefonema dizendo: 'Steve, o K-Mart quer 75 mil unidades'", contou Berman. "Isso foi extraordinário. Foi o momento que mudou tudo. Foi então que percebi que estava realmente na cultura, era muito mais do que achávamos que era o rap. Era muito maior que isso. Eram jovens por toda parte. Não importava onde os jovens haviam crescido. Eles estavam se identificando e entrando nas lojas à procura de Tupac."

Em 1º de abril de 1995, durante o auge dos dias mais sombrios de Tupac, ele acordou em sua cela com a incrível notícia de que *Me*

Against the World havia estreado na primeira posição nas paradas da *Billboard*. Nunca antes um cantor, músico, banda ou rapper havia alcançado o primeiro lugar enquanto estava encarcerado. E os guardiões culturais concordaram. Cheo Coker, da *Rolling Stone*, saudou-o como o melhor álbum de Tupac, "Em geral, um trabalho de dor, raiva e desespero ardente... a primeira vez que [Tupac] bateu de frente com as forças conflitantes que atacavam sua psique". Jon Pareles, do *New York Times*, escreveu: "O álbum surpreenderá qualquer um que espere as mais loucas ostentações de um cara durão... *Me Against the World* gira em torno de memórias e luto."

Enquanto "Dear Mama", o primeiro single do álbum, passava cinco semanas na primeira posição na parada *Billboard* Hot Rap Singles e era tocada repetidas vezes nas estações de rádio por todo o país, os CDs voavam das prateleiras, levando *Me Against the World* rumo ao status de platina. O álbum vendeu meio milhão de cópias apenas na primeira semana. "Eu estava passando os caras que minha mãe costumava ouvir", contou Tupac mais tarde. "Bruce Springsteen e todos eles. Eu fiquei tipo: 'Caralho. Você sabe o que isso significa?' Me fez sentir bem. Essa era a única vingança que eu realmente queria."

Porém, com seu enorme avanço na carreira enfim alcançado, havia pouco que Tupac pudesse fazer para comemorar. Estar na prisão parou por completo a agenda antes lotada dele: não havia mais noites no estúdio. Não havia mais sets de filmagem. Nada de shows no palco diante de fãs gritando. Nada de maconha e mulheres. Tudo o que ele pôde fazer foi refletir sobre suas decisões e analisar os últimos 23 anos da vida. Era hora de traçar estratégias para o próximo capítulo.

A primeira coisa a fazer era manter sua palavra a Jamal Joseph: o Thug Life não existiria mais. Em uma longa entrevista que concedeu a Kevin Powell, da revista *Vibe*, em janeiro, enquanto estava na Rikers, à espera da transferência, ele disse: "O Thug Life morreu para mim. Se for real, deixe que outra pessoa o represente, porque estou cansado disso. Eu o representei demais. Eu era Thug Life... Vou mostrar às pessoas minhas verdadeiras intenções e meu verdadeiro coração. Vou mostrar a eles o homem que minha mãe criou. Vou deixar todos orgulhosos."

Com a mente desanuviada, Tupac retomou o ritmo de leitura voraz que mantinha quando menino, devorando um ou dois livros por dia.

"Os primeiros oito meses passei sozinho 23 horas por dia, lendo e escrevendo", contou ele mais tarde em uma entrevista. "Eu li muitos livros de Maya Angelou. [Eu li] *A arte da guerra*, de Sun Tzu. Ouvi música, diferentes tipos de música para acalmar minha alma. Dionne Farris me ajudou a superar muitas dessas coisas."

Ele também se sentiu inspirado pelas relações de trabalho fragmentadas do passado. Na entrevista à revista *Vibe*, depois de se desculpar publicamente com os irmãos Hughes pela briga violenta, ele contou de sua frustração com o diretor John Singleton por perder seu papel no filme *Duro aprendizado*, da Columbia Pictures. Embora não tenha apresentado o mesmo pedido de desculpas que deu aos irmãos Hughes e a Quincy Jones, ele explicou que Singleton o inspirou a escrever roteiros e que, como o "demitiu", ele queria "ser seu concorrente". Tupac começou a planejar e escrever resumos de várias histórias, uma das quais escreveu inteira, uma história semiautobiográfica chamada *Live 2 Tell*. Na mesma entrevista à *Vibe*, Tupac explicou: "Trata-se… da minha vida, metade sou eu, metade é ficção." *Live 2 Tell* acompanha um jovem chamado Scott Solomon que vem de uma vida de disfunções e conflitos, se torna traficante e acaba cumprindo pena no Correcional Clinton. Scott nutre um amor inabalável pela protagonista feminina, Carla James, personagem que ele imaginou para Jada, cujo papel se torna uma das partes mais importantes do filme. Ele escreveu uma lista completa de atores que gostaria de escalar, que incluía Yo-Yo, Jamal Joseph, Jada Pinkett, Sean Nelson do Fresh, Freddie Foxxx, Jasmine Guy, Tony Danza, Mutah Beale, Katari Cox, Yafeu Fula, Anthony Cryss, Mopreme, Tyrus Hymes e Ricky Harris.

Depois, ele escreveu cartas para a família e os amigos — várias delas, todas escritas cuidadosamente a mão. Ele escreveu para Afeni e Glo, para Jamal e para Mutulu, contando sobre a vida na prisão. Também escreveu cartas longas e sentimentais a amigos, agradecendo-os pelo apoio durante a prisão. Ele recebeu cartas de celebridades — Jada, Madonna, Jasmine, Yo-Yo, Chuck D e até Tony Danza, que ele nunca conheceu — e as respondeu. Mais tarde, quando foi libertado, Tupac falou com carinho da carta que recebeu de Tony. "Foi uma das melhores cartas que recebi durante aquele tempo. [Ele escreveu] que era meu fã. Que tinha gostado do álbum. [Me disse para] manter a cabeça erguida e que, quando eu saísse, estivesse mais forte." Essas cartas se tornaram sua conexão com o mundo externo.

As conversas por telefone eram outra conexão. Várias das ligações foram para Keisha. "Éramos muito amigos", explica Keisha. "Ele me contava tudo." Para facilitar seu deslocamento até a prisão, Keisha instalou-se temporariamente em um hotel perto da Clinton antes de alugar um apartamento, onde seguiu ajudando Tupac em algumas de suas tarefas e recados do dia a dia. Do quarto do hotel, ela fazia ligações de negócios e compras diárias, adquirindo CDs, roupas novas da Gap, livros e revistas para ele.

Keisha era sua âncora, enraizada em uma vida normal que representava um mundo diferente e, de certa forma, mais atraente do que o turbilhão no qual ele estava preso. Havia também razões práticas e jurídicas que tornavam sensato eles se casarem enquanto Tupac ainda estava encarcerado. "Ele queria que eu tivesse o respeito de ser sua esposa, não sua 'namorada'. Ele queria que as pessoas me levassem a sério", contou Keisha. "Como era eu quem ligava para todas aquelas pessoas, Tupac queria que eu fosse respeitada. Não se tratava de visitas conjugais, porque não tínhamos isso. Eu não queria nada e ele não queria nada. Não se tratava disso. Havia mais do que isso."

E assim, em 29 de abril de 1995, depois de Keisha e Tupac passarem por um mês de aconselhamento pré-nupcial dentro dos muros da Clinton, os dois disseram sim. No dia do casamento, o primo de Tupac, Bill, e a madrasta de Keisha foram testemunhas.

Tupac usava uma camisa de botões com colarinho, enquanto Keisha usava um recatado tailleur creme e sapatos de salto alto. As autoridades penitenciárias designaram uma oficial feminina para orientá-los em seus votos. Bem-humorado durante toda a cerimônia, Tupac contou piadas e sorriu. "Dou a você todas as minhas posses mundanas", disse ele. Então ele olhou para Keisha e sussurrou: "Você não vai ficar com minha mesa de sinuca nem minha TV de tela grande."

No dia seguinte, quando Keisha foi visitá-lo, Tupac não conseguia evitar admirar sua aliança de casamento. Ele olhou para ela, sorriu e disse: "Não acredito que estou casado."

Os dois partilhavam uma grande alegria, mas sempre misturada com a tensão que a prisão colocava em tudo. "Ele estava muito feliz", lembrou Keisha. "Mas nossas circunstâncias eram horríveis. Tivemos que nos contentar com o que tínhamos."

* * *

Tupac seguiu passando o tempo lendo e escrevendo na cela enquanto sua equipe de advogados, liderada pelo proeminente advogado negro e professor de Harvard Charles Ogletree — que disse que o caso "tinha cheiro de injustiça" e considerava a sentença "incompatível com a condenação" — lutava contra o recurso no tribunal e trabalhava desesperadamente para tirá-lo da prisão. "Era importante que tivéssemos outra pessoa [como Ogletree] supervisionando o que [os outros advogados] estavam fazendo", disse Atron. "Ele é brilhante. Um mano brilhante."

Enquanto Tupac redigia roteiros e cartas completos e lia uma infinidade de livros, ele descobriu que era mais fácil se concentrar em projetos que não exigiam muita criatividade. "A prisão mata o seu espírito. Totalmente. Não existe criatividade. Não existe nada disso. Isso matou meu espírito", refletiu ele em entrevista após ser libertado. "Faz pouco tempo que comecei a escrever alguma coisa além de roteiro. O roteiro é como um flashback da minha antiga vida, então não demorou muito para eu me inspirar. Agora acabei de terminar algumas faixas, mas [a cadeia] realmente não inspira criatividade."

A cada dia, a crescente fã-base de Tupac fornecia mais esperança em tempos sombrios. Conforme o *Me Against the World* seguia dominando as paradas, os ouvintes queriam conhecer a "mamãe" por trás da letra de "Dear Mama". Afeni, naquele momento havia quatro anos fora da reabilitação e indo bem, assumiu plenamente o papel de apoiadora da carreira do filho. Ela deu entrevistas e usou a publicidade para reunir fãs em torno de Tupac. Quando foi convidada para aparecer no *Teen Summit* da BET, ela incentivou os espectadores a enviar cartas para "tumultuar a prisão". Como resultado, a quantidade de cartas de fãs que Tupac recebeu foi massacrante — não necessariamente para ele, mas para os funcionários da Clinton. O excesso de correspondência entregue na cela dele todos os dias logo se tornou uma fonte de discórdia entre Tupac e os agentes penitenciários. Eles exigiam que ele jogasse fora as cartas depois de lê-las, mas Tupac se recusava. Em uma entrevista, Tupac descreveu o conteúdo delas: "Garotas me escreviam, dizendo que eu as ajudei. Recebi *pelo menos* mil cartas de mulheres dizendo você me ajudou a superar isso, você me ajudou a superar aquilo, com 'Keep Ya Head Up'".

Dentro dos muros da prisão, Tupac também lutava por privacidade. Ele descobriu que os guardas costumavam revistar sua cela enquanto ele tomava banho e documentou suas queixas em cartas ao superintendente da prisão, tanto como forma de protesto quanto de proteção contra a possibilidade de alguém colocar algo ali. "Estou informando isso porque não recebi uma notificação formal de que minha cela foi revistada e acredito que há algo estranho nessa invasão da minha privacidade", escreveu ele no final de agosto. "Tive muitos problemas no passado com acusações de contrabando e falsas acusações de consumo de maconha. Estou enviando essas informações para você e também para meu advogado, como medida de segurança em caso de qualquer problema imprevisto com algo encontrado em minha cela."

Os guardas retaliaram apresentando relatórios de mau comportamento sobre Tupac fumando maconha na cela e não mantendo seu ambiente "limpo". A tendência natural de Tupac de desafiar causava rivalidade entre ele e os funcionários da prisão. Quando o rapper confrontou com raiva um guarda pelo que ele considerou uma recusa em deixá-lo tomar banho, o guarda o denunciou por "balançar [seus] braços e declarar de maneira violenta: 'Pare de brincar comigo, porra, quero tomar banho'." Em outra ocasião, ele foi acusado de dar um autógrafo a um preso, uma violação bizarra da regra "O preso não deve trocar artigos de sua propriedade sem autorização". Mais um relatório afirmava que Tupac estava fumando maconha na cela. "Estou vendo as notícias, 'Tupac acabou de ser pego fumando maconha'. Eu nem fui pego ainda!", ele contou mais tarde. "Eu fiquei tipo: 'Espere aí. Tem algo errado!' Foi engraçado, mas não era *engraçado*. Era muito humilhante."

A notícia de que Tupac havia sido colocado na solitária por suspeita de fumar maconha levou Afeni a agir rapidamente. Ela procurou seus contatos dos Panteras e ligou para um aliado que já havia sido eleito vereador na cidade de Nova York. Ele disse a Afeni que ligaria para o ativista dos direitos civis reverendo Al Sharpton para ver se ele poderia ajudar.

Dias depois, Tupac e Sharpton se encontraram em uma mesa no refeitório do Centro Correcional Clinton. Ao longo de duas visitas e horas de conversa, Sharpton o lembrou de como era importante manter um bom comportamento para evitar o isolamento, e incentivou Tupac a obter um diploma. Durante uma das visitas, Tupac contou ao reverendo que sua cela ficava perto da cela de um presidiário chamado Joey Fama, que alegava estar na prisão por causa de Sharpton. Fama tinha sido condenado pelo assassinato de Yusef Hawkins em 1989, depois que Sharpton ajudou a organizar uma série de manifestações de protesto em Bensonhurst, onde o assassinato aconteceu. Quando Tupac ouviu falar daquele assassinato trágico e brutal, anos antes, escreveu um poema para a mãe de Hawkins (que foi publicado em sua coleção póstuma de poesia). Ironicamente, no momento ele morava a algumas celas do suposto assassino.

Depois de passarem algumas horas juntos, Sharpton disse a Tupac:

— Você não se parece em nada com o que mostram no jornal.

Eles riram.

— Você também não — respondeu Tupac. — Devia ver como você parecia louco!

Graças à defesa de Sharpton, o pessoal da Clinton concordou em tirar Tupac do isolamento e devolvê-lo à sua cela na Unidade de Avaliação e Preparação de Programas com outros detentos que estavam sob proteção extra graças ao status de celebridade ou à maior atenção da mídia.

Durante todos aqueles longos meses de encarceramento havia uma questão não resolvida: quem tinha atirado em Tupac no Quad Studios e por quê? Quando deu a entrevista a Kevin Powell para a *Vibe* em janeiro, Tupac fez um relato detalhado que transmitiu mais suspeitas de uma emboscada. Ele disse que estava cético em relação a Jimmy "Booker" Henchman por causa da conexão dele com Jacques Agnant, naquela época persona non grata no mundo de Tupac. Ele contou a Powell que, quando subiu as escadas depois de levar um tiro e olhou em volta, "Fiquei assustado pra caralho".

Mas, ainda que Tupac não conseguisse imaginar que Biggie, o amigo que costumava dormir em seu sofá, fosse o responsável *direto*, ele também achava que, mesmo que Biggie não soubesse quem era o atirador na época, não havia como ele não saber àquela altura. Então, quando Tupac chegou a Clinton, e semanas antes de sua entrevista na *Vibe* ser impressa, Biggie relançou seu megahit "Big Poppa", com um novo lado B intitulado "Who Shot Ya?", e Tupac teve certeza de que a música falava dele. Primeiro havia a referência lírica à Costa Oeste, que ele pensava apontar diretamente para ele. E então Biggie perguntava, pura e simplesmente: "Who shot ya?" [Quem atirou em você?] na própria música.

Biggie ouviu rumores de que Tupac estava com raiva. Ele negou todas as acusações de "Who Shot Ya?" ser sobre Tupac, alegando que havia gravado a música muito antes daquela noite de novembro. Ele foi ao hospital para ver Tupac e até tentou fazer uma viagem a Dannemora para se sentar com seu amigo dentro dos muros da Clinton, mas não conseguiu. "Biggie sempre se preocupou com Tupac", lembrou Watani. "E ficou magoado por Tupac pensar que ele tinha algo a ver com aquilo. Tentou conseguir uma licença para visitar Tupac enquanto ele estava na Clinton." Contudo, não importava quanto Biggie tentasse reparar a amizade, o vínculo que construíram no ano anterior fora quebrado. Tupac estava convencido de que Biggie sabia quem tinha atirado e não falaria mais com ele.

E mais tarde, quando a matéria de capa e a entrevista de Tupac na *Vibe* chegaram às bancas de todo o país em abril, Biggie e Puffy quebraram o silêncio público em declarações dadas a Fab 5 Freddy para outro artigo da *Vibe* publicado em agosto. Biggie refutou a afirmação de Tupac de que ele tinha algo a ver com o tiroteio. Ele até tentou desculpar Tupac por atribuir a culpa a ele. "Não sei o que ele estava tentando esconder ou se estava com medo", disse Biggie. "Achei que, com a merda que ele estava falando na *Vibe*, estava confuso. Você leva um tiro e depois vai para a cadeia por algo que nem fez, é coisa que pode distorcer a mente de um nego." Biggie tornou a negar veementemente que "Who Shot Ya?" fosse sobre Tupac.

Mas foi Puffy quem gerou polêmica ao criticar Tupac sobre o Thug Life: "Espero que essa merda de Thug Life acabe mesmo", disse ele à *Vibe*. "Mas, sério, se você vai ser a porra de um bandido, tem que viver e morrer como um bandido. Não tem como entrar e sair da vida de bandido. Se é isso que você escolhe fazer, tem que ir embora assim."

Aquela resposta enfureceu Tupac. Ele se sentiu desrespeitado. Sentir que Puffy menosprezou seu movimento e questionou a autenticidade do processo o levou ao limite.

Enquanto isso, ainda existia a possibilidade de Tupac ser libertado sob fiança enquanto aguardava o recurso. O juiz Ernst H. Rosenberger, da divisão de recursos do Supremo Tribunal do Estado de Nova York, fixou uma nova fiança de 1,4 milhão de dólares, o que ainda era excessivo, considerando a quantidade de honorários de advogados que já haviam drenado a conta bancária de Tupac. Para que ele fosse libertado da prisão enquanto o caso era analisado pela divisão de recursos, ele precisaria arranjar não apenas o dinheiro da fiança, mas também o suficiente para cobrir os honorários dos advogados da equipe durante o processo de recurso.

No estúdio, por volta de 1989

Com Mike Cooley e Man-Man

Sessão de fotos com Jeffrey Newbury

Set list, 1995

Tupac e os Outlawz, videoclipe de 1996

Fechando contratos, 1990

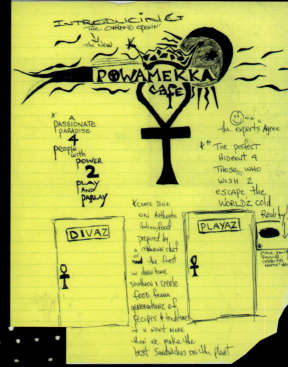

Ideias para o Powamekka Café

Se divertindo entre gravações

Videoclipe de "Brenda's Got a Baby"

BON BON PICTURES CORP., 9200 SUNSET BLVD., LOS ANGELES, CA 90069			0018504
EMPLOYEE NAME	SOCIAL SECURITY NO.	PAY PERIOD	DATE PAID
SHAKUR, TUPAC		04/05/71	04/12/71
PRODUCTION 2075 : JUICE : 704 : 1			
406-01 : PRINCIPALS			

COMPUTATION OF GROSS			DEDUCTIONS AND TAXES		YEAR TO DATE TOTALS	
DESCRIPTION	HOURS	EARNINGS				
Regular Pay	44.0	1498.00	FICA	172.71	GROSS EARNINGS	9533.00
2.0x OT Pay	6.0	408.40	FWT	600.00	REIMBURSED EXPENSES	0.00
Nite Prem	10.0	45.96	STATE INCOME	178.88	F.I.C.A.	729.26
MEAL PENAL	0.0	110.00	CITY INCOME	0.00	FED. INCOME TAX	2462.77
Agent Fee	0.0	195.24	SUI/DIS	22.58	STATE INCOME TAX	732.67
			UNION	0.00	CITY INCOME TAX	0.00
TOTAL GROSS		2257.60	MISC.	0.00	STATE DISABILITY	94.35
REIMBURSED EXPENSES		0.00				
TOTAL TAXES & DEDUCTIONS		974.17			CONTACT BON BON PICTURES CORP. FOR UNEMPLOYMENT INSURANCE CLAIMS	
NET PAY		1283.43	TOTAL	974.17		

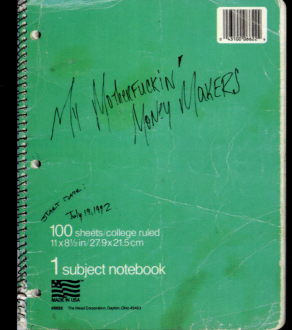

Tupac e Biggie em Nova York, 1994

Pagamento pelo trabalho com o Digital Underground

Com os colegas de elenco de Uma questão de respeito, 1991

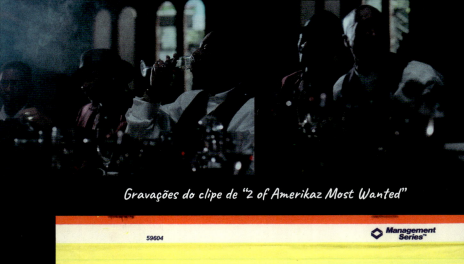

Gravações do clipe de "2 of Amerikaz Most Wanted"

2 of Amerikaz Most Wanted
Video Treatment

Ext opening Scene: Night-time
Snoop'z private jet shows up at airport. Snoop exitz with his 2 exotic female body guardz. He jumps in Rolls and pulls off in hurry

Int Rolls –
Snoop on cellular frantically calling...

Int. Pac sits at a conference table with ~~a well dressed~~ ...

Syke standz by door with bogart. Phone ringz. Syke answerz and sayz

Syke:
it's Dogg! He sayz it's important that he speakz 2 u, and only u.

Pac:
whatz up Homie

Sherise

Rm 640

Roteiro do clipe de "2 of Amerikaz Most Wanted"

Cartão de aniversário de Afeni para Tupac, 1996

Com Kidada Jones, 1996

Tupac idealizou e desenhou a corrente e a medalha de Euphanasia que usava em homenagem a Slick Rick

Mas era uma quantia que poderia ser alcançada reunindo fundos de vários lugares. "Conseguir o dinheiro da fiança não foi uma tarefa fácil", contou Tom Whalley, "porque todo o dinheiro dele estava sendo usado para os honorários. Estávamos todos tentando descobrir como fazer isso. Celebridades falavam de ajudar. Watani e Atron estavam trabalhando nisso todos os dias."

David Cohen, chefe de administração de negócios da Interscope, trabalhou não apenas para garantir o dinheiro da fiança de Tupac, mas também para descobrir uma estratégia a fim de responder a questões que viriam da mídia, em um esforço para proteger a empresa-mãe da Interscope, a Time Warner, da publicidade negativa. "[A Time Warner] queria um perfil discreto de verdade... Eles não queriam ser vistos como as pessoas que soltaram Tupac", lembrou ele. "Dessa forma, enquanto todos os advogados lutavam para conseguir a fiança, havia vários planos para conseguir que outra pessoa fosse o rosto da ação." Consideraram Jasmine Guy, Madonna e Jada Pinkett, mas, quando essas opções fracassaram, Tupac precisou de um plano B.

Suge Knight, da Death Row, continuou em contato com Tupac, esperando que ele decidisse mudar para a gravadora. Ele ligou para Tupac e até o visitou em Clinton, com a esperança de cultivar um relacionamento mais profundo. Esse movimento teve certo apelo para Tupac. A popularidade dos artistas do Death Row havia disparado nos anos anteriores, quando álbum após álbum lançado pela gravadora ganhava disco de platina.

Mas havia sinais preocupantes de inquietação na gravadora. O artista principal da Death Row, Snoop Dogg, estava em um julgamento de assassinato de ampla cobertura midiática (do qual ele foi absolvido meses depois), e houve rumores de que Dr. Dre considerava cortar os laços com o selo. Mas, enquanto isso, qualquer um que quisesse trabalhar com Dre tinha que estar na Death Row, e Tupac estava cada vez mais interessado em trabalhar com ele — até mesmo falando de seu entusiasmo durante um de seus depoimentos. Atron relembrou: "Ele disse: 'Eu quero trabalhar [com] Dre... e a única maneira de trabalhar com o Dr. Dre é assinando com a Death Row.'"

Atron logo agiu para acabar com os planos de Tupac.

— Você não precisa fazer isso — disse a ele. — Está indo muito bem agora. Está com quase dois milhões de álbuns vendidos. Você é o número um. Não acho uma boa ideia.

Mas Tupac não seria dissuadido. Sua resposta foi:

— Você pode vir comigo. Você pode ligar para ele. Ou eu peço a outra pessoa que ligue para ele.

Atron permaneceu firme.

— Não vou ligar.

Watani também tentou desencorajar Tupac de assinar contrato com a Death Row. Mas, com o passar das semanas, Tupac começou a considerar mais seriamente as propostas. Até mesmo Snoop tentou, dizendo a Suge: "Precisamos daquele cara com a gente."

Em 16 de setembro, Tupac assinou um contrato redigido na sala de visitas do Centro Correcional Clinton que declarava Suge Knight e David Kenner empresários e representantes legais de toda a música de Tupac. Com Atron e Watani pouco dispostos a trabalhar com Suge e David Kenner, as rédeas da carreira de Tupac mudariam oficialmente para as mãos da Death Row.

O contrato era um acordo de três álbuns, adiantando a Tupac 1 milhão de dólares após a execução, mais 125 mil dólares para a compra de um carro, 120 mil dólares para despesas durante o período de um ano e 250 mil dólares adicionais para honorários dos advogados. Havia também uma cláusula garantindo que Snoop Dogg "faria uma participação especial" no primeiro álbum. Uma das exigências mais importantes para Tupac não estava no contrato, mas foi discutida: a compra de uma casa para Afeni e sua irmã. Era tudo que ele queria. Isso e sua liberdade.

Syke ficou ao lado de Tupac enquanto ele assinava o contrato. Tupac era oficialmente um artista da Death Row Records. Observando a transferência de poder para a Death Row, Syke não teve certeza do que estava por vir. "Ele assinou em um guardanapo! Ele deveria receber cinco milhões de dólares por três álbuns", contou ele.

Mas, como a Interscope tinha parceria com a Death Row, Tupac ainda estaria sob o domínio da Interscope. "Ele ainda estava ligado a nós por contrato", explicou Cohen. "Nós permitimos que ele fosse para a Death Row porque era uma gravadora exclusiva para nós. Então não é como se ele tivesse saído da família." Como a Death Row ainda era financiada e distribuída pela Interscope Records, a mudança não representaria uma ruptura total, mas sim uma mudança dentro da família. E, dentro da família, alguns consideraram isso uma boa ideia. Jimmy Iovine encorajou a mudança, acreditando que, como Dr. Dre e

2PAC Album V
"SUPREME Euthanasia"

Dateo Sept 13, 1995
proposed release date
5-1-96

PRODUCERZ:

A

1		Introduction "the Secretz of war"	Johnnie Jay
2	+	Don't Make Enemiez	Rithym D
3	Ⓧ	Hold ya Head (w/ Queen Latifah)	Kay Gee
4	Ⓧ	Too Late	Warren G
5	+	Da Struggle Kontinuez (w/ Kam & Smiff & Wesson)	MR Walt
6	+	Only God Can Judge Me	sean T
7	✓	Makin' Morez	Moez
8	+	No Witnesses (w/ Method Man & Freddie Foxxx)	the RZA

B

9	O	If U want me 2 STAY	Shock G
10	✓ Ⓧ	Til I C L.A. (w/ Ice Cube and Coolio)	Battlecat
11	*	ScaredMAN	Mike Mosely
12	Ⓧ	N da Morning (w/ R-Kelly)	R-Kelly
13	+	5 Levelz of tha Game (w/ Felany, 187, ~~C-80~~ Big Malkie)	187
14	* Ⓧ	N tha Heartz of Men (featuring: Scarface & Kool G. Rap)	Johnnie Jay
15		Outro-"the Supreme Euthanasia"	Shock G

with special guests: Kool G Rap, Queen Latifah, Method Man
Coolio, Ice Cube, Felany, Fatal, Big Malkie
Scarface, R Kelly, Freddie Foxxx, Kam,
and Smiff & Wesson

Quando pensou em seu novo álbum na cadeia, Tupac escreveu esta lista de faixas datada de 13 de setembro de 1995 — exatamente um ano antes de ser assassinado.

Snoop Dogg tiveram grande sucesso na Death Row, Tupac também se encaixaria bem lá. "[Quando] Suge me disse que ele e Tupac queriam trabalhar juntos, o que pensei foi 'Dre e Pac'", explicou Iovine.

No fim das contas, ficou decidido que a Interscope daria a Tupac um adiantamento sobre royalties futuros para pagar sua fiança. Watani explica: "A Death Row era financiada pela Interscope. Então a Death Row não o tirou de lá. Era o dinheiro de publicação dele."

Com o dinheiro da fiança enfim em mãos, Tupac só precisava saber que seu recurso tinha sido concedido. Mas seria um processo lento. Seu recurso havia sido apresentado antes do verão e no momento só restava esperar. "Quando o recurso foi pedido, havia três juízes no conselho e todos estavam de férias alternadamente", lembrou Atron. "É por isso que demoraram até o final do ano para analisá-lo."

De repente, os planos que Tupac vinha fazendo nos últimos oito meses tornaram-se mais urgentes. Ele começou a reunir ideias para o próximo álbum. Ele o intitularia *Supreme Euthanasia*.

Saber que sua libertação estava próxima deu a Tupac esperança concreta. Naqueles últimos dias de prisão, a "falta de água quente", a "comida nojenta" e as "penalidades" por não limpar a cela deixaram de incomodá-lo. Em uma entrevista, Tupac explicou como chegou ao fim do período na Clinton: "Só fiquei pensando que um dia eu voltaria."

Uma semana depois de assinar com a Death Row Records, em uma carta de Charles Ogletree datada de 22 de setembro de 1995, Tupac recebeu a notícia de que o recurso tinha sido deferido. Assim que os papéis fossem assinados e o dinheiro transferido, Tupac estaria livre. Syke lembrou-se do momento. Ele conta: "Eles pensaram que Suge iria controlar [Tupac], mas como se controla um pedaço de dinamite? Então o que fizeram foi colocar mais pólvora para tudo ter uma explosão ainda maior."

PARTE V

VIVER E MORRER EM LOS ANGELES

AMOR CALIFORNIANO
1995-1996

> Out on bail, fresh outta jail, California dreamin'!*
>
> – TUPAC SHAKUR

Ao meio-dia da quinta-feira, 12 de outubro de 1995, Tupac se tornou mais uma vez um homem livre. Ele saiu do Centro de Correção Clinton para o ar gelado da tarde, onde Yaasmyn Fula e Big Syke o receberam do lado de fora dos portões da prisão, em uma limusine branca. Eles foram direto para um hotel e celebraram em um quarto cheio de Alizé, Champagne e muita maconha. Fazia quase um ano desde que Tupac tomara uma gota de álcool ou sentira a calma de fumar um baseado bem bolado. Assim que ele se sentou na beirada da cama, desfrutou dos dois. Estava emocionado por estar fora do inferno que era Clinton.

Depois da festa de boas-vindas no hotel, a limusine levou Tupac, Yaasmyn, Syke e o amigo dele, Bo Nitty, também conhecido como Bogart, para um aeroporto que, de acordo com Syke, era "pequeno como a porra de um campo de futebol", onde a Death Row Records

---

* Solto depois de pagar a fiança,/ Recém-saído da cadeia,/ Vivendo o sonho californiano!

tinha um avião particular à espera. Eles voaram para o aeroporto JFK e embarcaram em um avião comercial para a Califórnia. Ao chegarem, Tupac foi recebido por uma nova vida no estilo Death Row, abordado por um enxame de seguranças particulares enquanto saíam do terminal do aeroporto. "Foi como se a CIA nos esperasse", contou Syke.

Depois de uma rápida parada no Beverly Center Mall para comprar roupas novas, Tupac e sua comitiva se instalaram no Peninsula Beverly Hills Hotel antes do jantar marcado com Suge Knight e a família Death Row no Monty's Steakhouse em Westwood. No jantar, Tupac conheceu o homem que tomaria as rédeas de toda a publicidade dele dali para a frente: George Pryce, conhecido entre os colegas como Papa G, o assessor do selo. "A equipe inteira tinha sido instruída a participar de um jantar de boas-vindas para ele naquela noite", conta Pryce. "Todos os artistas da Death Row estavam presentes para um banquete extravagante de costela de primeira, filés e lagosta — e claro que o Champanhe Louis Roederer Cristal fluía como água." Pryce se lembrou do humor contido de Tupac naquela noite. "Eu o observei. Observei como ele interagia com todos na sala. Percebi logo de cara que ele estava um pouco distraído. Acho que estava feliz por ter saído, mas não estava gostando de nenhuma das piadas que estavam fazendo."

Depois do jantar, Tupac foi direto para o Can-Am Studios, o estúdio da Death Row em Tarzana, mas, logo em seguida, o excesso de maconha após meses de abstenção, as celebrações, o voo cruzando o país e a noite regada a álcool cobraram seu preço. "Ele estava fumando feito um doido", admitiu Syke. "Quando aquele cara saiu da cadeia, foi a maior diversão que já tive na vida. Poderia morrer ali e tô falando sério." Quando Tupac começou a fazer rap, seu corpo de 75 quilos sucumbiu à exaustão no meio da letra, e ele desabou. Por sorte, Suge o pegou pouco antes que tocasse o chão e rapidamente o colocou em uma cadeira. Em choque, todos o encararam em silêncio até que ele enfim recobrou a consciência e voltou para o Peninsula a fim de descansar.

Papa G havia marcado reuniões no hotel de Tupac no dia seguinte com "toda grande rede de TV, revista e jornal de todos os Estados Unidos e toda a Europa". O mundo estava ansioso para ouvir Tupac, curioso com o estado emocional dele e esperando ver seu rosto pela primeira vez em quase um ano. Mas seu novo assessor logo percebeu que as entrevistas não estavam na lista de prioridades de Tupac. Ele não ficou para falar com nenhum dos repórteres. Não tinha tempo. Em vez disso, estava a caminho do Can-Am.

Como fizera no passado, ele reservou vários estúdios para que pudesse gravar duas canções de uma só vez, revezando entre eles. Em um estúdio, Johnny J se sentou à mesa de mixagem, pronto para começar. Ele tocou algumas batidas para Tupac, de sua coleção de mais ou menos duzentas opções. Tupac ouviu a primeira, balançando a cabeça. Então, disse: "Caralho. Vamos chamar de 'All Eyez on Me'." Ele rabiscou uma longa fileira de palavras em um pedaço de papel, e então olhou para Syke. "Você entra nessa também, Syke." Dentro de 25 minutos, ele entrou na cabine de som e gravou os vocais.

Mais uma vez, Tupac estava com tudo. Livre, com um baseado na mão, de volta ao estúdio, sua antiga mentalidade voltou. Talvez fosse porque tudo aquilo havia acontecido. A frustração que ele sentira a vida inteira pela injustiça suportada pelas pessoas negras no país havia sido intensificada por sua própria prisão, pelas mentiras contadas que circularam na mídia, pelas piadas que comediantes faziam à custa dele tarde da noite e, principalmente, por todas as traições. E, naquele momento, mais do que nunca, ele não dava a mínima mesmo. Ele desabafou tudo bem ali na letra de "All Eyez on Me", a paranoia, a fúria, a resistência, e, quando enfim terminou de gravar, Tupac havia retomado sua filosofia *Thug Life*:

> *Hustle 'til the mornin', never stopped until the cash came*
> *Live my life as a thug nigga, 'til the day I die**

As letras nesse álbum seriam menos políticas e mais pessoais. Não haveria "Brendas" e Tupac focaria menos em comentários sociais. Sua família sequer estava na Califórnia com ele. Afeni, Sekyiwa e Glo estavam do outro lado do país. E Keisha também. Muito havia acontecido, e os dois estavam lidando com uma nova realidade. Eles decidiram se separar amigavelmente, e Keisha começou o processo de anulação. Watani e Atron não estavam mais ao lado dele. E Mutulu ainda estava preso.

Tupac tinha uma nova equipe ao seu redor no momento — uma equipe que havia tomado a indústria na velocidade da luz. Meia década depois de explodir na cultura mainstream, o hip-hop estava mudando.

---

* Trabalhando a noite inteira, jamais parei até o dinheiro vir/ Vivo minha vida como um preto bandido, até morrer.

THE PENINSULA
BEVERLY HILLS

2PAC "WHEN I Get free

Intro
1. All eyez on me (w/ Syke)
2. Ambitionz As A Ridah
3. Shorty Wanna B A G
4. How Do U want it
5. I aint Mad At cha' (featuring Danny Boy)
6. When I get free
7. Picture Me Rollin (w/ Syke & C.P.O.) featuring Danny Boy
8. Come With Me (interlude)
9. Wonda Why they Call u... *
10. Secretz of war *
11. Life Goez On
12. Til I C L.A.

9882 Little Santa Monica Boulevard, Beverly Hills, California 90212, U.S.A.
Tel: (310) 551 2888 Fax: (310) 788 2319

Escrita no papel timbrado do Peninsula (hotel onde Tupac ficou quando saiu da prisão), uma lista de músicas do álbum *When I Get Free*, que depois se tornaria *All Eyez on Me*.

AMOR CALIFORNIANO

Canções de protestos políticos como "It Takes a Nation of Millions to Hold Us Back", do Public Enemy, e "All Means Necessary", do Boogie Down Productions, haviam entrado de vez no gangsta rap, que naquele momento dominava as paradas. Um novo conjunto de estrelas emergiria, mudando o tom do rap de consciência social para temas focados em dinheiro, garotas, bebidas, maconha e carros. A Death Row Records — com seu lançamento do álbum de estreia de Dr. Dre em 1992, *The Chronic*, e a estreia de Snoop Doggy Dogg, *Doggystyle*, alcançando a posição número 1, ambos se tornando álbuns de platina, vendendo milhões de discos mundo afora —, o selo era o centro de tudo, por fim lançando um dos maiores grupos da indústria musical americana. Johnny "J" lembra da atmosfera: "Estávamos bêbados o tempo todo. O tempo todo [em que gravamos o álbum] deve ter sido patrocinado pela Henessey." E não importava que Tupac tivesse ouvido rumores de que Dre estava prestes a sair e que Snoop Dogg estava sendo julgado por assassinato. Tupac, embora jamais tivesse se considerado um gangsta rapper, mal podia esperar para trabalhar com os homens que compartilhavam espaço com ele no topo das paradas da *Billboard*.

Tupac continuou a transitar rápido entre os estúdios A e B do Can-Am. Primeiro, ele gravou uma colaboração com o artista e produtor da Death Row, Daz Dillinger. "Eu tinha acabado de criar cinco batidas novas", contou Dillinger. "'Ambitionz', a primeira canção que fizemos, foi gravada em vinte minutos. Estava pronta. Depois fizemos 'I Ain't Mad at Cha'. E depois '2 of Amerikaz Most Wanted'. E 'Scandalouz' e 'Got My Mind Made Up'." Em outra entrevista, ele explicou que Tupac "gravou as cinco e eu fiquei, caramba. Ele estava focado, e isso nos fez trabalhar um pouco mais".

Durante os quatro dias seguintes, Tupac praticamente morou no estúdio, gravando canções que valiam por um álbum inteiro: "When I Get Free", "Ambitionz Az a Ridah", "I Ain't Mad at Cha", "Skandalouz", "Got My Mind Made Up", "All Eyez on Me", "When We Ride", "How Do U Want It", "Shorty Wanna Be a Thug", "Picture Me Rollin'", "All Bout U", "Wonda Why They Call U Bitch".

A parceria com Snoop Dogg reuniu dois dos maiores e mais controversos nomes do hip-hop. Eles haviam gravado "Life's So Hard" juntos em 1994, também com Dillinger, e naquele momento haviam canalizado suas experiências compartilhadas com batalhas jurídicas para compor e gravar "2 of Americaz Most Wanted". Anos mais tarde, em um tributo a Tupac, Snoop refletiu sobre o momento em que Tupac se juntou à Death Row Records: "Agora com a gente, era como se ele tivesse entrado para o Showtime Lakers. Dre era o treinador. Suge era o dono. E eu e Pac, éramos as estrelas na quadra fazendo história a cada nova canção. Éramos jovens, ricos e astros da música. Mas também éramos jovens negros com alvos nas costas. Estávamos sendo processados ao mesmo tempo. Foi por isso que, quando nos juntamos, éramos mesmo 'Dois dos mais procurados do país' [2 of Americaz Most Wanted]."

Aqueles que ainda não haviam trabalhado com Tupac ficaram impressionados com a intensidade e o foco dele. "Nunca vi alguém trabalhar daquele jeito", o produtor DJ Quik diria em uma entrevista no rádio. "Nunca vi ninguém entrar no estúdio e dedicar aquela quantidade de tempo ao que estava fazendo. Ele era um homem com um propósito… toda vez que entrávamos com ele no estúdio, saía uma canção nova. De onde ele estava tirando todas essas novas canções? Os produtores estavam ficando cansados."

Na terça-feira seguinte após ser libertado, Tupac havia gravado 13 canções. "Você e eu seremos o novo L.A. e Babyface", ele disse para Johnny "J". "Vou ser a letra, você vai ser a música."

Em 18 de outubro, menos de uma semana depois de Tupac desembarcar em Los Angeles, ele foi ao Hollywood Athletic Club, uma boate, bar e salão de bilhar frequentado por pessoas importantes. Tupac saiu com seu velho amigo, Treach. O compositor e produtor Delray Richardson fumou um cigarro com Tupac no estacionamento do clube naquela noite e lembrou como o rapper estava feliz por estar em casa e como aquilo era uma mudança completa para ele. "Na semana passada, eu estava em uma prisão de segurança máxima em Nova York", disse Tupac a Richardson. "Mas agora estou aqui, fumando um cigarro em Hollywood."

Aquela mesma noite ficaria marcada na história por mais um encontro que Tupac teve. Não muito depois de ele ter entregado seu Mercedes novo ao manobrista na entrada do clube, Richardson lembrou que a cantora Faith Evans, esposa de Biggie, parou em um BMW M3 conversível vermelho-cereja. No dia seguinte, Evans iria ao Can-Am para gravar o refrão de uma das músicas de Tupac. Evans e Tupac tinham relatos diferentes sobre o que aconteceu quando saíram do estúdio. Além de negar a versão de Tupac, Evans também afirmou que não sabia que ele tinha contrato com a Death Row Records ou que havia algum problema entre ele e seu marido quando ela aceitou a oferta para participar do álbum.

Tupac concordou em pagar a Evans 25 mil dólares por sua contribuição para a música "Wonda Why They Call U Bitch", gravada em 19 de outubro. Enquanto Evans estava na cabine de som do Can-Am gravando o refrão, Tupac se reunia com o jornalista do *Los Angeles Times*, Chuck Philips, para falar de seus primeiros dias fora da Clinton e do tipo de álbum que esperava fazer. "Estou no estúdio desde que saí da prisão", Tupac disse a ele. "Mais ou menos 12 horas por dia. Até eles me expulsarem. Fica escuro e todos precisam dormir. As pessoas estão dormindo em pé e fico pensando: 'Tá, acho que talvez eu deva ir embora agora.' E então vamos embora e voltamos de manhã e fazemos tudo de novo. Acho que quebramos um recorde. Gravamos 13 faixas em quatro dias. Treze faixas, *porra*. As que vão mesmo fazer sucesso, as grandes... '2 of Amerikaz Most Wanted', comigo e Snoop. 'Shorty Wanna Be a Thug'. 'Wonda Why They Call U Bitch', com Faith — essa vai ser grande."

Ele explicou a Philips como os últimos anos o levaram a fazer um tipo de disco diferente, que fosse mais confrontador, em resposta à pressão que recebeu de todos os lados. Era um álbum raivoso, porque Tupac estava com raiva. Essa raiva vinha crescendo ao longo dos anos com políticos tentando censurar suas letras e manchar sua reputação e, mais recentemente, com ataques pessoais ao seu caráter. "Este álbum é uma reação à retaliação de C. DeLores Tucker, Bob Dole — todas essas pessoas que ficavam me enchendo o saco por causa da minha música", disse ele. "Eu sinto que este álbum é para encher o saco delas. Porque antes meus álbuns não eram nem ruins. E elas ficavam me chamando de gangsta. Me atrapalhando. Arruinando minha reputação... Então agora não tentei fazer nenhum 'Dear Mama', nenhum 'Keep Ya Head Up' neste álbum. Só lidei diretamente com a minha raiva. Colocando pra fora tudo o que quero dizer."

Parte da raiva dele passou a ser dirigida também a um determinado grupo de mulheres desde a acusação de abuso sexual, que ele acreditava cada vez mais ter sido armada. Ele escreveu "Wonda Why They Call U Bitch" para explicar por que acreditava que não havia problema usar a palavra "vadia" em determinados momentos. Em entrevista à MTV, Tupac explicou que ele não estava usando a palavra aleatoriamente. "Acho que todas as mulheres são diferentes", disse ele. "Mas penso que com certeza existe um tipo de mulher — vamos chamar de vadia — que faz as coisas dessa forma. E é para conseguir o que querem. Elas se deleitam em partir o coração de um mano, tomar o que ele tem e arruiná-lo."

Com a prisão no passado até então, a produtividade de Tupac atingiu novos níveis. Dias depois, no Can-Am, enquanto Tupac rabiscava letras em seus cadernos e Johnny estava sentado na mesa de mixagem, o telefone tocou. Era o selo. Tupac atendeu e ouviu, balançando a cabeça e soltando alguns ahams. Quando desligou, olhou para Johnny e disse: "Ei, 'J', vai ser um álbum duplo. Estamos fazendo um duplo."

E assim, o primeiro álbum de Tupac pela Death Row Records se tornaria um épico de 27 músicas chamado *All Eyez on Me*.

Tupac foi libertado sob fiança, mas não estava totalmente livre. Suas contínuas batalhas judiciais eram exaustivas. Charles Ogletree enviava memorandos jurídicos semanalmente ao Peninsula endereçados ao pseudônimo de Tupac, "Mr. Welcome Homie", detalhando o status de seu recurso e lhe informando dos seus casos pendentes com a lei em Atlanta, no Texas, em Nova York e na Califórnia.

Apesar — ou talvez por causa — de seus problemas com a justiça e de seu crescente débito de taxas e acordos, Tupac seguiu acelerado durante a produção do álbum. Um dia, um desanimado Johnny "J" apareceu no estúdio e contou a Tupac: "Cara, não vou deixar isso afetar minha criatividade, mas acabei de descobrir que fui adotado."

Tupac se compadeceu do parceiro, mas não tinha tempo para refletir sobre os problemas pessoais de Johnny. Ele não havia parado nem por um momento para refletir sobre os seus. Mesmo assim, tentou informar Johnny de que entendia a situação. "Droga, 'J', eu nem *conheço* meu pai", respondeu Tupac. "Então vamos continuar trabalhando. Foda-se."

Além de tudo que Tupac tinha que resolver naquele momento, ele também precisou lidar com o assassinato de um de seus amigos de longa data. Em 30 de novembro de 1995, exatamente um ano depois de Tupac ter sido baleado no Quad Studios em Nova York, Randy "Stretch" Walker foi baleado e morto no Queens. Houve uma época que Tupac fazia tudo com Stretch ao seu lado, mas eles não se falavam desde que Tupac saíra da prisão. Tupac se sentiu traído pelas ações de Stretch nos dias e semanas seguintes ao assalto no Quad, e os dois não tiveram a oportunidade de se reconciliar antes de Stretch ser assassinado.

Ainda sem querer tirar nem um dia de folga, Tupac enfim concedeu uma das entrevistas que Papa G estava tentando agendar, uma conversa com Tabitha Soren, da MTV. Sob um céu cinza-azulado, os dois passearam pelo famoso calçadão de Venice Beach. Enquanto seguiam pela trilha à beira-mar, cercados por uma equipe de filmagem, ele falou da infância, do trabalho que teve na Round Table Pizza, de como considerava a mãe uma heroína, do tempo na prisão e de como Shock G foi vê-lo enquanto ele estava preso. Ele também falou de suas opiniões sobre faculdade. "Sempre quis fazer faculdade. Mas eu queria ir para a faculdade e me sentir confortável... Tipo, eu conheço muita gente na faculdade que já tem a vida feita. Alguém está pagando para elas estudarem. Elas têm onde morar. Têm um lugar para morar enquanto vão para a faculdade. Elas ganham dinheiro, e tal... Alguém poderia pagar a mensalidade... Eu não tenho isso. Até que eu consiga, não posso ir para a faculdade, mesmo que queira."

No meio da entrevista, Tupac parou para experimentar óculos escuros e entrou no estúdio de tatuagem de Andy Nevill. Logo depois, saiu com uma tatuagem no antebraço direito. A tatuagem englobava uma parte cada vez mais dominante da visão de mundo de Tupac: "Trust Nobody" [Não confie em ninguém]. Num depoimento meses antes, ele explicou: "Fique na sua. Não confie em ninguém. Não confie em ninguém. Meus amigos mais próximos armaram para mim. Meus manos. Pessoas de cujas famílias cuidei... deram as costas para mim. O medo é mais forte que o amor. Todo o amor que dei não significava nada quando o medo era o assunto. Mas sou um soldado. Sempre sobrevivo. Sempre volto. A única coisa que vai me parar é a morte, e, mesmo assim, minha música vai viver para sempre."

Tupac era grato à Death Row pelas oportunidades que a gravadora lhe deu em um momento crítico de sua vida, mas sabia que não poderia ficar ali para sempre. "Quero ter o controle", explicou ele. "Acredito que sou um líder nato." Tupac tinha acabado de passar o último ano totalmente controlado por terceiros. Pelo júri. Pelo juiz. Pela mídia. Pelos médicos do hospital. Pelos guardas da prisão. Naquele momento, com todas as incertezas ainda em seu futuro, Tupac tinha certeza de uma coisa: precisava ter controle total sobre a própria vida, onde e quando possível. O primeiro passo para conseguir isso foi fundar uma empresa. Ele a chamou de Euphanasia, uma palavra que criou e que, em sua mente, evocava tanto "euforia" quanto "eutanásia" — pura felicidade combinada com controle absoluto da própria vida e das escolhas. E ele seria o CEO e presidente.

Para fazer isso, Tupac precisaria formar uma nova equipe. Ele disse que seu plano era se cercar de pessoas em quem confiasse. Ele acreditava que tinha acabado de ser preso por um crime que não cometera, em parte porque havia se cercado de pessoas que não conhecia. Ele ligou primeiro para Yaasmyn Fula, que havia trabalhado com Afeni anos antes no Bronx Legal Services e que trabalhou com Tupac durante seu encarceramento; ela assumiria o cargo de gerente de escritório. Yaas estava na vida de Tupac desde que ele nascera, desde os tempos do Cointelpro. Seu filho, Yafeu (Yaki), e Tupac cresceram lado a lado, com Yaas cuidando de Tupac e Sekyiwa quando Afeni precisava de ajuda. As famílias permaneceram próximas com o passar dos anos, e Yaasmyn tinha sido uma intermediária de confiança entre a Interscope e a Death Row quando Tupac estava na prisão e trabalhava para pagar a fiança. Quando ele pediu a Yaas que se mudasse de Nova Jersey, sem hesitação ela alugou um caminhão de mudança, colocou seu cachorro, Louie, no carro e atravessou o país até Los Angeles.

Em seguida, ele contatou Kendrick Wells, seu amigo de Marin. Eles haviam perdido contato por um tempo, mas se reconectaram através de uma troca de cartas enquanto Tupac estava preso. Isso significava que Kendrick ia se mudar de Marin County para Los Angeles a fim de trabalhar como assistente pessoal de Tupac.

Yaasmyn abriu as novas contas comerciais e assinou um contrato de aluguel para o primeiro escritório da Euphanasia em cima do Erewhon Market, em Beverly Boulevard. Tupac sabia exatamente o que queria para o logo da empresa. Ele contratou um artista para esboçar o desenho: um anjo negro com a palavra "Makaveli" tatuada no peito, representando o alter ego de Tupac; uma lágrima vermelho-rubi descendo pela bochecha, representando os soldados caídos; nas mãos, uma metralhadora com um cinto de teclas de piano no lugar de balas para simbolizar que as letras de Tupac eram sua arma.

Grande parte do desejo de Tupac de ir para a Death Row era sua esperança de trabalhar com o lendário produtor Dr. Dre. Naquele momento, era a realidade. Dre já tinha uma música perfeita pronta chamada "California Love", e, no dia 4 de novembro, no estúdio B do Can-Am, eles começaram a trabalhar.

Quando Tupac entrou na cabine de som, admitiu:

— Dre, você não sabe quanto tempo esperei pra entrar nesta cabine.

Dre contou: "Coloquei a faixa. Ele começou a escrever. Depois de vinte ou trinta minutos, ele disse: 'Tenho os versos. Liga a porra do microfone.'"

Eles sabiam que a música era boa, mas não havia como prever os níveis de sucesso que a colaboração alcançaria. "California Love" era a carta de amor de Dre e Tupac para a Califórnia, e mais tarde foi considerada pelo jornalista musical Soren Baker, "um clássico instantâneo do hip-hop", que "criou um tsunami de expectativa do material de Tupac na Death Row Records... um triunfo crítico e comercial".

Durante a gravação do álbum *All Eyez on Me*, Tupac seguiu trabalhando com o grupo que apoiava, composto por Katari, Yafeu, Malcolm, Mutah e o mais novo membro, Bruce Washington. Ele daria um novo nome ao grupo, mas apenas nomeá-lo não era suficiente. Assim como tudo o que Tupac criava, até mesmo seus nomes artísticos tinham que ter significado e intenção. A semente da ideia chegou a Tupac na Clinton. "Enquanto ele estava na prisão, lia muitos livros e quando íamos visitá-lo... trabalhávamos nas informações", contou Malcolm.

Tupac disse a eles: "Ei, daqui para frente, seremos The Outlaw Immortalz. Estou adotando o nome Makaveli. E todos nós teremos pseudônimos. Vamos pegar pessoas reais que sabemos que este país despreza. Porque, como jovens negros, nos sentimos desprezados neste país." Ele disse que queria que os nomes fossem de tiranos, de inimigos do Estado. E assim os Outlawz receberam novos nomes. Katari, de 18 anos e recém-residente da Califórnia, seria Kastro, como o presidente cubano Fidel Castro. Malcolm tornou-se E.D.I., como o ex-presidente da Uganda, Idi Amin. Yafeu seria Kadafi, como o político revolucionário da Líbia, Muammar Gaddafi. Mutah tornou-se Napolean, como o imperador francês Napoleão Bonaparte. E Bruce Washington, amigo de Yafeu, seria Hussein Fatal, como Saddam Hussein.

Tupac até inventou um nome para Syke: Mussolini, como o ditador italiano Benito Mussolini. Syke riu lembrando do dia em que Tupac lhe deu seu novo nome. "Quando ele disse que meu nome seria Mussolini, tive que pegar um livro e ler sobre esse idiota", contou.

Durante a produção de *All Eyez on Me*, Tupac conheceu outro artista que queria ter sob sua proteção. Depois de conhecer Donna "Storm" Harkness, uma rapper e veterana da Operation Desert Storm, ele logo a adicionou aos Outlawz. Storm relembrou a rápida conexão com ele, um caso raro para ela. "Eu não confiava em muita gente, porque, quando era criança, a maioria das pessoas me decepcionou", contou ela. "Quando conheci Pac, não se tratava de eu não ser capaz de me controlar ou de nunca ter visto uma arma. Treinei para ser soldada...

E ao conhecer Pac e a maneira como ele estava estruturando tudo, eu entendi. Entrei na linha e pensei: 'Você é meu general.'"

Tupac tinha tanta fé na arte de Storm que a colocou em três das quatro músicas que gravou com os Outlawz naquele dia — "Tradin' War Stories", "Run tha Streetz" e "Thug Passion".

"California Love" seria o primeiro single de *All Eyez on Me*. Dre assinou o conceito do videoclipe, uma ideia que veio de Jada Pinkett, que se tornou amiga de Dre e de outros artistas da Death Row naqueles últimos meses. Dre pediu a Jada para dirigir Tupac no vídeo. Teria sido mais uma chance para os dois amigos de escola trabalharem juntos em outro projeto — algo com que sonhavam desde a Escola de Artes de Baltimore, mas Jada teve que recusar. "Eu pensei: 'Quero que o vídeo de Dre seja compacto'", ela lembrou, "e quero me concentrar nele, mas este não é o momento."

Em vez disso, a gravadora contratou o famoso diretor Hype Williams para ajustar a ideia original de Jada de uma sociedade distópica onde as pessoas perderam o direito ao individualismo e à capacidade de se divertir. No set no dia das filmagens, em entrevista, Dre resumiu o enredo do videoclipe: "O conceito do vídeo é: Los Angeles, Califórnia, ano de 2095. Após o fim do mundo. Um lance meio *Mad Max*. Tem um vilão. Clifton Powell está interpretando o vilão. E seu companheiro [é] Chris Tucker. Eles estão tentando impedir que eu e Tupac façamos festas. Quem controla as festas, controla o povo."

Em meados da década de 1990, antes que a música digital e o streaming mudassem o cenário para sempre, o lançamento de álbuns era como planos de guerra, com singles, vídeos, publicidade e muito mais orquestrados em um cronograma coordenado e destinado a aumentar as vendas de álbuns. O videoclipe caro estilo *Mad Max* de "California Love" foi uma peça-chave do lançamento do *All Eyez*. Foi exibido com frequência na MTV e na VH1, eletrizando não apenas o mundo do hip-hop, mas também fascinando os amantes da música de todas as culturas em todo o mundo.

A música foi um sucesso instantâneo, alcançando o primeiro lugar nas paradas da *Billboard* nos Estados Unidos, na Itália, Nova Zelândia, Suécia e no Canadá, e até gerando um segundo videoclipe.

O lançamento de *All Eyez on Me* foi agendado para 13 de fevereiro de 1996. Conforme a data se aproximava, Tupac ficava nervoso, mesmo com todo o hype que o primeiro single e seu videoclipe criaram.

AMOR CALIFORNIANO

Embora seus fãs tenham ficado impressionados com "California Love", ele estava preocupado com a possibilidade de não gostarem do álbum na íntegra. Depois de tudo o que havia acontecido no ano anterior — desde todas as polêmicas até as batalhas judiciais, passando pela visão negativa da mídia sobre os acontecimentos de sua vida até o tempo em que passou na prisão —, ele temia ter perdido boa parte de sua fanbase.

Àquela altura, Tupac já havia se mudado do Peninsula, em Beverly Hills, para o condomínio Wilshire House, em Wilshire. Desde que tinha saído da prisão, ele enfim conseguia se mudar e montar uma casa, um local onde pudesse fazer reuniões comerciais e criativas, mas onde também pudesse receber amigos e familiares. Seu colega de gravadora, Snoop Dogg, também morava na região, e os dois estavam próximos de Suge, que morava em um condomínio de luxo do outro lado da rua.

Em 12 de fevereiro, um dia antes do lançamento do álbum, Kendrick conta que Tupac andava ansioso de um lado para o outro na sala da nova casa. Kendrick disse: "Um dia antes do lançamento de *All Eyez on Me*, ele estava muito preocupado. Estava tudo estampado em seu rosto… ele estava nervoso pra caralho pensando que não iria corresponder às expectativas do álbum."

Todos os medos foram logo descartados quando *All Eyez on Me* saiu das prateleiras e disparou nas paradas da *Billboard*. Antes do final da primeira semana, Tupac recebeu um telefonema em sua casa. Sentado no sofá usando apenas a cueca e com o telefone no ouvido, ele colocou a mão na testa, incrédulo. Riu, desligou o telefone e virou-se para os presentes. "Acabei de ganhar disco de platina."

Em abril, *All Eyez on Me* vendeu cinco milhões de cópias. O álbum acabou garantindo a Tupac uma vaga no clube exclusivo de músicos que alcançam a certificação de diamante.

Uma semana após o lançamento, Tupac e sua equipe da Death Row comemoraram com outro jantar no Monty's Steakhouse em Westwood. Daquela vez, Tupac não estava indiferente, nem apenas conhecendo as pessoas. Somente 12 semanas depois de assinar com a Death Row, passando mais de 15 horas por dia no estúdio e frequentando reuniões e jantares com seus novos parceiros de negócios, Tupac se acostumou com o funcionamento da nova gravadora e com todos os membros importantes. Ele tinha ouvido os rumores de como Suge usava a intimidação como prática comercial padrão — do aquário cheio de piranhas e das histórias de ameaças de pendurar pessoas em varandas se não fizessem as coisas do jeito dele. Quer essas histórias fossem verdadeiras, quer não, elas decerto moldaram a forma como Suge era visto aos olhos do público. De acordo com a família de Tupac, porém, o rapper não estava preocupado com o tratamento que receberia. Até ali, sua experiência pessoal com Suge era de respeito mútuo.

Naquele momento, de volta ao mesmo restaurante Westwood onde foi recebido pela primeira vez na família Death Row, ele se deleitou com aquele novo nível de sucesso. Tupac havia chegado tão longe desde seus primeiros anos fazendo rap em Baltimore com Mouse, ou com Ant Dog, Ryan D e Gable em Marin City, desde o dia em que gravou seu vídeo de "audição" para Atron com Ray Luv no quintal de Leila. O tempo passara rápido desde que ele fazia gestos obscenos com bonecas infláveis no palco com Money-B e Shock G, desde o tempo em que tinha ficado obcecado pelas baixas vendas de *2Pacalypse Now*. Com o sucesso de *All Eyez on Me*, ele conseguiu respirar. "Ele estava feliz", Glo contou sobre aquela época. "Ele estava morando no estúdio desde que tinha sido libertado. Ainda morávamos em Atlanta, andando de carro tocando 'California Love'. A música tocava por toda a parte. O período desde a libertação até o ano seguinte foi uma *época feliz*."

Naquele ano, Tupac recebeu suas primeiras indicações ao Grammy, em duas categorias por seu álbum anterior, *Me Against the World* — Melhor Álbum de Rap e Melhor Performance Solo de Rap por "Dear Mama". Ele também foi convidado a entregar o prêmio de Melhor Performance Pop de Duo ou Grupo. No dia da cerimônia, Tupac comprou alguns ternos novos de seu estilista favorito, Gianni Versace, como opções para usar naquela noite. Quando chegou em casa, Afeni e Glo, que haviam viajado de avião para visitá-lo, estavam na sala. "Vocês fizeram compras hoje?", ele gritou do quarto. Embora tivesse dado dinheiro para Afeni e Glo gastarem, ele esperava que a resposta fosse não. Afeni nunca queria comprar roupas novas. "Ele nos chamava de Bob Marley e Peter Tosh por causa de nossas roupas", lembrou Glo.

Só que daquela vez elas haviam comprado roupas novas. Mas, como era de se esperar, o estilo delas era oposto ao de Tupac. Ele ficou chocado quando mostraram as roupas.

— Eu dou dinheiro pra vocês fazerem compras e gastam na Gap com calças cáqui? — ele perguntou incrédulo.

As risadas que encheram a sala ressaltaram a calma e o alívio mútuos entre os três.

AMOR CALIFORNIANO

Naquele momento, foi a vez de Tupac mostrar o que vestiria para o Grammy. Ele mostrou um dos ternos Versace para elas, como se estivesse em uma passarela. Mas de repente, horrorizado, ele percebeu que faltava um botão no terno. Todos na sala procuraram freneticamente não apenas o botão, mas também a linha, a agulha e a tesoura para resolver o problema. Glo começou a costurar enquanto Tupac se apressava porta afora. Quando a última linha foi cortada e ele ficou outra vez em pose de passarela, perguntou:

— Como estou?

Afeni e Glo, orgulhosas, sorriram calorosamente.

"Ele estava lindo", Glo lembrou anos depois.

— Meu querido — disse Glo, olhando para ele com a mão no coração.

Sem jamais perder a oportunidade de zombar da mãe e da tia, ele perguntou, rindo:

— Quem *são* vocês?

Quando a porta do elevador se fechou, Afeni e Glo trocaram um olhar, relembrando da trajetória da família, na esperança de que as coisas estivessem caminhando em uma direção positiva.

Poucas horas depois, no Shrine Auditorium, Tupac ficou diante de um microfone, sorrindo, aproveitando o fato de estar no centro do palco na maior noite da música. Depois de um breve papo sobre seu "encontro com Versace", ele informou ao público que tentaria "animar" o Grammy. "Vamos chocar as pessoas!", ele exclamou, o que foi a deixa para uma das bandas de rock mais notáveis da América, o KISS, juntar-se a ele no palco. Depois que Tupac os apresentou como seus "manos", os quatro membros da banda desfilaram totalmente maquiados e com seus trajes característicos — pela primeira vez em mais de uma década — e ficaram com Tupac para anunciar os indicados a Melhor Performance Pop de Duo ou Grupo. Tupac havia conseguido. Ele foi indicado não para um, mas para dois prêmios, e seu convite para dividir o palco como apresentador com uma das bandas de rock mais lendárias da América solidificou seu próprio status de astro da música.

E, mesmo assim, com tudo o que havia para comemorar, já que *All Eyez on Me* havia atingido a primeira posição nas paradas da *Billboard* quase um ano depois de *Me Against the World* ter feito o mesmo,

Tupac ainda estava lidando com a raiva — especificamente contra seu ex-amigo Biggie.

Para o terceiro single de seu álbum, "How Do U Want It", Tupac decidiu lançar uma música que havia gravado meses antes, "Hit 'Em Up", como lado B. A música não saía de sua mente desde que ele estava na Clinton, e havia chegado a hora de Tupac responder a "Who Shot Ya?". Malcolm "E.D.I." Greenidge explicou: "As tretas do hip-hop têm suas raízes nas batalhas de rima. Essas batalhas são uma forma de jogo verbal em que os participantes lançam insultos inteligentes uns aos outros. O vencedor costuma ser escolhido pelo público presente. 'Batalha' ou 'batalhas de rap' são tão antigas quanto a própria forma de arte. Há vários exemplos: Busy Bee *vs.* Kool Moe Dee, KRS-One *vs.* Queensbridge, Ice Cube *vs.* N.W.A, entre outras. É isso que torna o rap/hip-hop semelhante a um esporte… Junte com dinheiro, fama, poder e você tem uma bebida tóxica para os participantes se embriagarem."

Ainda que Tupac tenha visto isso como uma resposta à música de Biggie, ele levou ao extremo. Katari conta: "A música abalou a cena rap. Existem discos feitos para falar das tretas, pessoas dando réplicas e tréplicas, mas o que Pac fez com esse disco foi torná-lo muito pessoal. Mudou a forma como as canções de treta eram feitas. Elas se tornaram mais pessoais. 'Hit 'Em Up' virou a comunidade hip-hop de cabeça para baixo, a ponto de o lance da treta não ser tão trivial. Egos e orgulho se envolveram. Ficou sério."

A poderosa combinação da raiva de Tupac e da paranoia justificada não o deixou parar em Biggie. Ele decidiu ir atrás de todos que considerava estarem do lado de Biggie, arrastando outros artistas da Costa Leste para a rivalidade, até mesmo rappers que nunca conheceu, como a dupla Mobb Deep, que supostamente criticou Tupac em um show ao vivo. Quando Tupac ouviu a música "The Message" do rapper Nas, ele levou a letra para o lado pessoal, sentindo que Nas o estava chamando de "falso bandido" e zombando do tiroteio no Quad Studios.

Tudo isso, junto ao combustível que a mídia estava usando na época para piorar uma situação já inflamável, ajudou a transformar esse momento em uma das piores guerras do hip-hop, historicamente conhecida como rivalidade entre Costa Leste e Costa Oeste. O rapper KRS-One explicou: "A revista *Vibe* e a revista *Source* estavam estimulando as batalhas de Tupac e Biggie. Havia outras pequenas batalhas acontecendo por aí, e briguinhas, pequenos confrontos, mas Bad Boy *vs.* Death Row… aquilo foi… o ponto alto."

Conforme planejado, a Death Row enviou "Hit 'Em Up" para estações de rádio de todo o país. Em uma entrevista de rádio, Tupac afirmou que "Hit 'Em Up" era "uma gravação clássica de hip-hop, uma batalha gravada para toda a equipe da Bad Boy. É para Puffy, para Biggie, para Lil' Kim, para todos eles". Mesmo sendo tão direto, ele continuou a afirmar que era apenas uma resposta à música de Biggie, "Who Shot Ya?".

A reação de algumas pessoas mais próximas de Tupac foi de confusão e, em alguns casos, de profunda frustração. Sua assessora e amiga íntima, Karen Lee, ouviu a música, mas não identificou o homem que conhecia. Ela ligou para ele naquele dia e, quando Tupac atendeu, disse: "Não quero falar com você, quero falar com o cara que escreveu 'Brenda's Got a Baby' e 'Keep Ya Head Up', porque não sei quem é essa pessoa que escreveu essa merda!"

Suge e a Death Row, por outro lado, estavam muitos satisfeitos, pois colheram os frutos da tempestade que as letras de Tupac criaram. Mais controvérsia significava mais vendas de álbuns, e Suge não apenas mostrou a Tupac seu apoio em torno da polêmica, mas também se esforçou muito para mantê-lo satisfeito e não lhe dar motivos para deixar a Death Row. Ele garantiu que o pedido de Tupac de comprar uma casa para a mãe fosse atendido. Afeni naquele momento havia se mudado para sua casa recém-adquirida de seis quartos e dois andares, na floresta de Stone Mountain, na Geórgia. Sempre que Tupac pedia dinheiro, um envelope cheio aparecia. Se Tupac pedia uma Mercedes, conseguia uma. As despesas de Tupac e do Outlawz eram custeadas pela gravadora. Até mesmo a folha de pagamento de sua empresa recém-formada, a Euphanasia, foi paga inicialmente pela Death Row. E, quando Tupac expressava qualquer descontentamento, presentes, às vezes em dinheiro ou na forma de um carro novo, eram dados.

Pela primeira vez, Tupac não estava preocupado em como conseguir o próximo pagamento. Ou como pagaria o aluguel da mãe. Uma noite, aproveitando essa liberdade recém-descoberta, Tupac saboreou o momento e levou um de seus carros favoritos, um Rolls-Royce Corniche preto conversível, para um passeio. Karen Lee conta tê-lo visto andando pela Sunset Boulevard, fumando um baseado. Atordoada e incrédula, ela se aproximou dele no sinal vermelho. Animado em vê-la, Tupac logo parou, saiu do carro e esperou que ela parasse e estacionasse atrás dele. Depois de se abraçarem, o sorriso de Karen desapareceu quando olhou para o carro dele.

— O que está fazendo? — perguntou ela.

Tupac sorriu.

Ela fez uma pausa, pensando no fato de que ele estava em liberdade condicional e ainda tinha um recurso para vencer. Olhou dele para o carro chamativo outra vez.

— Tupac, você não está de boas aqui.

Tupac achou bobagem.

— Karen, você precisa vir ao estúdio e ver o que estou fazendo!

Ela o interrompeu.

— Não, você precisa vir até minha casa para conversarmos!

Tupac tentou conversar, mas Karen continuou a expressar sua frustração com ele.

— O que você está fazendo, Pac? Andando pela Sunset, com música tocando alto no carro de um homem branco. O que está fazendo?

Tupac não quis ouvir. Ele não queria ouvir ninguém. Estava feliz por estar em qualquer lugar, menos em uma cela solitária em Clinton. Ele estava desfrutando de coisas materiais e não queria que ninguém o importunasse naquela situação.

Outro aspecto desta nova fase que Tupac adorou foi a possibilidade de mimar sua família. Ele adorava poder levá-los para Los Angeles. A presença deles em sua nova casa enchia Tupac de um profundo sentimento de realização. Ele havia cumprido uma promessa que fizera à família a vida inteira. Enfim havia alcançado um nível de sucesso que lhes daria segurança financeira para o resto da vida. Desde muito jovem, ele prometeu à irmã e à mãe que sempre cuidaria delas. E quando elas entraram em sua casa em Wilshire House, ele sentiu que finalmente havia realizado esse sonho.

Quando a família chegava à cidade, a primeira ação era fazer uma panelada de seu gumbo especial. Ele mandava alguém ao mercado para comprar caranguejo fresco e todos os ingredientes. A receita foi atualizada — o prato não incluiria mais macarrão instantâneo e não haveria rolinhos de ovo no cardápio. Lagosta e caranguejo, a comida que costumava ser um agrado de vez em quando, apenas em ocasiões especiais, naquele momento era um luxo em qualquer dia da semana. E Tupac sabia exatamente o que fazer com isso. "Tupac cozinha gumbo melhor do que faz rap", conta Kendrick. "Nenhum restaurante chique servia o que ele cozinhava."

AMOR CALIFORNIANO

Em março de 1996, Tupac iniciou a produção do próximo álbum, que decidiu gravar sob seu pseudônimo, Makaveli, nome que escolheu para demonstrar sua admiração pelo filósofo italiano Nicolau Maquiavel, cuja obra havia conhecido anos antes em uma aula de história mundial do ensino médio. Tupac explicou as filosofias de Maquiavel: "Eu idolatro esse tipo de pensamento em que você faz tudo o que vai garantir que alcance seu objetivo." Tupac acreditava que todo ser humano tinha o direito de se expressar através de qualquer forma de arte que escolhesse. Assim como *All Eyez on Me*, *Makaveli* também seria mais pessoal do que político.

O álbum seria intitulado *The Don Killuminati: The 3 Day Theory (Makaveli)*. Mais tarde, ele mudou o subtítulo para *The 7 Day Theory*. Mais uma vez, Tupac conjurou uma estrutura conceitual complexa. Misturando "kill" [matar] e "Illuminati", Tupac cunhou "Killuminati" depois de passar um tempo na prisão lendo sobre o mundo misterioso de sociedades secretas históricas — grupos que silenciosamente exerceram vasto poder sobre eventos mundiais. Ele queria aplicar esse conceito aos dias modernos e, mais especificamente, à sua própria vida. O objetivo dele era criar um contrapeso ao que considerava estruturas de poder ocultas que impediam a criação de uma sociedade mais igualitária. Em especial, ele queria chamar a atenção dos grupos de elite no domínio da política americana. "Nenhum político está fazendo alguma coisa por nós", explicou ele. "Mas na próxima eleição prometo que vou estar sentado diante de todos os candidatos. Pode apostar. Eu prometo… Garanto que teremos nosso próprio partido político. E não será apenas para as pessoas negras. Vai ser para os mexicanos. Vai ser para os negros. Vai ser para os armênios… Vocês, filhos da puta da Tribo Perdida, precisamos ter nosso próprio partido político, porque todos temos a mesma porra… nós construímos esta nação."

Enquanto gravava músicas para *Makaveli*, Tupac recebeu o roteiro de *Gridlock'd: Na Contra-Mão*, um filme que o produtor de cinema Preston Holmes havia mencionado para Tupac enquanto ele estava em Clinton. Tupac leu o roteiro e ligou para Holmes imediatamente. Holmes lembra: "Perguntei: 'O que você achou?' Ele disse: 'Eu adorei, caralho. É bom. Vamos fazer.'" Com um toque de apreensão, já que não tinha certeza de como Tupac reagiria, Holmes mencionou o fato de que Tim Roth, recém-saído de *Cães de aluguel* e *Pulp Fiction*, já estava contratado e que Tupac atuaria ao lado dele. A reação de Tupac o surpreendeu: "Ah, caralho, é um filho da puta e tanto. Adoro esse cara."

Os chefes dos estúdios de cinema não estavam tão confiantes em Tupac quanto Preston. Sentiam que ele ainda representava um alto risco com o recurso pendente e os problemas jurídicos iminentes. Preston se esforçou muito para convencê-los de que Tupac era a escolha certa. Depois que concordou em assinar uma carta afirmando que suas idas ao tribunal não interfeririam no cronograma proposto de filmagens de dez semanas e que, se o fizessem, ele cobriria as perdas financeiras, Tupac foi contratado. Em poucos dias, ele se preparou para o papel de Spoon, um violoncelista viciado em heroína.

A pedido de Tupac, a gravadora alugou para ele um violoncelo e uma casa de campo na praia, no bairro exclusivo de Colony, em Malibu. Como alguém que havia usado técnicas de atuação de método desde sua época na EAB, ele sentiu que precisava de isolamento, e o som das ondas quebrando na praia tranquila seria um cenário perfeito.

Logo, a agenda dele estava lotada e havia o que pareceria demais para a maioria: as filmagens diurnas de *Gridlock* se acumulavam com noites inteiras no Can-Am, onde ele ainda produzia músicas na velocidade da luz, às vezes três ou quatro por noite, às vezes simultaneamente. Ele e os Outlawz passavam dias, horas, semanas no estúdio. Tupac usava seus álbuns para permitir que eles aprimorassem as habilidades enquanto os preparava para seu próprio álbum, o primeiro lançamento em sua gravadora Makaveli. E.D.I. do Outlawz relembrou esse tempo no estúdio com Tupac como uma aula: "Fazer música com ele era como ir para a escola todos os dias."

Por mais que o ritmo de Tupac nunca tenha diminuído, a atmosfera caótica e de alta energia no Can-Am mudou conforme o verão se aproximava. Os observadores que ficavam por ali durante a produção de *All Eyez on Me* foram mandados para casa. Tupac queria dar um tom mais sério. Ele começou a trancar as portas do estúdio e monitorar os convidados. A festa estava oficialmente encerrada. Quem não estivesse trabalhando *no* álbum era persona non grata. "Nas últimas sessões que fizemos, tudo ficou meio sentimental", lembrou Johnny. "Não foi, tipo, vamos ficar todos bêbados e felizes. Foi uma fase emotiva. Não foi deprimente, só séria. Ficou muito sério no final, uma atmosfera muito calma."

21

QUANDO EU MORRER
1996

> When my heart can beat no more
> I hope I die for a principle
> or a belief that I had lived 4
> I will die before my time*
>
> — TUPAC SHAKUR

"Quando eu estava na Escola de Artes de Baltimore, todos me disseram que não havia papéis para homens negros", Tupac contou a Tabitha Soren. Mas ele seguira em frente mesmo assim, superando barreiras e bloqueios, até que cada uma de suas aspirações de carreira da infância se tornaram realidade em Hollywood. Ele começou a olhar para a frente de uma maneira que nunca fizera antes e estabeleceu metas para novos objetivos. Em vez de ter dificuldade para pagar contas atrasadas e garantir que as necessidades básicas de todos fossem satisfeitas, ele conseguiu construir uma base pela primeira vez em um longo tempo e ficou animado ao ver um futuro longo e promissor.

Kidada Jones se tornaria parte do futuro que ele viu para si mesmo. Eles haviam se conhecido em 1994 antes de ele ser preso.

---

* Quando meu coração já não estiver batendo/ Espero ter morrido por um propósito/ Ou por uma crença pela qual eu tenha vivido/ Eu vou morrer antes da hora.

Antes que ele assinasse com a Death Row Records, Kidada, filha do famoso magnata da música, Quincy Jones, e da estrela da *Mod Squad*, Peggy Lipton, conheceu Tupac em uma boate em Nova York, quando Tupac a confundiu com Rashida, a irmã mais nova dela. Assim que começou a falar com ela, pensando estar falando com Rashida, ele se desculpou pelos comentários feitos na edição de novembro de 1993 da *The Source*, quando condenou casais interraciais e falou mal em específico do pai dela, alegando que todos que faziam parte de tais relações geravam "filhos ferrados". Quando percebeu que estava falando com outra filha de Quincy, ele esperou que ela aceitasse conhecê-lo melhor. Quase de imediato, Tupac se viu querendo namorar uma daquelas "filhas ferradas" e sabia que era melhor fazer seu pedido de desculpas valer a pena para redimi-lo. Ele expressou seu profundo arrependimento e culpou sua própria imaturidade pelas palavras duras. Quer ela estivesse disposta a conhecê-lo melhor, quer não, Tupac esperava que ela pudesse sentir sua sinceridade. Por sorte, Kidada escolheu perdoá-lo.

Dois anos e várias desculpas depois, incluindo uma que Tupac teve que fazer diretamente ao pai de Kidada, os dois puderam se conhecer. Kidada era três anos mais nova que Tupac e tinha todas as qualidades que ele buscava em uma mulher: ela era independente, criativa, amorosa e, como Tupac, obstinada. Uma vida e um futuro estavam entrando em foco para ele. Tupac sentiu que estava se aproximando do status de realeza do rap e pôde de fato ver o império que queria construir. Ele achava que havia encontrado a parceira certa para o próximo capítulo de sua vida e tudo o que queria realizar. "Acho que ele e Kidada deviam ser mais verdadeiros do que qualquer pessoa", lembrou Afeni. "Todos os outros relacionamentos [que ele teve] tiveram outros motivos. Seu relacionamento com Kidada, na mente dele, era para sempre."

O irmão mais velho de Kidada, Quincy, um produtor musical estabelecido profissionalmente conhecido como QD3, também decidiu não usar os comentários de Tupac contra ele. Na verdade, assim que descobriu que a irmã estava saindo com Tupac, QD3 pediu a Kidada que o ajudasse a entrar em contato com Tupac para uma possível parceria. Dias depois, QD3 colocou uma fita cassete com sua música e seu número de celular debaixo da porta de Tupac. "Ele ligou de volta na mesma noite e disse: 'Gostei de tudo, vamos fazer'", lembrou QD3.

MAKAVELI

2 LIVE & DIE IN L.A.

Helicopter Viewz without me
* (Perf.) Down Hollywood Blvd (walk of fame)
Roscoez (outside)
~~Venice Beach~~ Pro
~~————————→~~ First (T. Shakur Outlawz
West Hollywood (T. * Santa Monica (Perf.), Malibu (Perf.)
~~ ~~ IN L.A. (T. Shakur O.D.III) [Do Me Baby Sample by Prince]
East L.A. viewz (T. Shakur Outlawz O.D.III) [Don't Disturb this Groove Sample by the Systm
* IN L.A Pool (outside or (Perfo.) web-boni)

More Hitchhiking in L.A.
all the diff faces & National trezz Sample by whoever
places & (Landmarkz Pizzaro)
                    (T. Shakur Y.I)
starts with theo sayin how hot it is in L.A.
then me standing by a broke down Rolls on Freeway
then I az Start Hitchhiking (T. Pizzaro)
underline namez indicate producerz
Endz   All Songs co-produced by Tupac Shakur
        Executive Producerz Tupac Shakur and Suge Knight

Next ON MAKAVELI RECORDZ

1 Mid-late Sept   1) ONE NATION (East meetz West featuring 2Pac Greg Nice, Outlawz,
Spring 97   2) CHEll (Borrowed Timez)   Snoop Dogg, Kurupt, Smif N Wessun
Summer 97   3) OUTLAWZ (" "Immortalz")   Buckshot, L.S, Asu,   aka the Coco
Christmas 97   4) Young Noble & tha Nasty New Niggaz   Melle Melle Scarpio,   Brovaz
                                        Tire Thugz N harmony,
                                        Kumbssoll of tha Lonz,
                                        M.O.C. (crew)

Ideias escritas à mão para o clipe de "To Live & Die in L.A".

Nos meses seguintes, Tupac e QD3 gravaram uma série de músicas juntos, incluindo "Teardrops and Closed Caskets", "To Live and Die in L.A.", "Lost Souls" e um apelo emocionado e prolífico chamado "Letter to The President". "Acho que somos alvos, porque somos negros", escreveu Tupac, nunca esquecendo dos homens que ajudaram a moldar sua perspectiva:

Get ride for Mutulu like I ride for Geronimo
Down to die for everything I represent

No momento, com a mudança de prioridades de Tupac, era importante para ele garantir uma base, ter um lugar grande o suficiente para acolher a família e os amigos e começar a estabelecer raízes. A gravadora alugou uma casa recém-construída de quinhentos metros quadrados no número 4.730 da Azucena em Calabasas, Califórnia, um subúrbio a aproximadamente quarenta quilômetros a oeste de Los Angeles. A minipropriedade de dois andares tinha um espaçoso hall de entrada de mármore, uma escada espiralada, uma grande cozinha com bancada de granito, seis quartos e uma piscina.

Desde a infância, a família imediata e extensa de Tupac sempre foi sua fonte de alegria mais confiável. Segundo a família, ele nunca gostou de ficar sozinho, então estava mais do que pronto para fazer convites e encher a casa com quem fosse.

Além dos membros dos Outlawz, Jamala foi o primeiro membro da família que Tupac conseguiu convencer. Embora já houvessem se passado mais de 13 anos que ela e Tupac tinham morado juntos na casa da Carrigan Avenue, em White Plains, Nova York, eles sempre permaneceram próximos. Assim que chegou, ela se tornou seu despertador e sua chef particular, responsável por preparar sua refeição preferida, frango frito. "Depois que comecei a fritar seu frango, ele nunca mais me deixou ir embora", lembrou Jamala com carinho.

O papel de preparar comida em sua casa era extremamente significativo para Tupac. Antes de Jamala chegar à casa em Calabasas, Tupac pediu à mãe que preparasse refeições caseiras para ele em sua casa em Wilshire House, para que, quando passasse pela porta, exausto, fosse recebido pelo cheiro da comida da mãe. O aroma acolhedor era

---

* Apoie Mutulu como apoio Geronimo/ Disposto a morrer por tudo o que represento.

apenas parte do que ele precisava para se sentir em casa. Primeiro Afeni, e no momento Jamala, cuidavam para que a geladeira estivesse abastecida com seus sortimentos favoritos: Heineken, iogurte, camarão e, no mínimo, os dois alimentos básicos de sua dieta que eram reabastecidos diariamente (além do suprimento de maconha e cigarros): refrigerante de laranja Sunkist e sementes de girassol.

Em junho, Afeni, Sekyiwa e os dois filhos da irmã de Tupac, Nzingha e o bebê Malik, viajaram para Los Angeles bem a tempo do aniversário de 25 anos de Tupac. Glo e T.C. também chegaram no início da mesma tarde. Todos se reuniram em casa, junto com Yaasmyn Fula e os Outlawz. Imani, a filha de 4 anos de Jamala, que tinha ido morar com Tupac e a mãe no início daquele mês, estava animada com a chegada dos primos. Em preparação para sua chegada, tio Tupac lhe deu um bolo de dinheiro para uma maratona de compras na loja Toys "R" Us.

Mas no dia do seu aniversário, o próprio Tupac não estava interessado em nenhuma comemoração que a família tivesse planejado. Era o sexto jogo das finais da NBA entre o Seattle SuperSonics e o Chicago Bulls, e ele só se importava com o jogo. Tupac queria ficar bem ali para testemunhar a história da NBA, para ver se a lenda dos Bulls, Michael Jordan, garantiria ou não outro anel do campeonato.

Mas alguns problemas surgiram ao longo do dia. Quando Tupac se sentou no sofá e tentou ligar a TV, não conseguiu fazê-la funcionar. E então, quando o telefone tocou, a frustração de Tupac se transformou em indignação. Alguém da Death Row ligou para lembrá-lo de uma sessão de fotos com Suge e Snoop mais tarde naquela noite. Tupac não queria ir. Ele jogou o telefone do outro lado da sala, cuspindo obscenidades. Durante a maior parte do ano anterior, ele havia se recusado a sair do estúdio para comemorar, nem mesmo para uma refeição rápida com os amigos. Ele estava muito ocupado. Mas naquele momento tudo o que queria era passar o aniversário em casa, na nova casa, com as pessoas que mais amava. Em vez disso, teve que sair correndo de casa para ir à sessão de fotos.

Acostumados com as explosões, sua família e todos os demais que ali estavam continuaram a se preparar para a comemoração. Sekyiwa cuidou de Malik enquanto Afeni preparava o bolo, decorado com um desenho de Tupac aos 6 anos. Glo lavou o espinafre e fritou o frango enquanto Yaasmyn se sentava à beira da piscina e cuidava dos negócios em seu celular que tocava sem parar. Cartões de aniversário estavam espalhados pelo balcão da cozinha, incluindo um de Afeni com uma longa e sincera mensagem de orgulho de mãe para filho.

Zangados e agitados, ele e os Outlawz foram até a casa em Wilshire House, onde pararam para acompanhar o final do jogo e assistir à vitória de Michael Jordan e do Chicago Bulls. Depois de uma rápida aparição na sessão de fotos, eles acabaram no Can-Am Studios.

Na casa em Calabasas, o bolo permanecia intocado. Conforme as horas passavam e Tupac não voltava, Glo e Yaasmyn decidiram localizá-lo e levar a festa até ele. Elas guardaram as asas de frango, uma garrafa de molho picante e o bolo. Encontraram Tupac no Can-Am e se instalaram na cozinha do estúdio. O produtor Kurupt e alguns outros artistas da Death Row também estavam lá trabalhando. Glo e Yaasmyn esperaram pacientemente, com a esperança de que todos fizessem uma pausa rápida, mesmo que apenas por um minuto, para cantar parabéns.

Finalmente, Tupac apareceu.

— O que vocês estão fazendo aqui?! — E então ele viu a comida. — Ah, beleza, deixem as pessoas comerem o bolo então.

— Estamos esperando você — respondeu Glo.

— Não, deixe elas comerem. Depois eu venho.

Ele voltou para a cabine de som para terminar sua música.

Depois que alguns Outlawz se fartaram, Tupac enfim se juntou a eles por um momento e rapidamente comeu algumas asas de frango, apenas para retornar à cabine de som minutos depois.

"Mais uma vez", lembra Glo, "fomos derrotados… Tivemos que ceder ao cronograma dele, mesmo que fosse seu aniversário. Foi isso que aconteceu." Àquela altura, a família estava acostumada a ficar de lado por causa da ambição implacável de Tupac. Eles sabiam que ele estava em uma missão, trabalhando incansavelmente dia e noite. Aceitando as coisas como eram, Glo e Yaasmyn voltaram para o Jaguar conversível de Tupac e dirigiram de volta para casa pelo ar ameno da noite do sul da Califórnia.

Duas semanas depois, Tupac recebeu um convite de Gianni Versace para participar da Fashion Week de Milão. Seria a primeira viagem de Tupac ao exterior desde que ele viajara para o Japão com o Digital Underground e, ainda mais emocionante, sua primeira vez desfilando em uma passarela. Criar a própria linha de moda já estava em sua lista de empreendimentos futuros. Para ele, aquela viagem serviria como uma confirmação de que estava no caminho certo. Donatella Versace conta: "Trouxemos Tupac para Milão e ninguém na moda trabalhava com artistas negros naquela época. Ninguém estava trabalhando com rappers. Não era inclusivo, nem um pouco." Ele e Kidada ficaram hospedados em uma suíte do Hotel Principe Di Savoia e passaram parte do tempo curtindo a vida noturna de Milão. Em uma boate, Tupac até fez uma apresentação improvisada para um grupo de fãs italianos calorosos e acolhedores.

O tempo que passou na Itália provou ser um momento excepcional para Tupac. Desde vivenciar a Fashion Week pela primeira vez até conhecer seu estilista favorito e desfilar com Kidada — foi uma viagem que superou até mesmo suas altas expectativas.

Ao retornar a Los Angeles, apesar da total tristeza pela companhia aérea ter perdido duas de suas malas com o novo guarda-roupa que o próprio Versace havia lhe presenteado, Tupac estava com uma intensa criatividade e pronto para iniciar seu novo caminho. Parte disso era superar a rivalidade existente entre Costa Leste e Oeste que, em certa medida, ele sabia ter gerado. O plano era liderar um álbum de colaboração de rappers da Costa Leste e da Costa Oeste que chamaria de *One Nation*. Seria uma abertura para a reconciliação, um apelo ao fim da guerra da qual Tupac se tornou parte quando foi baleado nos Quad Studios, e que a mídia vinha exaltando desde que ele saíra da Clinton.

A primeira ligação de Tupac foi para o colega rapper e amigo Greg Nice, da dupla Nice & Smooth. Na ligação, ele explicou a Nice sua visão e disse sentir, por ele ser de Nova York, que poderia ser fundamental para ajudá-lo a coordenar o início do projeto *One Nation*. "'Preciso consertar isso'", Nice conta que ele disse. "Ele queria consertar tudo." Como Nice tinha fãs na Califórnia e em Nova York, Tupac pensou que poderia ser a ponte entre ele e os artistas da Costa Leste. Imediatamente, pediu a Nice que ligasse para dois de seus contatos na Costa Leste, o produtor musical Easy Mo Bee e o rapper Buckshot.

Ele estava tão ansioso para colocar o plano em prática que transformou sua casa em Calabasas em um hotel para os artistas que chegavam. Até os Outlawz, que tinham seus próprios lugares no Oakwood Residence Apartments em Sherman Oaks, acabaram ficando na casa em Calabasas durante grande parte daquele tempo. Ele também planejou pedir E-40 da Bay Area para se unir ao projeto, junto com Bone Thugs-N-Harmony, Scarface de Houston, Grand Puba, Raekwon e Outkast de Atlanta.

Conforme o projeto tomava forma, Tupac sabia que ainda havia muito trabalho a ser feito. Ele também sabia, com base em experiências anteriores com a mídia, que nenhuma atenção seria dada a qualquer coisa positiva que fizesse. Divulgar o *One Nation* seria tarefa dele. Em 18 de junho, ele participou do Pool AID 96, um evento de caridade em prol do AIDS Project Los Angeles, onde contou tudo a Simon Rex da MTV. "Estou com um projeto com outros manos chamado *One Nation*", explicou ele. "É tipo uma colaboração entre a Costa Leste e a Costa Oeste. Para acabar com esse negócio de todo mundo falar de uma guerra entre a Costa Leste e a Costa Oeste. Na verdade, é apenas um problema com dois rappers. E todo mundo quer transformar isso em algo maior do que é."

Com *One Nation* em produção, e enquanto continuava gravando *The Don Killuminati: The 7 Day Theory (Makaveli)*, Tupac começaria a filmar seu próximo filme, *As duas faces da lei*, no qual estrelou ao lado de Jim Belushi e alcançou mais um objetivo que havia estabelecido para si. Ele queria um salário de 1 milhão de dólares, mais do que já havia recebido em qualquer filme anterior. Conseguiu isso negociando uma taxa de 750 mil dólares por seu papel de ator e 250 mil dólares adicionais para fazer a trilha sonora. Ele havia enfim se tornado membro do clube de milionários de Hollywood.

Já haviam se passado oito meses desde que ele tinha sido libertado do Centro Correcional Clinton e nem um segundo foi desperdiçado. Tupac gravara e lançara seu álbum de maior sucesso até então. Havia terminado um filme, estava em produção no segundo e já estava lendo os roteiros do próximo. Estava gravando ao mesmo tempo dois álbuns diferentes, enquanto trabalhava por seu objetivo maior de construir o próprio império.

Tupac estava grato pelo que a Death Row lhe havia proporcionado, mas também estava pronto para se concentrar na própria empresa. Em julho, ele estava tão dedicado à construção da nova empresa que redirecionou seus contracheques de *As duas faces da lei* para sua conta bancária na Euphanasia. Ele estava tomando as medidas necessárias para ser totalmente independente. "Tupac queria abrir a própria empresa e é por isso que estava fazendo o que fazia com a Death Row, para ganhar o dinheiro de que precisava", disse George Pryce, seu assessor.

Com a Euphanasia em funcionamento, o próximo passo de Tupac foi abrir sua própria produtora. Quando ele teve a ideia de lançar um documentário inspirado em *Truth Or Dare,* da Madonna, a primeira pessoa que quis contatar foi Tracy Robinson, alguém com quem havia trabalhado no início da carreira. Tracy aproveitou a oportunidade. Ela, junto a seu parceiro, Gobi Rahimi, havia produzido e até dirigido alguns videoclipes com Tupac para a Death Row Records: "2 of Amerikaz Most Wanted", "How Do U Want It", "All About U", "Hit 'Em Up" e "Made Niggaz". Logo ficou claro que ele queria expandir o relacionamento e formou sua nova produtora com Tracy e Gobi como sócios.

Tupac deu à empresa o nome 24/7, inspirado em seu horário de trabalho de 24 horas por dia, sete dias por semana. Este movimento o colocou um passo mais perto de seu objetivo de independência. Ele não via motivo para permitir que qualquer produtora fosse paga por seus videoclipes ou filmes futuros, quando ele mesmo poderia receber.

Além de estar diante das câmeras, ele também queria se expandir para escrever, produzir e dirigir. Mesmo antes de formar o 24/7, Tupac já havia escrito vários roteiros, incluindo dois durante o julgamento e na prisão, *Live 2 Tell* e *Shadow of Doubt/Manchild.* Ele também fez o conceito de duas ideias para histórias, intituladas *Bedlum* e *Real Love.* Junto ao seu documentário, ele queria fazer uma cinebiografia de Nat Turner. Para outro de seus projetos cinematográficos, Tupac agendou uma reunião e uma primeira sessão de redação com uma equipe feminina de roteiristas. A ideia era identificar e quebrar estereótipos sociais com o objetivo de que o público encontrasse mais pontos em comum entre si.

As ambições de Tupac não paravam na música e no cinema. Para construir seu império, ele planejou expandir-se para vários setores.

Em sua lista de tarefas havia:

- **Makaveli Records.**
- **Restaurantes: Powamekka Café, Playaz Club & Around the World Cafe.**
- **Linha de roupas: Dadanani (em parceria com Kidada).**
- **Vídeogame: *Tupac and the Outlawz*, com seus poderes especiais, lutam contra o inimigo.**

- Editora: livros e revistas, autobiografia intitulada *Mama's Boy*, e um livro de autoajuda intitulado *How to Get Out of the Ghetto*.
- Distribuidora de músicas: assinar com produtores.
- Livro de receitas: uma coleção. Ele queria pedir a vários rappers que compartilhassem receitas de suas mães e avós e doar os lucros para a caridade.
- Desenho animado: *Tupac and the Outlawz*, um programa semanal para crianças estilo *O Gordo Alberto* e *A Turma Cosby*.
- Programa de rádio: ele e artistas convidados falando de assuntos atuais e do amor deles em comum por *todos* os gêneros musicais, não apenas hip-hop.
- Fã-clube: uma correspondência mensal para compartilhar histórias pessoais dele, dos Outlawz e de seu círculo pessoal. A intenção era criar uma conexão ainda mais pessoal com seus fãs.
- Uma liga infantil de softball chamada "Youthanasia": a formação de uma liga infantil de softball na qual artistas de hip-hop se voluntariariam para treinar jovens de comunidades desfavorecidas.
- A Place Called Home: um show beneficente a fim de angariar fundos para o centro comunitário A Place Called Home.
- Um centro de chamadas 0800: uma linha telefônica gratuita para que crianças em todo o país ligassem se precisassem de ajuda com qualquer coisa — bullying, ajuda financeira, violência doméstica, saúde mental, transporte ou quaisquer problemas que tivessem medo de discutir com a família e os amigos.
- Política: embora Tupac acreditasse que jamais conseguiria ganhar a eleição presidencial, ele falava de seus planos de se envolver na política e pensava que se tornar prefeito um dia seria possível.

Os grandes planos de Tupac não se limitavam apenas aos negócios. O turbilhão que um dia foi seu estilo de vida havia diminuído temporariamente. Durante o dia, quando ele estava no set ou no estúdio de gravação, a família ficava em casa cozinhando e assistindo à TV. À noite, quando Tupac chegava, ele se sentava na poltrona de couro preto da sala para assistir a MTV, BET ou a seus vídeos e filmes inéditos. Não importava o que estivesse assistindo, haveria uma televisão ligada em uma das salas com o noticiário no máximo. Ele sempre se interessou muito pelos acontecimentos locais, nacionais e mundiais, mas em especial por histórias sobre crimes em comunidades marginalizadas.

Conforme o verão terminava, as noites na casa em Calabasas se tornavam mais agradáveis e tranquilas. A vida acelerada estava cobrando o preço. Certa noite, em agosto, ele disse à família que havia comprado um anel de diamante e planejava pedir Kidada em casamento. Não haveria um pedido sofisticado, público ou câmeras por perto, apenas um momento privado compartilhado entre os dois.

Ele via um futuro com Kidada. Via filhos. Até construiu cercados para cães no quintal de casa. Ele queria uma casa cheia de crianças e estava muito feliz por ter as sobrinhas, Imani e Nzingha, com ele tanto quanto possível. Tupac ficou particularmente feliz com a chegada do sobrinho, Malik, cinco meses antes. Ele sempre ficava animado para voltar depois de um longo dia de filmagens e gravações para uma casa cheia de familiares, em especial os pequenos. Ele ensinava Malik a engatinhar, e brincava com eles e os provocava até que gargalhassem. Jamala contou: "Ele gostava de ouvir vozes assim que chegava em casa. Ele adorava tropeçar em brinquedos no chão. Ele só queria transformar sua casa em um lar."

A hora da brincadeira só ficava ainda mais animada quando Tupac apontava as manchas que sujavam todo o tapete branco. Em meio às risadas, ele perguntava: "O que diabos está acontecendo aqui?" fingindo estar com raiva enquanto os rostinhos se voltavam para ele com ansiedade. "Vocês precisam conseguir um emprego para pagar o limpador de tapetes! Toda semana temos que limpar esses tapetes por causa desses sorvetes!" As crianças ficavam olhando para ele de olhos arregalados, esperando que ele as perseguisse de brincadeira pela casa. "Vocês acham que eu trabalho tanto para pagar pela bagunça de vocês? Hein? É isso? Vocês precisam arrumar um emprego." Tupac tentava não sorrir quando encarava os olhos inocentes delas. "O principal motivo de ele querer todos nós lá era porque queria as crianças lá", lembra Jamala.

Uma rápida pausa em suas reuniões que duravam o dia inteiro e sessões de gravação em estúdio o levou a uma noite de agosto no House of Blues on Sunset, em Hollywood, para ver seu ídolo de infância, LL Cool J. Depois que o Outkast abriu o show, Tupac saiu da área VIP e encontrou Shock G e Money-B na área comum. Os três ficaram juntos, encostados na parede, Tupac no meio. Quando LL subiu no palco, a multidão foi à loucura. Um fluxo constante de fãs se empurrava e deslizava pela multidão, passando por Tupac. Enquanto alguns ficavam surpresos ao passar, outros sorriam calorosamente para eles ou pediam uma foto. Algumas garotas gritaram incrédulas, não com a lenda com o chapéu Kangol no palco, mas com a surpresa de ver Tupac Shakur e o lendário Shock G — o próprio Humpty Hump — no meio da pista.

Ele e Shock se encontraram como os velhos amigos que eram. Shock disse a Tupac:

— Cara, nosso maldito acordo com Tommy Boy deu errado.

— Sim, cara, merda! Tenho que ir ao tribunal amanhã. Estão tentando fazer um mano prestar serviço comunitário ou qualquer merda dessas — Tupac murmurou, falando sobre o serviço comunitário Caltrans que foi obrigado a prestar por conta da acusação de porte de armas anos antes.

— Tenho uma batida pra você — ofereceu Shock.

— Ah é? Manda pra mim — Tupac gritou por sobre a música alta.

— Vi aquele vídeo que você fez. Porra, ficou incrível — disse Shock.

— Que diabos está acontecendo com Suge?

— Ah, tá tudo bem. Falando nisso, diz pro Atron que mandei um abraço.

À medida que setembro se aproximava, a casa de Tupac ficava lotada quase além da capacidade com familiares e amigos. Então, quando a casa do outro lado da rua colocou uma placa de venda, ele soube que precisava comprá-la. Embora Afeni, Sekyiwa e seus filhos estivessem estabelecidos em Atlanta e aproveitassem as visitas regulares à Califórnia, ele sabia que, se uma casa fosse disponibilizada em sua vizinhança, isso poderia ajudá-los a adotar um estilo de vida tanto na Costa Leste quanto na Oeste simultaneamente. Tupac tinha esperanças de comprar mais seis casas em sua rua ou nas ruas próximas. Uma casa seria para os Outlawz. Uma ou duas das casas seriam pousadas para familiares, amigos e artistas visitantes. Ele queria que uma das casas se tornasse seu escritório e estúdio de gravação. E uma casa seria designada para Glo, que tinha planejado se mudar da Geórgia na primeira semana de setembro. Tupac já tinha levado o irmão de Mutah de 14 anos, Kamil, de Nova Jersey para a Califórnia e iniciado o processo para se tornar seu tutor legal. Seu plano era que Kamil morasse na casa com Glo e T.C.

O que antes eram meras esperanças e sonhos naquele momento estavam se tornando sua realidade.

Em 4 de setembro, Tupac embarcou em um voo para Nova York, onde se apresentaria no MTV Music Awards. Mutah, Yaki e Young Noble, o mais novo membro dos Outlawz, o acompanharam. Ele estava ansioso para a viagem, embora ainda estivesse exausto da semana lotada de trabalho e programado para estar em Las Vegas três dias depois para uma luta com Mike Tyson. A segurança sempre foi uma preocupação de Tupac, e ele não tinha certeza de como seria recebido. Ele esperava que fosse uma viagem positiva, mas fez questão de ir com um grande grupo de amigos e parceiros para ter certeza. "Eu tinha vinte parceiros do meu quarteirão com a gente", lembra Mutah. Quando Tupac e Snoop subiram ao palco para entregar um prêmio naquela noite, insultos e ameaças voaram dos convidados na primeira fila do público.

Quando saiu do palco, Tupac estava chateado. E, embora tentasse manter a compostura, estava ansioso para descobrir quem estava falando mal dele.

Minutos depois, Nas e Tupac ficaram cara a cara do lado de fora do auditório, cada um com seu próprio grupo de jovens manos esperando para defender. O ar estava carregado de tensão por conta dos insultos. A coisa poderia ter ficado feia, mas felizmente tanto Tupac quanto Nas, movidos pelo respeito que tinham um pelo outro, encontraram uma maneira de acalmar as coisas. Em vez de permitir que a situação se transformasse em violência naquela noite, os dois conversaram.

Desde o primeiro encontro deles, anos antes, no campus da Howard University, nas comemorações de boas-vindas, o respeito de Nas por Tupac cresceu. "Eu vi Tupac conversando com algumas garotas e entreguei a ele uma garrafa de Hennessy", lembrou-se Nas daquela noite em Howard. "Eu não devia estar com a garrafa, porque estava no campus, mas ele a pegou e a virou de baixo para cima. Ele ficava recitando uma das rimas do meu primeiro single várias vezes — uma música chamada 'Half Time'. 'When it's my time to go, I'll wait for God [Quando chegar a minha hora de ir, esperarei por Deus]. Ele adorava essa frase."

Sendo assim, no MTV Music Awards, a intensa amargura dos últimos tempos não dissolveu esse respeito. O desejo de reconciliação surgiu. Nas conta: "Tivemos uma ótima conversa. Ele explicou que achava que eu estava zombando dele na música 'The Message'. Eu tinha ouvido dizer que ele estava falando mal de mim nas boates. Ele disse, 'Ei, Nas, somos irmãos, cara, não deveríamos passar por isso'. E respondi, 'É isso mesmo.'"

Enquanto ele e Nas conversavam, Tupac confessou que desrespeitou Nas em algumas músicas que havia gravado para o álbum Makaveli. Ele prometeu a Nas que retiraria as músicas do álbum antes do lançamento. Tupac também falou sobre as possibilidades de eles se encontrarem em Las Vegas. "Ele acreditava que nós dois é que uniríamos tudo", lembrou Nas. "Fiquei tão animado por ele dizer isso, porque senti que, de certa forma, éramos almas gêmeas. A treta nem era para ter acontecido."

Depois de uma breve aparição na festa pós-premiação, Tupac estava pronto para ir embora, mas sua limusine não havia sido chamada. Ele decidiu que, como o Essex House Hotel Nikko não ficava longe, iria a pé. Queria aproveitar o ar noturno de Nova York. Já que ele e Nas haviam feito as pazes, ele se sentiu ainda mais confiante no que o futuro reservava.

Enquanto os Outlawz e Suge ficavam perto de Tupac, o grupinho de fãs aleatórios e pessoas que o seguiam logo cresceu para pelo menos cinquenta pessoas enquanto caminhavam pelas calçadas de Nova York. "Várias pessoas estavam dando muito amor, dizendo tipo, 'Bem-vindo de volta, Pac'", lembra Mutah. E Tupac retribuiu o amor. Ele enfiou a mão no bolso, tirou um maço de notas de cem dólares e começou a distribuir dinheiro. Mais uma vez, ele se sentiu abraçado pela cidade de Nova York. "Ele distribuiu pelo menos dois mil dólares aos sem--teto e para as pessoas nas ruas naquela noite... simplesmente deu o dinheiro", disse Mutah.

Enquanto estava em Nova York, Tupac decidiu entrar em contato com Keisha. O divórcio não acabou com a amizade, e os dois mantiveram contato. Ele ligou para ela assim que pousou e os dois planejaram se encontrar. Ambos ficaram felizes em se reconectar e ficar a par da vida um do outro. Tupac disse a ela naquela noite que deixaria a Death Row para seguir a carreira de ator. Tão logo chegou em Nova York, era hora de voltar para casa. A viagem tinha sido exatamente o que ele esperava.

Após retornar a Los Angeles, na sexta-feira, 6 de setembro, Tupac foi direto ao estúdio para gravar "Let's Get It On", música do campeão peso-pesado Mike Tyson. Tyson e Tupac se tornaram amigos e confidentes ao longo dos anos, unindo-se por causa de adversidades semelhantes que ambos enfrentaram na vida. Tyson pediu a Tupac que gravasse uma música para ele entrar no ringue antes de sua luta em Las Vegas na noite seguinte contra Bruce Seldon. Scott Gutierrez era o engenheiro de som naquele dia. "[Tupac] sai da limusine... passa pela porta e diz: 'E aî?'", contou Gutierrez. "Comecei a tocar a batida, [ele] disse para aumentar o volume. Acelerei para ele. Deixei que ele sentisse... [Ele] tinha tudo — caderninho e papel na mão. [Ele diz:] 'Ei, enrola um baseado. Cadê meu Hennessy? Vamos lá.' Menos de vinte minutos desde o momento em que aquele homem entrou pela porta até o momento em que saiu daquela sala, vinte minutos, a música ficou pronta... [Ele disse:] volto no domingo."

Poucas horas depois, ele estava de volta à sua casa em Calabasas, reclamando porque não queria ir para Las Vegas. Tupac tinha acabado de voltar de uma rápida viagem; a última coisa que queria era entrar no carro para uma viagem de cinco horas. Ele queria descansar. Queria tirar os sapatos, comer um pouco do frango frito de Jamala e relaxar na frente da televisão. "Pac não queria ir. Ele estava cansado da viagem a Nova York e disse que estaria calor demais em Las Vegas para usar o colete à prova de balas", lembrou Jamala. Mas, quando Suge ligou, conseguiu convencê-lo a ir.

Tupac, Malcolm, Yaki e Katari juntaram suas coisas enquanto Suge esperava pacientemente no carro. Jamala estava tão animada por ter sido convidada para se juntar a eles que já estava com as malas feitas e pronta para partir. A filha de Jamala, Imani, estava ao lado deles.

— Eu quero ir — gritou ela.

— Não, querida, voltaremos amanhã — prometeu Jamala.

— Não — gritou Imani. — Quero ir com você.

Quando Tupac saiu pela porta com suas coisas, Imani estava prestes a chorar.

— O que aconteceu? — perguntou Tupac.

— Imani quer ir — respondeu Jamala.

— Mani, vamos trazer algo para você — disse ele para acalmá-la.

Imani não queria saber disso. Disse que queria ir também. Desmanchou-se em lágrimas.

— Mani, não chore! Vamos trazer algo para você — falou Tupac. Ele se ajoelhou para olhá-la nos olhos. — O que você quer que a gente traga?

Em meio às lágrimas, ela implorou:

— Um cheeseburger.

— Tá, a gente promete que vai trazer um cheeseburger para você — prometeu Tupac.

Imani parou de chorar, mas as lágrimas ainda escorriam por suas lindas bochechas negras.

Tupac e Malcolm entraram no Lexus Coupe preto, Malcolm no banco do motorista, Tupac no banco do passageiro. Jamala iria com Kidada no banco de trás. Katari e Yaki pularam no carro atrás do de Suge com alguns outros. Tupac e Jamala acenaram para Imani, que estava na porta com Mutah e Noble. "Antes daquele dia, Imani nunca tinha chorado tanto quando saíamos de algum lugar. Foi muito estranho", lembra Jamala.

A caravana já tinha mais de dez carros quando chegaram à Interestadual 10, indo em direção a leste. O advogado da Death Row, David Kenner, encontrou-se com eles no caminho. Eles viajaram a 160km/h, entrando e saindo das pistas, brincando de lutinha e competindo entre si. Eles dirigiram como se as estradas fossem deles. "Achei que fôssemos morrer", lembrou Jamala. "Achei que encontraria a morte ali naquela rodovia."

Tupac estava sentado no banco da frente, mexendo no rádio, folheando as revistas que acabara de pegar e cuspindo cascas de sementes de girassol pela janela entreaberta. A voz dele soava pelos autofalantes. Ele avançou algumas músicas e fez um rap junto com sua nova música, "Life of an Outlaw":

In this life we live as thugs…[*]

Então ele murmurou baixo, mas alto o suficiente para que todos no carro ouvissem: "Aaaah, caralho, sou muito foda." O autoelogio de Tupac era sempre seguido por uma explosão de risadas contidas.

De vez em quando, ele se virava para o banco de trás para perguntar se alguém precisava de alguma coisa. A agitação de Los Angeles deu lugar aos subúrbios e depois ao deserto enquanto seguiam, ouvindo música e aproveitando o fato de estarem juntos.

Assim que chegaram a Las Vegas, o carro de Tupac e metade da caravana atrás deles seguiram direto para o Hotel Luxor. Eles fizeram check-in e se instalaram em seus quartos. Os Outlawz tinham

---

[*] Nesta vida vivemos como bandidos. . .

a própria suíte, e Jamala dividia uma suíte conjugada com Tupac e Kidada. Jamala largou as malas e voltou para a porta, ansiosa para ir aos cassinos.

Tupac a parou.

— Ah, não. Você não vai a lugar nenhum.

— O que foi? — perguntou Jamala, confusa, imaginando do que ele poderia estar falando. — Sério?

— Não, não quero vocês lá — respondeu Tupac. — É muito perigoso. — Em seguida, disparou: — Sério, é uma loucura lá fora.

Ele desconsiderou a cara feia dela e seu olhar de decepção, trocou de roupa e saiu.

Minutos depois, Tupac apareceu na arena MGM com Suge ao lado. Ele se misturou com as estrelas da NBA, outros rappers e atores de primeira linha que compartilhavam a área VIP. Quando Mike Tyson entrou na arena, a música de Tupac tocou no sistema de som.

Tyson nocauteou seu oponente após apenas 109 segundos.

Enquanto Tupac e seu grupo saíam, ele abraçou Tyson em comemoração. Em seguida, desfilou pelo saguão do MGM Grand Hotel, orgulhoso da rápida vitória de seu amigo. Quando viu uma equipe de filmagem lá na frente, foi em direção a ela.

— Vocês viram isso? Cinquenta socos, eu contei!

Mas o clima de comemoração de Tupac foi interrompido abruptamente. Um dos homens da comitiva, Trevon "Tray" Lane, apontou para um homem parado perto do elevador. Era Orlando Anderson, um Crip de Los Angeles que, poucas semanas antes, tinha arrancado um medalhão do pescoço de Lane no Lakewood Mall, no sul da Califórnia.

Ver Anderson deixou Tupac furioso. Mais uma vez, ele quis fazer justiça com as próprias mãos. Exatamente como havia feito muito tempo antes em turnê, quando alguém roubou a jaqueta de Chuck D. Exatamente como fizera em Atlanta, quando o policial de folga deu um soco no motorista inocente. Assim como fez em Marin City, quando um homem branco insultou a raça de outro passageiro do ônibus. A adrenalina de Tupac disparou. Ele correu em direção a Anderson e o derrubou no chão. Quatro ou cinco associados de Tupac também participaram. Eles começaram a bater e chutar Anderson. A segurança do hotel MGM Grand correu para o local e separou os homens.

Minutos depois, ele entrou em sua suíte no Luxor.

Jamala estava pronta para ir à boate. Ela havia ficado trancada no quarto, sem ter para onde ir, apenas com serviço de quarto, frigobar e controle remoto para acompanhá-la durante a noite.

Tupac tirou a camisa de seda e os sapatos Hush Puppies que combinavam e vestiu uma camisa de basquete verde. Ele se olhou no espelho e depois consertou seu medalhão, verificando se o fecho de segurança ainda estava intacto. O medalhão de ouro era incrustado de diamantes e tinha Makaveli escrito em rubis, com uma gravação em relevo do logo da Euphanasia.

Jamala encontrou Tupac na porta.

Tupac olhou para ela.

— Aonde você pensa que vai?

— Espera aí, não posso ir à festa? — perguntou Jamala.

— Não — respondeu Tupac. Ele foi inflexível. Não ia deixar a prima sair do quarto de hotel e entrar no caminho de um possível perigo.

— Tá falando sério? — perguntou Jamala.

Nenhuma resposta. Tupac saíra.

Eram pouco mais de dez horas da noite quando Tupac entrou na BMW de Suge e foi para a casa dele em Las Vegas para que o CEO da Death Row pudesse se trocar. Depois seguiram para a boate de Suge, o Club 662. Novamente, uma caravana de carros os seguiu. Tupac estava sentado no banco do passageiro, com a janela aberta enquanto avançavam devagar pelo tráfego do Las Vegas Boulevard, passando por hordas de pessoas nas calçadas. Uma hora depois, eles ainda avançavam a passos lentos.

Quando viraram para a Flamingo Road, o semáforo à frente ficou vermelho.

Suge diminuiu a velocidade até parar.

Um Cadillac último modelo parou ao lado da BMW.

As janelas estavam abaixadas.

Ninguém disse nada.

Apenas silêncio. Até que um passageiro no banco de trás do carro apontou uma arma de alto calibre diretamente para Tupac.

O estrondo da pistola Glock calibre .40 perfurou o ar frio da noite. As balas atingiram a lateral do BMW preto e os pneus. Tupac pulou do banco da frente para o de trás, tentando desesperadamente evitar o tiroteio e se salvar. As balas atravessaram o corpo dele. A área do quadril e do abdômen. A mão direita. E o peito.

Quando um fragmento de bala atingiu a cabeça de Suge, ele pisou no acelerador, virando o carro para fazer meia-volta. Ele semicerrou os olhos para o para-brisa quebrado e tentou conduzir o carro, que naquele momento estava com dois pneus furados por causa dos tiros. Eles percorreram pouco mais de oitocentos metros quando um terceiro pneu estourou. Tupac arfava, com dificuldade para respirar. Segundos depois, a polícia os parou. Uma sirene soou ao longe enquanto os policiais sacavam as armas e apontavam para o carro. O Cadillac com os criminosos já havia desaparecido.

A ambulância chegou, e os paramédicos colocaram com cuidado o corpo ferido de Tupac em uma maca. Ele estava lutando para respirar e manter os olhos abertos. Suas roupas e o lençol da maca estavam encharcados com o sangue que escorria de seus ferimentos. Em poucos minutos, eles chegaram ao hospital do Centro Médico Universitário.

Jamala, ainda sem saber do ocorrido, recebeu um telefonema de Yaasmyn, que foi avisada pelo guarda-costas de Tupac. Imediatamente, Jamala e Kidada correram para o hospital. A notícia era ruim. Enquanto Jamala assinava os papéis de internação, ela esperou que todos chegassem.

Ao lado da cama do primo, Jamala disse que o amava e rezou para que ele sobrevivesse. Ela lembrou: "Ele não estava ali. Foi quando eu soube. Achei que se ele conseguisse sair dessa, seria uma longa recuperação. Não tinha sido como o tiroteio em Nova York. Ele tinha tubos na boca. Não conseguia falar. Não conseguia mover o corpo. Fiquei com muito medo."

Do lado de fora, na Strip, a polícia de Las Vegas prendeu Katari, Yaki e Malcolm, que estavam no carro atrás de Tupac e Suge, contra uma parede. Eles ficaram parados, com as mãos para cima, preocupados com o destino do melhor amigo, primo, líder, enquanto a polícia os interrogava sobre o tiroteio. A polícia os manteve na rua e os bombardeou com perguntas durante horas. Entre as perguntas, ouviam: "Seu *amigo* está morto. Seu *mano* está lá embaixo, *morto*." Os Outlawz ficaram em silêncio. Eles só estavam preocupados com uma coisa: se Tupac estava vivo ou não.

Na Geórgia, Afeni e Sekyiwa atravessaram a escuridão de suas casas para atender os telefones que tocavam. Em poucas horas, embarcaram em um avião. Glo e T.C., que iam se mudar para a Califórnia naquele fim de semana, já estavam vindo da Geórgia, o carro cheio com todos os seus pertences, quando a notícia chegou pelo rádio do carro: "O rapper Tupac Shakur foi baleado em Las Vegas." Glo pegou o celular e discou freneticamente o número do escritório de Tupac para conseguir ajuda a fim de mudar de rota e chegar ao hospital.

Em Los Angeles, Yaasmyn, Mutah e Noble aceleraram pela mesma rodovia que Tupac havia percorrido poucas horas antes. Todos estavam rezando por um milagre.

Conforme cada membro da família se dirigia a Las Vegas e chegava ao lado da cama de Tupac, uma visão comovente os recebia. Tupac estava deitado na cama do hospital em coma induzido, com a cabeça enfaixada e o corpo inchado por conta do soro. Sob um curativo, faltava o dedo indicador direito. Gaze branca envolvia sua cabeça e seu corpo. Um emaranhado de tubos conectava sua boca, seu nariz e sua mão a um maquinário sinistro.

Horas depois, Afeni e Glo estavam ao lado da cama do hospital. Com a voz suave, elas garantiram a Tupac que ele era amado.

De imediato, a família mandou chamar Barbara Jean, prima de Afeni e Glo. Ela era curandeira e pastora. Ela foi orar por Tupac. Também levou "óleo sagrado" para passar no rosto dele, mas as enfermeiras não permitiram. Os médicos disseram a Afeni que o sangramento havia parado e que, sendo jovem, ele tinha cinquenta por cento de chance de recuperação. O corpo dele estava lutando.

Gobi e Tracy, que estavam filmando o documentário de Tupac, apareceram na manhã seguinte com suco de laranja e café da manhã para a família. Gobi lembrou que, no meio da semana, a Death Row tinha recebido uma ligação anônima na sede da gravadora em Los Angeles. A pessoa que ligou avisou que alguém estava indo atrás de Tupac e chegaria a Las Vegas para "acabar com ele". Em resposta, a Death Row colocou seguranças perto do quarto de Tupac, assim como a Nação do Islã. Mas ninguém cuidou de Tupac como os Outlawz. Eles trabalhavam em turnos. "Nós, Outlawz, ficamos lá 24 horas por dia. Era sério", lembrou Noble. "Cada um de nós tinha uma arma. Não dormimos nem trocamos de roupa, exceto para ir ao shopping comprar cuecas ou algo assim, mas estávamos lá fora, prontos para disparar se alguém viesse ao hospital e tal. A polícia não estava levando as ameaças a sério. Ficávamos lá em cima como a porra dos militares. Durante o dia ficávamos todos lá. À noite, íamos em turnos. Às quatro da manhã, ninguém estava lá, só a gente. Ficávamos do lado de fora, observando todo mundo."

Yo-Yo, amiga próxima de Tupac que ele conheceu em turnê com o Digital Underground, ficou ao lado dele. "Pac, consegue me ouvir?", ela perguntou. Jasmine Guy e Snoop Dogg também foram ver o amigo e demonstrar apoio.

As enfermeiras perceberam que o fluxo constante de visitantes poderia atrapalhar a recuperação de Tupac e decidiram criar um cronograma. Os visitantes eram permitidos dois de cada vez, a cada três horas, durante dez minutos. A esperança era que, quanto mais tempo ele conseguisse descansar sozinho, mais rápido se curaria.

Mas Tupac não gostava de ficar sozinho.

Membros da família, Kidada e amigos próximos se revezavam para passar o máximo de tempo que podiam com ele. Nem uma única oportunidade de visita foi desperdiçada.

Naquela semana, enquanto Tupac estava deitado na cama do hospital, ele passou por uma série de cirurgias complicadas; a segunda envolveu a remoção de um pulmão. Os médicos garantiram a Afeni que, se ele sobrevivesse, poderia levar uma vida normal.

Quando se espalhou a notícia de que havia chance de Tupac sobreviver e que ele havia aberto os olhos brevemente, a esperança encheu o coração de seus fãs em todo o mundo. A multidão fora do hospital aumentou. Repórteres apareceram, abordando familiares e amigos próximos, fazendo tudo o que podiam para obter uma atualização do estado de saúde de Tupac. "Era um zoológico, um verdadeiro zoológico", lembrou Glo. "Repórteres se passando por amigos, sentados do seu lado ouvindo as conversas. Foi uma loucura."

Fãs e repórteres implacáveis invadiram o estacionamento do hospital, tentando ver alguma coisa ou ter uma ideia das últimas notícias. Até Billy Garland apareceu, embora tenha permanecido no meio da multidão.

No sexto dia, o médico colocou Tupac em diálise como medida preventiva. Ele temia que os rins de Tupac falhassem. Se isso acontecesse, os outros órgãos também parariam. A esperança que pairava nos corredores transformou-se em preocupação.

No dia seguinte, sexta-feira, 13 de setembro, no final da tarde, os médicos chamaram Afeni na sala de espera privada. O coração de Tupac havia parado. O médico informou que ele tinha tido uma série de ataques cardíacos. Eles tentaram ressuscitá-lo três vezes.

— Não, não façam isso — implorou ela. — Não façam isso com o meu bebê. Deixem ele ir. Mas, por favor, posso chamar minha irmã para vê-lo?

O médico pediu que esperassem até que o limpassem e disse que só Glo poderia entrar depois que Tupac morresse.

Às 16h03, Tupac se rendeu aos anjos com os quais tantas vezes sonhara. Conforme a notícia se espalhava, as lágrimas inundavam os olhos de todos os que estavam na sala de espera. Mas Afeni não chorou. Uma dor sombria e devastadora a atravessou, mas sua propensão natural para cuidar de quem sofre, mesmo no pior dia de sua vida, permitiu que ela os confortasse com palavras de encorajamento.

Minutos depois, os médicos chegaram para acompanhar Glo até a sala. Enquanto estava perto de Tupac, olhando-o, ela voltou 25 anos no tempo, para o momento em que ficou ao lado de sua cama poucos minutos depois de ele nascer, quando Afeni pediu que ela entrasse e visse seu bebê recém-nascido no Flower-Fifth Hospital. Ela o beijou na testa, como tinha feito na época, e olhou para ele, admirando sua beleza e força. Ele estava em paz.

Tentando não chorar, Glo falou tanto por Afeni quanto por si mesma em seu último adeus: "Tudo bem, querido. Tia Glo está aqui com você." As lembranças da vida do sobrinho passaram por sua mente, cada momento tão lindo e colorido quanto o próximo. "Não vai acontecer mais nada com você agora, está bem? A tia Glo promete. Agora vá e voe."

Eu acredito que Tupac viveu 25 anos perfeitos.
E estou bem satisfeita e orgulhosa de cada um dos dias da vida dele.
— AFENI SHAKUR

THANKS 2 SHOCK G 4 putting me Down with the Underground
my mother whom I love, my sister, Jean, Tommy, scott, Billy
Jamala, Kenny, Katari, Mailing, Yasmyn, Yafeu, Mutulu, Assata,
Geronimo, The Black Panther Party, NAPO, The New Afrikan Panthers,
ATRON, Liela, T.M.S. strictly D.O.P.e., Cotati Caberet, My Wife Lisa
the Walton Avenue Posse in the Bronx, N.Y. The Jungle Posse
in Marin City California, the Boyz from Rosa, The Baltimore
school of the Arts, Ernie McClintock, John Cole, Jada Pinkett,
Sharon, My family, My True Friends and All of those who Believed
in 2PACALYPSE.

A Speacial shout out 2 my Posse: Queen Latifah and the Flavor Unit,
The New Style, digital underground, Paris, CHEBA, Heavy D and all
the Boyz, Public Enemy, ~~Monie Love~~ silk Times Leather, 3rd Bass
KID NPLAY Yo YO & the LUNCH MOB
The 45 King Big Daddy Kane, Scoob, Scrap, Mister C and all the groups
mc LYTe KRSoc who supported 2PACALYPSE

Peace 2 ERIC B and RAKIM, Kes ONE, Tragedy, N.W.A, Ice Cube,
Above the LAW, Body & Soul, Nefetiti, Afros, 2 Live crew
SALT & Pepa, L.L. Cool J, GHETTO Boys, D-Nice, K-Solo
EPMD, Jungle Brothers, Tribe Called Quest, 415, Tone Loc,
ICE T, Def Jeff, the Nation of Islam, X-CLAN, ~~MC Lyte~~
And all the other Hip Hop groups who really strive 2 keep
Hip Hop alive! Peace thank u 4 paving the Way 4 2PACALYPSE

A Special Fuck U 2: the crooked government, Sellout radio
KKK stations, Augusta Georgia, Punk Police, Howard Beach, Virginia
Beach, Bensonhurst, welfare, South Afrika, and the Racist Bastards!!!

Quer fosse uma dedicatória de álbum, quer fosse só uma
página de créditos, Tupac costumava escrever páginas inteiras
de agradecimentos para pessoas de quem gostava e que amava.

DEDICATIONS
4 THE ALBUM

FIRST AND FOREMOST I THANK THE MOST HIGH
ALLAH! I AlSO Thank : My Mother, My Sister
Kataei, My Aunt & Uncle Tom, Mailing, Jamala, Kenny,
Billy, Scott, Keith, Phil, Ayesha, Uncle Bobby, Maurice, Twan,
Mutulu, Yafeu, Yasmyn, JADA (my Heart) Sharonda (my Twin)
April, JOHN, TIFF, MARY, Paul, The Baldridge Family, Dana
and the smith family. Born Busy Posse, The Posse From
The Jungle. THERE R 2 many 2 name Here : Koo,
Charlie, GABLE, Ryan, Pogo, Twan, Kendrick, J.C., TR Fifi
~~Staytres~~, ~~Bobby, Bobby Hill, Henry,~~ My Home Girls
From the Jungle : Yanea, shiela, Taraja, Danielle, Lena (The Bgordl)
Blicker, Shona, Hiroji, Liza, Molly, STACY, Penna, Cosima,
The Posse from ROSA : Liela, Bruce u were my family in my need
4 one. STRictly D.O.P.E. we learned T.M.S. Peace : Lance
vince, Michelle, Georgia, ~~~~~~ Peace 2 The
Panther Power Posse : Yak LOC, Asania, Effey Kristen,
Renee, K.D., ELSON, Ally Al, Mel, Kelly, spelman, Morehouse
A U, Upward Bound and the whole panttra' power Posse
KMT, ASD, Nation of Islam, Watani, A-K-, Kokayi,
Mutulu, Geronimo & the Political prisoners of AmeriKKKa
Peace 2 My Inspirations in the Rap World : Tha old school
u made it possible, Rakim, KANE, Chuck-D, KRS ONE, ICE-T
Larifah, Monie Love, JB's, N.W.A, D.O.C., Sinead Oconnor
Prince, LYTE, STing, Peter Gabriel, Tracey Chapman, Sade, 3 BASE
Last Poets, Gil Scott Heron, James Brown, Farakahn, Malcolm,
Jesse, N.A.P.O. Digital Underground, Too Short, Bad Company,
O.N.E. PEACE 2 the START of it all the womB of
the Mother and the Soul of the father with the Blessings
of ALLAH. PANTHA' Power — FREE THE LAND !!!

My mother (Afeni Shakur) my Sister (~~Sekyiwa~~ Shakur)
My Aunt Jean, Uncle Tommy, Katari, Mailing, Jamala
Kenny, Phillip, Kieth, Scott, Billy, Gregg, Ayesha,
little Rhamen!, Darrell, David, Reggie,
Walton Avenue Posse, Shelly, Mikki, & the
rest of the posse even u Kym. Carmen
Junior, Dana Smith, Darren Bastfield
Gerard, Roger & Yvette, Jada, Kelli and
all my friends at Baltimore School of the
Arts. 2 my eternal friend John Cole!
Tiffy Tre', Marsha, Myra, Les, my fontay,
Susie, Piper, Nikki. Cator Avenue Posse.
Tamalpais High posse. Jungle Posse
There R 2 many 2 write out. Dewereius
Ant Dog. Gable and the O.N.E posse
Jay & Ryan D, Dikky Dane, Puncho, Charlie
& The T.C. posse. KenBrick Wells, Molly
Liza, Jenna, Staci, Chrissy, & my Buddies
in L.A. Carlotta got alot a! little Danny
Posse in Santa Rosa 2 much 2
Name THE T.M.S. Posse Rules!
my Atlanta crew Kristen, Calinda
Rachel & the whole Spellman Posse
K.D., Steve, Akinyele, Amanada,
Watani, Akadi, & THE New Afrikan
Panthers (True Posse!) Yaki Loc
Asania
Licia + Bruce + Mrs. Dorado.

In Memory of
Darren Snoop Barrett
John Greene
Damon Barrett
Huey P. Newton
Lumumba Shakur
(my pops) Kenneth Saunders
4 inspiration I thank the Teachers:
Rakim, Public Enemy, KRS ONE, Big Daddy Kane
& A Special Hello 2 the following Artis
M.C. Lyte, Latifah, EPMD, N.WA., D.OC
Sugga & Spice, Def Jef, Too Short
Heavy-D, Digital underground, Kool
Daddy Moe, Prophecy, Slick Rick
Stetsasonic, Fresh Prince, 3X
Dope, Prince, James Brown, Ice
T, M.C. Hammer, Peace 2 The Nation
of Islam and the 5 percent Nation.
Bob Marley, L.L. Cool Jay, All praises
Due 2 ALLAH! The Most High

Thanks 2 My Mother Afeni My Sista Sekyiwa, My Aunt Glo &
Uncle Tom, YAZ, LEVISA, HELONA, GWEN, DiDi, Mike cooley, Rod,
MON, TRINA, Stretch & family, Aunt Sharon Uncle Bobby & family,
Mouse & family, NIA & TANGARAY, My nieces, Elijah, cresha,
Malcolm, Katari, YAK, I look 2 U 9 the future BLOE, STAY UP
My role models Mike Tyson, Mutulu Shakur, Geronimo Pratt prevail
                    Fred Hampton, & every BLACK MAN that persist 2 prevail
       Thanks 2 🌟 Baltimore School 9 the Arts
                    Ernie McClintock
       2 All the True rappers & friends I haven't forgotten u
              thanx 9 the Support !!! 2Pac

R 2 ~~everyone who can~~ WHO can

12) 2 All young BLACK MALES: They let me C 21
but I doubt if I C 25. Be careful. My Music
is for all of us who were born with the burden of Blackness
fuck it! it's a black Yhang! C U in Ghetto Heaven
                                    APCALYPSE
                                    Now & FoRever

13) Special dedication 2 the Youth of AmeriKKKA & Jacia from D.C.
            Get well & come work 4 me! we gonna
            need some Sunshine ♡" Keep Ya Head Up

THANKS 2 MY Family: my mother, my sista', my Brotha
~~my cousines~~, Aunt Jean Uncle Tommy, and all my
cousins Thanks 4 believing in me
Peace 2 my Partners and all my friends
I shouldn't have 2 name them all, u Know
who u R
a crazy shout out 2 my Tour Posse: KANE, Scoop
Scrap, monie, My sista LATifah, mandie, Swatch,
KiKa, ED, Jayne, A.D., MARK, Latee, LaKim, Apache,
Treach (my Ace womb Partner) New style, Double Jay Jim,
Chill Rob, Devine, Unique, stranger, the Flavor unit, the
3rd Bass Posse, Heavy D (thanks 4 the help!) The whole
MT Vernon "Boyz" Posse, The Afros, ICE CUBE (I owe you A FATBurga)
No-Yo (~~my special one~~) A True Sista! DEL DAZZie JAY DEE, T-BONE cuz them
Lench MOB NIGGAS R the craziest. the motherfuckin'
Molly JUAN
LIZA KEARO Ghetto Boyz, Wave, CHUCK, FLAV, The Drew and my
PLAYA-PLAYA New found P.E. family (2BAC is Now Down with the
MARK
EDISON P.E.) G-street, Kwame, PeeKa, A sharp, Tat money,
DANKA Tasha (smile), KiD-N-PLAY, Digga, Dre, Hurby, Silk, Leather,
LENA
J-BO Diamond D, extra Peace 2 the Underground Posse
mone, Money B, Gray, MiKE & 13th street Posse, Collen
AntDog Andrea, Terminator X, strictly Dope, RYAN D KoO Dog MAC
DJ ~~ONIE~~ SHATAY
Ele The Jungle, TribeCalled Quest, The Jungle Bros.
ACE Peace 2 my Home New York and Peace 2
my Home away from home Cali!

AGRADECIMENTOS

Obrigada, Tupac Amaru Shakur… por encher sua arte com mensagens de esperança e mudança… e por atacar corajosamente a injustiça com honestidade crua e radical. Em 1988, quando te conheci, você tinha apenas 17 anos, mas já estava na sua trajetória. Estava determinado a encontrar uma plataforma para estabelecer um movimento com a missão de fazer com que as pessoas negras soubessem que a vida delas era importante. Não demorou muito para você encontrar o seu caminho. Do lado de fora, seus amigos assistiram sua carreira decolar. Vimos você tentar consertar seus erros. Vimos você falar em voz alta contra a violência policial. Vimos como seu ânimo nunca diminuía. Vimos você voar. **Obrigada**, Tupac — sua vida é um exemplo do que significa ser empático e atencioso, e o que significa se colocar em segundo plano. Seus amigos, familiares e fãs morrem de saudades de você.

Amor, gratidão e respeito por Afeni Shakur. Sua paixão pelo nosso povo sempre foi uma inspiração para mim, e seu intelecto e sua coragem são coisas a se admirar. Obrigada por incutir em seu filho tudo o que fez ele se tornar quem se tornou. E **obrigada** por acreditar que eu poderia ajudar na complicada tarefa de contar a história da vida dele.

Gloria Jean Cox, **obrigada** por conduzir este livro desde 1999 e por sempre acreditar que eventualmente ele veria a luz do dia. Sua persistência e fé neste projeto fizeram toda a diferença para o seu sucesso desde os estágios iniciais até a publicação.

Agradeço a Sekyiwa Shakur, T.C., Jamal Joseph, Watani Tyehimba, Atron Gregory, Leila Steinberg e os primos — Bill, Scott, Kenny, Greg, Jamala e Katari — por compartilhar suas lindas e inestimáveis histórias, que sem dúvida coloriram e fizeram a jornada de Tupac ganhar vida. Este livro simplesmente não teria funcionado sem a sua contribuição.

Agradeço a Martha Diaz, Tom Whalley, Allen Hughes, Nelson George, Jeremy Hodges, Cheo Coker, Adam Bradley, Malcolm E.D.I. Greenidge, India Watne e Carly — pelo papel fundamental de tornar este livro uma realidade.

Agradeço a todos os amigos, colegas e professores de Tupac: Mike Cooley, Man-Man, Snoop Dogg, Ray Luv, Cosima Knez, Keisha Morris, Mopreme Shakur, Money-B, Mutah Beale, Noble, Ant Dog, Darren "Gable" Page, Liza, Kendrick Wells, Karen Lee, Jasmine Guy, Yo-Yo, Quincy "QD3" Jones, Bobby Burton, Warren G, Darrell Roary, Gobi Rahimi, Ernie McClintock, Donald Hicken, Richard Pilcher, Debbie Rogers, John Cole, Tony Pizzaro, Alexa Koenig, Christian Mills, Gwen Block, David Smith, Iris Crews, Michael Warren, Duane Morgan, Treach, Ryan D e Kidada Jones, e qualquer pessoa que eu possa ter esquecido neste período de vinte anos — por ajudar a descobrir todas as camadas do nosso amigo Tupac, as belas e as ousadas, as histórias felizes e as comoventes.

Um agradecimento especial a Big Syke, Johnny "J" e Shock G. Big Syke, nunca esquecerei as horas que ficamos relembrando o passado, rindo e chorando por causa das histórias da amizade entre você e Tupac e o tempo que trabalharam juntos. Johnny "J", aquela noite no café no Ventura Boulevard em que você compartilhou lembranças inestimáveis das intermináveis horas que passou no estúdio com Tupac foi inesquecível. E Shock, obrigada pelos lindos relatos da amizade especial que vocês dois compartilharam. Descansem em paz os três colaboradores e amigos mais próximos de Tupac, três lindas almas.

Agradeço ao meu editor, Kevin Doughten. Você me encorajou em todas aquelas reescritas e edições e me convenceu a não deixar pedra sobre pedra. Você foi justo, prático e profissional — o guia perfeito para me ajudar a polir, aperfeiçoar e levar este manuscrito ao lugar em que ele merece estar.

Também **agradeço** a Lydia Morgan e Amy Li pela atenção aos detalhes e paciência durante nossas intermináveis sessões de edição. **Agradeço a** Casey Baird, Julie Tate, Roxanne Mayweather, Holly Baird, Karolyn Ali e Jaye Rudolph por toda ajuda também!

Agradeço ao meu marido, Jerome, e aos meus filhos — Quincy e Jace — por aguentarem toda a conversa sobre Tupac em nossa casa nos últimos anos. Tentar narrar a vida de outra pessoa às vezes pode consumir a sua. Obrigada por permitirem me esconder por dias e por suportar tudo isso! E à minha generosa e altruísta mãe, Anne, por *sempre* me apoiar em todos os aspectos da minha vida e, em especial, por intervir para ajudar com meus filhos *quando mais precisei*. E obrigada a Curt e Xan por nunca me demitirem, não importava quantos dias de folga eu precisasse!

E, por fim... **Agradeço** à biblioteca de Mill Valley (a biblioteca mais mágica do mundo) por me deixar passar horas a fio lá embaixo em sua sala de ficção enquanto eu editava, escrevia e editava um pouco mais... e ao Starbucks de Marin City, onde passei muitas manhãs entre a Drake Avenue e o Kappas Marina Pier, na esperança de canalizar o belo espírito de Afeni e Tupac.

AGRADECIMENTOS DA AMARU

Como com qualquer projeto Amaru, as primeiras pessoas que devemos agradecer são sempre Tupac e Afeni.

As famílias Shakur & Cox tornaram todos os projetos feitos na ausência deles possíveis.

Staci Robinson, agradecemos por completar o trabalho que Afeni contratou você para fazer há tantos anos.

Há muitas pessoas que participam dos projetos Amaru. Apreciamos cada um de vocês pela contribuição e pelo apoio. Os seguintes nomes de amigos e família estão listados em ordem alfabética: Adam Bradley, Alamy, Alexa Koenig, Allen Hughes, Anthony "Ant Dog" Marshall, Art Flores, Associated Press, Atron Gregory, Barbara Caress, Big Syke, Bill

Lesane, Bobby Burton, Brian MacIver, Carsten "Soulshock" Schack, Charles "Man-Man" Fuller, Charles Ogletree, Cheo Coker, Christian Mills, Clarence Gatson, Cosima Knez, Dana "Mouse" Smith, Dante Powers, Darrell Roary, Darren "Gable" Page, Darrin Bastfield, David Cohen, David Smith, David Wexler, Dina LaPolt, Dina Webb, Donald Hicken, Donna "Storm" Harkness, Doreen Knigin, Enoch Pratt Library, Ernest Dickerson, Ernie McClintock, George "Papa G" Pryce, Getty Images, Gobi Rahimi, Greg Maratea, Gretchen Anderson, Guy Abrahams, Gwen Block, Harold Papineau, Hayden VanEarden, Hayze Dumont, Holly Baird, Howard King, India Watne, Iris Crews, Jada Pinkett Smith, Jamal Joseph, Jasmine Guy, Jason Sangerman, Jeffery Newbury, Jeremy Hodges, Jessica Casinelli, Jimi "Chopmaster" Dright, Jody Gerson, John Cole, Johnny "J," Julie Tate, Karen Kadison, Karen Lee, Karla Radford, Karolyn Ali, Kathy Crawford, Keisha Morris, Kelsey Coffin, Kendrick Wells, Kevin Swain, Kidada Jones, Langston Hughes Estate — Harold Ober Associates, Leila Steinberg, Leonard Jefferson, Liza, Liza "Walks on Water" Joseph, Longview Publishing Inc/Daily Worker Collection, Lori Earl, Malcolm "E.D.I." Greenidge, Marc Cimino, Martha Diaz, Mary Baldridge, Michael Warren, Mike Cooley, Mike Laporte, Money-B, Mopreme Shakur, Murray Kempton, Mutah Beale, Mutulu Shakur, Nas, Nelson George, Noble, Peter Paterno, Preston Holmes, QD3, Randy Dixon, Ray Luv, Raymond Barber, Reisig and Taylor, Richard Pilcher, Robert Frost, Rose Geddes, Rosie Perez, Roxanne Mayweather, Ryan D. Rollins, Saida Largaespada, Sal Manna, Sam Roseme, Shock G, Snoop Dogg, Steve Berman, Steve Ricotta, Steve Rothschild, Steve Swartz, Suzanne Shelton, Talia Shakur, Tanya Arand, Ted Field, Tracy Danielle, Treach, Ulysses Esparza, Watani Tyehimba, Yearbook Library e Yo-Yo.

Agradecemos pelo apoio contínuo: Interscope, Inveniem, King, Holmes, Paterno & Soriano, LLP, Searchworks, UMPG e Universal Music Group.

Agradecemos ao nosso agente: Jeff Sillberman.

NOTAS

CAPÍTULO 1

19 **"June 16, 1971":** Tupac Shakur, "Cradle to the Grave", faixa 9 de *Thug Life: Volume 1*, Interscope, 1994.

19 **Cinco policiais:** Tashan Reed, "Afeni Shakur Took on the State and Won", *Jacobin*, 18 de novembro de 2021.

20 **"Polícia! Se você se mexer":** Afeni Shakur, entrevista, 2001.

20 **"disruptores":** Hoban, "'Discredit, Disrupt, and Destroy.'"

20 **"subversivo":** Virgie Hoban, "'Discredit, Disrupt, and Destroy': FBI Records Acquired by the Library Reveal Violent Surveillance of Black Leaders, Civil Rights Organizations", Berkeley Library, 18 de janeiro de 2021. Disponível em <news.lib.berkeley.edu/fbi>.

20 **"a maior ameaça":** "Hoover and the F.B.I.", PBS. Disponível em <pbs.org/hueypnewton/people/people_hoover.html>.

20 **"messias negro que poderia unificar":** American Social History Project Center for Media and Learning, J. Edgar Hoover, "The FBI Sets Goals for COINTELPRO". Disponível em <shec.ashp.cuny.edu/items/show/814>.

22 **Tupperware foi inventada:** Kat Eschner, "The Story of Brownie Wise, the Ingenious Marketer Behind the Tupperware Party", *Smithsonian*, 10 de abril de 2018.

22 **um pão custava:** "How Much Did Bread Cost in 1947?", Reference, 29 de março de 2020. Disponível em <reference.com/world-view/much--did-bread-cost-1947-a5db5955e40ef3be>.

22 **aguentando provocações:** Jasmine Guy, *Afeni Shakur: Evolution of a Revolutionary* (Nova York: Atria Books, 2004), 15.

23 **Na noite de 18 de janeiro:** "James W. 'Catfish' Cole". Disponível em Civil War Wiki <civilwar-history.fandom.com/wiki/James_W._%22Catfish%22_Cole>.

23 **Batalha de Hayes Pond:** "Battle of Hayes Pond: Routing of the KKK", UNC Pembroke. Disponível em <uncp.edu/resources/museum-southeast--american-indian/museum-exhibits/battle-hayes-pond-routing-kkk>.

TUPAC SHAKUR

23 **"Foi a primeira vez que senti"**: em Guy, *Afeni Shakur*, 14.

23 **"Quando eu chegava em casa"**: em Guy, *Afeni Shakur*, 35.

24 **a Grande Migração:** "The Great Migration", History Channel, 4 de março de 2020. Disponível em <history.com/topics/black-history/great-migration>.

24 **parecia de outro mundo:** em Guy, *Afeni Shakur*, 32.

24 **"Dei uma surra nele"**: em Guy, *Afeni Shakur*, 32.

24 **"Vários alunos"**: em Guy, *Afeni Shakur*, 44.

24 **se juntou à Disciple Debs:** Miles Marshall Lewis, "Black Blueprint", *Village Voice*, 18 de setembro de 2001. Disponível em <villagevoice.com/2001/09/18/black-blueprint/>.

25 **bembés:** "The Rhythmic Worlds of Bembé", Sunhouse, 2 de fevereiro de 2002. Disponível em <sunhou.se/blog/the-rhythmic-worlds-of-bembe/>.

26 **"Eu estava passando pela rua"**: Afeni Shakur, "Joining the Black Panther Party". Disponível em <search.freedomarchives.org/search.php?s=afeni+>.

26 **"Como mulher negra neste país"**: Afeni Shakur, entrevista, novembro de 2000.

26 **"foi o homem que serviu como pai"**: Afeni Shakur, entrevista, 2000.

27 **"doado por cinco igrejas presbiterianas e episcopais"**: "Churches Provide $100,000 Bail Here for Black Panther", *The New York Times*, 31 de janeiro de 1970. Disponível em <timesmachine.nytimes.com/timesmachine/1970/01/31/78086675.html?pageNumber=29>.

27 **Leonard Bernstein organizou um evento:** "When Leonard Bernstein Partied with the Black Panthers", BBC, 29 de março de 2019. Disponível em <bbc.co.uk/programmes/articles/3dWyNLc1rMqSnXytbgwhjnh/when-leonard-bernstein-partied-with-the-black-panthers>.

27 **atores Angie Dickinson, Jane Fonda:** "Lessons from the History and Struggle of the Black Panther Party", In Defence of Marxism (blog), 9 de julho de 2015. Disponível em <marxist.com/lessons-from-the-history-and-struggle-of-the-black-panther-party.htm>.

27 **"Os Panteras que estavam na prisão"**: Afeni Shakur, entrevista, 2000.

27 **"Acho que minha mãe"**: Lauren Lazin (dir.), *Tupac: Resurrection*, Paramount Pictures, 2003.

27 **"Afeni sempre"**: Gloria Jean Cox, entrevista com a autora, 2001.

28 **"Você vai ferrar com tudo"**: em Guy, *Afeni Shakur*, 78.

28 **CHEGA DE JULGAMENTOS RACISTAS:** Richard Quinney, "Rally for the Panther 21, Central Park", fotografia, c. 1968, Wisconsin Historical Society. Disponível em <wisconsinhistory.org/Records/Image/IM74333>.

29 **"Havia 13 de nós"**: Afeni Shakur, entrevista, 2000.

29 **"O que você acha"**: Murray Kempton, *The Briar Patch: The People of the State of New York v. Lumumba Shakur et al.* (Nova York: E. P. Dutton, 1973), 153.

NOTAS   383

29   **"Ele dormia comigo às vezes"**: em Guy, *Afeni Shakur*, 82.

29   **"Billy era a pessoa"**: Afeni Shakur, entrevista, 2000.

30   **"Mulheres jovens e saudáveis"**: Jamal Joseph, entrevista, 2000.

31   *talaq*: Kecia Ali, "Muslim Sexual Ethics: Divorce", The Feminist Sexual Ethics Project, Brandeis University, 1° de julho de 2001. Disponível em <brandeis.edu/projects/fse/muslim/divorce.html#:~:text=The%20most%20 common%20is%20talaq,she%20is%20free%20to%20remarry>.

31   **"Eu me divorcio de você"**: em Guy, *Afeni Shakur*, 111.

31   **"Tive que contar a Lumumba"**: Afeni Shakur, entrevista, 2000.

32   **perguntas para seu interrogatório:** Kempton, *Briar Patch*, 240.

33   **"Naqueles vinte minutos"**: Kempton, *Briar Patch*, 240.

33   **"Tínhamos um acordo"**: Afeni Shakur, entrevista, 2000.

34   **como se "carregasse um príncipe"**: Kempton, *Briar Patch*, 186.

34   **"Gostaria de chamar a atenção"**: Kempton, *Briar Patch*, 186.

34   **"em dar uma declaração para a imprensa"**: Kempton, *Briar Patch*, 187.

34   **"Dormi o tempo todo apesar dos ratos"**: em Guy, *Afeni Shakur*, 94.

34   **"Meu lado é o do meu filho"**: Afeni Shakur, entrevista, 2000.

34   **"Eles começaram a me pressionar"**: em Guy, *Afeni Shakur*, 108.

35   **"Tupac sempre pertenceu a todos"**: Afeni Shakur, entrevista, 2000.

35   **"Nenhum de nós o conhecia"**: Afeni Shakur, entrevista, 2000.

35   **"*What are these bars*"**: Afeni Shakur, "From the Pig Pen", *The Black Panther Newspaper*, 6 de abril de 1970.

36   **"o bebê em meu útero ainda por nascer"**: Afeni Shakur, "A letter to Jamala, Lil Afeni, Sekyiwa, and the unborn baby (babies) within my womb", in *Look for Me in the Whirlwind: From the Panther 21 to 21st- -Century Revolutions*, ed. déquikioni-sadiki e Matt Meyer (Oakland, CA: PM Press, 2017), 528.

37   **"como se estivesse suplicante"**: Kempton, *Briar Patch*, 268.

37   **"Não sei o que devo dizer"**: Kempton, *Briar Patch*, 268.

38   **"Você promete continuar"**: "Defense Rests in Panther Trial", *The New York Times*, 4 de maio de 1971. Disponível em <timesmachine.nytimes. com/timesmachine/1971/05/04/81939324.html?pageNumber=51>.

38   **"Inocente"**: Kempton, *Briar Patch*, 279.

39   **"Minha mãe estava grávida"**: Lazin, *Tupac: Resurrection*.

39   **"Medo, Sr. Giles"**: Kempton, *Briar Patch*, 280.

39   **"ameaça à sociedade"**: "J. Edgar Hoover: Black Panther Greatest Threat to U.S. Security", UPI, 16 de julho de 1969. Disponível em <upi.com/ Archives/1969/07/16/J-Edgar-Hoover-Black-Panther-Greatest-Threat-to- -US-Security/1571551977068/>.

40   **"Escolhi um nome"**: Afeni Shakur, entrevista, 2000.

40   **"real"**: Clements R. Markham, "Tupac", in *Contributions Towards a Grammar and Dictionary of Quichua, The Language of the Incas of Peru*

1864 (Londres: Trüdner, 181; Miguel La Serna, "I Will Return and I Will Be Millions", Age of Revolutions. Disponível em <ageofrevolutions. com/2020/11/02/i-will-return-and-i-will-be-millions-the-many-lives-of--tupac-amaru/>).

40   **"O que eu queria era":** Afeni Shakur, entrevista, 2000.

40   **"Ok, meu querido":** Gloria Jean Cox, entrevista com a autora, 2001.

CAPÍTULO 2

41   **"I finally understand":** Tupac Shakur, "Dear Mama", faixa 9 de *Me Against the World*, Interscope, 1995.

41   **"guerra" contra o governo:** Afeni Shakur, entrevista, 2000.

41   **uma mentalidade de desconfiança:** Afeni Shakur, entrevista, 2000.

42   **"Acho que minha mãe sabia":** Tupac Shakur, entrevista com Tanya Hart, Live from L.A., BET, 1992, postado no YouTube por War McEleney, 19 de novembro de 2017. Disponível em <youtube.com/watch?v=uLTSPA4uYPM>.

42   **fluxo de imigrantes dominicanos:** Erin Babich and Jeanne Batalova, "Immigrants from the Dominican Republic in the United States", Migration Policy Institute, 15 de abril de 2021. Disponível em <migration policy.org/article/dominican-immigrants-united-states-2019>.

42   **"Ele era nosso ursinho":** Bill Lesane, entrevista, novembro de 2000.

42   **"Quando eu era bebê":** Lauren Lazin (dir.), *Tupac: Resurrection*, Paramount Pictures, 2003.

43   **"rebelião armada":** Archives Unbound, "Black Liberation Army and the Program of Armed Struggle", Gale, n.d. Disponível em <gale.com/binaries/contente/assets/gale-us-en/primary-sources/archives-unbound/primary-sources_archives-unbound_black-liberation-army-and-the--program-of-armed-struggle.pdf>.

44   **"A esposa de Billy era uma grande amiga":** Karen Lee, entrevista com a autora, 2001.

45   **"É, ele é meu":** Afeni Shakur, entrevista com a autora, 2001.

45   **"A gente provocava Tupac":** Bill Lesane, entrevista, 2000.

46   **"Sempre pensávamos":** Kenny Lesane, entrevista com a autora, 2001.

46   **"Uma das coisas de que me recordo":** "The Burglary That Exposed COINTELPRO: Activists Mark 50th Anniversary of Daring FBI Break-in", Democracy Now, 9 de março de 2021. Disponível em <democracynow. org/2021/3/9/50th_anniversary_fbi_office_cointelpro_exposure>.

NOTAS

385

46   **se tornou coordenadora:** "National Task Force for Cointelpro Litigation and Research", Freedom Archives. Disponível em <freedomarchives.org/Documents/Finder/DOC510_scans/COINTELPRO/510.COINTELPRO.NationalTaskforceCOINTELPRO.statement.pdf>.

46   **de 25 anos a prisão perpétua:** Associated Press, "Court Asked to Return Ex–Black Panther to Prison", *The New York Times*, 16 de dezembro de 1998. Disponível em <nytimes.com/1998/12/16/us/court-asked-to--return-ex-black-panther-to-prison.html>.

47   **contou a eles que Pratt confessara:** James McCloskey, "Reopen the Case of Geronimo Pratt", *Los Angeles Times*, 2 de janeiro de 1996. Disponível em <latimes.com/archives/la-xpm-1996-01-02-me-20030-story.html>.

47   **"Geronimo foi preso":** Afeni Shakur, entrevista concedida à Interscope Records para promover o álbum *The Rose That Grew from Concrete*, baseado no livro homônimo que reuniu poesias escritas por Tupac, 2000.

48   **"Ele começou a falar":** Kenny Lesane, entrevista com a autora, 2001.

48   **"apenas fazendo uma apresentaçãozinha":** Afeni Shakur, entrevista com a autora, 2001.

48   **"O que eu te falei":** Afeni Shakur, entrevista, 2000.

49   **"Não temos motivo":** Afeni Shakur, entrevista com a autora, 2001.

49   **"Eu costumava vê-lo":** Jamal Joseph, entrevista, 2000.

49   **"Enquanto outras crianças":** Afeni Shakur, entrevista, 2000.

50   **"Meus pais acreditavam":** Karen Kadison, entrevista, 2018.

50   **"O que exatamente posso fazer":** Karen Kadison, entrevista, 2018.

51   **"O nome Shakur":** Tupac Shakur Channel, "Mutulu Shakur Full Interview in Prison", postado no YouTube, 21 de maio de 2021. Disponível em < youtube.com/watch?v=KxxIrfZ6TtQ>.

51   **Mutulu foi um membro fundador:** The Malcolm X Grassroots Movement. Disponível em <freethelandmxgm.org/mutulu-bio/>.

51   **"uma república negra independente":** Eric Greve, "Republic of New Africa (1968)", BlackPast.org, 10 de março de 2012. Disponível em <blackpast.org/african-american-history/republic-new-africa-1968/>.

52   **"Tupac costumava provocar":** Kenny Lesane, entrevista, novembro de 2000.

52   **"Eu desafiava Tupac a ir":** Kenny Lesane, entrevista.

52   **"Não tenho permissão":** Afeni Shakur, entrevista com a autora, 2001.

52   **"Éramos camaradas":** Afeni Shakur, entrevista, 2000.

53   **"Acho que você devia":** Gloria Jean Cox, entrevista com a autora, 2001.

53   **"Pela primeira vez não estávamos mais":** Gloria Jean Cox, entrevista com a autora, 2001.

53   **"Éramos pobres":** Jamala Lesane, entrevista com a autora, 2001.

54   **"Na maioria das vezes comíamos":** Jamala Lesane, entrevista com a autora, 2022.

54 **sexto jogo:** "1977 World Series", Baseball Reference. Disponível em <baseball-reference.com/postseason/1977_WS.shtml>.

54 **"Não conseguimos nem chegar perto":** Kenny Lesane, entrevista com a autora, 2001.

54 **"Música porto-riquenha tocava":** Kenny Lesane, entrevista com a autora, 2001.

55 **O tiroteio acontecera:** Joseph F. Sullivan, "Panther, Trooper Slain in Shoot-Out", *The New York Times*, 3 de maio de 1973. Disponível em <timesmachine.nytimes.com/timesmachine/1973/05/03/90937718.html?pageNumber=1>.

55 **"Migrávamos por toda parte":** Bill Lesane, entrevista com a autora, 2001.

56 **"Ele tinha todas as versões juvenis":** Scott Lesane, entrevista com a autora, 2001.

56 **"dançarinos profissionais":** Sekyiwa Shakur, entrevista, janeiro de 2000.

56 **"Eu via todo aquele povo":** Lazin, *Tupac: Resurrection*.

57 **"Ele pulava do beliche":** Bill Lesane, entrevista, novembro de 2000.

57 **"*Geronimo Pratt*":** Sekyiwa Shakur, entrevista, janeiro de 2000.

58 **"Pega leve com o garoto":** Afeni Shakur, entrevista com a autora, 2000.

CAPÍTULO 3

59 **"Growing up as an inner-city brother":** Tupac Shakur, "The Streetz R Deathrow", faixa 13 de *Strictly 4 My N.I.G.G.A.Z...*, Interscope Records, 1993.

59-60 **"[Legs], meu padrasto":** Lauren Lazin (dir.), *Tupac: Resurrection*, Paramount Pictures, 2003.

60 **"Ele nem se importava":** Tabitha Soren, "Tupac on Growing Up Poor, His Rise to Fame & His Future (1995)", MTV News, Venice Beach, Califórnia, postado no YouTube, 13 de setembro de 2019. Disponível em <youtube.com/watch?v=GpPbYGJRg0Q>.

60 **"Legs era um soldado nas ruas":** Afeni Shakur, entrevista, novembro de 2000.

60 **Games People Play:** Billy Lesane, entrevista com a autora, 2001.

60 **Legs apelidou Tupac de "Cabeção":** Billy Lesane, entrevista com a autora, 2001.

60 **com uma caixa de som novinha:** Sekyiwa Shakur, entrevista com a autora, 2001.

60 **"Caramba! O que você fez":** Billy Lesane, entrevista com a autora, 2001.

NOTAS 387

60 **"É, tudo bem":** Afeni Shakur, entrevista com a autora, 2001.

61 **"Vai ficar tudo bem, Moniqua":** Jamala Lesane, entrevista com a autora, 2001.

62 **"Ele fazia Tupac e eu":** Kenny Lesane, entrevista com a autora, 2001.

62 **"Para todos os problemas e todas as questões":** Afeni Shakur, entrevista, 2000.

63 **Assata Shakur escapou:** Robert Hanley, "Miss Chesimard Escapes in Jersey", *The New York Times*, 3 de novembro de 1979. Disponível em <timesmachine.nytimes.com/timesmachine/1979/11/03/issue.html/>.

63 **"Preste muita atenção":** Afeni Shakur, entrevista com a autora, 2001.

64 **"O que você precisa fazer, senhor":** Afeni Shakur, entrevista com a autora, 2001.

64 **"Está bem, Tupac, pode se render agora":** Jamal Joseph, entrevista com a autora 2001.

65 **"Tupac sempre":** Jamal Joseph, entrevista com a autora, 2001.

66 **"Sim, estamos procurando o número 5F":** Sekyiwa Shakur, entrevista, 2000.

66 **"Ele sempre teve essa responsabilidade":** Sekyiwa Shakur, entrevista, 2000.

66 **assalto malsucedido a um caminhão da Brink's:** "4 in Brink's Case Indicted in Jersey", *The New York Times*, 8 de março de 1984. Disponível em <timesmachine.nytimes.com/timesmachine/1984/03/08/037744.html?pageNumber=31>.

67 **"lista dos mais procurados":** "Mutulu Shakur", FBI. Disponível em <fbi.gov/wanted/topten/topten-history/hires_images/FBI-380-MutuluShakur.jpg/view>.

67 **"Cubram cada lugarzinho":** Gloria Jean Cox, entrevista com a autora, 2001.

67 **"Vivíamos em um tempo tumultuado":** Bill Lesane, entrevista com a autora, 2001.

67 **"Na minha família, todo homem negro":** Tupac Shakur, Legal Archives Deposition, 1995.

CAPÍTULO 4

68 **"Panthers, Pimps, Pushers":** Tupac Shakur, "Nothin But Love", disco 2, faixa 8 de *R U Still Down? [Remember Me]*, Interscope Records,1997.

69 **"Eu quero ser um revolucionário":** Jamal Joseph, *Tupac Shakur Legacy* (Nova York: Atria Books, 2006), 62.

388   **TUPAC SHAKUR**

69   **"First Step":** Sekyiwa Shakur, entrevista com a autora, 2001.

71   **"Ficávamos o dia todo":** Malcolm "E.D.I. Mean" Greenidge, entrevista com a autora, 2001.

71   **a imaginação infantil florescia:** Malcolm "E.D.I. Mean" Greenidge, entrevista com a autora, 2001.

71   **"a mocinha em perigo":** Sekyiwa Shakur, entrevista, 2000.

71   **"Toda vez que terminávamos":** Malcolm "E.D.I. Mean" Greenidge, entrevista com a autora, 2001.

72   **"Você consegue shows para a gente?",** Sekyiwa Shakur, entrevista, 2000.

72   **"Era a música preferida dele":** Afeni Shakur, entrevista, 2000.

72   **"Éramos crianças tristes":** Sekyiwa Shakur, entrevista, 2000.

73   **"Está bem, Jamala, vamos lá":** Jamala Lesane, entrevista com a autora, 2001.

73   **defendia crianças com mordidas de rato:** Jamal Joseph, *Baby Panther* (Nova York: Algonquin Books, 2012), 57.

74   **"As crianças gostavam muito de um professor":** Gloria Jean Cox, entrevista com a autora 2001.

75   **"Embora eu gostasse do Sr. Lincoln":** Malcolm "E.D.I. Mean" Greenidge, entrevista com a autora, 2001.

75   **"Nós caminhávamos":** Sekyiwa Shakur, entrevista, 2000.

75   **"Ninguém era safo na época":** Jamala Lesane, entrevista com a autora, 2001.

76   **"Nós comíamos muito em Nova York":** Afeni Shakur, entrevista, 2000.

77   **usar o salário para comprar drogas:** Gloria Jean Cox, entrevista com a autora, 2021.

77   **"Por causa das decisões ruins que tomei":** Afeni Shakur, entrevista, 2000.

77   **"Estávamos tentando dar uma vida":** Gloria Jean Cox, entrevista com a autora, 2001.

77-78   **"Afeni, assim como Tupac":** Gloria Jean Cox, entrevista com a autora, 2001.

78   **"Nossa família se mudou para White Plains":** Kenny Lesane, entrevista com a autora, 2001.

79   **"Ele levou, tipo, umas cinco horas":** Sekyiwa Shakur, entrevista com a autora, 2001.

79   **"Era um plano de nós três":** Gloria Jean Cox, entrevista com a autora, 2001.

81   **"Ela o apoiou":** Scott Lesane, entrevista com a autora, 2021.

81   ***"Well, son, I'll tell you":*** Langston Hughes, "Mother to Son", *Crisis*, dezembro de 1922.

82   **"As atrizes amavam ele":** Scott Lesane, entrevista com a autora, 2021.

NOTAS

82 **"Bem-vindo ao teatro":** Scott Lesane, entrevista com a autora, 2021.

82 **"Ele levou pouco tempo para se tornar parte da equipe":** Ernie McClintock, entrevista com a autora, 2001.

83 **"Passei mal":** Tupac Shakur, entrevista sobre seu papel em *Sem medo no coração*, 1993, postado em 16 de março de 2022, Tupac Shakur Channel, YouTube. Disponível em <youtube.com/watch?v=C_DIq7MSv2M>.

83 **"Foi o evento mais importante":** Bill Lesane, entrevista com a autora, 2001.

84 **"Ficamos sem ter para onde ir":** Sekyiwa Shakur, entrevista, 2000.

84 **"As nuvens naquele dia":** Gloria Jean Cox, entrevista com a autora, 2001.

CAPÍTULO 5

87 **"I'm thirteen, can't feed myself":** Tupac Shakur, "Nothing to Lose", disco 1, faixa 8 de *R U Still Down [Remember Me]*, Interscope Records, 1997.

87 **"Mais orgulhoso, mais forte e melhor":** "Morning in America". Wikipédia. Disponível em <en.wikipedia.org/wiki/Morning_in_America>.

88 **"Baltimore tinha o maior índice":** Tupac Shakur, entrevista da Tamalpais High School, 1988, Historic Films, postado no YouTube, 12 de junho de 2017. Disponível em <youtube.com/watch?v=v_XT9-C5Qu8>.

88 **"Ela era sempre legal e agradável":** Dana Smith, entrevista, 25 de janeiro de 2000.

90 **"Você não pode ter uma mente organizada":** Afeni Shakur, entrevista, 2000.

90 **"Ouvíamos um 'tum'":** Sekyiwa Shakur, in *Tupac Remembered: Bearing Witness to a Life and Legacy*, ed. Molly Monjauze com Gloria Cox e Staci Robinson (São Francisco: Chronicle Books, 2008), 18.

90 **"Era uma guerra e tínhamos perdido":** Afeni Shakur, entrevista, 2000.

91 **"Me rebelei porque ela":** Lauren Lazin (dir.), Tupac: Resurrection, Paramount Pictures, 2003. Texto de amostra para o livro baseado no filme disponível em <catdir.loc.gov/catdir/enhancements/fy0645 /2004298788-s. html>.

91 **"Depois que isso acabou":** Tupac Shakur, entrevista da Tamalpais High School.

92 **"uma jornada eterna":** Tupac Shakur, entrevista da Tamalpais High School.

92 **"A melhor coisa a fazer":** Afeni Shakur, entrevista, 2000.

92 **"Ia ter uma excursão":** trecho de Jasmine Guy, *Afeni Shakur: Evolution of a Revolutionary* (Nova York: Atria Books, 2004), 128-29.

93 **"Ele usava um tênis com o solado torto":** Dana "Mouse" Smith, entrevista, 2000.

94 **Tupac entrou na sala:** Dana "Mouse" Smith, entrevista, 2000.

94 **"o cara sem unha":** Dana "Mouse" Smith, entrevista, 2000.

95 **Juntos, cantavam músicas:** Afeni Shakur, entrevista com a autora, 2001.

95 **"Eu achava que ele era o mais foda":** Sekyiwa Shakur, entrevista, 2000.

95 **"*Jet Set's my name*":** Sekyiwa Shakur, entrevista, 2000.

96 **"Era como um rap":** Dana "Mouse" Smith, entrevista, 2000.

97 **"Agora, é quase impossível":** Tupac Shakur, entrevistado por Bomani Bakari, Radio Free Georgia, 1989, postado no Tupac Shakur Channel, 17 de agosto de 2021. YouTube. Disponível em <youtube.com/watch?v=1oHWdNdUPxg>.

97 **"Havia uma estrutura que chamavam de bolha":** Ty Hill, "Tupac's Best Friend Mouse-Man Talks About What Tupac Was Really Like and What Changed Him", *Cards Face Up* (podcast), 12 de setembro de 2021. Disponível em <youtube.com/watch?v=sBuZHUTj5p0>.

98 **Eastside Crew:** Bastfield, *Back in the Day*, 27.

98 **um medley de cinco músicas:** Darrin Keith Bastfield, *Back in the Day: My Life and Times with Tupac Shakur* (Nova York: One World/Ballantine, 2002), 31.

98 **Na multidão, naquela noite:** Bastfield, *Back in the Day*, 33.

99 **"Tupac chorou depois disso":** Dana "Mouse" Smith, "Mouse Man Interview Part 5", 2Pac Forum Channel, 22 de novembro de 2013, YouTube. Disponível em <youtube.com/watch?v=iIAPvkkDoFw>.

100 **"*Let me tell you about Roger*":** Tupac Shakur, Genocide Lyrics, 2001.

100 **"Chegamos às semifinais":** Dana "Mouse" Smith, "Tupac Shakur's Close Friends Dana Smith and Darrin Bastfield Reminisce on the Rapper's Formative Years in Baltimore", *Baltimore Magazine*, 31 de agosto de 2016. Disponível em <facebook.com/watch/live/?ref=watch_permalink&v=10154462393644710>.

102 **"Durante a apresentação de Tupac":** John Lewis, "Tupac Was Here", *Baltimore Magazine*, setembro de 2016. Disponível em <baltimoremagazine.com/section/artsentertainment/legendary-rapper-tupac-shakur--spent-his-formative-years-in-baltimore/>.

102 **"lá em cima," na "colina":** Dana "Mouse" Smith, entrevista, 25 de janeiro de 2000.

102 **rimando para os tios de Mouse:** Dana "Mouse" Smith, entrevista, 25 de janeiro de 2000.

NOTAS **391**

102 **Mouse trabalhava à noite durante a semana:** Bastfield, *Back in the Day*, 37.

103 **"Ele saiu pela sala":** Bill Lesane, entrevista com a autora, 2001.

104 **"Legs saiu da cadeia":** Bill Lesane, entrevista com a autora, 2001.

104 **"Descobri que ele sempre soube":** Afeni Shakur, entrevista, 2000.

104 **"Tupac sofreu de uma tristeza profunda":** Afeni Shakur, entrevista com a autora, 2001.

105 **"Minha inspiração para compor música":** Lazin, *Tupac: Resurrection*.

106 **livro de mesa de cores intensas:** Afeni Shakur, entrevista com a autora, 2001.

CAPÍTULO 6

107 **"I exist within the depths":** Tupac Shakur, "In the Depths of Solitude", em *The Rose That Grew from Concrete* (Nova York: Pocket Books, 1999), 5.

107 **A palavra ricocheteou:** Afeni Shakur, entrevista, 2000.

107 **"Para cada menino negro":** Afeni Shakur, entrevista, 15 de abril de 1998.

108 **"um dos meus tempos de mais sorte":** *Tupac: Resurrection, 1971-1996*, conceito de Afeni Shakur, eds. Jacob Hoye e Karolyn Ali (Nova York: Atria Books, 2003), 44.

108 **"Ele era um ator nato":** Richard Pilcher, entrevista, 25 de janeiro de 2000.

108 **"Acho que o painel viu":** Donald Hicken, entrevista, 2018.

109 **"desleixada":** Bastfield, *Back in the Day*, 41.

109 **"Estava muito óbvio, muito evidente":** Darrin Keith Bastfield, em "Tupac Shakur's Close Friends Dana Smith and Darrin Bastfield Reminisce on the Rapper's Formative Years in Baltimore", *Baltimore Magazine*, entrevista em vídeo postada no Facebook, 31 de agosto de 2016. Disponível em <facebook.com/Baltimoremagazine/videos/10154462393644710/>.

110 **"Que esmalte preto é esse?":** Afeni Shakur, entrevista com a autora, 2001.

110 **"Uma das minhas primeiras memórias":** Donald Hicken, entrevista, 22 de janeiro de 2001.

111 **"Tupac fez uma linda apresentação":** Donald Hicken, entrevista, 22 de janeiro de 2001.

111 **"Foi a primeira vez":** Kevin Powell, "This Thug's Life", *Vibe*, fevereiro de 1994. Disponível em <thunder_1st.tripod.com/Vibe/_tupac2.html>.

112 **"Logo que ele se aproximou de mim":** Jada Pinkett Smith, entrevista, 18 de janeiro de 2018.

392 TUPAC SHAKUR

112 **na "sala do fumo" da escola:** John Cole, entrevista com a autora, 2000.

112 **"Tupac realmente gostava":** John Cole, entrevista, 2000.

112 **"John tinha uns suéteres ótimos":** Afeni Shakur, entrevista, 2000.

112 **"traz certa falta":** John Cole, entrevista, 1999.

113 **"tinham mães viciadas":** Jada Pinkett Smith, entrevista, 18 de janeiro de 2018.

113 **"Quando você tem alguém":** "Jada Pinkett Smith Reveals Drug-Dealing Past", Sway's Universe, 19 de julho de 2017, YouTube. Disponível em <youtube.com/watch?v=lrVR9gJ432Y&t=1s>.

113 **"Na minha família, fui ensinada":** Jada Pinkett Smith, entrevista, 18 de janeiro de 2018.

113 **"Pac era pobre":** Jada Pinkett Smith, entrevista, 18 de janeiro de 2018.

113 **"Só me lembro de John":** Sekyiwa Shakur, entrevista, 27 de novembro de 1999.

114 **"u R the omega of my heart":** Shakur, *The Rose That Grew from Concrete*, 89.

115 **"Eu não comia na minha própria casa":** John Cole, entrevista, 1999.

115 **"'Don't Give Up' era a canção":** John Cole, entrevista, 1999.

116 **"*Firebird* foi sua única experiência":** Donald Hicken, entrevista, 2018.

117 **"Muitas pessoas achavam":** Randy Dixon, entrevista, 1999.

118 **"Assim que cheguei":** Tupac Shakur, entrevista na Tamalpais High School, 1988, Historic Films, postado no YouTube, 12 de junho de 2017. Disponível em <youtube.com/watch?v=v_XT9-C5Qu8>.

118 **"Foi quando todos realmente tentamos":** Randy Dixon, entrevista, 1999.

118 **"Nunca vou me esquecer daqueles jovens":** Afeni Shakur, entrevista, 2000.

119 **"Trabalhamos em esquetes":** Randy Dixon, entrevista, 1999.

119 **"Quando ele estava focado em Mary":** John Cole, entrevista, 1999.

120 **"As garotas enlouqueciam por ele":** Donald Hicken, entrevista com a autora, 2000.

120 **ver Tupac entrar:** Darrin Keith Bastfield, *Back in the Day: My Life and Times with Tupac Shakur* (Nova York: One World/Ballantine, 2002), 78.

CAPÍTULO 7

121 **"I remember Marvin Gaye":** Tupac Shakur, "Keep Ya Head Up", faixa 11 de *Strictly 4 My N.I.G.G.A.Z...*, Interscope Records, 1993.

NOTAS

122 **"Tupac tem muito potencial":** Donald Hicken, entrevista com a autora, 2000.

122 **"O comportamento de Tupac é extremamente disruptivo":** Donald Hicken, entrevista com a autora, 2000.

122 **"Tupac era um tremendo ator":** Richard Pilcher, entrevista, 1999.

122 **O boletim escolar dele:** Richard Pilcher, entrevista, 1999.

122 **"Ele tinha muita facilidade":** Donald Hicken, entrevista com a autora, 2000.

122 **"Ele era engraçado":** Debbie Rogers, entrevista com a autora, 2000.

124 **"Você já teve um sonho?":** Bastfield, *Back in the Day*, 156.

124 **"Tenho uma bocona":** Entrevista de Tupac Shakur, MTV, Beverly Hills, Califórnia, 1994, postado no YouTube por Foe Tha Outlaw, 2 de agosto de 2018. Disponível em <youtube.com/watch?v=pNSRx14s7B4>.

124 **"Com licença, o que você está bebendo?":** Scott Lesane, entrevista com a autora, 2001.

125 **"Eu costumava sentar do lado de fora":** Connie Bruck, "The Takedown of Tupac", 29 de junho de 1997, *New Yorker*. Disponível em <newyorker.com/magazine/1997/07/07/the-takedown-of-tupac>.

126 **"Tupac tinha 16":** Afeni Shakur, entrevista com a autora, 2001.

127 **"dirigindo o carro com Afeni":** Gloria Jean Cox, entrevista com a autora, 2022.

127 **"Se você mora debaixo":** Afeni Shakur, Gloria Jean Cox, entrevista com a autora, 2001.

128 **"Ela expulsou aquele homem":** Gloria Jean Cox, entrevista com a autora, 2022.

128 **"Ele ficava no personagem":** John Cole, entrevista, 1999.

128 **"Minha mãe é meu mano":** Tupac Shakur, entrevista no Centro Correcional Clinton, setembro de 1995, postado no YouTube por La Tribu Hip Hop, 16 de junho de 2015. Disponível em <youtube.com/watch?v=mwsCyNECM1w>.

129 **"usar camisinha" e "ter cuidado":** Afeni Shakur, entrevista com a autora, 2001.

129 **"Aquele filme provavelmente teve":** Afeni Shakur, entrevista com a autora, 2001.

130 **"Foi uma péssima sequência de acontecimentos":** John Cole, entrevista, 1999.

132 **"O comitê revisou":** Donald Hicken, entrevista com a autora, 2000.

133 **"Eu pensei que atuar era":** Afeni Shakur, entrevista com a autora, 2001.

133 **"Se você não conseguir um diploma":** Afeni Shakur, entrevista com a autora, 2001.

134 **"era um dos membros mais fortes":** Donald Hicken, entrevista com a autora, 2001.

394 TUPAC SHAKUR

134 **"Ele estava muito, muito triste":** Donald Hicken, entrevista com a autora, 2001.

134 **"Ele literalmente saiu":** Jada Pinkett, entrevista, 2018.

CAPÍTULO 8

137 **"Had to move to the West":** Tupac Shakur, "Thug Style", faixa 5 de *R U Still Down? [Remember Me]*, Interscope Records, 1997.

138 **"essencial" para a "vitória na guerra":** Katrina Schwartz, "How Black Shipyard Workers in Marin Helped Win World War II", KQED, 9 de dezembro de 2021. Disponível em <kqed.org/news/11898287/how--black-shipyard-workers-in-marin-helped-win-world-war-ii>.

138 **"As pessoas negras não eram bem-vindas":** Dana Perrigan, "Marin City Looks to Better Days", *San Francisco Chronicle*, 15 de março de 2019. Disponível em <sfgate.com/realestate/article/Marin-City-looks--to-better-days3168089.php#:~:text=%22Black%20people%20were%20 not%20welcome,The%20temporary%20housing%20deteriorated>.

139 **"Fui para Marin City":** Lauren Lazin (dir.), *Tupac: Resurrection*, Paramount Pictures, 2003.

140 **cantou com confiança uma letra original:** Anthony Marshall, entrevista 2018.

141 **"Ele sabia tudo sobre negritude":** Darren "Gable" Page, entrevista, 2018.

141 **"Eu não me encaixava":** Connie Bruck, "The Takedown of Tupac", *New Yorker*, 29 de junho de 2007. Disponível em <newyorker.com/magazine/1997/07/07/the-takedown-of-tupac>.

142 **"Olhei pela janela":** Ryan D. Rollins, entrevista com a autora, 2001.

142 **"Eu não tinha dinheiro":** Kevin Powell, "This Thug's Life", *Vibe*, fevereiro de 1994. Disponível em <thunder_1st.tripod.com/Vibe/_tupac2. html>.

143 **"Se não existisse dinheiro":** Lazin, *Tupac: Resurrection*.

143 **"Ele levava um caderno":** Darrell Roary, entrevista com a autora, 2001.

143 **"Sério?", perguntou ele:** Ryan Rollins, entrevista com a autora, 2001.

144 **"Tupac odiava a polícia":** Ryan Rollins, entrevista, 2018.

146 **"Isso é ótimo":** Liza, entrevista com a autora, 2001.

146 **"Ele costumava se sentar lá":** Cosima Knez, entrevista com a autora, 2021.

146 **"Ela me disse que eu era muito legal":** Tupac Shakur, entrevista da Tamalpais High School.

NOTAS

146 **"Tupac e eu ficávamos na biblioteca":** Christian Mills, entrevista com a autora, 2021.

147 **"Ele me deixou intrigada":** Cosima Knez, entrevista com a autora, 2021.

147 **Kendrick balançou a cabeça:** Kendrick Wells, entrevista com a autora, 2001.

148 **"Muito bacana que a gente esteja aqui":** Liza, entrevista com a autora, 2001.

149 **"Acho que deveria haver":** Tupac Shakur, entrevista da Tamalpais High School.

150 **"Demetrius permitia que todos":** Afeni Shakur, entrevista, novembro de 2000.

151 **"Se o processo de alguém estivesse estranho":** Liza, entrevista com a autora, 2001.

151 **"Ele se apresentou em uma das peças de Tchekhov":** David Smith, em *Tupac Remembered: Bearing Witness to a Life and Legacy*, ed. Molly Monjauze com Gloria Cox e Staci Robinson (São Francisco: Chronicle Books, 2008), 41.

151 **"Foi uma das performances":** Barbara Owens e Zack Ruskin, "Shakur's Life in Marin", *Marin Magazine*, 23 de agosto de 2019.

152 **"Eu estava toda séria":** Liza, entrevista com a autora, 2001.

152 **"Nos meus quatro anos na Tam":** Christian Mills, entrevista com a autora, 2021.

153 **"Ele me disse que não ia fazer":** Alexa Koenig, entrevista com a autora, 2021.

153 **"Eu me lembro de ficar com muita raiva":** Alexa Koenig, entrevista com a autora, 2021.

154 **"Que bom que conseguiu aparecer":** Liza, entrevista com a autora, 2001.

154 **"Só pense no *King*":** Liza, entrevista com a autora, 2001.

CAPÍTULO 9

155 **"Fathers of our country":** Tupac Shakur, "Panther Power", faixa 11 de *Resurrection*, Amaru Entertainment, 2003.

155 **"Ah, esse livro é bom":** Leila Steinberg, entrevista, 2001.

156 **"Você precisa conhecer o aluno novo":** Leila Steinberg, entrevista, 2020.

156 **"Não vou hoje":** Leila Steinberg, entrevista, 2000.

157 **"Quer ouvir uma?":** Leila Steinberg, entrevista, 2000.

157 ***"As real as it seems":*** Tupac Shakur, "Panther Power".

158 **"Todo mundo na sala":** Leila Steinberg, entrevista, 2000.

158 **"A roda de poesia era":** Ray Luv, entrevista, novembro de 2000.

158 **"Éramos um grupo pequeno":** Urban Movie Channel, "Exclusive with Tupac Shakur's Mentor & Manager, Leila Steinberg", UMC All Access, postado no YouTube por Allblk, 22 de junho de 2017. Disponível em <youtube.com/watch?v=Kag-kIDa7JQ>.

158 **mães negras foram forçadas:** Leila Steinberg, entrevista, 14 de novembro de 2000.

158 **"Lembro dele, aos 17 anos":** Leila Steinberg, entrevista, 2000.

159 **"eram jovens e burras o suficiente para acreditar":** Urban Movie Channel, "Exclusive with Tupac Shakur's Mentor & Manager".

159 **"Você sempre diz a todos":** Leila Steinberg, entrevista, 2000.

160 **"Ele conseguia escrever":** Leila Steinberg, entrevista, 2000.

161 **"Ser capaz de ir de":** Leila Steinberg, entrevista, 2023.

161 **"E aí, Sr. Polícia?":** Peter Spirer (dir.), *Tupac Shakur: Thug Angel*, documentário, 2002.

162 **"Me avise":** Spirer, *Tupac Shakur: Thug Angel*.

162 **"quebrar permanentemente a coluna":** NAPO, "New Afrikan Declaration of Independence". Disponível em <freedomarchives.org/Documents/Finder/DOC513_scans/NAPO/513.NAPO.NewAfrikanDec.pdf>.

162 **"Era na verdade nosso direito":** Watani Tyehimba, entrevista com a autora, 2023.

162 **"acabar com a discriminação de cor e classe":** NAPO, "New Afrikan Declaration of Independence".

163 **"Até jovens brancos":** Leila Steinberg, entrevista, 2018.

164 ***"And I can't help but to wonder":*** Tupac Shakur, "My Block", faixa 4 de *Russell Simmons Presents The Show: The Soundtrack*, Def Jam Recording, 1995.

164 **"Ele era um jovem":** Leila Steinberg, entrevista com a autora, 2021.

164 **falavam não apenas de revolução:** Urban Movie Channel, "Exclusive with Tupac Shakur's Mentor & Manager".

165 **"Meu nome era MC Rock T":** Raymond "Ray Luv" Tyson, entrevista com a autora, 2023.

165 **"um dia, essa merda não vai":** Raymond "Ray Luv" Tyson, entrevista, 2001.

165 **"Eu não tinha os créditos necessários":** Tabitha Soren, "Tupac on Growing Up Poor, His Rise to Fame & His Future (1995)", MTV News, Venice Beach, Califórnia, postado no YouTube, 13 de setembro de 2019. Disponível em <youtube.com/watch?v=GpPbYGJRg0Q>.

165 **"Não quero que você tenha":** Afeni Shakur, entrevista com a autora, 2001.

NOTAS

166 **"Government Assistance or My Soul"**: Tupac Shakur, em *The Rose That Grew from Concrete* (Nova York: Pocket Books, 1999), 113.

166 **"É, alguém pode ter"**: Bobby Burton, entrevista com a autora, 2021.

166 **"Eu não tinha um centavo"**: Lauren Lazin (dir.), *Tupac: Resurrection*, Paramount Pictures, 2003.

166 **"Os traficantes costumavam"**: Soren, "Tupac on Growing Up Poor, His Rise to Fame & His Future (1995)".

167 **"Eu tinha acabado de sair da prisão"**: Mike Cooley, entrevista com a autora, 2022.

167 **"Falei pro meu irmão"**: Mike Cooley, entrevista com a autora, 2022.

167 **"Falei com ele"**: Mike Cooley, entrevista com a autora, 2022.

167 **"Ray Luv e Tupac me apresentaram"**: Mike Cooley, entrevista com a autora, 2022.

167 **"Na época, Tupac precisava de dinheiro"**: Charles "Man-Man" Fuller, entrevista com a autora, 2022.

167 **"Ele não tinha casa"**: Charles "Man-Man" Fuller, entrevista com a autora, 2022.

168 **"Me senti mal"**: Anthony "Ant Dog" Marshall, entrevista, 2018.

169 **"É melhor você ir ver"**: Leila Steinberg, entrevista, 2000.

169 **"Sim, comprei"**: Afeni Shakur, entrevista com a autora, 2001.

169 **"Depois que ela começou a fumar"**: Kevin Powell, "This Thug's Life", *Vibe*, fevereiro de 1994. Disponível em <thunder_1st.tripod.com/Vibe/_tupac2.html>.

169 **"*When your hero falls from grace*"**: Tupac Shakur, "When Ure Hero Falls", em *The Rose That Grew from Concrete* (Nova York: Pocket Books, 1999), 119.

170 **"Você pode mandar buscar sua irmã?"**: Gloria Jean Cox, entrevista com a autora, 2001.

170 **"Sair da escola"**: Powell, "This Thug's Life".

170 **"Foi como uma guerra"**: Sekyiwa Shakur, entrevista, janeiro de 2000.

CAPÍTULO 10

171 **"This is for the masses"**: Tupac Shakur, "Words of Wisdom", faixa 6 de *2Pacalyse Now*, Interscope Records, 1991.

171 **"Vou te dizer"**: Leila Steinberg, entrevista com a autora, 2001.

172 **"Eles fizeram uma apresentação inteira"**: Leila Steinberg, entrevista com a autora, 2020.

174 **"Era urbano"**: Peter Spirer (dir.), *Tupac Shakur: Thug Angel*, documentário, 2002.

174 **"Saiba que se Shock":** Atron Gregory, entrevista com a autora, 2001.

174 **"Achei Ray Luv e Tupac":** Ronald "Money-B" Brooks, entrevista com a autora, 2000.

174 **"Era mais fácil assim":** Atron Gregory, entrevista com a autora, 2020.

175 ***"They could never understand":*** Tupac Shakur, "Fallen Star", em *The Rose That Grew from Concrete* (Nova York: Pocket Books, 1999), 111.

175 **"Jamais defendemos a violência":** Earl Caldwell, "Panthers Await Newton's Return", *The New York Times*, 7 de julho de 1970. Disponível em <timesmachine.nytimes.com/timesmachine/1970/07/08/80492204.html?pageNumber=NaN&rpm=true>.

176 **"In the Event of My Demise":** Shakur, "In the Event of My Demise", em *The Rose That Grew from Concrete*, 150.

177 ***"Did u hear about":*** Shakur, "The Rose That Grew from Concrete", in *The Rose That Grew from Concrete*, 3.

177 **"Ele estava louco, no ápice, com energia pra caralho":** Jimi "Chopmaster J" Dright, *Static: My Tupac Shakur Story* (São Francisco: Offplanet Entertainment/Herb'N Soul publishing, 1999), 12.

177 **"Enquanto estávamos no estúdio de gravação":** Dright, *Static*, 15.

178 **"Tupac passou a ser":** Dright, *Static*, 22.

178 **"A garota ficou lá, encarando":** Ronald "Money-B" Brooks, entrevista com a autora, 2000.

179 **"Compus os primeiros versos":** Raymond "Ray Luv" Tyson, entrevista com a autora, 2023.

179 **"Ei, isso aqui é foda":** Raymond "Ray Luv" Tyson, entrevista com a autora, 2023.

180 **"Naquele momento, enfatizei":** Dright, *Static*, 10.

180 **"Resumindo, é meu dever":** Tupac Shakur entrevistado por Bomani Bakari, WRFG, 1989, postado no Tupac Shakur Channel, 17 de agosto de 2021, YouTube. Disponível em <youtube.com/watch?v=1oHWdNdUPxg>.

180 **"Estamos recomeçando os Panteras Negras":** Tupac Shakur, entrevista da Tamalpais High School.

180 **"Do jeito que nossa sociedade":** entrevista de Tupac por Bomani Bakari, 1989.

180 **"Acho que é totalmente necessário":** entrevista de Tupac com Bomani Bakari, 1989.

181 ***"Please wake me when I'm free":*** Tupac Shakur, "Untitled", em *The Rose That Grew from Concrete*, 15.

182 **"When I say niggas":** Shakur, "Words of Wisdom".

182 **"a mesma bandeira que tremulava":** Tupac Shakur, Legal Archives Deposition, 1995.

184 **"Ele é um filho da revolução":** Leila Steinberg, entrevista, 2000.

184 **"Tupac não ia esperar":** Atron Gregory, entrevista com a autora, 2020.

CAPÍTULO 11

185 **"I owe everything to the hood":** Entrevista com Tupac Shakur, MTV, Beverly Hills, Califórnia, 1994, postado no YouTube por Foe Tha Outlaw, 2 de agosto de 2018. Disponível em <youtube.com/watch?v=pNSRx14s7B4>.

186 **"Você ferrou com o som!":** Peter Spirer (dir.), *Tupac Shakur: Thug Angel*, documentário, 2002.

186 **"Pac queria arrancar a cabeça dele":** Ronald "Money-B" Brooks, entrevista, 13 de novembro de 2000.

186 **"Torci o tornozelo três vezes":** Atron Gregory, entrevista com a autora, 2020.

187 **"Pac se tornou popular instantaneamente":** Gregory "Shock G" Jacobs, entrevista com a autora, 2001.

187 **"Fiquei pensando":** Ronald "Money-B" Brooks, entrevista com a autora, 2001.

187 **"Minha mina tá aí?":** Gregory "Shock G" Jacobs, entrevista com a autora, 2001.

187 **"Ele tomava":** Gregory "Shock G" Jacobs, entrevista com a autora, 2001.

188 **"Você não é cantor, Pac":** Spirer, *Tupac Shakur: Thug Angel*.

188 **"Quando tinha chance":** Ronald "Money-B" Brooks, entrevista, 2018.

188 **"Eu mandava Tupac":** Gregory "Shock G" Jacobs, entrevista com a autora, 2001.

188 **"Foi uma longa discussão":** Gregory "Shock G" Jacobs, entrevista com a autora, 2001.

189 **"Esse filho da puta é um astro!":** Rosie Perez, entrevista, 2018.

189 **"Ei, isso foi bom":** David Marchese, "Rosie Perez on Tupac, Sex and Dancing", *The New York Times Magazine*, 13 de janeiro de 2020. Disponível em <nytimes.com/interactive/2020/01/13/magazine/rosie-perez--interview.html>.

190 **"Por que você fuma tanto?":** Yolanda "Yo-Yo" Whitaker, entrevista com a autora, 2001.

190 **"Ele sempre estava com fome":** Yolanda "Yo-Yo" Whitaker, entrevista com a autora, 2001.

190 **"O que me fez amá-lo":** Stephen Daw, "Yo-Yo Reflects on the Loss of Her Lover Tupac Shakur: 'It Just Hurt My Spirit'", *Billboard*, 28 de maio de 2020. Disponível em <billboard.com/culture/pride/yo-yo-tupac--billboard-pridecast-interview-9391951/>.

190 **"Quando nos beijávamos":** Kyle Eustace, "Yo-Yo Remembers Her 'Magical' Kisses with Tupac Shakur", *HipHopDX*, 16 de junho de 2018. Disponível em <hiphopdx.com/news/id.47296/title.yo-yo-remembers--her-magical-kisses-with-tupac-shakur>.

190 **"Vimos uma vida totalmente nova"**: Treach, in *Tupac Remembered: Bearing Witness to a Life and Legacy*, ed. Molly Monjauze com Gloria Cox e Staci Robinson (São Francisco: Chronicle Books, 2008), 71.

191 **"Felt so alone"**: Mariah Carey, "Vision of Love", CBS Records, 1990.

191 **"Sempre dava para saber"**: Gregory "Shock G" Jacobs, entrevista com a autora, 2001.

191 **"Tupac sempre dizia"**: Ronald "Money-B" Brooks, entrevista, 13 de novembro de 2000.

191 **"Decidimos ir embora"**: Gregory "Shock G" Jacobs, entrevista com a autora, 2001.

192 **"Ele estava se escondendo atrás dos carros"**: Ronald "Money-B" Brooks, entrevista com a autora, 2001.

193 **"Por que tá me segurando, cara?!"**: Atron Gregory, entrevista com a autora, 2001.

193 **"Ele virou uma lenda"**: Ronald "Money-B" Brooks, entrevista, 2001.

194 **"Tínhamos essas roupas diferentes"**: Gregory "Shock G" Jacobs, entrevista com a autora, 2001.

194 **"Por que eu tenho que ser o africano?"**: Gregory "Shock G" Jacobs, entrevista com a autora, 2001.

194 **"Mas ele foi e fez"**: Gregory "Shock G" Jacobs, entrevista com a autora, 2001.

195 **"Eu estava morrendo e sabia"**: citado em Jasmine Guy, *Afeni Shakur: Evolution of a Revolutionary* (Nova York: Atria Books, 2004), 165.

195 **"Tupac contou uma mentira"**: Gloria Jean Cox, entrevista, 2018.

196 **"Glo [Jean] nos disse"**: Mike Cooley, entrevista com a autora, 2021.

196 **"Minha família me convenceu a voltar para casa"**: citado em Guy, *Afeni Shakur*, 167.

196 **"Quando vi minha família"**: citado em Guy, *Afeni Shakur*, 168.

CAPÍTULO 12

197 **"Girls who used to frown"**: Tupac Shakur, em Digital Underground, "Same Song", faixa 2 da trilha sonora *Nothing But Trouble*, Warner Records, 1991.

197 **"Ficamos muito felizes!"**: Peter Spirer (dir.), *Tupac Shakur: Thug Angel*, documentário, 2002.

198 **"Éramos como uma família"**: Spirer, *Tupac Shakur: Thug Angel*.

198 **"Eu estava cansado de dirigir"**: Charles "Man-Man" Fuller, entrevista com a autora, 2020.

NOTAS

401

198 **"Tudo o que falo":** Davey D, "On the Line with 2Pac Shakur: The Lost Interview", *Davey D's Hip Hop Corner* (blog). Disponível em <daveyd.com/interview2pacrare.html>.

199 **Kwanzaa em família:** Maurice "Mopreme" Shakur, entrevista, 2000.

200 **"Podemos dar uma voltinha?":** Atron Gregory, entrevista com a autora, 2021.

200 **"*Tudo* o que quero na minha vida":** Atron Gregory, entrevista com a autora, 2021.

200 **"Dá uma olhada no personagem Bishop":** Ronald "Money-B" Brooks, entrevista com a autora, 2001.

201 **"Pensamos que":** Unique Access Ent., "Money B and Tupac Stole the Bishop Role in 'Juice'", postado no YouTube, 1° de agosto de 2019. Disponível em <youtube.com/watch?v=s2cVWNLyFns&t=135s>.

201 **"Qual é o seu nome?":** Academy Originals, "The Story of Casting Tupac in 'Juice'", Academy of Motion Picture Arts and Sciences, postado no YouTube, 13 de julho de 2015. Disponível em <youtube.com/watch?v=uWwpt -xQ5TU>.

201 **"Li tudo de uma vez":** "Tupac's First E! Interview Applies to Current Time", *E! News*, postado no YouTube, 16 de junho de 2020. Disponível em <youtube.com/watch?v=pNoqy3KxcRo>.

201 **"Tupac entrou na sala":** Unique Access Ent., "Money B and Tupac."

201 **"O que ele conseguiu":** American Film Institute, "Ernest Dickerson on Casting Tupac Shakur in the Film", AFI Conservatory, 2020, postado no YouTube, 17 de julho 2020. Disponível em <youtube.com/watch?v=K3wkcmByNGw>.

201 **"[Tupac] saiu da sala":** Kevin Polowy, "Tupac Shakur on the Set of 'Juice': Watch a Rare Interview (Blu-ray Exclusive)", Yahoo! News, 5 de junho de 2017. Disponível em <yahoo.com/news/tupac-shakur-set-juice--watch-rare-interview-blu-ray-exclusive-160049352.html>.

202 **"Jeff Fenster, da Charisma Records":** Atron Gregory, entrevista com a autora, 2001.

203 **um ponto de encontro para alguns:** "Jermaine Hopkins (Steele) [sic] em Why 2Pac Was Nearly Fired from Movie Juice", Hip Hop Uncensored (podcast), postado no YouTube, 5 de dezembro, 2020. Disponível em <youtube.com/watch?v=m1CDAHaCbrs>.

203 **"Pac ficava bravo":** "Jermaine Hopkins (Steele) [sic] em Why 2Pac Was Nearly Fired from Movie Juice".

204 **"Fiquei mais do que surpreso":** Preston Holmes, entrevista, 23 de janeiro de 2004.

204 **"Quando consigo um papel":** Lauren Lazin (dir.), *Tupac: Resurrection*, Paramount Pictures, 2003.

204 **"Eu sou real":** *Tupac: Resurrection, 1971-1996*, conceito de Afeni Shakur, eds. Jacob Hoye e Karolyn Ali (Nova York: Atria Books, 2003), 85.

204 **"Você precisa entender":** Tupac Shakur, entrevista com Sherry Carter, Video LP, BET, postado por 2PacLegacy no YouTube, 26 de junho 2021. Disponível em <youtube.com/watch?v=OQF4RGaTHnw&t=29s.

204 **"a história da juventude negra de hoje":** "Interview with Tupac and the Cast of Juice", postado por Sean Weathers no YouTube, 6 de junho de 2021. Disponível em <youtube.com/watch?v=7EVUNaFWrF8>.

204 **"Eu sou louco":** Ernest Dickerson (dir.), *Juice*, Paramount Pictures, 1992, clipe postado no YouTube. Disponível em <youtube.com/watch?v=3MZD2YLcKL8>.

205 **"Tupac era Bishop?":** "Jermaine Hopkins (Steele) [sic] em Why 2Pac Was Nearly Fired from Movie Juice".

205 **"Eles andavam juntos":** Gregory "Shock G" Jacobs, entrevista com a autora, 2001.

206 **"Pac ficou tão perturbado":** Juice 25th Anniversary | "Omar on Tupac's Song Brenda's Got a Baby | Official Behind the Scenes", Paramount Movies, postado no YouTube, 13 de junho de 2017. Disponível em <youtube.com/watch?v= mTLMud2pBwA>.

206 **"Estava no meu trailer":** Tupac Shakur, "2Pacalypse Now Promotional Interview", Hot 106 Radio, 1991, postado no YouTube por SK TV, 3 de outubro de 2015. Disponível em <youtube.com/watch?v=kR6OKmD1oJM&t=2343s>.

207 **"Assim a aurora se transforma em dia":** Robert Frost, "Nothing Gold Can Stay", em New Hampshire (New York: Henry Holt, 1923), 84.

207 **"Não vou estar vivo":** Robert Sam Anson, "To Die Like a Gangsta", Vanity Fair, março de 1997. Disponível em <vanityfair.com/culture/1997/03/tupac-shakur- rap-death>.

207 **"Meu vício afetou":** Afeni Shakur, entrevista, 14 de novembro de 2000.

208 **"Tupac tirou um tempo":** Afeni Shakur, entrevista, 14 de novembro de 2000.

208 **"I hear Brenda's got a baby":** Tupac Shakur, "Brenda's Got a Baby", faixa 10 de *2Pacalypse Now*, Interscope Records, 1991.

209 **"O que eu queria fazer":** Tupac Shakur, "On the Set of Tupac's 'If My Homie Calls' (1992)", postado no YouTube por MTV Vault, 16 de junho de 2021. Disponível em <youtube.com/watch?v=MjHNKkN4V7I.>

CAPÍTULO 13

210 **"My words are weapons":** Tupac Shakur, "Violent", faixa 5 de *2Pacalypse Now*, Interscope Records, 1991.

NOTAS

210 **"Acabei de conhecer um cara"**: Atron Gregory, entrevista com a autora, 2020.

211 **"Pegamos artistas radicais"**: Tom Whalley, entrevista com a autora, 2020.

211 **"Fiquei empolgado com"**: Tom Whalley, entrevista com a autora, 2020.

211 **"o dançarino do Shock G"**: Ted Field, entrevista, 2018.

212 **"Quero contratá-lo"**: Tom Whalley, entrevista com a autora, 2020.

212 **"representar o jovem negro"**: Tom Whalley, entrevista com a autora, 2020.

212 **"Eu estava procurando alguém"**: Tom Whalley, entrevista com a autora, 2020.

212 **"Ele é tão bonito"**: Tom Whalley, entrevista com a autora, 2020.

212 **"Olha, para que o jantar seja"**: Ted Field, entrevista, 2018.

212 **"Sabe, se isso não tivesse"**: Ted Field, entrevista, 2018.

213 **"Isso não é bom"**: Tom Whalley, entrevista com a autora, 2020

214 **"Bem, eu também gosto"**: Tom Whalley, entrevista com a autora, 2020.

214 **"Por que você pôs"**: Atron Gregory, entrevista com a autora, 2020.

214 **"Temos o apoio de Ted"**: Atron Gregory, entrevista com a autora, 2020.

215 **"Nunca vi um artista"**: Sal Manna, entrevista, 2018.

215 **"As pessoas são boas"**: Tupac Shakur, encarte do álbum *2Pacalypse Now*, Interscope Records, 1991.

215 **"Você tem um filho extraordinário"**: Sal Manna, entrevista, 2018.

215 **"Quero contratar esses irmãos"**: Tom Whalley, entrevista com a autora, 2020.

216 **"Setenta e cinco mil. Para os dois clipes"**: Allen Hughes, entrevista com a autora, 2023.

216 **"jovens vestidos como"**: Escrito à mão e guardado em arquivos imobiliários.

216 **"Quando aquele bagulho apareceu"**: Ray Luv, entrevista, 2023.

216 **"Estávamos prestes a fazer algo grande"**: Gregory "Shock G" Jacobs, entrevista com a autora, 2000.

218 **"Eles estavam me repreendendo"**: Tupac Shakur, entrevista com Tanya Hart, Live from L.A., BET, 1992, postado no YouTube por War McEleney, 19 de novembro de 2017. Disponível em <youtube.com/watch?v=uLTSPA4uYPM&t=1296s>.

218 **"A escravidão acabou"**: Tupac Shakur, transcrição da coletiva de imprensa, 12 de novembro de 1991.

218 **"Senhores?"**: *Tupac: Resurrection, 1971–1996*, conceito de Afeni Shakur, eds. Jacob Hoye e Karolyn Ali (Nova York: Atria Books, 2003), 79.

220 **"Meu espírito foi quebrado"**: Tupac Shakur, coletiva de imprensa, Oakland, Califórnia, 12 de novembro 1991.

220 **"Depois que foi espancado"**: Mario Diaz (dir.), "Afeni Shakur Reveals What She Believes Changed Tupac Forever", Death Row

404   **TUPAC SHAKUR**

Chronicles, BET Networks, 2018. Disponível em <youtube.com/watch?v=ETmEKVhXhwE>.

220 **"Isso é agressão para mim"**: "Tupac's Jaywalking Press Conference, November 12, 1991", postado no YouTube por Tupac Amaru Shakur Unofficial Channel, 14 de setembro de 2012. Disponível em <youtube.com/watch?v=hBKq6AZtoF0>.

220 **"Se eu ganhar e conseguir o dinheiro"**: Gabe Meline, "Remembering the Time Tupac Shakur Sued the Oakland Police for $10 Million", KQED, 16 de junho de 2016. Disponível em <kqed.org/arts/11696060/its-tupac-day-in-oakland-where-he-once-sued-the-police-for-10-million>.

221 **"Permita-me mostrar"**: Tupac Shakur, entrevista com Tanya Hart.

221 **"Essa foi uma das poucas vezes"**: Atron Gregory, entrevista com a autora, 2021.

221 **"Decidimos que a imagem"**: Carla Hall, "Jittery over 'Juice'", *Washington Post*, 16 de janeiro de 1992. Disponível em <washingtonpost.com/archive/lifestyle/1992/01/16/jittery-over-juice/185c82d8-3e79-4d16-83db-4e86f19e411b/.

222 **"Dói saber"**: "Tupac Talking Straight", *Right On!*, março de 1992, reproduzido em 2PacLegacy, acesso em 26 de janeiro de 2023. Disponível em <2paclegacy.net/2pac-interview-tupac-talking-straight-right-on-magazine-1992/>.

222 **"a figura mais magnética do filme"**: Janet Maslin, "Too Much to Prove, and No Reason to Prove It", *The New York Times*, 17 de janeiro de 1992. Disponível em <nytimes.com/1992/01/17/movies/review-film-too-much-to-prove-and-no-reason-to-prove-it.html>.

222 **"O filme fala sobre"**: Brett Malec, "Tupac Shakur's First E! Interview Is More Relevant Than Ever 28 Years Later", *E! Online*, 16 de junho de 2020. Disponível em <eonline.com/news/1161747/tupac-shakurs-first-e-interview-is-more-relevant-than-ever-28-years-later>.

223 **"Ele não tinha nada"**: Karen Lee, entrevista com a autora, 2001.

224 **"canções rebeldes, assim como, sabe"**: "2Pacalypse Now Promotional Interview", Hot 106 Radio, 1991, postado no YouTube por SK TV, 3 de outubro de 2015. Disponível em <youtube.com/watch?v=kR6OKmD1oJM&t=2343s>.

225 **"E estou dando voz"**: Tom Whalley, entrevista com a autora, 2021.

CAPÍTULO 14

226 **"Mista, Police, please try to see"**: Tupac Shakur, "Only God Can Judge Me", faixa 10 de *All Eyez on Me*, Death Row Records, 1996.

NOTAS

226 **"Quero um papel como O *Exterminador do Futuro*":** "2pac Talks to MTV About Acting Ambitions", postado no YouTube por 2pakshakur, 13 de setembro de 2014. Disponível em <youtube.com/watch?v=vaR6rozfGgg>.

227 **não conseguiu persuadir Cube a embarcar:** @AniCaribbean, "Ice Cube Reveals Why He Turned Down 2Pac's Role in 'Poetic Justice'", Big Boy's Neighborhood, 1 de julho de 2021. Disponível em <radiobigboy.com/featured/big-boy-s-neighborhood/content/2021-07-01-ice-cube--reveals-why-he-turned-down-2pacs-role-in-poetic-justice/>.

227 **"Tupac, John e eu apenas sentamos no meu carro":** Atron Gregory, entrevista com a autora, 2020.

227 **"Ele estava animado":** Atron Gregory, entrevista, 2018.

227 **"Testamos Tupac":** Jacqueline Stewart, "John Singleton on the Film 'Poetic Justice'", Television Academy Foundation, 24 de setembro de 2016. Disponível em <youtube.com/watch?v=qt5pAyKUqYQ&t=152s>.

227 **"Se o Bishop de *Uma questão de respeito*":** "2Pac Talks About Playing Bishop and Lucky", postado no YouTube por 2pacshakur, 13 de setembro de 2014. Disponível em <youtube.com/watch?v=m_8AgYFYkYg>.

228 **"Ele começou a chorar":** Nolan Feeney, "A Brief History of How Maya Angelou Influenced Hip-Hop", *Time*, 28 de maio de 2014. Disponível em <time.com/125901/maya-angelou-rap-hip-hop/>.

229 **"Ele falou de suas crenças":** "Bill Duke em Meeting 2Pac", *Vlad TV*, postado no YouTube, 20 de maio de 2019. Disponível em <youtube.com/watch?v=zZmnkqBdHNU>.

230 **"Ele ficou *muito* chateado":** Karen Lee, entrevista com a autora, 2001.

230 **"O que sentiu":** "Tupac Interview", postado no YouTube por BuCaVeLLi, 17 de julho de 2007. Disponível em <youtube.com/watch?v=o9Fgn0S_Vkc>.

230 **"Cara, você tá pegando":** Gregory "Shock G" Jacobs, entrevista com a autora, 2001.

231 **"Ah, se eu pudesse ter uma batida":** Gregory "Shock G" Jacobs, entrevista com a autora, 2001.

231 **"Pac costumava escolher":** Gregory "Shock G" Jacobs, entrevista com a autora, 2001.

232 **"Ele estava feliz":** Atron Gregory, entrevista com a autora, 2020.

232 **"Me lembro do aniversário":** Peter Spirer (dir.), *Tupac Shakur: Thug Angel*, documentário, 2002.

232 **sentindo que ela aparecia "demais":** "If My Homie Call's - UNSEEN 2Pac Music Video Snippet - FEATURING JANET JACKSON", postado no YouTube por TNT Recordings, 26 de agosto de 2022. Disponível em <youtube.com/watch?v=H4ifjjEoCtw>.

232 **"Eu o vi no filme":** Calvin "Snoop Dogg" Broadus, Jr., entrevista com a autora, 2006.

232 **"Pela metade do caminho":** Maurice "Mopreme" Shakur, entrevista com a autora, 2001.

234 **"Cara, eu estou exausto":** Gregory "Shock G" Jacobs, entrevista com a autora, 2001.

235 **"Sim, foi Tupac quem me abençoou":** Gregory "Shock G" Jacobs, entrevista com a autora, 2001.

235 **"aprendeu o jogo":** "2Pac Loved the Bay", clipe postado no YouTube por #BodyWeakDotNet, 21 de junho 2017. Disponível em <youtube.com/watch?v=yCYT3T3UBdw>; <theculturetrip.com/north-america/usa/alifornia/articles/what-tupac-brought-to-the-bay-area/>.

236 **"Ficamos sabendo que":** Charles "Man-Man" Fuller, entrevista com a autora, 2021.

236 **"Marin City não o odiava":** Anthony "Ant Dog" Marshall, entrevista com a autora, 2001.

236 **"A intenção dele":** Charles "Man-Man" Fuller, entrevista com a autora, 2021.

238 **"Tupac foi profundamente afetado":** Malcolm "E.D.I. Mean" Greenidge, entrevista com a autora, 2023.

CAPÍTULO 15

241 **"My message to the censorship committee":** Tupac Shakur, "Souljah's Revenge", faixa 6 de *Strictly 4 My N.I.G.G.A.Z.*, Interscope, 1993.

242 **Atron se lembra da repressão final:** Atron Gregory, entrevista com a autora, 2020.

242 **sua "gravação de protesto":** Chuck Philips, "Ice-T Pulls 'Cop Killer' Off the Market", *Los Angeles Times*, 29 de julho de 1992. Disponível em <latimes.com/archives/la-xpm-1992-07-29-mn-4656-story.html>.

242 **"não é um incentivo para assassinar policiais":** Philips, "Ice-T Pulls 'Cop Killer' Off the Market".

243 **"um dos melhores músicos":** "2Pac in New York Studio & Times Square (1993) Rare", clipe postado no YouTube por Sohafid, 14 de dezembro de 2008. Disponível em <youtube.com/watch?v=k0aIk430mlo>.

243 **"Todo aquele lance do Caso Irã-Contras":** "Tupac's First E! Interview Applies to Current Time", *E! News: Rewind*, postado no YouTube, 16 de junho de 2020. Disponível em <youtube.com/watch?v=pNoqy3KxcRo>.

243 **o vice-presidente Quayle mudou seu alvo:** Chuck Philips, "Music to Kill Cops By?", *Washington Post*, 20 de setembro de 1992. Disponível em <washingtonpost.com/archive/lifestyle/style/1992/09/20/music-to--kill-cops-by-rap-song-blamed-in-texas-troopers-death/20b49755-7835--4cb0-a53a-d78ccf65f9a7/>.

NOTAS

243 **"uma decisão corporativa irresponsável":** B. Drummond Ayres, Jr., "On Quayle's List: A Rapper and a Record Company", *The New York Times*, 23 de setembro de 1992. Disponível em <timesmachine.nytimes.com/timesmachine/1992/09/23/410992.html?pageNumber=21>.

243 **"Assim que ele":** Lori Earl, entrevista, 2018.

245 **"Minha música":** "Tupac's First E! Interview Applies to Current Time".

247 **"Quando digo 'Vivo a vida bandida'":** "Tupac on the Line 'I Live a Thug Life, Baby, I'm hopless [sic]'", clipe postado no YouTube por Sahulian Hooligan, 4 de março de 2014. Disponível em <youtube.com/watch?v=o20E0LRYmIU>.

247 **abrigar um fugitivo:** Bridget O'Brian, "Jamal Joseph's Path from Black Panther to Professor", Columbia News, 22 de fevereiro de 2012. Disponível em <news.columbia.edu/news/jamal-josephs-path-black-panther--professor>.

247 **obter três diplomas:** Heath Ellison, "Professor and former Black Panther Jamal Joseph talks 'Judas and the Black Messiah'", *Charleston City Paper*, 18 de fevereiro de 2021. Disponível em <charlestoncitypaper.com/professor-and-former-black-panther-jamal-joseph-talks-judas-and--the-black-messiah/>.

247 **"Tupac, qual é o lance":** Jamal Joseph, entrevista, 2001.

247 **"Tenho que dar o papo reto":** Jamal Joseph, entrevista 2001.

248 **a história da palavra:** "Mutulu Shakur, Full Interview in Prison", Tupac Shakur Channel, postado no YouTube, 21 de maio de 2021. Disponível em <youtube.com/watch?v=KxxIrfZ6TtQ&t=3361s>.

248 **"agressão horizontal":** "Mutulu Shakur, Full Interview in Prison".

248 **O código incluía:** "Code of Thug Life", Tupac.be. Disponível em <tupac.be/en/his-world/code-of-thug-life/>.

248 **"Acho que até as gangues podem ser":** "Tupac Interview: America Is a [sic] Biggest Gang in the World", vídeo postado no YouTube por Ant Vaz, 17 de novembro de 2015. Disponível em <youtube.com/watch?v=fuy7HyMEvSc&t=21s>.

248 **"Tinha que ter significado":** Seegarssmith, "Art Is Life: The Artist Behind Tupac's Most Iconic Tattoos", *The Source*, 16 de junho de 2017. Disponível em <thesource.com/2017/06/16/art-life-interview-artist--behind-tupacs-iconic-tattoos/>.

249 **"Vou ser o melhor":** Atron Gregory, entrevista com a autora, 2001.

250 **"Então ele ligou para Watani":** Atron Gregory, entrevista, 2018.

250 **"outlaw" [fora da lei] em vez de "thug" [bandido]:** Watani Tyehimba, entrevista com a autora, 2001.

252 **"Este país foi construído":** "Tupac Interview: America Is a [sic] Biggest Gang in the World".

252 **"Os Estados Unidos *são* Thug Life":** Entrevista com Tupac Shakur, MTV, Beverly Hills, Califórnia, 1994, postado no YouTube por Foe

408　　　　　　　　TUPAC SHAKUR

Tha Outlaw, 2 de agosto de 2018. Disponível em <youtube.com/watch?v=pNSRx14s7B4>.

252　**"Ele se apegou a mim"**: Tyruss "Big Syke" Himes, entrevista com a autora, 2001.

253　**"Quando ele falava de Thug Life"**: Tyruss "Big Syke" Himes, entrevista com a autora, 2001.

253　**"Essa foi a introdução de Pac"**: Watani Tyehimba, entrevista com a autora, 2001.

253　**"Eu vou fazer *Perigo*"**: Sway Calloway, "Menace II Society Director Reveals Blow for Blow Fight with Tupac & Thoughts on the N-Word", *Sway in the Morning*, postado no YouTube, 14 de janeiro de 2013. Disponível em <youtube.com/watch?v=am6zf6ZZbVU>.

254　**Tupac ganhou:** Calloway, "Menace II Society Director."

254　**"Tupac entrou primeiro"**: Josh Horowitz, "Jada Pinkett Smith Opens Up About Her Life & Trailblazing Career", MTV News, 18 de junho de 2019. Disponível em <youtube.com/watch?v=DlJ8cY00JV4&t=413s>.

254　**"Quando Tupac chegou"**: Calloway, "Menace II Society Director".

254　**"Tupac tinha um problema"**: DJ Skandalous, "Larenz Tate Tells Fat Joe Why 2Pac Was Fired from Menace II Society Movie", *Skandalous Talk* (podcast), 26 de janeiro de 2021. Disponível em <youtube.com/watch?v=op5a5pjBLI4>.

255　**"Ele queria que eles colocassem"**: "Flashback: Tyrin Turner on 2Pac Blowing Up During 'Menace II Society' Reading", *VladTV*, postado no YouTube, 25 de outubro de 2018. Disponível em <youtube.com/watch?v=Hy1Yes8Jca0>.

255　**"sem ofensa ao elenco"**: "Flashback: Tyrin Turner on 2Pac Blowing Up During 'Menace II Society' Reading".

255　**"Tupac, por que você está sendo"**: "Flashback: Tyrin Turner on 2Pac Blowing Up During 'Menace II Society' Reading".

255　**"Ele me confrontou"**: Calloway, "Menace II Society Director".

256　**"Não vou fazer esse filme"**: Atron Gregory, entrevista com a autora, 2020.

256　**"Tupac foi demitido"**: Calloway, "Menace II Society Director".

CAPÍTULO 16

257　**"Whatever it takes"**: Tupac Shakur, "Holler If Ya Hear Me", faixa 1 de *Strictly 4 My N.I.G.G.A.Z.*, Interscope, 1993.

257　***"Too many families have been affected"***: Shakur, "Holler If Ya Hear Me".

NOTAS

258 **"Não tive que negociar":** Jada Pinkett Smith, "Why Jada Smith Won't Stop Comparing Tupac and Will Smith", postado no YouTube por This Happened, 13 de outubro de 2022. Disponível em <youtube.com/watch?v=bOxgYuFehNk>.

258 **"Talvez eu queira":** Bill Cosby, Ron Mosely, Kadeem Hardison, "Homey Don't Ya Know Me", *A Different World*, 24 de junho de 1993, NBC-TV, clipe postado no YouTube por ILoveADifferentWorld, 5 de novembro de 2018. Disponível em <youtube.com/watch?v=iE4dukQG718>.

258 **"Jada é meu coração":** Elizabeth Randolph, "Why Tupac Shakur Once Called Jada Pinkett Smith His 'Heart'", *Showbiz Cheat Sheet*, 16 de junho de 2021. Disponível em <cheatsheet.com/entertainment/tupac-shakur--called-jada-pinkett-smith-heart.html/>.

260 **"Eu conhecia as músicas dele":** Jasmine Guy, entrevista com a autora, 2001.

260 **"Não deixe ninguém dizer":** Jasmine Guy, entrevista com a autora, 2001.

260 **"Esquece!":** "Madonna's Relationship with Tupac: Rosie Perez Dishes", *The View*, vídeo postado no YouTube, 12 de março de 2015. Disponível em <youtube.com/watch?v=v5InGoSQ9ww>.

260 **"Eu não era de fumar":** Wendy Williams Show, "Rosie Perez", clipe postado no YouTube por Shakur Capital, 26 de fevereiro de 2020. Disponível em <youtube.com/watch?v=NwP7iBPPtVA>.

260 **"Me apresenta para ele!":** "Rosie Perez Stating 2Pac Was Smashing Lots of Big Named Celebrities in the Industry", postado por DJ Reyzor 357 Remakes, 7 de dezembro de 2020. Disponível em <youtube.com/watch?v=ZszPYS4IpJY>.

261 **"E aí, meu parceiro":** Howard Stern, "Snoop Dogg on Tupac Dating Madonna", *Howard Stern Show*, postado no YouTube, 25 de maio de 2018. Disponível em <youtube.com/watch?v =rvq6ULRKGCQ>.

261 **"Às vezes eu deixava ele":** Maurice "Mopreme" Shakur, entrevista, 2001.

261 **"Dois membros do grupo de rap":** Associated Press, "Rappers Arrested for Allegedly Assaulting Chauffeur", *Daily Iowan*, 15 de março de 1993. Disponível em <dailyiowan.lib.uiowa.edu/DI/1993/di1993-03-15.pdf>.

262 **"Pac, escute":** Gregory "Shock G" Jacobs, entrevista com a autora, 2001.

262 **Warren G, meio-irmão:** Capital Xtra, "Dr Dre Facts: 52 Things You Forgot About Dre". Disponível em <capitalxtra.com/artists/dr-dre/lists/facts/step-brother-warren-g/>.

262 **"Eu estava morando com minha irmã":** Warren G, em T*upac Remembered: Bearing Witness to a Life and Legacy*, ed. Molly Monjauze com Gloria Cox e Staci Robinson (São Francisco: Chronicle Books, 2008), 79.

262 **"Entrei no estúdio":** Warren G, em *Tupac Remembered*, 79.

263 **"[Tupac] ficou meio":** Warren G, em *Tupac Remembered*, 80.

410 TUPAC SHAKUR

263 **"It's kinda hard"**: Tupac Shakur, "How Long Will They Mourn Me?", faixa 6 de *Thug Life: Volume 1*, Interscope Records, 1994.

263 **"Eu estava trabalhando no álbum de Big Syke"**: "Johnny 'J' Talks About Tupac", postado no YouTube por Dadoveli, 5 de junho de 2013. Disponível em <youtube.com/watch?v=V8iz2xBj5Iw>.

264 **"Ele me colocou direto no estúdio"**: "Johnny 'J' Talks About Tupac".

264 **"And now they buried"**: Tupac Shakur, "Pour Out a Little Liquor", faixa 4 de *Thug Life: Volume 1*, Interscope Records, 1994.

264 **"Cara, agradeço"**: Watani Tyehimba, entrevista com a autora, 2001.

264 **"Eu expurgo a mim mesmo"**: Allen Hughes (dir.), *Dear Mama: The Saga of Afeni and Tupac Shakur*, documentário em cinco partes, FX, 2023.

265 **selo independente e inexperiente:** "Death Row Records", Wikipedia. Disponível em <en.wikipedia.org/wiki/Death_Row_Records>.

265 **"Eu sempre via Suge"**: "2Pac: No Peace Treaty", postado no YouTube por 2Pac UnCut, 15 de março de 2016. Disponível em <youtube.com/watch?v=V2g3ji4ka54>.

266 **"Me lembro de pensar"**: Tom Whalley, entrevista com a autora, 2020.

266 **"Durou um dia"**: Watani Tyehimba, entrevista com a autora, 2001.

266 **"Em primeiro lugar"**: Young Khan the Don & Humble B, "Tupac Revolutionary Speech", Indiana Black Expo, 1993, postado no YouTube, 3 de setembro de 2019. Disponível em <youtube.com/watch?v=nOTa1wQJVrM>.

267 **"As coisas mudaram"**: Young Khan the Don & Humble B, "Tupac Revolutionary Speech".

267 **"Peguei Tupac pelo pescoço"**: Sway Calloway, "Menace II Society Director Reveals Blow for Blow Fight with Tupac & Thoughts on the N-Word", *Sway in the Morning*, 14 de janeiro de 2013. Disponível em <youtube.com/watch?v=am6zf6ZZbVU>.

268 **"Espanquei os diretores"**: "2Pac Aggressione ai fratelli Hughes Sub ITA", 2Pac Amaru Shakur Italia, publicado no YouTube, 10 de outubro de 2013. Disponível em <youtube.com/watch?v=ZtHuSQ1s1u8>.

268 **"Você pode arranjar"**: "Tupac and John Singleton", *Yo! MTV Raps*, temporada 1, episódio 41, 15 de julho de 1993. Disponível em <paramountplus.com/shows/video/YEGh23sTBHZ4PWWCQEy7IlbDlkxU6f8/>.

268 **"Shakur realiza um trabalho"**: Leonard Klady, "Poetic Justice", *Variety*, 20 de julho de 1993. Disponível em <variety.com/1993/film/reviews/poetic-justice-1200432703/>.

268 **"Tupac Shakur, que foi tão surpreendente"**: Owen Gleiberman, "Poetic Justice", *Entertainment Weekly*, 23 de julho de 1993. Disponível em <ew.com/article/1993/07/23/poetic-justice-2/>.

269 **"Sempre pensei que fosse"**: Larry "Blackspot" Hester, "Biggie & Puffy Break Their Silence", *Vibe*, setembro de 1996.

NOTAS

269 **"Vou contar tudo sobre"**: Digital Gunz Television, "2pac and Biggie Live in 1993 in Brooklin [sic]", postado no YouTube por West-Gorilla em 22 de fevereiro de 2009. Disponível em <youtube.com/watch?v=ky2qaf0UhTY&t=10s; 2paclegacy.net/tupac-performs-a-freestyle-in-madison-square-garden/>.

269 **"Uma das performances"**: Shaheem Reid, "Notorious B.I.G. and Tupac's Famous Freestyle Remembered by Mister Cee", MTV News, 9 de março de 2010. Disponível em <mtv.com/news/jjos2r/notorious-big-and-tupacs-famous-freestyle-remembered-by-mister-cee>.

270 **"Can't we all get along?!"**: "Tupac and Biggie Live Performance '93' (Lost Tape)", postado no YouTube por King McClam Empire TV, em 8 de março de 2014. Disponível em <youtube.com/watch?v=vz65nDhhRn8>.

270 **"Me lembro de uma vez"**: Tyruss "Big Syke" Himes, entrevista com a autora, 2001.

270 **"Se Tupac era bom o bastante"**: Tyruss "Big Syke" Himes, entrevista com a autora, 2001.

271 **"Ele ligou para dizer"**: Gloria Jean Cox, entrevista com a autora, 2020.

272 **"Não era um carreto"**: Gloria Jean Cox, entrevista com a autora, 2001.

272 **"Um lugar para passar minhas noites tranquilas"**: Tupac Shakur, "Thugz Mansion", disco 2, faixa 2 de *Better Dayz*, Amaru Entertainment, 2002.

CAPÍTULO 17

273 **"The question I wonder"**: Tupac Shakur, "Me Against the World", faixa 3 de *Me Against the World*, Interscope, 1995.

275 **"A *poor single mother*"**: Tupac Shakur, "Dear Mama", faixa 9 de *Me Against the World*, Interscope, 1995.

276 **"'Dear Mama' é uma canção de amor"**: Bill Bellamy, "Tupac Interview", MTV, 1996, clipe publicado no YouTube por Tupac Amaru Shakur Unofficial Channel, 16 de junho de 2012. Disponível em <youtube.com/watch?v=G28BVWkHY-E>.

276 **"Tupac foi o primeiro"**: Tom Whalley, entrevista com a autora, 2020.

276 **"Você pode avisar"**: Carsten "Soulshock" Schack, entrevista, 2018.

276 **"Tom — disse Tupac"**: Tom Whalley, entrevista com a autora, 2020.

277 **"Eu sei quem você é, caralho!"**: Carsten "Soulshock" Schack, entrevista, 2018.

277 **"Havia vinte pessoas"**: Carsten "Soulshock" Schack, entrevista, 2018.

277 **"Igualzinho a um cavalo de corrida"**: Gregory "Shock G" Jacobs, entrevista com a autora, 2001.

279 **"My Every move":** Tupac Shakur, "So Many Tears", faixa 4 de *Me Against the World*, Interscope, 1995.

279 **"Tudo saiu do meu coração":** Lauren Lazin (dir.), *Tupac: Resurrection*, Paramount Pictures, 2003.

280 **"Eu o chamava":** "Marlon Wayans on His Relationship with 2Pac", Power 106, Los Angeles, postado no YouTube, 18 de abril de 2014. Disponível em <youtube.com/watch?v=sfIjZ0LL_Ok&t=5s>.

280 **"Joshua estava muito fraco":** 2Pac Legacy, "Tupac & Joshua Torres's Dream", 29 de outubro de 2016. Disponível em <2paclegacy.net/tupac--joshua-torress-dream/>.

281 **"Gloooorrrriaaa, my Gloriaaaaaaa!":** Gloria Jean Cox, entrevista com a autora, 2023.

281 **"Quando Pac ouviu":** Mutah Beale, entrevista com a autora, 2001.

282 **"Pac parou o carro":** Dante Powers, entrevista, 2018.

282 **"Comecei a ter flashbacks":** Rawiya Kameir, "We Been Runnin' All Our Mothafuckin' Lives", *Hazlitt*, 14 de agosto de 2014. Disponível em <hazlitt.net/feature/we-been-running-all-our-mothafuckin-lives>.

283 **duas balas atingiram:** Ronald Smothers, "Rapper Charged in Shootings of Off-Duty Officers", *The New York Times*, 2 de novembro de 1993. Disponível em <nytimes.com/1993/11/02/us/rapper-charged-in-shootings--of-off-duty-officers.html>.

283 **"Eu estava morrendo de medo":** Dante Powers, entrevista, 2018.

284 **Tupac foi preso e libertado:** Smothers, "Rapper Charged".

284 **por enfrentar traficantes:** Lesley Goldberg, "Haitian Jack Hip-Hop Miniseries in the Works", *Hollywood Reporter*, 23 de janeiro de 2017. Disponível em <hollywoodreporter.com/tv/tv-news/haitian-jack-hip-hop--miniseries-works-967201/>.

284 **"Eu e Man-Man dissemos":** Watani Tyehimba, entrevista com a autora, 2001.

285 **apenas "beijou o membro":** "Ayanna Jackson on Meeting 2Pac, Sexual Assault, Trial, Aftermath", *VladTV*, postado no YouTube, 13 de fevereiro de 2018. Disponível em <youtube.com/watch?v=0CVBOv9O1GA>.

285 **"duas ou três vezes":** "Ayanna Jackson on Meeting 2Pac, Sexual Assault, Trial, Aftermath".

285 **"Então entramos no quarto":** Kevin Powell, "Ready to Live", *Vibe*, abril de 1995. Disponível em <vibe.com/features/editorial/tupac-april-1995--cover-story-ready-to-live-686969/>.

285 **"Como você deixou isso acontecer":** "Ayanna Jackson on Meeting 2Pac, Sexual Assault, Trial, Aftermath".

286 **"tocar as nádegas à força":** Connie Bruck, "The Takedown of Tupac", *New Yorker*, 7 de julho de 1997. Disponível em <newyorker.com/magazine/1997/07/07/the-takedown-of-tupac>.

NOTAS

413

286 **"Sei que meu irmão"**: Allen Hughes (dir.), *Dear Mama: The Saga of Afeni and Tupac Shakur*, documentário em cinco partes, FX, 2023.

286 **"Para mim e a mãe dele"**: Gloria Jean Cox, entrevista, 2023.

286 **"[Ele] não ficou apenas zangado"**: Gloria Jean Cox, entrevista, 2023.

287 ***"And since we all came from a woman"***: Tupac Shakur, "Keep Ya Head Up", faixa 12 de *Strictly 4 My N.I.G.G.A.Z.*, Interscope, 1993.

287 **"Escrevi *Duro Aprendizado*"**: "Oral History: Tupac's Acting Career Told Through His Co-Stars and Producers (PT. 2)", *Vibe*, 17 de novembro de 2011. Disponível em <vibe.com/music/music-news/oral-history-tupacs--acting-career-told-through-his-co-stars-and-producers-pt-2-70738/>.

288 **"lixo cultural"**: Jordan A. Conway, "Living in a Gangsta's Paradise: Dr. C. DeLores Tucker's Crusade Against Gansta Rap Music in the 1990s", (tese) Virginia Commonwealth University, 2015. Disponível em <scholarscompass.vcu.edu/cgi/viewcontent.cgi?article=4822&context=etd>.

288 **"Eles queriam saber"**: Jasmine Guy, entrevista com a autora, 2001.

288 **"Aqueles manos não me querem lá"**: Dream Hampton, "Tupac: Hellraiser", *The Source* (blog), 31 de janeiro de 1994. Disponível em <dreamhamptonarticles.blogspot.com/2010/04/tupac-hellraiser_15.html>.

288 **"Desde quando vocês começaram"**: Hampton, "Tupac: Hellraiser", acesso em 1° de fevereiro de 1994.

289 **"Não tô nem aí"**: Tyruss "Big Syke" Hines, entrevista com a autora, 2001.

289 **"vales" e "montanhas"**: "Tupac's Second Appearance on The Arsenio Hall Show: March 8, 1994", clipe postado no YouTube por Tupac Facts, 8 de março de 2022. Disponível em <youtube.com/watch?v=TEmCWmVANh0>.

289 **"Me lembro de Tupac me ligar"**: "Arsenio Hall on His Favorite Moment with Tupac", *VladTV*, postado no YouTube, 9 de junho de 2014. Disponível em <youtube.com/watch?v=3-TrxHLnCIE>.

289 **"Me incomoda"**: Tupac Facts, "Tupac's Second Appearance on The Arsenio Hall Show".

289 **"Acho que o juiz foi justo"**: "2Pac Back on The Arsenio Hall Show 1994", clipe postado no YouTube por Steffen Flindt, 21 de janeiro de 2017. Disponível em <youtube.com/watch?v=8njCvy5vhW8>.

290 **"Sei que você está passando por"**: Keisha Morris, entrevista com a autora, 2001.

290 **"Você é a garota"**: Keisha Morris, entrevista com a autora, 2001.

291 **"Espere — disse ele"**: Keisha Morris, entrevista com a autora, 2001.

292 **"Nos conhecemos em junho"**: Keisha Morris, entrevista com a autora, 2001.

292 **"Eu odiei"**: Keisha Morris, entrevista com a autora, 2001.

293 **"Tupac e eu"**: Mike Swick, "Mickey Rourke and His Good Friend Tupac Had Some Great Times Together", Quick Swick Clips, posta-

414   **TUPAC SHAKUR**

do no YouTube, 16 de setembro 2020. Disponível em <youtube.com/watch?v=vWS7HdueIgs>.

293 **"Cruzávamos a rua"**: Swick, "Mickey Rourke and His Good Friend Tupac".

293 **"Eu o levei ao centro"**: Swick, "Mickey Rourke and His Good Friend Tupac".

294 **"Tupac é um artista"**: Chuck Philips, "Did Lyrics Inspire Killing of Police?", *Los Angeles Times*, 17 de outubro de 1994. Disponível em <latimes.com/local/la-me-tupacslyrics17oct1794-story.html>.

294 **"Ele sempre manteve"**: Bill Lesane, entrevista com a autora, 2001.

CAPÍTULO 18

295 **"Tell the world"**: Tupac Shakur, "Letter 2 My Unborn", disco 1, faixa 6 de *Until the End of Time*, Amaru Entertainment, 2001.

295 **"Sinto que alguém está armando"**: Kevin Powell, "This Thug's Life", *Vibe*, fevereiro de 1994. Disponível em <thunder_1st.tripod.com/Vibe/_tupac2.html>.

296 **"Conversamos sobre a jovem"**: Iris Crews, entrevista com a autora, 2001.

296 **"Fitzgerald era um fantoche"**: Michael Warren, entrevista, 2018.

297 **"Um dia ele estava escrevendo poesias"**: Iris Crews, entrevista com a autora, 2001.

297 **"Nothing Gold Can Stay"**: Robert Frost, "Nothing Gold Can Stay", em *New Hampshire* (Nova York: Henry Holt, 1923), 84.

297 **"O que eles pensam é que"**: "Tupac Shakur Interview", ABC News, 29 de novembro de 1994, postado no YouTube por Daily Off, 27 de dezembro de 2016. Disponível em <youtube.com/watch?v=fkWgyq_H8aM>.

299 **"Quando fomos até a porta"**: Kevin Powell, "Ready to Live", *Vibe*, abril de 1995. Disponível em <vibe.com/features/editorial/tupac-april-1995--cover-story-ready-to-live-686969/>.

299 **"Não havia medo"**: Timbo, "Tupac Quad Studio Shooting What Really Happened Straight from the Horse's Mouth", Info Minds, postado no YouTube, 30 de dezembro de 2018. Disponível em <youtube.com/watch?v=wawe5J1xJWg>.

299 **"Duas balas o atingiram"**: Timbo, "Tupac Quad Studio Shooting".

300 **"Eles bateram minha cabeça"**: Powell, "Ready to Live".

300 **"Não acredito que estão tirando"**: "Tupac's Shooting: New York", 2Pac Legacy, 28 de novembro de 2015. Disponível em <2paclegacy.net/tupacs-shooting-new-york-1994/>.

NOTAS

300 **"tinha um meio sorriso"**: Powell, "Ready to Live".

301 **"Olhem o que fizeram comigo"**: Gloria Jean Cox, entrevista com a autora, 2001.

301 **"Ele parecia triste"**: Gloria Jean Cox, entrevista com a autora, 2001.

301 **"Ela ficou tão desnorteada"**: Gloria Jean Cox, entrevista com a autora, 2001.

301 **"Tem um homem na sala de espera"**: Keisha Morris, entrevista com a autora, 2001.

302 **"Ele nos contou que, quando ergueu o olhar"**: Gloria Jean Cox, entrevista com a autora, 2001.

303 **"Me tire daqui agora"**: Gloria Jean Cox, entrevista com a autora, 2001.

303 **"Olhe ao redor"**: Jamal Joseph, entrevista com a autora, 2001.

303 **"Em meus 25 anos de carreira"**: Eric Berman et al, "Sweatin' Bullets: Tupac Shakur Dodges Death But Can't Beat the Rap", *Vibe*, 1998. Disponível em <thunder_1st.tripod.com/Vibe/tupacs.html>.

303 **"Você não está prestando atenção!"**: Keisha Morris, entrevista com a autora, 2001.

304 **"*Você ainda não morreu*"**: Powell, "Ready to Live".

305 **"Não havia [outro] santuário para ele"**: Jasmine Guy, entrevista com a autora, 2001.

305 **"Havia uma força em torno dele"**: Allen Hughes (dir.), *Dear Mama: The Saga of Afeni and Tupac Shakur*, documentário em cinco partes, FX, 2023.

306 **"lutar pelo bem"**: Afeni Shakur, entrevista, 2000.

306 **"E quando acontecer"**: Gloria Jean Cox, entrevista com a autora, 2001.

306 **"Era como se ele estivesse dirigindo"**: Gloria Jean Cox, entrevista com a autora, 2001.

306 **"Foi um momento muito doloroso"**: Gloria Jean Cox, entrevista com a autora, 2001.

306 **"Eu simplesmente me senti um suicida"**: Lauren Lazin (dir.), *Tupac: Resurrection*, Paramount Pictures, 2003.

307 **"Ele me ligou"**: Karen Lee, entrevista, 2018.

307 **"Você pode vir cozinhar"**: Keisha Morris, entrevista com a autora, 2001.

308 **"Eu esperava que o Criador"**: Iris Crews, entrevista com a autora, 2001

308 **"De alguma forma, abraçá-lo"**: Iris Crews, entrevista com a autora, 2001.

308-9 **"Ele gostava de discutir comigo"**: Jamal Joseph, entrevista, 2000.

309 **"Muitas pessoas têm me criticado"**: Jamal Joseph, entrevista, 2000.

310 **"Espero que com o tempo você"**: Penelope Petzold e Ron Formica, "Tupac Shakur Trial: 1994–95", Law Library. Disponível em <law.jrank. org/pages/3624/Tupac-Shakur-Trial-1994-95-Judge-Imposes-Prison--Sentence.html>.

416   **TUPAC SHAKUR**

310 **"Não quero ser desrespeitoso, juiz:"** George James, "Rapper Faces Prison Term for Sex Abuse", *The New York Times*, 8 de fevereiro de 1995. Disponível em <nytimes.com/1995/02/08/nyregion/rapper-faces-prison--term-for-sex-abuse.html>.

310 **"Dava para cortar a tensão":** Peter Spirer (dir.), *Tupac Shakur: Thug Angel*, documentário, 2002.

310 **"Ele estava quase chorando":** Michael Warren, entrevista, 2018.

310 **"Com as acusações pelas quais foi condenado":** Michael Warren, entrevista, 2018.

310 **"Em Nova York, o motivo pelo qual Tupac foi condenado":** Hughes, *Dear Mama*.

CAPÍTULO 19

311 **"Even though you innocent":** Tupac Shakur, "It Ain't Easy", faixa 3 de *Me Against the World*, Interscope Records, 1995.

311 **"Eles nos levaram direto do tribunal":** Charles "Man-Man" Fuller, entrevista com a autora, 2020.

312 **"A tragédia real é":** Michael Warren, entrevista, 2018.

312 **"Era [o lugar] onde":** Peter Spirer (dir.), *Tupac Shakur: Thug Angel*, documentário, 2002.

312 **"Me lembro de estar na sala":** Steve Berman, entrevista, 2018.

313 **"guardiões culturais":** Steve Berman, entrevista, 2018.

313 **"Me lembro de receber um telefonema":** Steve Berman, entrevista, 2018.

314 **"Em geral, um trabalho de dor, raiva":** Cheo H. Coker, "Me Against the World" (review), *Rolling Stone*, 2 de fevereiro de 1998. Disponível em <rollingstone.com/music/music-album-reviews/me-against-the--world-123070/>.

314 **"O álbum surpreenderá qualquer um":** Jon Pareles, "Confessions of a Rapper Who Done Wrong", *The New York Times*, 9 de abril de 1995. Disponível em <nytimes.com/1995/04/09/arts/recordings-view--confessions-of-a-rapper-who-done-wrong.html>.

314 **"Eu estava passando os caras":** "Tupac Shakur 1995 Interview with Chuck [Philips]", postado no YouTube por SK TV, 19 de setembro de 2015. Disponível em <youtube.com/watch?v=nWRsFZTUOzk>.

314 **"O Thug Life morreu para mim":** Kevin Powell, "Ready to Live", *Vibe*, abril de 1995. Disponível em <vibe.com/features/editorial/tupac--april-1995-cover-story-ready-to-live-686969/>.

NOTAS

315 **"Os primeiros oito meses":** Lauren Lazin (dir.), *Tupac: Resurrection*, Paramount Pictures, 2003.

315 **se desculpar publicamente com os irmãos Hughes:** Powell, "Ready to Live".

315 **"ser seu concorrente":** Powell, "Ready to Live".

315 **"Trata-se... da minha vida":** Joe Taysom, "Revisit Tupac Shakur's 'Lost' Prison Interview", Hip Hop Hero, 16 de setembro de 2022. Disponível em <hiphophero.com/revisit-tupac-shakurs-lost-prison-interview/>.

315 **"Foi uma das melhores cartas":** "Tupac Shakur 1995 Interview with Chuck [Philips]".

316 **"Éramos muito amigos":** Keisha Morris, entrevista com a autora, 2001.

316 **"Ele queria que eu tivesse":** Keisha Morris, entrevista com a autora, 2001.

316 **"Dou a você todas as minhas posses mundanas":** Keisha Morris, entrevista com a autora, 2001.

316 **"Ele estava muito feliz":** Keisha Morris, entrevista com a autora, 2001.

317 **"tinha cheiro de injustiça":** Connie Bruck, "The Takedown of Tupac", *New Yorker*, 7 de julho de 1997.

317 **"Era importante que tivéssemos":** Allen Hughes (dir.), *Dear Mama: The Saga of Afeni and Tupac Shakur*, documentário em cinco partes, FX, 2023.

317 **"A prisão mata o seu espírito":** Taysom, "Revisit Tupac Shakur's 'Lost' Prison Interview".

317 **"tumultuar a prisão":** Afeni Shakur, entrevista, 2000.

317 **"Garotas me escreviam":** "Tupac Shakur 1995 Interview with Chuck [Philips]."

318 **"Estou informando isso":** Arquivos públicos, documentos do julgamento de Tupac Shakur.

318 **"balançar [seus] braços":** Arquivos públicos, documentos do julgamento de Tupac Shakur, caixa 132.

318 **"Estou vendo as notícias":** "Tupac Shakur 1995 Interview with Chuck [Philips]".

318 **incentivou Tupac a obter um diploma:** "Best Interview Ever About Donald Trump, Tupac Shakur & Mike Tyson by: Rev Al Sharpton", SOCIAL, the Lifestyle Magazine, postado no YouTube, 17 de dezembro de 2017. Disponível em <youtube.com/watch?v=LqKzpdP6xzU&t=121s>.

319 **"Você não se parece":** "Best Interview Ever About Donald Trump, Tupac Shakur & Mike Tyson by: Rev Al Sharpton".

319 **"Fiquei assustado pra caralho":** Powell, "Ready to Live".

320 **"Biggie sempre":** Watani Tyehimba, entrevista com a autora, 2001.

320 **"Não sei o que":** "The Final Chapter — Tupac Under Fire: The Saga Continues", *Vibe*, agosto de 1995, reimpresso em 2Pac Legacy, 27 de

418 TUPAC SHAKUR

julho de 2019. Disponível em <2paclegacy.net/the-final-chapter-tupac-
-under-fire-the-saga-continues-vibe-august-1995/>.

320 **"Espero que essa merda de Thug Life":** "Tupac Under Fire".

320 **uma nova fiança de 1,4 milhão de dólares:** "Bail of 1.4 Million Set
for Rap Artist", *The New York Times*, 11 de maio de 1995. Disponível
em <timesmachine.nytimes.comtimesmachine/1995/05/11/525895.
html?pageNumber=32>.

321 **"Conseguir o dinheiro da fiança":** Tom Whalley, entrevista com a
autora, 2020.

321 **"[A Time Warner] queria um perfil discreto de verdade":** David
Cohen, entrevista, 2018.

321 **"Ele disse: 'Eu quero trabalhar":** Hughes, *Dear Mama*.

321 **"Você não precisa fazer isso":** Hughes, *Dear Mama*.

322 **"Precisamos daquele cara":** "Snoop Dogg Speaks on Tupac Shakur",
Drink Champs, postado no YouTube por Tupac Facts, 19 de fevereiro de
2021. Disponível em <youtube.com/watch?v=fBy_K8M9l5M>.

322 **"faria uma participação especial":** Arquivos Amaru, contrato manuscrito com a Death Row.

322 **"Ele assinou em um guardanapo!":** Tyruss "Big Syke" Himes, entrevista
com a autora, 2001.

322 **"Ele ainda estava ligado":** David Cohen, entrevista, 2018.

324 **"[Quando] Suge me disse":** Jake Paine, "Jimmy Iovine Reveals He
Was Behind Suge Knight Bailing Tupac Out of Jail", Ambrosia for Heads,
11 de julho de 2017. Disponível em <ambrosiaforheads.com/2017/07/
interscope-bailed-tupac-not-death-row/>.

324 **"A Death Row era financiada":** Hughes, *Dear Mama*.

324 **"Quando o recurso foi pedido":** Atron Gregory, entrevista com a autora,
2020.

324 **"Só fiquei pensando":** "Tupac Shakur 1995 Interview with Chuck
[Philips]."

324 **"Eles pensaram que Suge":** Tyruss "Big Syke" Himes, entrevista com
a autora, 2001.

CAPÍTULO 20

327 **"Out on bail, fresh outta jail":** Tupac Shakur, "California Love (remix)",
disco 1, faixa 12 de *All Eyez on Me*, Death Row Records, 1996.

327 **"pequeno como a porra":** Tyruss "Big Syke" Himes, entrevista com a
autora, 2001.

NOTAS

328 **"Foi como se a CIA":** Tyruss "Big Syke" Himes, entrevista com a autora, 2001.

328 **"A equipe inteira":** George "Papa G" Pryce, entrevista, 2018.

328 **"Eu o observei":** George "Papa G" Pryce, entrevista, 2018.

328 **"Ele estava fumando":** Tyruss "Big Syke" Himes, entrevista com a autora, 2001.

328 **"toda grande rede de TV":** George "Papa G" Pryce, entrevista, 2018.

329 **"Caralho. Vamos chamar de":** Johnny "J" Jackson, entrevista com a autora, 2001.

329 ***"Hustle 'til the morning":*** Tupac Shakur, "All Eyez on Me", disco 2, faixa 10 de *All Eyez on Me*, Death Row Records, 1996.

329 **começou o processo de anulação:** Keisha Morris, entrevista com a autora, 2001.

331 **"Estávamos bêbados o tempo todo":** Johnny "J" Jackson, entrevista com a autora, 2001.

331 **"Eu tinha acabado de fazer cinco batidas novas":** "Daz Dillinger Tells Tupac Stories on Recording and Jail", postado no YouTube por Hot 97, 14 de setembro de 2016. Disponível em <youtube.com/watch?v=8E7Baux9U2U&t=4s>.

331 **"gravou as cinco":** "Daz Dillinger on Recording 'All Eyez on Me' Right After Pac Was Released", *VladTV*, postado no YouTube, 2 de julho de 2017. Disponível em <youtube.com/watch?v=Tc_sjmgRgVA>.

332 **"Agora com a gente":** "Snoop Dogg Speaks on Tupac Shakur", Drink Champs, postado no YouTube, em 19 de fevereiro 2021. Disponível em <youtube.com /watch?v=fBy_K8M9l5M>.

332 **"Nunca vi ninguém":** "DJ Quik Explains Why Engineers Were Afraid to Work with Tupac", Makaveli Media, postado no YouTube, 15 de novembro de 2020. Disponível em <youtube.com/watch?v=sIo2Q03KRBc>.

332 **"Você e eu seremos o novo":** Johnny "J" Jackson, entrevista com a autora, 2001.

332 **"Na semana passada":** Delray Richardson, "2Pac Told Me He Slept with Faith Evans the Night After He First Met Her!", The Art of Dialogue, postado no YouTube, 18 de dezembro de 2020. Disponível em <youtube.com/watch?v=oNZ8T_w_2Q0>.

333 **Tupac concordou em pagar a Evans:** "Faith Evans: Silent No More", *Essence*, atualizado em 29 de outubro de 2020. Disponível em <essence.com/news/faith-evans-silent-no-more/>.

333 **"Estou no estúdio":** "Tupac Shakur 1995 Entrevista com Chuck [Philips]", SK TV, postado no YouTube, 19 de setembro de 2015. Disponível em <youtube.com/watch?v=nWRsFZTUOzk>.

333 **"Este álbum é uma reação":** "Tupac Shakur 1995 Interview with Chuck [Philips]".

420   **TUPAC SHAKUR**

333 **"Mas penso que"**: Tabitha Soren, "Tupac on Growing Up Poor, His Rise to Fame & His Future (1995)", MTV News, Venice Beach, Califórnia, postado no YouTube, 13 de setembro de 2019. Disponível em <youtube.com/watch?v=GpPbYGJRg0Q>.

334 **"Cara, não vou"**: Johnny "J" Jackson, entrevista com a autora, 2001.

335 **"Sempre quis fazer faculdade"**: Soren, "Tupac on Growing Up Poor, His Rise to Fame & His Future (1995)".

335 **"Fique na sua. Não confie em ninguém"**: Tupac Shakur, Parv Music Production, postado no YouTube, 22 de outubro 2021.

335 **"Quero ter o controle"**: Soren, "Tupac on Growing Up Poor, His Rise to Fame & His Future (1995)".

336 **"Dre, você não sabe quanto tempo"**: "Tupac Interview by Bill Bellamy 1996", postado no YouTube por Tupac Amaru Shakur Unofficial Channel, 16 de junho de 2012, Disponível em <https://www.youtube.com/watch?v=G28BVWkHY-E&t=812s.>

336 **"Coloquei a faixa"**: Allen Hughes (dir.), *Dear Mama: The Saga of Afeni and Tupac Shakur*, documentário em cinco partes, FX, 2023.

337 **"um clássico instantâneo do hip-hop"**: Soren Baker, "The Story of 2Pac and Dr. Dre's 'California Love'", Rock the Bells, 11 de fevereiro de 2022. Disponível em <rockthebells.com/articles/california-love-2pac-dr-dre/>.

337 **"Enquanto ele estava na prisão"**: "E.D.I. Mean on Why Tupac Named Outlawz After Enemies of USA", *VladTV*, postado no YouTube, 7 de maio de 2015. Disponível em <youtube.com/watch?v=h5r5dQpD_YE>.

337 **"Quando ele disse que meu nome seria"**: Tyruss "Big Syke" Himes, entrevista com a autora, 2001.

337 **"Eu não confiava em muitas pessoas"**: Donna "Storm" Harkness, entrevista, 2018.

338 **"Eu pensei: 'Quero que o vídeo de Dre'"**: "Jada Pinkett Smith Talking About the Concept of 'California Love'", MTV News, 1996, clipe postado no YouTube por Makaveli Lives On, 18 de setembro de 2020. Disponível em <youtube.com/watch?v=aJYOvOe3ifE.

338 **"O conceito do vídeo"**: "On the Set of 'California Love'", MTV News, postado no YouTube por MTV Vault, 14 de novembro de 2020. Disponível em <youtube.com/watch?v=YB3XXXcO9pg&t=47s>.

339 **"Um dia antes do lançamento"**: Kendrick Wells, entrevista com a autora, 2001.

339 **"Acabei de ganhar disco de platina"**: "2Pac Dr Dre Interview with Bill Bellamy by Death Row Records", postado por DeathRowRecordsRu no YouTube, 16 de dezembro de 2011. Disponível em <youtube.com/watch?v=LjAm3RPQFN8>.

339 **vendeu cinco milhões de cópias**: "All Eyez on Me", Wikipédia. Disponível em <en.wikipedia.org/wiki/All_Eyez_on_Me>.

NOTAS

421

339-340 **aquário cheio de piranhas:** Nick Francis, "Knight Has Fallen", *Sun UK*, 5 de outubro de 2018. Disponível em <thesun.co.uk/tvandsho-wbiz/7429729/suge-knight-crime-rap-sheet/>.

340 **"Ele estava feliz":** Gloria Jean Cox, entrevista com a autora, 2001.

340 **"Ele nos chamava de Bob Marley":** Gloria Jean Cox, entrevista com a autora, 2001.

341 **"Ele estava lindo":** Gloria Jean Cox, entrevista com a autora, 2001.

341 **"Vamos chocar as pessoas!":** Rock n Roll All Night, "38th Annual Grammy Awards, February 28, 1996, Tupac Introduces KISS Reunited", postado no YouTube, 1 de março de 2021. Disponível em <youtube.com/watch?v=ijKvQytcoiU>.

342 **"As tretas do hip-hop têm suas raízes":** Malcolm "E.D.I. Mean" Greenidge, entrevista com a autora, 2023.

342 **"A música abalou":** Katari Cox, entrevista com a autora, 2023.

342 **"A revista *Vibe* e a revista *Source*":** "KRS-One Pt 3", postado por Al-lHipHopTV no YouTube, 5 de março de 2021. Disponível em <youtube.com/watch?v=ULcz5mFg_iY>.

343 **"uma gravação clássica de hip-hop":** Sway, "My Enemies", faixa 10 em *In His Own Words*. Disponível em <genius.com/2pac-my-enemies-interview-by-sway-annotated>.

343 **"Não quero falar":** Karen Lee, entrevista com a autora, 2001.

344 **"O que você está fazendo?":** Karen Lee, entrevista com a autora, 2001.

344 **"Tupac cozinha gumbo":** Kendrick Wells, entrevista com a autora, 2001.

345 **"Eu idolatro esse tipo de pensamento":** Tupac Shakur, citação da entrevista de setembro de 1996 com Rob Marriott, postada no site 2Pac. Disponível em <tupac_a_shakur.tripod.com/id295.htm>.

345 **"Nenhum político está fazendo":** Rob Marriot, *Tupac Shakur: The Last Interview*, CD extra, 24 de agosto 1996, postado no YouTube por Reelback One, 15 de maio de 2018. Disponível em <youtube.com/watch?v=XinRhEPs76c>.

345 **"Perguntei: 'O que você achou?'":** Preston Holmes, entrevista, 2018.

346 **"Ah, caralho, é um filho da puta e tanto":** Preston Holmes, entrevista, 2018.

346 **"Fazer música com ele":** "Tha Outlawz Speak on How Tupac Impacted Their Lives", Tupac Facts, postado no YouTube, 5 de janeiro de 2022, Disponível em <youtube.com/watch?v=8KAYeE76J6Y>.

346 **"Nas últimas sessões":** Johnny "J" Jackson, entrevista com a autora, 2001.

CAPÍTULO 21

347 **"When my heart can beat":** Tupac Shakur, "In the Event of My Demise", em *The Rose That Grew from Concrete* (Nova York: Pocket Books, 1999), 150.

347 **"Quando eu estava na Escola":** Tabitha Soren, "Tupac on Growing Up Poor, His Rise to Fame & His Future (1995)", MTV News, Venice Beach, Califórnia, postado no YouTube, 13 de setembro de 2019. Disponível em <youtube.com/watch?v=GpPbYGJRg0Q>.

348 **ele se desculpou pelos comentários:** Daniel Johnson, "What the Last 12 Months of Tupac's Life Were Like", *Grunge*, atualizado em 6 de março de 2023. Disponível em <grunge.com/242624/what-the-last-12- -months-of-tupacs-life-were-like/>.

348 **"Acho que ele e Kidada":** Afeni Shakur, entrevista, 2000.

348 **"Ele ligou de volta na mesma":** Quincy Delight "QD3" Jones III, entrevista com a autora, 2005.

350 **"*Get ride for Mutulu*":** Tupac Shakur, "Letter to the President", faixa 1 de *Still I Rise*, Interscope Records, 1999.

350 **"Depois que comecei a fritar":** Jamala Lesane, entrevista com a autora, 2001.

352 **"Mais uma vez":** Gloria Jean Cox, entrevista com a autora, 2001.

353 **"Trouxemos Tupac para Milão":** "Donatella Versace Talks Tupac Shakur Fashion Show Trip", Hip Hop XXIV, 4 de março de 2021. Disponível em <hiphopxxiv.com/Donatella-versace-talks-tupac-shakur-fashion- -show-trip/>.

353 **"'Preciso consertar isso'":** "Greg Nice Says 2Pac Missed NYC, Wanted to End West/East Coast Feud", *VladTV*, postado no YouTube, 18 de maio de 2016. Disponível em <youtube.com/watch?v=JcE6oKon5Wc&t=1s>.

354 **"Estou com um projeto":** Simon Rex, "Simon Rex Interviews 2Pac", MTV News, 1996, postado no YouTube, 16 de fevereiro de 2017. Disponível em <youtube.com/watch?v=A4n2pW-Op-8>.

354 **"Tupac queria abrir a própria":** Joel Anderson, "How Close Was Tupac to Quitting the Gangsta Rap Life?", *Slate*, 4 de dezembro de 2019. Disponível em <slate.com/culture/2019/12/tupac-death-las-vegas-slow- -burn.html>.

357 **"Ele gostava":** Jamala Lesane, entrevista com a autora, 2001.

358 **"Tenho uma batida pra você":** Gregory "Shock G" Jacobs, entrevista com a autora, 2001.

359 **"Eu tinha vinte parceiros":** Mutah Beale, entrevista com a autora, 2001.

359 **"Eu vi Tupac conversando":** Nasir Jones, em *Tupac Remembered: Bearing Witness to a Life and Legacy*, ed. Molly Monjauze com Gloria Cox e Staci Robinson (São Francisco: Chronicle Books, 2008).

NOTAS   423

359 **"Tivemos uma ótima conversa"**: "Nas Shares CLASSIC Stories On 2Pac", postado no YouTube, 20 de agosto de 2020. Disponível em <youtube.com/watch?v=2APUoWGFuL4>.

360 **"Ele acreditava que nós"**: Nasir Jones, em *Tupac Remembered*, 121.

360 **"Várias pessoas"**: Mutah Beale, entrevista com a autora, 2001.

361 **"[Tupac] sai da limusine"**: Scott Gutierrez, "One Night in Vegas", *30 for 30*, ESPN, postado no YouTube por Tahko, 20 de outubro de 2013. Disponível em <youtube.com/watch?v=dtOwql5IWkQ>.

361 **"Pac não queria ir"**: Jamala Lesane, entrevista com a autora, 2023.

362 **"Antes daquele dia, Imani nunca"**: Jamala Lesane, entrevista com a autora, 2001.

362 **"Achei que fôssemos morrer"**: Jamala Lesane, entrevista com a autora, 2001.

362 **"Aaaah, caralho, sou muito foda"**: Jamala Lesane, entrevista com a autora, 2001.

363 **"Vocês viram isso?"**: "Tupac Shakur Famous Crime Scene", postado no YouTube por 2PacDonKilluminati, 13 de fevereiro de 2010. Disponível em <youtube.com/watch?v=RLtE4ll9h3c>.

364 **As balas atingiram:** Cathy Scott, *The Killing of Tupac Shakur* (Las Vegas: Huntington Press, 1997).

365 **"Ele não estava ali"**: Jamala Lesane, entrevista com a autora, 2023.

365 **"Seu *amigo* está morto"**: Malcolm "E.D.I. Mean" Greenidge, entrevista com a autora, 2023.

366 **"acabar com ele"**: Gobi Rahmini, entrevista com a autora, 2005.

366 **"Nós, Outlawz, ficamos lá"**: Noble, entrevista com a autora, 2001.

367 **"Pac, consegue me ouvir?"**: Yolanda "Yo-Yo" Whitaker, entrevista com a autora, 2001.

367 **"Era um zoológico"**: Gloria Jean Cox, entrevista com a autora, 2001.

367 **"Não, não façam isso"**: Gloria Jean Cox, entrevista com a autora, 2000; Afeni Shakur, entrevista com a autora, 2000.

368 **"Tudo bem, querido"**: Gloria Jean Cox, entrevista com a autora, 2001.

CRÉDITOS E LEGENDAS DAS IMAGENS

Nota: todas as imagens são cortesia da Amaru Entertainment, Inc, exceto quando sinalizado em contrário.

Página 53: Cortesia de Jamal Joseph © Amaru Entertainment Inc.
Página 84: Cortesia da Biblioteca Enoch Pratt © Amaru Entertainment Inc.
Página 273: Autor: Robert Frost, "Nothing Gold Can Stay", escrito a mão por Tupac Shakur, 1923. Domínio público.

Encarte 1

Página 1: no topo, à esquerda: Afeni e o bebê Tupac, 1971. (Cortesia de Barbara Caress); no topo, à direita: Tupac, 1 ano de idade, 1972. (Cortesia de Jamal Joseph); abaixo: O ministro da informação dos Panteras Elbert "Big Man" Howard conversa com a colega Afeni Shakur e o ministro da educação Ray "Masai" Hewitt antes de uma coletiva de imprensa na Filadélfia. (Getty Images)

Página 2: no topo: Poesia escrita por Afeni na prisão, publicada em *The Black Panther*, 6 de abril de 1970; abaixo, à esquerda: Após serem presos, Lumumba e Afeni são escoltados para a delegacia Elizabeth Street, Nova York, 3 de abril de 1969. (Associated Press); abaixo, à direita: Aos 12 anos, Tupac fez sua primeira apresentação nos palcos, no icônico Apollo Theater, como Travis na produção da 127th Street Repertory Ensemble de *A Raisin in the Sun*, peça de Lorraine Hansberry.

426   **TUPAC SHAKUR**

PÁGINA 3: NO TOPO: Afeni em Nova York, por volta de 1970. (Cortesia de Longview Publishing Inc./Daily Worker Collection): NO MEIO: Mutulu, Sekyiwa, Tupac e os primos em Nova York, por volta de 1976; ABAIXO: Poema de Tupac, "Finally," escrito sobre uma crush da adolescência, por volta de 1988. (Cortesia de Cosima Knez)

PÁGINA 4: NO TOPO: Tupac na comemoração do Kwanzaa com família e amigos em Nova York; no meio: Lumumba Shakur com Tupac no colo, Nova York, 1973; ABAIXO, À ESQUERDA: Tupac no colo de Mutulu, Nova York, por volta de 1975; ABAIXO, À DIREITA: Tupac, Sekyiwa e Afeni visitando o padrinho de Tupac, Geronimo Pratt, na Prisão Estadual de San Quentin com sua família, por volta de 1980.

PÁGINA 5: NO TOPO: Kenneth "Legs" Saunders; no meio: Tupac com amigos da família, 1986; ABAIXO: Tupac com a amiga e colega de escola Jada Pinkett em Baltimore, por volta de 1987. (Cortesia de John Cole)

PÁGINA 6: NO TOPO: Tupac com colegas de escola da Baltimore School for the Arts, por volta de 1987. (Cortesia de Yearbook Library); NO MEIO, À ESQUERDA: Um dos muitos diários de Tupac, intitulado The Benefits of Poverty [Os benefícios da pobreza]; no meio, À DIREITA: Cartão de visita de Tupac, por volta de 1989; ABAIXO: O caderno de Tupac com tema dos New Afrikan Panthers, por volta de 1989.

PÁGINA 7: NO TOPO: Tupac e Flavor Flav, 30 de janeiro de 1989, no American Music Awards. (Clarence Gatson/Gado/Getty Images); NO MEIO: Tupac posando em uma de suas primeiras sessões de fotos, por volta de 1989. (Cortesia de Kathy Crawford); abaixo: Tupac no Japão durante turnê com o Digital Underground, apresentando-se diante de uma multidão, 1990. (Cortesia de Atron Gregory)

PÁGINA 8: NO TOPO: Tupac e Shock G, por volta de 1990. (Cortesia de Atron Gregory); NO MEIO, ABAIXO À ESQUERDA E À DIREITA: O caderno "Panther Power" de Tupac com Polaroids dele se apresentando com os amigos em Marin City.

Encarte 2

PÁGINA I: NO TOPO: Tupac trabalhando em seu primeiro álbum na mesa de som do estúdio, por volta de 1989. (Cortesia de Michael Cooley); NO MEIO: Tupac com os amigos próximos Mike Cooley e Man-Man, por volta de 1989. (Cortesia de Michael Cooley); ABAIXO: Postal promocional para promover o álbum de Tupac *Me Against the World*.

PÁGINA 2: NO TOPO: Sessão de fotos de *Strictly 4 My N.I.G.G.A.Z*, 1991. (Foto por Jeffery Newbury © Amaru Entertainment Inc.); NO MEIO, À ESQUERDA: cartão de visita da empresa de Tupac, Euphanasia, 1996; NO MEIO, À DIREITA: Em um envelope do Centro Correcional de Clinton, Tupac escreveu a set list de um de seus shows seguintes; ABAIXO: Tupac

CRÉDITOS E LEGENDAS DAS IMAGENS

and the Outlawz (Napolean, E.D.I. Mean, Fatal, Kastro e Kadafi) nas gravações do clipe de "Hit 'Em Up", 1996.

Página 3: NO TOPO: Tupac, por volta de 1990. (Cortesia de Michael Cooley); NO MEIO, À ESQUERDA: Tupac nunca deixou de pensar em Mutulu, 1996; NO MEIO, À ESQUERDA: Os planos de Tupac para seu primeiro restaurante, Powamekka Café; ABAIXO: Tupac passando um tempo com as crianças nos bastidores das gravações do clipe de "All Bout U", 1996.

Página 4: NO TOPO: Tupac gravando seu segundo clipe, "Brenda's Got a Baby," dirigido pelos irmãos Hughes, Money-B, do Digital Underground no fundo, 1991; NO MEIO: Um dos contracheques de Tupac pelo filme *Uma questão de respeito*, 5 de abril de 1991; ABAIXO, À ESQUERDA: Um dos cadernos de Tupac, intitulado "My MotherFuckin' Money Makers" [A porra do meu ganha-pão], 19 de julho de 1992; ABAIXO, À DIREITA: adesivo promocional com o logo de Tupac em seu álbum de estreia, *Strictly 4 My N.I.G.G.A.Z.*

Página 5: NO TOPO: Tupac e Biggie no Royalton Hotel, Nova York, 1994 (Foto 12/Alamy Stock Photo); NO MEIO: Um dos primeiros contracheques de Tupac da época em que trabalhou com o Digital Underground, 20 de agosto de 1990; ABAIXO, À ESQUERDA: 13 de outubro de 1995, imediatamente após ser solto do Centro Correcional de Clinton, Tupac já estava gravando nos estúdios Can-Am; ABAIXO, À DIREITA: Khalil Kain, Omar Epps, Tupac Shakur e Jermaine em uma cena do filme *Uma questão de respeito*, 1991. (Getty Images)

Página 6: NO TOPO, À DIREITA E À ESQUERDA: Bastidores: Tupac e Snoop nas filmagens do clipe de "2 of Amerikaz Most Wanted"; ABAIXO: O roteiro de Tupac para o clipe de "2 of Amerikaz Most Wanted", 1996.

Página 7: NO TOPO: O último cartão escrito por Afeni para Tupac, em comemoração ao 25 anos do filho; ABAIXO: Tupac e Kidada Jones, Itália, 1996. (Cortesia de Karla Radford)

Página 8: NO TOPO: Tupac idealizou e desenhou a corrente e a medalha de Euphanasia que usava em homenagem a Slick Rick; ABAIXO: 7 de setembro de 1996. Última foto de Tupac. (Cortesia de Leonard Jefferson)

PERMISSÕES

"Holler If Ya Hear Me", composta por Tupac Amaru Shakur, Kevin Rhames, Randy Walker, Christopher Walker, Norman Jesse Whitfield, Barrett Strong, George Clinton Jr., David Chung Spradley, Garry Marshall Shider. Copyright © UNIVERSAL MUSIC CORP. EM SEU NOME E EM NOME DE AMARU PUBLISHING, CANÇÕES DE UNIVERSAL, INC.© 1993 Stone Agate Music. Todos os direitos em nome de Stone Agate Music administrada pela Sony Music Publishing (US) LLC, Church Street 424, sala 1200, Nashville, TN 37219. Todos os direitos reservados. Reproduzido mediante autorização. © Publicada por Bridgeport Music Inc., Southfield Music Inc. Usada mediante permissão.

"Words of Wisdom", composta por Tupac Amaru Shakur, Gregory E. Jacobs, Paul M. Jackson Jr., Harvey W. William Mason Jr., Bennie Maupin, Herbert J. Hancock. Copyright © UNIVERSAL MUSIC CORP. EM SEU NOME E EM NOME DE AMARU PUBLISHING, UNIVERSAL MUSIC — Z SONGS EM SEU NOME E EM NOME DE PUBHOWYALIKE PUBLISHING. © 1992 Hancock Music (BMI). TODOS OS DIREITOS RESERVADOS. USADA MEDIANTE PERMISSÃO.

"Us Killing Us Equals Genocide", composta por Tupac Shakur. Copyright © Amaru Entertainment, Inc.

"Dear Mama", letra e música por Joe Sample, Tupac Amaru Shakur, Tony Pizarro, Bruce Andre Hawes, Charles Simmons, Joseph Banks Jefferson e Terence Thomas, conhecido como DJ Master Tee. Copyright © 1996 WARNER- -TAMERLANE PUBLISHING CORP., UNIVERSAL MUSIC CORP., THE ROYALTY NETWORK INC. e CHRYSALIS STANDARDS, INC. Todos os direitos reservados. Usada mediante permissão de ALFRED MUSIC © UNIVERSAL MUSIC CORP. EM SEU NOME E EM NOME DE AMARU PUBLISHING. Copyright © 1995 Master Lab Publishing (BMI). Copyright © 1995 BMG Rights Management (UK) Limited. Todos os direitos reservados a BMG Rights Management (UK) Limited Administrada por BMG Rights Management (US) LLC. Todos os direitos reservados. Usada mediante permissão. Republicada com a permissão de Hal Leonard LLC.

"Keep Ya Head Up", composta por Tupac Amaru Shakur, Daryl L. Anderson, Roger Troutman, Stan Vincent. Copyright © UNIVERSAL MUSIC CORP. EM SEU NOME E EM NOME DE AMARU PUBLISHING. Copyright © 1993 Songs of Lastrada (BMI)

© 1993 Kama Sutra Music Inc, Frantino Music, & _____. Todos os direitos em nome de Kama Sutra Music Inc e Frantino Music administrada por Sony Music Publishing (US) LLC, Church Street 424, sala 1200, Nashville, TN 37219. Todos os direitos reservados. Usada mediante permissão.

Publicada por Rubber Band Music (BMI). Todos os direitos reservados a Rubber Band Music (BMI) administrada por Modern Works Music Publishing. Copyright © 1993 BMG PLATINUM SONGS, R2M MUSIC

Todos os direitos reservados a BMG PLATINUM SONGS e R2M MUSIC administrada por BMG RIGHTS MANAGEMENT (US) LLC. Todos os direitos reservados. Usada mediante permissão. Republicada mediante permissão de Hal Leonard LLC.

"Panther Power", composta por Tupac Amaru Shakur, Jimi Dright, Raymond Tyson, Marc Dorado. Copyright © UNIVERSAL MUSIC CORP. EM SEU NOME E EM NOME DE AMARU PUBLISHING.

Trapped Music. Pub. por Funky Network Publishing/Notting Dale Songs, Inc. Admin por Kobalt Songs Music Publishing

SOBRE A AUTORA

Staci Robinson é escritora e roteirista. Seus projetos e colaborações incluem a coletânea *Tupac Remembered: Bearing Witness to a Life and Legacy*, o romance *Interceptions*, o filme *Vencendo o passado* e o documentário *Dear Mama: The Saga of Afeni and Tupac Shakur*.

Robinson é graduada em história na UCLA e mora com a família na Califórnia.

Este livro foi composto na tipografia Fairfield LT
Std, em corpo 11,25/14,25 e impresso em papel
pólen natural, na gráfica Cromosete